Francis L. Carsten

Widerstand gegen Hitler

Die deutschen Arbeiter und die Nazis

Aus dem Englischen vom Verfasser

Insel Verlag

Originalausgabe:
The German Workers and the Nazis,
Scolar Press 1995

Erste Auflage 1996

Druck: Wilhelm Röck, Weinsberg
Printed in Germany

Inhalt

Vorwort

Dies Buch will eine Darstellung des deutschen Arbeiterwiderstandes gegen Hitler und die Nazis mit einer Beschreibung der alltäglichen Probleme und der Stimmung der Arbeiter während der zwölf Jahre des »Dritten Reiches« verbinden. Natürlich gibt es eine Fülle von Literatur über den Widerstand in einzelnen Städten und Gebieten, wie dem Ruhrgebiet oder Bayern, wie ein Blick auf die Bibliographie zeigen wird. Aber soweit ich weiß, sind diese beiden Themen bisher nicht zusammen behandelt worden. Es gibt keine zusammenfassende Darstellung des Arbeiterwiderstandes als solchen, nur getrennte Studien über den kommunistischen oder sozialdemokratischen Widerstand. Meine Arbeit hätte weder ohne die wichtigen Arbeiten von Tim Mason, Erich Matthias und Detlev Peukert (die alle jung starben), um nur drei Historiker zu nennen, noch ohne die vielen Quellen zu dem Thema, die in den letzten Jahren veröffentlicht worden sind, geschrieben werden können. Das Material kommt zum Teil aus internen Naziquellen, wie der Gestapo oder des Sicherheitsdienstes der SS, oder aus sozialdemokratischen und kommunistischen Quellen, die beide einander ergänzen und trotz ihrer Einseitigkeit sehr wichtige Dokumente darstellen.

Das Thema des Buches ist auch ein Teil meines eigenen Lebens, und ich habe persönliche Erinnerungen benutzt, wo mir das angebracht schien. Als Schuljunge in Berlin wurde ich Mitglied der sozialistischen Jugendbewegung, und die katastrophale Niederlage von 1933 war ein tiefer Einschnitt in meinem Leben. Durch meine politische Tätigkeit in der Hitlerzeit lernte ich viele von denen kennen, die auf den folgenden Seiten erwähnt werden, und ich war einigen von ihnen jahrelang eng verbunden. Um nur einige Namen zu nennen: Werner Blumenberg, Fritz Erler, Edo Fimmen, Hans

Gottfurcht, Robert Havemann, Paul Hertz, Hans Jahn, Waldemar von Knoeringen, Walter Löwenheim, Richard Löwenthal, Erwin Schöttle, Franz Vogt. Ich hoffe, daß meine persönliche Kenntnis der Ereignisse mein Urteil nicht zu stark beeinflußt hat und daß das Buch durch meine Erinnerungen gewonnen hat. Die deutsche Übersetzung ist an vielen Stellen ausführlicher als die englische Originalausgabe.
Mein Dank gebührt dem Deutschen Historischen Institut London für die Hilfe bei der Beschaffung von Literatur, und er gilt vor allem meiner verstorbenen Frau, die mir mit Rat und kritischen Anmerkungen zur Seite stand.

London, 1995 F.L.C.

I Nationalsozialisten und Arbeiter vor 1933

Die Nationalsozialistische Deutsche Arbeiterpartei (NSDAP) wurde wenige Wochen vor dem Ende des Ersten Weltkriegs mit dem Namen »Deutsche Arbeiterpartei« von Arbeitern der Münchener Eisenbahnwerkstätten gegründet. Das Wort »Nationalsozialistisch« wurde erst hinzugefügt, nachdem Hitler der kleinen Partei später, im September 1919, beigetreten war. Die Partei war immer stolz darauf, eine wirkliche Arbeiterpartei zu sein, aber ihr Kern wurde von Kleinbürgern und Angestellten gebildet, in den Anfangsjahren waren nur wenige Industriearbeiter unter den Mitgliedern. Ihr Sozialismus blieb immer vage und bestand aus Losungen wie »Brechung der Zinsknechtschaft«, »Gemeinnutz vor Eigennutz«, »Beteiligung aller am Gewinn«, Verstaatlichung von Großbetrieben, Verbot der Landspekulation. Das in der Parteifahne vorherrschende Rot sollte die Arbeiter anziehen. Sehr viele von ihnen waren bitter enttäuscht durch den Fehlschlag der Revolution von 1918-1919 und die Mißerfolge der sozialdemokratischen Regierungen. Viele wandten sich der neugegründeten KPD zu, aber alle ihre Versuche, in Deutschland eine Revolution nach russischem Vorbild zu starten, endeten in Niederlagen. Vor allem in Bayern gab es nach der Niederschlagung der sogenannten Münchener Räterepublik von 1919 eine sehr scharfe Rechtswendung. Eine reaktionäre Regierung stand in schroffer Kampfstellung gegen die sogenannte »marxistische« Regierung in Berlin, und der scharfe Rechtskurs half den Nationalsozialisten, vor allem in München. Haß auf die »Marxisten«, neben dem auf die Juden, war immer eine der stärksten Antriebskräfte der NSDAP.

Doch auch Arbeiter traten der Partei bei, schon vor 1923. Eine Analyse der Mitglieder für die Jahre 1919 bis 1923, beruhend auf den noch vorhandenen Listen, zeigt, daß 19,4

Prozent der Mitglieder zur Arbeiterschaft gehörten (meist Halbgelernte oder Ungelernte), verglichen mit 25,2 Prozent Angestellten und 21,7 Prozent Handwerkern. Diese beiden sozialen Gruppen waren stark überrepräsentiert, die Arbeiter dagegen stark unterrepräsentiert. In Deutschland machten Arbeiter (ohne Landarbeiter) 37 Prozent der Bevölkerung aus, in Bayern, wo die Partei die meisten Mitglieder hatte, über 32 Prozent.[1] Auch außerhalb Bayerns zog die NSDAP Arbeiter an. 1922 kamen 29 Prozent der kleinen Mannheimer Ortsgruppe aus der Arbeiterschaft, und schon 1923 wurden einige Nationalsozialisten in der Akkumulatorenfabrik von Oberschöneweide bei Berlin zu Betriebsräten gewählt.[2]

Im gleichen Jahr warnte der Vorsitzende einer der größten Gewerkschaften, des Deutschen Metallarbeiterverbandes, vor der von den Nazis ausgehenden Gefahr, obwohl er einen Vergleich mit dem Proletariat Italiens ablehnte, wo die Faschisten 1922 die Macht übernommen hatten. Als der Allgemeine Deutsche Gewerkschaftsbund im April 1923 die Anziehungskraft der Nationalsozialisten auf Arbeiter feststellen wollte, antworteten die Münchener Gewerkschaften, sie schätzten die Anhänger der NSDAP auf etwa 2000 Arbeiter, die aber nicht alle Parteimitglieder seien. Die ostpreußischen Gewerkschaften antworteten auf die gleiche Anfrage, daß entwurzelte kleinbürgerliche Elemente sowie Arbeiter »jener Berufe, in denen das alte patriarchalische Verhältnis sich noch erhalten hat«, wie Bäcker, Fleischer und Schornsteinfeger, zum »nationalistischen Lager« gehörten.[3] 1923 war das Jahr der französischen Besetzung des Ruhrgebiets, was Ausbrüche eines wilden Nationalismus und auf seiten der Gewerkschaften Besorgnis über nationalsozialistische Erfolge unter den Arbeitern hervorrief. Im November 1923, dem Monat des Münchener Hitlerputsches, waren etwa 18 Prozent der Parteimitglieder Arbeiter und 20 Prozent Handwerker.[4]

Der Mißerfolg des Putsches und Hitlers Festungshaft in Landsberg verursachten einen zeitweisen Niedergang der NSDAP, aber die Partei erholte sich rasch nach Hitlers Entlassung und seiner Wiederaufnahme der Parteiführung. Vor allem gewann sie bald Anhang in wichtigen Industriegebieten Norddeutschlands. Im westlichen Ruhrgebiet waren 1925-26 fast 50 Prozent der Parteimitglieder Arbeiter, und mehr in einigen Städten wie Hamborn und Mülheim. Die sehr starke Arbeiterbevölkerung der Gegend war keineswegs immun gegenüber der nationalistischen Agitation, die sich vor allem gegen Frankreich richtete. In Hamburg andererseits kamen 1926 die meisten Mitglieder aus dem Kleinbürgertum. Handwerker, kleine Geschäftsleute und Angestellte überwogen, während ›wirkliche‹ Arbeiter selten waren, wie sich der ehemalige Gauleiter von Hamburg erinnerte.[5]

Diese Charakteristika blieben auch in den folgenden Jahren die gleichen. Die NSDAP suchte immer wieder möglichst viele Arbeiter zu gewinnen, aber es waren vor allem bürgerliche und kleinbürgerliche Schichten, die dem Ruf folgten. Im Januar 1927 berichtete der »Völkische Beobachter« stolz, wie viele Arbeiter Hitlers Rede in Köln angehört hätten, aber das bedeutete nicht, daß sie Parteimitglieder wurden. Als Parteiredner waren Arbeiter stark gefragt, aber es gab nicht allzuviele, die dazu in der Lage waren. In den leitenden Parteistellen fehlten Arbeiter, sogar in den Großstädten.[6] Viele neue Parteimitglieder der späteren zwanziger Jahre kamen aus den älteren völkischen Gruppen und Verbänden, die von der NSDAP aufgesogen wurden. Sie kamen fast ausschließlich aus bürgerlichen Schichten und stellten viele der lokalen Führer. Gleiches gilt für die, die aus den Freikorps und anderen paramilitärischen Verbänden kamen.

Doch daneben gab es durchaus auch viele Mitglieder aus der Arbeiterschaft, schon bei Anbruch der großen Wirtschaftskrise von 1930. Im Ruhrgebiet waren 1930 über 32 Prozent der Mitglieder des Gaus Westfalen-Nord Arbeiter, über 33 Prozent im Gau Essen und über 35 Prozent im Gau Westfalen-Süd. Ein vertraulicher Bericht des westfälischen Gauleiters Josef Wagner aus demselben Jahr behauptete, 57 Prozent der Mitglieder seien Arbeiter, darunter 26 Prozent Bergarbeiter. In Württemberg bildeten die sozialen Unterschichten die Mehrheit in der Hälfte der Orte, für die es Mitgliederdaten gibt und in denen Industrie und Handel die meisten Menschen beschäftigten. Polizeiberichte aus dem Ruhrgebiet andererseits stellten immer wieder fest, daß in den Parteiversammlungen das bürgerliche Element überwog und daß nur etwa ein Drittel der Mitglieder Arbeiter waren.[7] Das Bild war uneinheitlich und örtlich sehr verschieden. Aber offensichtlich traten viele Arbeiter der Partei bei – laut der offiziellen internen Parteistatistik waren es 34000 vor dem großen Wahlerfolg vom September 1930 oder 28 Prozent der Gesamtzahl; in der deutschen Gesamtbevölkerung betrug der Arbeiteranteil 45 Prozent.[8]

Mit dem Einbruch der großen wirtschaftlichen und politischen Krise und der rasch steigenden Arbeitslosigkeit strömten die Massen zur NSDAP als dem ›Retter‹ Deutschlands – und auch zur KPD –, und die Arbeiter waren keine Ausnahme. Zwischen den Wahlen vom September 1930 und Hitlers Ernennung zum Reichskanzler im Januar 1933 traten nach der internen Parteistatistik 233000 Arbeiter der NSDAP bei. Sie bildeten 34,8 Prozent der neuen Mitglieder, eine bedeutsame Zunahme gegenüber früheren Zahlen. Unter ihnen waren zweifellos viele Arbeitslose und andere Krisenopfer. Im Gau Hessen-Nassau-Süd waren es 38,7 Prozent, in Württemberg sogar 42,5, im westlichen Ruhrgebiet zwischen 37,6 und 43,8 Prozent.[9] Insgesamt waren Arbeiter noch immer unterrepräsentiert, was vor allem für Berg- und Textilarbeiter galt. Aber andere Berufe, vor allem die traditionellen Handwerkerbranchen – Metallarbeiter, Schlosser, Mechaniker, Monteure – waren überrepräsentiert. Man hat lange angenommen, daß die Nationalsozialisten vor allem unter den Randgruppen der Arbeiterschaft Erfolg hatten, unter Arbeitern der öffentlichen Betriebe, Landarbeitern, Ungelernten, Arbeitslosen, neu in die Stadt Gezogenen, wie das ein prominenter junger Sozialdemokrat, Carlo Mierendorff, schon 1930 feststellte. Aber das war nicht so. Wie ein Historiker kürzlich feststellte, war der Naziarbeiter weder »atypisch« noch ein »marginaler Fall«, sondern er gehörte zum Kern der deutschen Arbeiterklasse. Stark überrepräsentiert waren nach wie vor die Angestellten, die oft nationalistisch eingestellt waren und dem Deutschnationalen Handlungsgehilfenverband mit seiner rassistischen Ideologie angehörten.[10]

Die SA, die Sturmabteilungen der Partei, waren in ihrer Zusammensetzung erheblich proletarischer als die NSDAP. Das hatte seinen guten Grund, denn in den Großstädten wurde den jungen Arbeitslosen in den Krisenjahren freier Aufenthalt und Verpflegung in sogenannten SA-Kasernen angeboten. In der Tat hätten die Nazis damals nie den ›Sieg‹ in zahllosen Saal- und Straßenschlachten über ihre linken Gegner erringen können, wenn die SA nicht viele Arbeitermitglieder gehabt hätte. Unter denen, die in den Jahren 1930-32 von der Polizei wegen politischer Gewalttaten verhaftet wurden, befanden sich vor allem viele Arbeiter. Unter den neuen SA-Mitgliedern von 1931 waren 62 Prozent Arbeiter und 1932 56 Prozent. In Breslau waren 60 Prozent der SA-Leute seit Jahren arbeitslos. 1932 waren von 4500 SA-Leuten in Hamburg 2600 arbeitslos – etwa 58 Prozent –, und nur 700 von ihnen erhielten Unterstützung. Im Februar 1931 teilte der ostdeutsche SA-Führer Hauptmann Stennes dem SA-Führer Ernst Röhm mit, daß in manchen Berliner Bezirken 67 Prozent seiner Männer arbeitslos seien. Andere Berichte nennen Zahlen bis zu 80 Prozent, aber wir besitzen keine genaueren Angaben.[11]

Doch in ländlichen Gegenden war die Zusammensetzung

anders. Dort traten vor allem Bauernsöhne und Landarbeiter der SA bei. In Schlesien waren 1930 nur 17 Prozent der SA-Mitglieder Industrie- und Landarbeiter, im Bezirk von Königsberg 1930-31 nur 11,7 Prozent.[12] Man muß berücksichtigen, daß in Ostpreußen und anderen Agrargebieten die Landarbeiter unter gutsherrlichem Druck eher dem Stahlhelm als der SA beitraten, um an den illegalen Grenzschutzmaßnahmen der Reichswehr teilzunehmen – was die SA unter dem verhaßten Weimarer ›System‹ strikt ablehnte.

Die Nationalsozialisten brüsteten sich natürlich damit, daß viele Sozialdemokraten und Kommunisten zu ihnen übertraten, aber es gibt darüber keine Zahlen. Beide Linksparteien waren besorgt über die Nazigewinne unter den Arbeitern. Schon im Juli 1930 erklärte ein sozialdemokratischer Leitartikel, man müsse diese Arbeiter durch »rationale sozialistische Aufklärung« zurückgewinnen. Im gleichen Jahr schrieb Mierendorff, die SPD vernachlässige die »gefühlsmäßigen Komponenten bei der politischen Willensbildung«, die die Nationalsozialisten überbetonten, so daß es ihnen »geglückt ist, die Nichtwähler in hohem Grade zu erfassen«.[13] Mierendorff war besorgt über die Nazierfolge, die die SPD, die ihr Feuer auf die KPD konzentrierte, nicht verhindern konnte. Aber auch die KPD mußte 1932 wenigstens intern zugeben, daß es den Nationalsozialisten gelungen war, »einen ziemlich breiten Einbruch in der Erwerbslosenfront durchzuführen«. Anfangs des gleichen Jahres schrieb das Organ der kommunistischen Gewerkschaftsopposition (RGO), man hätte geglaubt, ein Monopol der Erwerbslosenbewegung zu besitzen, und daher keine großen Anstrengungen gemacht, aber auf einmal zeige es sich, daß das Monopol wenig Substanz habe. In Württemberg erklärten arbeitslose Arbeiter einfach, die SPD habe sie verraten, »ihr Kommunisten tut nichts«, und so würden sie für Hitler stimmen; vielleicht würde alles noch schlimmer kommen, und dann käme wohl der Bolschewismus.[14]

Die KPD litt unter dem Verbot ihrer paramilitärischen Organisation, des Roten Frontkämpferbundes, nach den Maiunruhen von 1929, so daß sie nicht mehr mit der uniformierten SA konkurrieren konnte. Doch in isolierten Arbeitersiedlungen wie in dem Bergarbeiterdorf Hochlarmark an der Ruhr wurden die wenigen Bergarbeiter, die zur SA gingen, wie Aussätzige behandelt und »nicht für voll genommen«. In Kleinstädten und auf dem Lande, wo der Druck viel stärker war, waren die Nationalsozialisten besonders erfolgreich in der Werbung von Sozialdemokraten.[15]

Im allgemeinen waren die Arbeiter durch die schwere Krise stark demoralisiert; ihre Gewerkschaften waren machtlos und gezwungen, schwere Lohnverluste hinzunehmen. Arbeitslosenunterstützung wurde nur in abnehmendem Maße zwölf Monate lang gezahlt. Dann kam die ›Wohlfahrts‹-Hilfe, die kaum das Minimum des Lebensunterhalts ausmachte. Die Unternehmer benutzten die Krise, um die Löhne zu senken und den Einfluß der Gewerkschaften einzudämmen.[16] Die politische Macht der SPD war gebrochen, ihre starke Position in Preußen von Papen im Juli 1932 zerstört worden. Die beiden Linksparteien waren damit beschäftigt, einander zu befehden, ihre Mitglieder und Wähler gingen in Scharen von der SPD zur KPD. Diese erklärte seit 1929 immer wieder, die Sozialdemokraten seien »Sozialfaschisten«, sie seien der »Hauptfeind« und müßten aus den Betrieben und Gewerkschaften vertrieben werden. Die Kluft zwischen den zwei Parteien vertiefte sich, und die SPD antwortete mit gleicher Münze.

Doch trotz der Krise gelang es beiden Parteien, sich die Loyalität der großen Mehrheit ihrer Mitglieder zu bewahren, und Übertritte aus ihren Reihen zu den Nazis blieben verhältnismäßig selten. Bei den paramilitärischen Linksverbänden, vor allem bei jungen Arbeitslosen, kam das häufiger vor als bei den Parteien. Ich kann mich noch gut an den Schock erinnern, den ich empfand, als ich ehemalige Aktivisten der »Antifaschistischen Jungen Garden« am Bahnhof Zoo in brauner Uniform die Sammelbüchsen für die SA schwingen sah, aber das war 1933. Die Linksparteien waren besorgt über ihre Wählermassen, die leicht nach rechts abwandern mochten. Doch die Stimmen für die KPD stiegen 1932 auf über 6 Millionen, die für die SPD gingen zurück, aber betrugen immer noch über 7 Millionen.

Vor kurzem hat man die Behauptung aufgestellt, daß »in den frühen dreißiger Jahren bei jeder Wahl eine größere Zahl von früheren SPD- und KPD-Wählern zur NSDAP überlief«,[17] aber das geht aus den Wahlergebnissen nicht hervor, es sei denn, man nimmt an, daß auch die umgekehrte Bewegung stattfand, was sehr unwahrscheinlich ist. Die Wählerstimmen von SPD und KPD zusammen stiegen 1930 von 12440000 im Jahre 1928 auf 13182000; im Juli 1932 wuchsen sie weiter auf 13243000, und im November 1932 sanken sie etwas auf 13228000. Eine starke Abnahme trat erst im März 1933 ein, aber das war keine freie Wahl mehr; sie fand unter einem bereits gut funktionierenden Terrorregime statt.

Mit viel mehr Berechtigung hat Tim Mason festgestellt, daß 1932 mehrere Millionen Arbeiter mit Familien die NSDAP gewählt haben müssen, vermutlich 3 1/2 Millionen oder mehr. Unter ihnen waren jugendliche Arbeitslose (wenn sie das 20. Lebensjahr erreicht hatten), Eisenbahner, Arbeiter der öffentlichen Betriebe – ›uniformierte Arbeiter‹ – und Industriearbeiter, die keiner Gewerkschaft angehörten. Andere Historiker haben ungelernte und ländliche Arbeiter, Heimarbeiter und abhängige Handwerker erwähnt.[18] Man muß auch berücksichtigen, daß vor 1930 sehr viele Arbeiter nicht links gewählt oder überhaupt nicht gewählt hatten. Wir wissen, daß die Nationalsozialisten mit großem Erfolg frühere Nichtwähler mobilisierten, und zwar aus allen Bevölkerungsgruppen. Die Arbeiter, die nationalsozialistisch wählten, waren keineswegs »untypisch«, wie man angenommen hat, es sei denn, daß nur Gewerkschaftsmitglieder und

Anhänger der Linksparteien als »typische« Arbeiter gelten. Zweifellos gelang es den Nationalsozialisten mit ihren radikalen Parolen, Mitglieder aller sozialen Gruppen und Klassen zu gewinnen. Das war das Geheimnis ihres Erfolges.[19]

Was bisher gesagt worden ist, wird bestätigt durch die Tatsache, daß in Industriestädten mit starker Arbeiterbevölkerung die NSDAP 1932 viel weniger Stimmen erhielt als die beiden Linksparteien zusammen. In Duisburg waren es im Juli 63 868 Stimmen gegen 94 114, und im November 54 655 gegen 91 598; in beiden Wahlen erhielt die NSDAP wesentlich weniger Stimmen als die KPD. Im November 1932 gewann die NSDAP in Dortmund nur 17,7 Prozent der Stimmen, die Linksparteien zusammen 51,5. In Bremen erhielt die NSDAP im Juli 1932 30,8 Prozent der Stimmen, die Linksparteien 48,1; im November ging sie auf 21,2 Prozent zurück, die Linke stieg leicht auf 49,2. In Hannover, wo die SPD stark war, erreichte die NSDAP im Juli 39,9 Prozent, die Linke zusammen 45,8; im November 34,7 Prozent gegen 46,4 für die Linke. In Mannheim erhielt die NSDAP im Juli 1932 45 352 Stimmen, die Linke 71 110; im November waren es 38 686 verglichen mit 70 236, 25,6 Prozent gegen 46,6.[20] In den bürgerlichen Bezirken Berlins – Wilmersdorf, Schöneberg, Zehlendorf, Steglitz – erreichte die NSDAP im Juli 35,1, 35,7, 36,4 bzw. sogar 42,1 Prozent der Stimmen. Aber in ausgesprochenen Arbeiterbezirken – Wedding, Friedrichshain, Neukölln – waren es nur 19,3, 21,6 und 23,9 Prozent.[21] Die Frage, wie viele Arbeiter nationalsozialistisch wählten und zu welchen Gruppen sie gehörten, läßt sich nicht genauer beantworten. Doch eine Tatsache wird deutlich: Erst nach der ›Machtergreifung‹ gelang den Nationalsozialisten ein größerer Einbruch in die Wählerschaft der Linksparteien. Das war kein Wunder nach dem Reichstagsbrand und der Katastrophe der Linken.

Dem Beispiel der KPD folgend, die immer wieder (ohne großen Erfolg) versuchte, ihr Hauptgewicht von den Straßenzellen auf Betriebszellen zu verlagern, organisierten die Nationalsozialisten Betriebszellen, einige schon 1923. In Berlin gab es schon 1927 Nazizellen bei der Knorr-Bremse und bei Siemens. Als eine Betriebsversammlung bei Siemens eine Lohnforderung beschloß, wurde diese der Direktion durch einen Kommunisten und einen Nationalsozialisten vorgelegt. Im folgenden Jahr wurde eine Mitgliederversammlung der Berliner Nationalsozialisten von einem Komitee informiert, es gebe bereits mehrere solcher Zellen, sie sollten ihren Kampf gegen die Gewerkschaften unterstützen. Ein paar Wochen darauf wurden die Betriebszellen zusammengefaßt in der Nationalsozialistischen Betriebszellenorganisation (NSBO) mit Reinhard Muchow als Leiter. In den folgenden Jahren dehnte sich die Organisation auf Hamburg, Hannover und Bayern aus. Im März 1929 ermahnte der Berliner »Angriff« die Parteigenossen, sich an den Betriebsrätewahlen zu beteiligen; sie sollten sich ihrer Pflicht als revolutionäre Arbeiter bewußt sein. In Hamburg bestanden Nazizellen bei der städtischen Hochbahn, dem Schlachthaus, einer Schiffahrtslinie und einigen Banken, wobei letztere aus Angestellten bestanden; aber sie fehlten auf den Werften und in den Fabriken. Unter den Angestellten blieb die NSBO relativ stark.[22]

Ab Mai 1930 enthielt der Berliner »Angriff« eine Seite, die Propaganda für die NSBO machte und hauptsächlich von Muchow geschrieben wurde, mit Themen wie »Dauer der Arbeitszeit« und »Erhaltung des Achtstundentages«. 1931 erhielt die NSBO ihr eigenes Organ, »Arbeitertum«, das für 10 Pfennig verkauft oder umsonst verteilt wurde. Ende 1931 hatte die NSBO etwa 39000 Mitglieder, keine sehr beeindruckende Zahl. Bei den Betriebsratswahlen von 1930 erhielt sie bei Siemens etwa 10 Prozent der Arbeiterstimmen und etwa 20 Prozent der der Angestellten, bei den städtischen Straßenbahnen in Frankfurt immerhin 19,5 Prozent.

Während der folgenden schweren Krisenjahre wuchs die NSBO rasch. Im Mai 1932 hatte sie 106000 Mitglieder, im August 170000, im Januar 1933 bereits 294000. Inzwischen hatte sie – wieder dem Beispiel der KPD folgend – spezielle Zellen für Arbeitslose gegründet.[23]

Doch bei den jährlichen Betriebsrätewahlen schnitt die NSBO schlecht ab. 1931 veröffentlichten die Freien Gewerkschaften das Ergebnis aus 2540 Betrieben. In diesen erhielten sie selbst 6583 Mandate oder 81,5 Prozent, die Kommunisten 733 Mandate oder 9 Prozent, die NSBO zusammen mit dem Stahlhelm nur 36 Mandate: eine schwere Niederlage. Im Ruhrgebiet wurden von den Bergarbeitern 7728 Stimmen für sie abgegeben, etwa 3 1/2 Prozent, in den Metall- und Stahlwerken kam sie auf 6300 Stimmen, etwa 5 Prozent, bei Krupp in Essen auf 670 Stimmen (4,6 Prozent), aber bei den Angestellten auf 1142 Stimmen, fast ein Drittel der Gesamtzahl. In den drei Parteigauen des Ruhrgebiets hatte die NSBO 1931 nur 2600 Mitglieder, unter denen vermutlich sehr viele Angestellte waren.[24]

Anfang 1931 berichtete »Der Angriff« stolz, in Berlin habe die NSBO 60 Betriebszellen, davon 16 in der Elektro- und Metallindustrie und zehn in öffentlichen Betrieben. Im gleichen Jahr berichtete die Berliner Polizei, daß der Deutsche Metallarbeiterverband durch die Spaltung und Gründung einer kommunistischen Gewerkschaft sehr geschwächt worden sei; diese habe nur 18000 Mitglieder, aber viele andere hätten den DMV verlassen. So entstehe die Gefahr, »daß diese Leute der ebenfalls sehr regen Propaganda der Nationalsozialisten in den Betrieben zum Opfer fallen«; deren Betriebszellen vermehrten sich »in bisher nicht bekanntem Maße«. Selbst »in Betrieben, wo vor Jahresfrist noch keine Spur von nationalsozialistischem Einfluß zu entdecken war«, stellten sie jetzt Listen zu den Betriebsratswahlen auf. Die Spaltungstaktik der KPD und ihr Kampf gegen den »Sozialfaschismus« nützten eindeutig den Nazis. Die Gewerkschaften verloren viele Mitglieder, aber die ›roten‹ Gewerkschaften blieben äußerst schwach. Laut dem Zeugnis Herbert Wehners hatten sie »täuschende Anfangserfolge« und entwickelten sich bald zu einer »isolierten Sekte«. Im Sommer 1931 stellte der ›rote‹ Bauarbeiterverband fest, die Nazis seien sehr aktiv und eine Siemens-Baustelle würde ganz von ihnen beherrscht. In vielen Betrieben bestanden ältere ›gelbe‹ oder ›nationale‹ Arbeitergruppen, die von den Unternehmern finanziert wurden und ›werkfriedlich‹ waren. Sie gaben eine Basis für die NSBO ab, auf der sie aufbauen konnte. Doch »Arbeitertum« distanzierte sich scharf von den ›Gelben‹ und erklärte, sie seien »Parasiten«. Denn die NSBO wollte eine wirkliche Gewerkschaft sein und an Verhandlungen über Löhne und Arbeitszeit teilnehmen. Ihr Leiter Walter Schumann erklärte 1932: »Wir sind nicht gewerkschaftsfeindlich«, die Arbeiter seien berechtigt, sich zusammenzuschließen, ebenso wie die Unternehmer. Die NSBO organisierte Aktionen gegen Rationalisierungsmaßnahmen und Lohnabbau.[25]

Vor allem nahm die NSBO im Gegensatz zu den ›gelben‹ Gewerkschaften an Streiks teil. 1927 unterstützte der »Völkische Beobachter« einen Bergarbeiterstreik in Thüringen und sprach sich gegen Aussperrungen aus. Bei dem großen Berliner Metallarbeiterstreik von 1927-28 griff der »Angriff« die staatliche Zwangsschlichtung an. Der Berliner Gauleiter Goebbels betonte, nur die Nationalsozialisten und Kommunisten wären für eine Fortsetzung des Streiks gegen den Schiedsspruch. Nach ihren eigenen Angaben unterstützte die NSBO 1930 Streiks in den Mansfelder Kupfergruben und in der Metallindustrie Berlins, Hannovers und Sachsens. In Hannover drohte die NSDAP Streikbrechern mit dem Parteiausschluß, zahlte Streikgelder und sammelte Nahrungsmittel und Kleider für Bedürftige. Im allgemeinen wurden Streiks unterstützt, wenn sie rein wirtschaftlich motiviert waren, aber sie bedurften der Zustimmung der NSBO-Führer. Streikunterstützung erhielten nur Mitglieder bezahlt, die es mindestens drei Monate lang waren. 1931 unterstützte die NSBO Streiks in Berlin, Bremen und Backnang. »Arbeitertum« warnte, Streikbrecher würden ausgeschlossen.[26]

1932 nahm die Streikaktivität zu, und es wurde ein zentraler Streikfond geschaffen. Das bekannte Beispiel dieser radikalen Haltung war der Berliner Verkehrsarbeiterstreik gegen einen Lohnabbau im November 1932. In der Urabstimmung wurde die in den Statuten vorgeschriebene Dreiviertelmehrheit für den Streik nicht erreicht, obgleich sich die große Mehrheit für den Streik erklärte. Daraufhin versagten die Gewerkschaften ihre Zustimmung, die Kommunisten riefen zum Streik auf, und die Arbeiter folgten dem Ruf. Auch die Nationalsozialisten erklärten sich bald für den Streik. Ein paar Tage lang vereinte der Kampf gegen die Polizei die linken und rechten Extremisten, die sonst einander bis aufs Messer bekämpften. Das Berliner Verkehrssystem wurde lahmgelegt, arbeitswillige Fahrer und die Polizisten, die sie schützten, wurden angegriffen, Zement in die Straßenbahnweichen gegossen, Hochspannungskabel demoliert und Sabotage in großem Stil verübt. Es herrschte Chaos. Vier NSBO-Leute wurden in das zentrale Streikkomitee gewählt. Am 4. November notierte Goebbels in seinem Tagebuch: »Unser Ruf bei der Arbeiterschaft hat sich in ganz wenigen Tagen glänzend gehoben … Für die Zukunft ist dieser Aktivposten von gar nicht abzumessender Bedeutung.« Kommunisten und Nationalsozialisten organisierten Straßensammlungen für die Streikenden; doch das genügte nicht, und nach fünf Tagen brach der Streik zusammen. Der Lohnabbau wurde durchgeführt. Als der Streik ausbrach, hatte die NSBO 1500 Mitglieder in den Berliner Verkehrsbetrieben, gewann aber viele neue Rekruten.[27] In der Wahl vom 6. November verlor die NSDAP zwei Millionen Stimmen, blieb aber dennoch die weitaus stärkste Partei. Zwölf Wochen später war Hitler Reichskanzler.

Im allgemeinen war die NSBO, ebenso wie die NSDAP, am erfolgreichsten unter Arbeitslosen, Angestellten und ›uniformierten‹ Arbeitern, die sich oft über ›gewöhnliche‹ Arbeiter erhaben dünkten. Aber vor dem 30. Januar 1933 hatte sie nur geringen Erfolg unter dem Kern der Industriearbeiter, geringeren als die NSDAP. Es ist zweifelhaft, ob sie viele Anhänger unter denen gewann, die aus Indifferenz oder infolge der Spaltungstaktik der KPD die Gewerkschaften verließen, oder weil sie in der Krise die Arbeiterinteressen nicht gebührend vertreten sahen.[28] Genau wie die Kommunisten organisierte die NSBO viele Streiks, die aber selten erfolgreich waren. Vor allem war die NSBO keine Gewerkschaft, und sie besaß nicht den langerprobten Apparat der Gewerkschaften mit erfahrenen Betriebsräten und Obleuten, denen die Arbeiter vertrauten. Die NSBO wollte die Gewerkschaften durchdringen und erobern, und davon war sie weit entfernt. Die Gewerkschaften wurden sehr geschwächt, weniger durch die Taktik der Kommunisten und Nationalsozialisten als durch die Wirtschaftskrise und das Zögern ihrer Führer. Sie waren nicht verantwortlich für die Krise, aber sie wurden ihr Opfer. Die Krise zerstörte die Fundamente der deutschen Gesellschaft.

Mitten im Zweiten Weltkrieg, im April 1942, informierte Hitler seine Tafelrunde in der Wolfsschanze: Die ganzen ersten Jahre der Kampfzeit seien darauf abgestellt gewesen, den Arbeiter für die NSDAP zu gewinnen. Um das zu erreichen, habe er »politische Plakate in schreiendstem Rot verbreitet, … die Lastkraftwagen über und über mit knallroten Plakaten beklebt« und seine Anhänger angewiesen, »in den Versammlungen ohne Schlips und Kragen« aufzutreten. So habe er versucht, »bürgerliche Elemente« abzuschrecken und »viele gute Elemente der Arbeiterbevölkerung für die Bewegung zu gewinnen«.[29] Obgleich das nicht alles stimmen mag, enthalten seine Behauptungen doch einen wahren Kern.

Die Ereignisse und Tatsachen, die in diesem Kapitel behandelt worden sind, sind von vielen Historikern und Politikwissenschaftlern in einer Masse von Literatur diskutiert worden, schon damals und in jüngster Zeit. Die Interpretationen sind sehr verschieden gewesen, und Einzelheiten sind noch immer kontrovers. Die NSDAP ist als eine größtenteils kleinbürgerliche Partei beschrieben worden, als eine wirkliche ›Volkspartei‹, oder als eine zum großen Teil aus Arbeitern bestehende Partei, und wenn man die Arbeiter und Angestellten zusammenzählt, trifft das auf viele Großstädte sicher zu. Was die Industriearbeiter betrifft, so läßt sich zeigen, daß viele der Bewegung folgten und auch der NSDAP beitraten. Aber unter den Mitgliedern waren sie immer unterrepräsentiert, während andere soziale Gruppen – Angestellte, Mittelständler, Handwerker, Studenten – deutlich überrepräsentiert waren und der Partei das Gesicht gaben. Die NSDAP mobilisierte mit großem Erfolg alle sozialen Gruppen, aber nicht in gleichem Umfang, und das blieb auch nach 1933 so. Was die NSBO betrifft, so entstand sie relativ spät in der Geschichte der Weimarer Republik. Sie erfreute sich nur mäßiger Unterstützung durch die Parteihierarchie, vermutlich wegen ihrer radikalen Haltung, und sie hatte nur geringen Erfolg. Gleiches gilt für die kommunistischen Betriebszellen und ›roten‹ Gewerkschaften, weil die meisten KPD-Mitglieder während der Krise arbeitslos wurden. Unter den Arbeitslosen blieb der kommunistische Einfluß stärker als der der NSBO. Doch die SA mobilisierte zahlreiche Arbeitslose, die sich verzweifelt nach einem Wechsel sehnten, jedem Wechsel, der ihre unerträgliche Lage beenden würde. Ende 1932 waren 5 800 000 Arbeitslose bei den Arbeitsämtern registriert, und viele registrierten sich nicht mehr. Mit ihren Familien bildeten sie fast ein Drittel der deutschen Bevölkerung. Nicht nur die Arbeitslosen litten schwer. Das Elend erfaßte alle Schichten bis weit hinein ins Bürgertum. Es war das Elend, das der NSDAP den Weg bahnte.

II Die ›Machtergreifung‹ und die Opposition

Am 30. Januar 1933 wurde Adolf Hitler von dem uralten und senilen Reichspräsidenten von Hindenburg zum Reichskanzler ernannt, und am 5. März fanden die letzten halbfreien Wahlen zum Reichstag statt. In der Zwischenzeit lief die Terrormaschine auf vollen Touren. Zahllose Kommunisten und Sozialdemokraten wurden willkürlich verhaftet und barbarischen Methoden der Einkerkerung und Folter unterworfen. Die ersten ›wilden‹ Konzentrationslager wurden von SA und SS errichtet, Göring als preußischer Ministerpräsident schuf die Gestapo, die KPD wurde in den Untergrund getrieben. Doch selbst in dieser Situation konnte die NSDAP keine Mehrheit der Stimmen erreichen. Sie machte zwar erhebliche Gewinne, erhielt aber mit 43,9 Prozent der Stimmen nur eine knappe Mehrheit zusammen mit ihren Deutschnationalen Verbündeten. Am 24. März übertrug der Reichstag – gegen die Stimmen der SPD – der Hitlerregierung volle Machtbefugnisse (die KPD-Mandate waren annulliert worden). Sie konnte Gesetze erlassen, ohne das Parlament zu befragen, und war an die meisten Bestimmungen der Verfassung nicht gebunden. Das Ermächtigungsgesetz sollte 1937 auslaufen und wurde dann eigenmächtig verlängert.[1] Das war das Ende der Weimarer Republik, und die Regierung machte rasch Gebrauch von ihrer neuen Macht. Es gab keinen Widerstand.

Im Januar 1933 erließ die KPD einen Aufruf zum Generalstreik, aber er wurde nicht befolgt. Untere Parteieinheiten bereiteten sich dann auf die Illegalität und Sabotageaktionen vor, die Parteiführung stoppte aber diese Vorgänge zunächst. Massenverhaftungen von Funktionären zerstörten die Parteistruktur, da die Polizei detaillierte Informationen über die Parteieliten besaß, und so dauerte es einige Zeit, bis eine illegale Organisation aufgebaut werden konnte. Weil die Kommunisten glaubten, ihre Partei lasse sich nicht verbieten, waren wichtige Vorbereitungen vernachlässigt worden. Das gleiche galt für die SPD. Die Leiter der Berliner Sozialistischen Arbeiterjugend (SAJ) wollten ihre Organisation auf die Illegalität umstellen, wurden aber durch Drohungen der Parteileitung daran gehindert, und es kam zu einem schweren Konflikt. Als junge Parteiaktivisten Schreibmaschinen und Vervielfältigungsapparate aus den Parteibüros entfernen wollten, um sie nicht in Nazihände fallen zu lassen, wurde das von der Parteibürokratie verhindert. Sie mußten sie stehlen, um sie an sicheren Orten unterzubringen.[2]

Doch in einigen Großstädten waren schon Ende 1932 aktive Vorbereitungen getroffen worden. In Leipzig wurden sozialistische Fünfergruppen gebildet, mit guter Verbindung zu den lokalen Führern. In Hannover entstand mit Billigung der örtlichen Parteiführer eine ähnliche Organisation aus den aktivsten jüngeren Mitgliedern der SPD, des Reichsbanners Schwarz-Rot-Gold, der Arbeitersport- und Wandervereine, für den Fall, daß die Partei verboten werden sollte. Die Organisation war zentralisiert, die Leitung nur wenigen bekannt, Verbindungsleute sollten Kontakt zwischen ihr und den Sektionen mit ihren Unterführern aufrechterhalten.[3] Aber das waren Ausnahmen. Anfang 1933 warteten die Aktivisten des Reichsbanners und der Parteijugend überall auf ein Signal aus Berlin, um zur Aktion zu schreiten – aber es kam kein Signal. Auf jeden Fall wäre Widerstand gegen die vereinten Kräfte der Reichswehr, Polizei, SA und SS hoffnungslos gewesen, und die Waffenvorräte waren völlig unzureichend. Der bittere Kampf zwischen SPD und KPD verhinderte jedes gemeinsame Vorgehen. Ein Aufruf zum Generalstreik wäre vermutlich kaum befolgt worden.

Inmitten dieser Umwälzung fanden im März und April 1933 die Wahlen zu den Betriebsräten statt, die der NSBO jetzt einen klaren Erfolg brachten. In den Ruhrbergwerken erhielt sie 30,9 Prozent der Stimmen, etwas mehr als die Freien Gewerkschaften und dreimal soviel wie die Kommunisten. Bei Krupp in Essen kam sie auf 26,9 Prozent, erheblich weniger als die Freien und die Christlichen Gewerkschaften; aber bei Mannesmann in Duisburg erreichte sie 31,7, auf der Gute-Hoffnungshütte in Oberhausen und bei Klöckner in Hagen 42 Prozent, auf der August-Thyssenhütte in Dinslaken 55 und bei der Kölner Straßenbahn sogar 66 Prozent. Sie gewann starken Einfluß in wichtigen schwerindustriellen Betrieben. Im März hatte sie 371 000 Mitglieder, im Mai 1933 717000. Sie war zu einer Organisation geworden, die es auch mit den Betriebsleitungen aufnehmen konnte. Als die frei gewählten Betriebsräte von den neuen Behörden ihres Amtes enthoben wurden, gab es keinen Widerstand.[4]

Die Nationalsozialisten erklärten den 1. Mai zum Staatsfeiertag und organisierten riesige Demonstrationen, die Gewerkschaftsführer riefen zur Beteiligung auf. Falls sie hofften, dadurch ihre Organisationen retten zu können, wurden sie am folgenden Tag eines Besseren belehrt. Die Gewerkschaftshäuser wurden besetzt und alles Eigentum der Gewerkschaften beschlagnahmt. Was in Jahrzehnten mühsam aufgebaut worden war, erhielt eine neugegründete Naziorganisation, die Deutsche Arbeitsfront (DAF). Sie war keine Gewerkschaft, und die Behörden verweigerten auch der NSBO die Anerkennung als Gewerkschaft. Unter dem neuen Regime hatten beide den ›Arbeitsfrieden‹ zu sichern und mit den Arbeitgebern zusammenzuarbeiten.

Es ist viel darüber diskutiert worden, warum die deutschen Arbeiter die Vernichtung ihrer Organisationen und den Verlust ihrer Grundrechte so passiv hinnahmen. Sie waren zweifellos demoralisiert durch die lange Krise, die Massivität des Terrors, durch die rasche und komplette Machtübernahme. Die KPD hielt fest an ihrer alten Linie der »Einheitsfront von unten«, was bedeutete, daß sie versuchte, SPD-Arbeiter ihrer Partei abspenstig zu machen. Die wütenden Angriffe auf die SPD-Führer wurden fortgesetzt, schuld an Hitlers leichtem Sieg sei ihre ›Kapitulation‹ und ihr ›Verrat‹. Auf jeden Fall würde die Nazidiktatur nicht lange dauern und den Weg bahnen zum Sieg der proletarischen Revolution. Im März forderte die Leipziger KPD die Arbeiter auf: »Marschiert mit uns unter den roten Freiheitsfahnen des kommenden Sowjet-Deutschlands.« Im Sommer erklärte das Zentralkomitee, die faschistische Diktatur würde aufgrund ihrer »inneren Widersprüche« bald zusammenbrechen, auf Hitler würde ein Sowjet-Deutschland folgen. Unter den Sozialdemokraten waren ähnliche Illusionen weit verbreitet. Hatte die SPD nicht allen Verfolgungen unter Bismarcks Sozialistengesetz erfolgreich getrotzt und alle Schikanen der preußischen Polizei ad absurdum geführt? War sie nicht trotz Verfolgung ständig gewachsen? Im Wahlkampf 1933 erklärte der frühere preußische Innenminister Albert Grzesinski: »Wir sind mit Bismarck und Wilhelm fertig geworden. Wir werden auch mit der Reaktion von heute fertig.«[5] Sogar linke Intellektuelle meinten, Deutschland habe 1932 drei Kanzler gehabt, Hitler würde das gleiche Schicksal erleiden, genau wie die anderen würde er mit den Schwierigkeiten nicht fertig werden.

Nach der Auflösung der Gewerkschaften war es den SPD-Führern klar, daß ihre Partei das gleiche Schicksal erwartete. Am 4. Mai, nach einer »dramatischen Debatte«, wurde beschlossen, sechs Mitglieder des Parteivorstandes ins Ausland zu schicken, obgleich argumentiert wurde, »daß die Führer bei den Massen bleiben müßten«, was auch kommen möge. Die Sitzung verlief »in voller Harmonie«. Vor der Reichstagssitzung vom 17. Mai beschlossen die Abgeordneten nach massiven Nazidrohungen mit großer Mehrheit, an der Sitzung ohne eigene Erklärung teilzunehmen und Hitlers Erklärung zur Außenpolitik zuzustimmen. Schon vor diesem Beschluß gingen zwei Parteiführer auf Schleichwegen über die tschechische Grenze. Auf einer Sitzung im Saargebiet (das unter Verwaltung des Völkerbunds stand) wurde am 21. Mai beschlossen, den Sitz des Parteivorstands nach Prag zu verlegen. Doch in Deutschland traf dieser Beschluß auf starke Opposition, und bald gab es einen offenen Konflikt zwischen den Parteiführern in Prag und denen in Berlin. Erstere entschieden, mit Hilfe der sudetendeutschen Sozialdemokraten Broschüren und Zeitungen zu veröffentlichen, die das Hitlerregime scharf angriffen, und Grenzsekretariate zu errichten, um das Material nach Deutschland zu schaffen und die Berichte der illegalen Parteigruppen in Deutschland zu sammeln. Sechs solche Sekretariate entstanden in der Tschechoslowakei, je zwei in Frankreich, Belgien, Polen und der Schweiz, je eines in Dänemark und Luxemburg, alle dicht an der deutschen Grenze. Die Situation der SPD in Deutschland wurde »verzweifelt«.[6]

Eine der ersten Veröffentlichungen der emigrierten Parteiführung war ein revolutionäres Manifest, »Revolution gegen Hitler! Die historische Aufgabe der deutschen Sozialdemokratie«, das einen radikalen Bruch mit der Parteitradition bedeutete. »Gegen die Despotie gibt es keine parlamentarische oder verfassungsmäßige Opposition, sondern nur noch das Mittel der Revolution«, eine Partei wie die Sozialdemokratie hat »deshalb nur noch Existenzberechtigung als revolutionäre Partei«. Zwischen Nationalsozialismus und Sozialismus gebe es »keinerlei Gemeinschaft, sondern nur Kampf auf Tod und Leben«. Gleichzeitig zog die Flugschrift eine klare Trennungslinie zu den Kommunisten: »Die Existenz der Kommunistischen Partei, ihr unbelehrbares Festhalten an einer falschen Doktrin erschwert die Aufgabe des Kampfes gegen die Despotie Hitlers ... Das kann nicht das Ziel des großen Freiheitskampfes gegen den faschistischen Staat sein, daß an Stelle des faschistischen das bolschewistische Arbeitszuchthaus gesetzt wird!«[7] Die SPD blieb ihren alten libertären und demokratischen Grundsätzen treu und wollte nichts mit denen zu tun haben, die für die Diktatur eintraten. Sie konnte den Vertretern der Theorie des »Sozialfaschismus« und der »Einheitsfront von unten« kaum eine andere Antwort geben. In Deutschland ernannte eine von Paul Löbe einberufene Konferenz im Juni eine neue Parteiführung und sagte sich öffentlich von der Prager Leitung los; sie wären die einzigen Repräsentanten der Partei. Der Zweck wurde nicht erreicht, denn wenige Tage darauf wurde die SPD verboten und ihre Abgeordnetenmandate annulliert. Das Taktieren mit dem Hitlerregime war zu Ende.[8]

Im Anschluß an die von Löbe einberufene Konferenz trafen sich zwei Abgesandte der Prager Leitung geheim mit Parteisekretären und anderen Teilnehmern, die sie für »einigermaßen sicher« hielten, »um ihre Meinung über die illegale Arbeit zu hören«. Sie fragten eindeutig, ob sie zur Teilnahme bereit seien und »die Zeitungen und Broschüren, die aus Prag kommen, verbreiten« wollten. Der Sekretär von Magdeburg-Anhalt »war erfreut über die Zusammenkunft mit den Pragern, die wollen wenigstens etwas tun«; sie müßten von den Nazis lernen, die zehn Jahre lang illegal gearbeitet hätten. In seinem Bezirk habe er schon »ein Netz junger und jüngerer Leute erfaßt«, die arbeiten wollten. Aber er warnte, »man soll nicht zuviel bringen, sonst gibt es Pannen«. Die Warnung war nur zu berechtigt. Anfangs organisierten viele Grenzsekretäre den Versand der illegalen Literatur ohne Beachtung der elementarsten Vorsichtsregeln, nach der Devise »Je mehr, desto besser«, mit der Post an bekannte SPD-Funktionäre, in Paketen von Postämtern dicht an der deutschen Grenze, so daß die Polizei sofort zugreifen konnte.[9]

Was unter Bismarcks Sozialistengesetz leicht gewesen war, als »Der Sozialdemokrat« massenweise nach Deutschland geschmuggelt wurde, war 1933 unmöglich geworden.

Doch einigen Grenzsekretären gelang es rasch, gute Beziehungen nach Deutschland aufzubauen. Hans Dill, der frühere Parteisekretär von Nürnberg, benutzte einen jungen Kellner, der im Speisewagen Prag-München arbeitete, um das Material zu transportieren und zu verteilen, und schuf ein

Netz von Verbindungen in Niederbayern. In Oberbayern baute ein anderer Grenzsekretär, der junge und charismatische Waldemar von Knoeringen, aus altem bayerischem Adel, illegale Gruppen in München, Augsburg und anderen Städten auf. Aber er hatte es schwer, in den Fabriken Fuß zu fassen, weil die Arbeiter verängstigt waren und die Solidarität gelitten hatte. Im Dezember kritisierte er die von der Parteileitung praktizierte achtlose Verteilung von Material und trat ein für mehr theoretische Literatur, um die Mitglieder zu schulen: »Erste Aufgabe ist die ideologische Festigung unserer Genossen und die Führerbildung«, die Verteilung von Massen von Material sei weniger wichtig. Ein anderer Grenzsekretär, der solide und stämmige Schwabe Erwin Schöttle, der von der Schweiz aus arbeitete, rechnete mit mehreren hundert Anhängern in Stuttgart. Seine »Politischen Rundbriefe« wurden in großer Zahl dort und in anderen schwäbischen Städten verteilt.[10] Das wichtigste Vehikel der sozialistischen Propaganda war die »Sozialistische Aktion«, die monatlich in Prag auf sehr dünnem Papier publiziert wurde und um die sich in Deutschland illegale Gruppen bildeten. Sie stellte die Verbindung her zwischen den isolierten und verstreuten Parteigruppen und hielt ihren Geist wach. Der Herausgeber war Paul Hertz, einer der emigrierten Parteiführer, ein hochintelligenter und erfahrener Politiker.

Der Geist, der die illegale Partei beseelte, war an den einzelnen Orten sehr verschieden und war oft eine Generationsfrage. Meist kamen die Aktivisten aus dem Reichsbanner und aus der Parteijugend, der SAJ, während viele ältere Parteigenossen entmutigt von der Niederlage waren und passiv blieben. Aus Braunschweig wurde berichtet, die einfachen Mitglieder seien gegen jede »Aktion« und träfen sich nur in kleinen Gruppen zum Informationsaustausch. Doch der frühere Reichsbannerführer Erich Gniffke schuf eine Verkaufsorganisation für Kohlenherde, die an vielen Orten vertreten war, frühere SPD-Funktionäre beschäftigte und die Emigration mit Nachrichten versorgte. Auch in Neu-Isenburg bei Frankfurt gab es keine aktive Opposition; die Sozialdemokraten trafen sich zum Kartenspiel oder um ein Glas Bier zu trinken. In Frankfurt gab es eine aktive SPD-Gruppe, die Material wie die »Sozialistische Aktion« verteilte und es per Motorrad nach Darmstadt, Mainz, Hanau, Offenbach und Wiesbaden schickte. Ein Exemplar kostete 10 Pfennig, die nach Frankfurt abgerechnet wurden. Die Empfänger kannten nur ihre eigene kleine Gruppe. Wie die Gestapo 1935 nach Massenverhaftungen berichtete, war die SPD im Rhein-Main-Gebiet in regelrechten Bezirken organisiert, vier davon in Frankfurt und weitere in den Nachbarstädten. Aber viele Sozialdemokraten waren gegen jede illegale Arbeit und trafen sich nur in Sport- oder Kegelklubs oder in bestimmten Wirtschaften, von denen eine einem früheren SPD-Abgeordneten gehörte. In Frankfurt bestand auch eine separate Gruppe früherer Mitglieder des Allgemeinen Freien Angestelltenbundes, die sich sorgfältig auf die Illegalität vorbereitet hatten: Verhalten bei Verhaftung, Flugblattverteilung, Vermeidung von Polizeibeobachtung. Am 1. Mai veranstalteten sie ihre eigene Maifeier im Wald, nachdem sie sich vor der offiziellen Feier gedrückt hatten.[11]

In Mannheim gab es eine 150 bis 200köpfige Gruppe von SPD-Aktivisten, umgeben von passiven Lesern der »Sozialistischen Aktion«, für die sie zehn Pfennig zahlten und Arbeitslose fünf. In Mannheim und Umgebung wurden ca. 1500 Exemplare abgesetzt. Unvorsichtigerweise wurden Mitgliedskarten ausgegeben und die Beiträge quittiert, jedenfalls am Anfang. Der Leiter war ein früherer Funktionär der SAJ und des Reichsbanners. Die Basis bestand aus Genossen, die sich seit langem gut kannten. Auch in Stuttgart wurden Beiträge kassiert und Flugblätter verteilt, z.B. eine Aufforderung, in dem Nazi-Plebiszit vom 12. November 1933 mit ›Nein‹ zu stimmen. In Dortmund hatten die SAJ-

Mitglieder verschiedene Vorstellungen: entweder Teilnahme an der SPD-Arbeit oder von ihr getrennte Aktivität. Die letzteren hatten Kontakte zu ähnlichen Gruppen im Ruhrgebiet und nach Holland, von wo sie ihr Material erhielten. Diskussionen fanden im Freundeskreis oder auf Ausflügen statt. Andere Möglichkeiten bestanden in einem Kleingärtner- und in einem Frauengesangverein »Rote Erde«, bis er von der Gestapo aufgelöst wurde. Das markanteste Beispiel dieser Aktivität im Rheinland war die Brotfabrik mit dem passenden Namen »Germania« in Duisburg, die von August Kordass gekauft wurde und ihre Waren am ganzen Niederrhein verkaufte. Die meisten Fahrer waren alte Parteimitglieder, die das Brot zusammen mit der »Sozialistischen Aktion« ins Haus lieferten. Das Material wurde von Schiffern oder Kurieren aus Holland herangeschafft. Kordass kündigte allmählich den wenigen loyalen Nazis unter seinen Arbeitern wegen »ungenügender Leistung«. Als er Ende 1934 auch den Fabrikobmann der DAF entließ, schlug die Gestapo zu und vollzog Massenverhaftungen.[12] Erstaunlich war nur, daß sie solange wartete, bis sie gegen ein Unternehmen vorging, das so offensichtlich illegale Aktivität betrieb.

Ein anderes Zentrum illegaler Arbeit war Hamburg mit seiner langen und stolzen sozialistischen Tradition. Auch hier ging ein Impuls von jungen Mitgliedern der SAJ aus, die kleine Gruppen, benannt nach den alten Parteiführern Ignaz Auer und Paul Singer sowie nach Jack London, bildeten. Viele andere traten dem Hamburger Wanderklub bei, der von Mitgliedern der sozialistischen Naturfreunde organisiert wurde, die man aufgelöst hatte. Eine andere aufgelöste Organisation war der Arbeitersportverein »Fichte«, dessen Mitglieder eingeladen wurden, dem Hamburger Lehrerturnverein beizutreten. Das bedeutete, in den Worten der Anklageschrift von 1937, »eine getarnte Neugründung eines Zusammenhalts von Gleichgesinnten«, um »das Zusammenkommen zu erleichtern«. Die Mitglieder lasen zusammen

»Hetzmaterial«, diskutierten darüber und sammelten Geld für politische Gefangene. Mitglieder des Arbeiterwassersportvereins gingen zu ›bürgerlichen‹ Vereinen wie Helius oder dem Wassersportverein und hielten so über viele Jahre Kontakt miteinander. Im Herbst 1933 wurde der Versuch unternommen, eine SPD-Organisation für ganz Hamburg zu schaffen, die auch Altona, Harburg und Wandsbeck umfaßte. Kuriere brachten regelmäßig illegale Literatur zu Gruppen von zehn bis zwanzig Leuten, Beiträge wurden gesammelt und mit signierten Postkarten quittiert. Die Mitglieder waren meist gelernte Arbeiter, die in der Bewegung aufgewachsen waren und von denen viele ihre Stellen bei den Gewerkschaften, dem Konsumverein oder der Sozialversicherung verloren hatten. Die größten Gruppen bestanden in den Arbeitersiedlungen mit ihrem sozialdemokratischen Milieu. Bald darauf erschien eine Wochenschrift, »Rote Blätter« in einer Auflage von etwa 4000, die auch in andere Städte verschickt wurde. In der kleinen holsteinischen Stadt Uetersen organisierte ein Reichsbannerführer kleine Gruppen von Sozialdemokraten und Gewerkschaftern. Er hatte gute Verbindung zur KPD und nahm an Besprechungen ihrer Leitung teil, aber das war eine Ausnahme. Dort produzierten Mitglieder beider Parteien zusammen illegales Material.[13]

In Bremen bildeten junge aktivistische Reichsbannerleute eine illegale Gruppe. Sie warteten auf die bevorstehende Krise des Nazisystems, die sie zur Einleitung eines demokratisch-sozialistischen Kurses benutzen wollten. Die Gruppe umfaßte einen großen Teil der ehemaligen Mitglieder, und ebenso wie viele andere hegten sie sehr optimistische Erwartungen. Für die SPD ergriff Anna Ziegler, die bisherige Leiterin der sozialdemokratischen Frauen, die Initiative und mobilisierte im April 1933 die Frauen zur Unterstützung politischer Gefangener. Sie stellte fest, daß viele Frauen nur auf ihren Ruf warteten, organisierte große Ausflüge und Geburtstagsfeiern mit Diskussionen und Vorträgen. Man wählte Komitees sowie ein übergeordnetes Gremium mit Vertreterinnen aus jedem Stadtteil. Eine separate SAJ-Gruppe verteilte Material an ihre Freunde und hatte Kontakte zu allen Bezirken. Viele SAJler traten der Wandergruppe des Vereins für Sport und Körperpflege bei, um den Zusammenhalt zu bewahren. Zum Jahrestag der sogenannten Bremer Räterepublik, die von Truppen der Reichsregierung 1919 zerschlagen worden war, erließ die Bremer SPD einen Aufruf, die Gräber der Gefallenen aufzusuchen, und etwa 3000 Männer und Frauen folgten dem Ruf, anscheinend ohne daß die Polizei eingriff. In Halle war die Organisation nur lose. Ein Wäschebetrieb funktionierte als Informationsstelle der Opposition. Sein Inhaber, ein früherer Gewerkschaftsfunktionär, bereiste die Provinz Sachsen und Thüringen. Fast alle seine Kunden kamen aus der SPD und den Gewerkschaften. Er wurde mehrmals verhaftet, aber eine illegale Tätigkeit ließ sich nicht nachweisen.[14]

In Augsburg änderte der Volkschor »Lassallia« (nach Ferdinand Lassalle) seinen Namen in Richard-Wagner-Chor und bewahrte so seine Kontinuität. Doch im Oktober 1933 wurde ein neuer Vorsitzender bestellt, der den Hitlergruß für obligatorisch erklärte. Der Freie Ruderverein von Düsseldorf änderte den Namen seines Bootshauses in »Jung Siegfried«, um der Auflösung zu entgehen. In Bremen fanden die Naturfreunde einen ehemaligen Sozialdemokraten, der schon vor 1933 zur NSDAP gegangen war, und konnten durch ihn ihr Heim vor der Beschlagnahme retten. Auch der Arbeitergesangverein bestand zunächst weiter. Viele Vereine akzeptierten neue Vorsitzende von der politischen Rechten und schalteten sich pro forma gleich. Aber nicht alle hatten damit Erfolg, und viele wurden aufgelöst.[15]

Vermutlich die am besten organisierte und effektivste sozialdemokratische Organisation war die »Sozialistische Front« in Hannover, deren Anfänge bis 1932 zurückreichten. Ihr

Leiter war Werner Blumenberg, ein SPD-Journalist. Die Gruppenführer und andere wurden systematisch in Methoden der Polizeibeobachtung und Vernehmung geschult, wobei man die Lehrbücher der Kriminalpolizei als Grundlage benutzte. Die Stadt wurde in Bezirke eingeteilt, mit Fünfergruppen als Basis. Nach Blumenbergs Plan sollten Kontakte nur zwischen der Leitung und den ihr unterstellten Unterführern bestehen, und von diesen zu den Gruppenführern. Abgesehen von den Ortsgruppen gab es etwa zehn Betriebszellen und Gruppen, die aus dem Volkschor, dem Gartenklub und den Arbeitersportvereinen hervorgingen. In den Arbeitersiedlungen war das sozialdemokratische Milieu so stark, daß fast alle SPD-Mitglieder mitarbeiteten. Die Organisation hatte zwischen 600 und 700 Mitglieder. Alle paar Wochen erschienen die »Sozialistischen Blätter«, die für 20 Pfennig verkauft wurden, 300 Stück in Hannover und der Rest an anderen Orten. Die Organisation verstand sich als Realisierung der sozialistischen Einheitsfront und vermied alle Kontakte zu anderen illegalen Gruppen. Die Beschränkung auf das vertraute SPD-Milieu und die konspirativen Methoden erklären den Erfolg in den ersten Jahren. Gegenüber der emigrierten Parteileitung in Prag war man kritisch eingestellt, da sie versagt habe.[16]

Die sozialdemokratische Aktivität beruhte zu einem großen Teil auf der Aufrechterhaltung von Kontakten zu alten und bewährten Genossen und vermied alle ›Massenpropaganda‹, wie sie die Kommunisten betrieben. Das erschwerte es zunächst der Polizei, in die Gruppen einzudringen. Das alte sozialistische Milieu mit seinen vielen Verzweigungen bestand nach wie vor, und sei es nur in Form von Wandern und Ausflügen, Kegel-, Bier- und Skatklubs, Stammtischen, Lesezirkeln, Geburtstagsfeiern und Radiohören. Das Milieu war besonders stark in den Arbeitersiedlungen von Berlin, Hamburg, Hannover und anderen Städten mit ihren engen persönlichen Beziehungen. Es zeigte sich auch in dem Eifer, mit dem die »Sozialistische Aktion« und anderes Material empfangen und verbreitet wurden. Einer, der am Schmuggel des Materials aus der Tschechoslowakei beteiligt war, schrieb später, es sei nur an »zuverlässige Leute« verteilt worden, denn »es sollte ja keine Volksbewegung daraus werden, sondern Rückgratstärke für Leute, die in der Sache fest waren«.[17] Doch die Begeisterung vieler junger Sozialisten beruhte auch auf dem Glauben, daß das Regime sich nicht halten könne, daß ihre Opfer bald belohnt werden würden. Im Oktober 1933 schrieb der Parteiführer Otto Wels aus Prag an Karl Kautsky über den »Optimismus, von dem die jungen Arbeiter beseelt sind, in bezug auf die Dauer des Regimes«, einen Optimismus, den er noch bestärke, weil er ihn völlig teile.[18] Die so dachten, sollten bald enttäuscht werden.

Relativ nahe zur SPD standen mehrere kleinere Parteien und Gruppen, die sich in den Jahren der Weimarer Republik von ihr getrennt hatten. Die größte davon war die Sozialistische Arbeiterpartei (SAP), die im Oktober 1931 gegründet worden war und sich dann mit einer kleineren Gruppe vereinigte, die wegen ›rechter Abweichungen‹ aus der KPD ausgeschlossen wurde. Schon im März 1933 hielt die SAP einen illegalen Parteitag in der Nähe von Dresden ab, beschickt von etwa 60 Delegierten aus allen Teilen Deutschlands, die mehr als 15000 Mitglieder vertraten. Die Diskussionen waren beherrscht von der schweren Niederlage des deutschen Proletariats, und es wurde eine illegale Leitung ernannt. Diese warnte alle Parteigruppen, ihre Aktivität von Quantität auf Qualität umzustellen, alle expansive Tätigkeit zu unterlassen, Fünfergruppen zu bilden und die Wohnungen bekannter Parteimitglieder zu meiden. Kuriere sollten die Verbindung zwischen der Parteileitung und den Ortsgruppen herstellen. Aber schon im August wurden vier Mitglieder der Leitung verhaftet, als ein Gestapoagent sich als ein aus Prag kommender Kurier ausgab. Die Warnungen wurden nicht beachtet. In Dresden verteilten junge SAPler Flugblätter an Fabriktoren. In Breslau, wo der lokale Führer, Ernst Eckstein, grausam von den Nazis ermordet wurde, fand eine große Demonstration an seinem Grab statt, Broschüren wurden in Briefkästen gesteckt, und viele Verhaftungen folgten.[19]

In Dortmund hatte die SAP etwa 300 Mitglieder, die eng mit den Naturfreunden zusammenarbeiteten und sich regelmäßig trafen. In Mannheim gab es 80-100 Mitglieder und kleine Gruppen in Ludwigshafen und Heidelberg. Dort gab die Partei eine Zeitschrift, »Das Fanal«, in großer Auflage heraus. Zwei lokale Funktionäre hielten regelmäßig Schulungsabende in ihren Wohnungen ab, auf denen marxistische Texte gelesen und kurze Vorträge gehalten wurden. In Bremen waren die ca. 70 Mitglieder meist sehr jung und in kleinen Gruppen zusammengefaßt. In Berlin sank die Mitgliedschaft 1934 auf etwa 700. Als Willy Brandt – unter dem Decknamen eines norwegischen Studenten – 1936 Berlin erreichte, auf nur 300. Er fand »die Lücke, die die Gestapo gerissen hatte, erschrecklich groß, viel größer, als ich es mir je vorgestellt hatte«, schrieb er später. Als ein wichtiger Funktionär 1934 verhaftet wurde, erklärte er sich sogar bereit, einen Gestapomann nach Berlin zu begleiten, um Treffen mit Parteiaktivisten zu arrangieren. Doch er wurde von ihnen in einer waghalsigen Aktion gerettet und auf Schleichwegen über die böhmische Grenze gebracht.[20]

Eine viel kleinere elitäre Organisation war der Internationale Sozialistische Kampfbund (ISK), der sich schon früher wegen seiner marxistischen Ideologie von der SPD getrennt hatte. Sein Gründer war der Göttinger Philosoph Leonard Nelson, der viele begeisterte Schüler hatte. Die Mitglieder waren strikte Vegetarier, und die fünf vegetarischen Restaurants des ISK brachten nützlichen Gewinn ein und dienten den kleinen Gruppen als unverdächtige Treffpunkte. 1933 hatte der ISK etwa 300 Mitglieder, die sich als Elite fühlten. Im Juli trafen sich die lokalen Leiter in Saarbrücken und einigten sich auf Richtlinien für illegale Arbeit mit einer langen Perspektive und intensiver Schulung der Mitglieder, die den Kern von Fünfergruppen bilden würden. Unabhängige sozialistische Gewerkschaften sollten die Verbindung zu den Arbeitermassen herstellen und Betriebszellen gegründet werden. Dabei leistete die International Transportworkers Federation (ITF) in Amsterdam wichtige Hilfe. Im August traf deren Sekretär Edo Fimmen, der eine wichtige Position in der internationalen Gewerkschaftsbewegung einnahm, ein Abkommen mit dem ISK und finanzierte dessen »Neue Politische Briefe«, die ab Oktober erschienen und durch ITF-Seeleute nach Deutschland geschmuggelt wurden. Der ISK war jahrelang imstande, effektive illegale Arbeit zu leisten, seine kleinen Gruppen konnten von der Gestapo trotz großer Anstrengungen nicht entdeckt werden, weil alle Aktivisten einander seit langem gut kannten.[21]

Ebenso klein war der Rote Stoßtrupp, der 1933 in Berlin von jungen Sozialisten und Reichsbannerleuten gebildet wurde, die sehr kritisch zur Parteileitung in Prag und zur SPD-Politik standen. In regelmäßigen Abständen erschien eine Zeitschrift mit demselben Namen. Flugblätter zu den ›Wahlen‹ vom November riefen die Wähler auf, nicht die NSDAP zu wählen und mit ›Nein‹ zu stimmen. Die Gruppe hatte enge Verbindungen außerhalb Berlins bis nach Hamburg, Breslau und Stettin und in die Pfalz. Doch Unvorsichtigkeiten führten bald zu Massenverhaftungen in Berlin und an anderen Orten. Das Ziel war die Bildung »einer illegalen Organisation« mit »strengster Disziplin«, aber es wurde nicht erreicht. Doch man erkannte, daß Streiks und Demonstrationen erst möglich sein würden, »wenn die Massen ernüchtert sind und uns wieder ihre Sympathien zuwenden«. Versuche, den Roten Stoßtrupp neu aufzubauen, hatten nur geringen Erfolg.[22]

Eine unter den vielen kleinen Gruppen, die 1933 in Berlin entstanden, muß erwähnt werden, weil sie mehr von sich reden machte und länger bestand als die anderen. Sie wurde gegründet von Walter Löwenheim, der als junger Mann prominentes Mitglied in der Kommunistischen Jugendinternationale gewesen war. Er wurde gegen Ende der zwanziger Jahre aus der KPD ausgeschlossen und schloß sich der rechten Opposition (KPO) an. Im Jahre 1929 begann er mit dem Aufbau einer illegalen Geheimorganisation, die durch ihre Mitglieder die SPD und KPD durchdringen, ihre Politik revolutionär umgestalten und die zerstrittene deutsche Arbeiterbewegung wieder vereinigen sollte. Die Mitglieder der »Org.«, wie sie intern genannt wurde, wurden viele Wochen lang politisch geschult und mit der »Konzeption« Löwenheims vertraut gemacht. Sein Vorbild war Lenin, vor allem »Was tun?«, und wie Lenin wollte er eine Organisation von Berufsrevolutionären schaffen. Die Kurse bestanden aus Vorträgen über Marxismus, die Rolle von Ideologien, bürgerliche und proletarische Revolution, Geschichte der Arbeiterparteien und des Bolschewismus und den Weg zum Sozialismus. Die meisten Mitglieder waren jung und kannten einander nur unter konspirativen Namen. Das hatte nichts zu tun mit der Furcht vor dem Sieg des Faschismus, sondern beruhte auf den konspirativen Ideen Löwenheims und seines engeren »Kreises« (der vor allem aus ihm, seinem Bruder und den Brüdern Wiskow bestand, die alle aus der KPO kamen). 1931 hatte die »Org.« ihren ersten Erfolg. Die Führer der Berliner SAJ wollten bei ihrer Gründung der neuen Linkspartei, der SAP, beitreten, die sich von der SPD abgespalten hatte. Doch Löwenheim und seinen Freunden gelang es, sie davon abzuhalten. Sie sollten in der SPD bleiben und in ihr für ihre revolutionäre Umgestaltung arbeiten. So konnten neue Mitglieder aus der SAJ rekrutiert werden, vor der ›Machtergreifung‹ und nach ihr, und die »Org.« wuchs langsam. Die Vernichtung der beiden Linksparteien

zerstörte gleichzeitig ihre alte Konzeption, sie von innen zu erobern, und es wurde beschlossen, die Mitglieder aus den Überresten zurückzuziehen.[23]
So wurde die »Org.« eine unabhängige linke Gruppe in Berlin, mit 100 bis 150 Mitgliedern. Bisher war sie der Gestapo nicht bekannt, ebensowenig wie der Linksbewegung im allgemeinen. 1933 skizzierte Löwenheim einige seiner Grundideen für eine breitere Öffentlichkeit. Das Manuskript wurde ins Ausland geschmuggelt (in einem Autoreifen) und dem Sekretär der Sozialistischen Internationale, Friedrich Adler, übergeben. Er war stark beeindruckt – die deutsche Arbeiterbewegung lebte also noch – und schlug dem emigrierten Parteivorstand in Prag die Publikation vor. Das geschah noch im gleichen Jahr mit dem Titel: »Neu beginnen! Faschismus oder Sozialismus. Diskussionsgrundlage zu den Streitfragen des Sozialismus in unserer Epoche«, und so erhielt die »Org.« einen Namen. Die Broschüre machte die »bürgerlichen Ideologien«, die in beiden Arbeiterparteien herrschten, verantwortlich für ihre Niederlage. Im Gegensatz zu ihnen besaß die »Org.« wirkliche marxistische Erkenntnisse. Die Broschüre trat ein für die komplette Erneuerung der Bewegung, die geleitet werden müsse von Sozialisten innerhalb Deutschlands (womit er sich und seinen Kreis meinte), nicht von den diskreditierten alten Führern. Sie vertrat mit Recht eine sehr langfristige Perspektive und die Notwendigkeit eines Bündnisses mit nichtsozialistischen demokratischen Kräften. Aber sie lehnte die »bürgerliche Demokratie« und eine Neuauflage der Weimarer Republik ab: »Ihr politisches Ziel nach dem Sturz des Faschismus ist die Alleinherrschaft der sozialistischen Partei, weil sie allein eine Garantie bietet gegen die Wiederkehr des Faschismus.«[24]
Die Broschüre machte einen starken Eindruck innerhalb und außerhalb Deutschlands. Sie übte große Anziehungskraft aus auf jüngere, kritisch eingestellte Sozialisten und Kommunisten, die den alten Kurs und die alten Führer kritisierten,

›Massenaktionen‹ ablehnten und gute konspirative Methoden bevorzugten. In Deutschland dehnte sich die Gruppe rasch nach Sachsen und Thüringen (alte Hochburgen der sozialdemokratischen Linken), nach Mannheim und Württemberg und später nach Bayern aus. Es entstand eine enge Verbindung zu den Resten des Bundes Religiöser Sozialisten. Wie zwei Mitglieder der kleinen Mannheimer Gruppe später schrieben, kam es ihnen darauf an, »Überlebenszellen der alten Arbeiterbewegung und ihrer wertvollsten Funktionäre auszubauen«, sowie auf »die geistige Schulung zum Überleben unter dem Faschismus«; wenn sich Gelegenheit böte, würden sie zur Aktion bereitstehen.[25] Doch ein rein passiver Kurs wurde von vielen Mitgliedern abgelehnt. Da die Gruppe keine Aktionen nach außen betrieb, entging sie zunächst aller Verfolgung. Aber die Expansion nach anderen deutschen Gegenden brachte auch die Gefahr, daß sie früher oder später der Gestapo auffallen würde.

Die Partei, die am schwersten unter der Verfolgung durch die Gestapo und die Nazis litt, war natürlich die KPD, mit ihren offenen Massenaktionen und alten Propagandamethoden, so als ob sich nichts geändert hätte: Flugblattverteilung, Hissen roter Fahnen auf Fabrikschornsteinen, Malen von Parteiparolen auf Mauern und Straßen. Nach mehreren Todesurteilen gegen junge Kommunisten in Hamburg (wegen ihrer Teilnahme an Schießereien mit den Nazis in Altona) organisierte der KJVD, die kommunistische Jugend, Straßendemonstrationen zur Rettung der Verurteilten. In Berlin wurden von der KPD zum 1. Mai 1934 Demonstrationen in mehreren Stadtbezirken veranstaltet. Wie sich ein leitender Funktionär erinnerte, waren die Folge »harte Schläge gegen die Partei«, oder »die Genossen weigerten sich vernünftigerweise«, solche Methoden anzuwenden. In den Berliner Siemenswerken verkauften Arbeiter Bilder des verhafteten Parteiführers Ernst Thälmann und spezielle Thälmannmarken. Die Auslandsleitung, die sich in Paris etabliert hatte, schickte ihre Erzeugnisse und die der Komintern »kofferweise« nach Berlin, »ganze Zentner von Material«, erinnerte sich Herbert Wehner. In Hof in Bayern wurden aus Böhmen geschmuggelte Zeitungen verkauft. Ein Teilnehmer fand, das sei keine illegale Arbeit gewesen »sondern fast öffentlich« und hätte gar nicht gut gehen können.[26] Solche Methoden wurden ganz allgemein angewendet, um die ›Massen‹ zu mobilisieren.

Im Mai 1933 nahm das Zentralkomitee eine Resolution an, die Partei sei »vorübergehend zum Rückzug gezwungen« worden, aber nur Kapitulanten könnten daraus folgern, die deutsche Arbeiterklasse habe »eine Niederlage erlitten« oder »eine Schlacht verloren«, die »Einheitsfront von unten« bleibe die Grundlinie der »Massenarbeit«. Im Oktober forderte die Bezirksleitung des Ruhrgebiets zur Massenmobilisierung auf: »An alle Wände müssen Parolen«, an belebten Ecken sollten abends Sprechchöre organisiert werden. Illegale Gewerkschaften sollten die Massen mobilisieren, aber selbst im Ruhrgebiet blieben die kommunistischen Gewerkschaften sehr schwach und konnten nur wenig ausrichten. Im Sommer 1933 versuchte die Bezirksleitung, die Rote Gewerkschaftsopposition (RGO) wieder aufzubauen, Zeitungen wurden vertrieben, Beitragsmarken von Kassierern verkauft, aber schon im November wurde die Organisation fast völlig zerschlagen. Im Juni 1934 erließ das Zentralkomitee einen noch illusionäreren Aufruf: »Schon geht ein breiter revolutionärer Aufschwung durch das Land. Der Haß gegen die faschistischen Gewalthaber steigert sich von Tag zu Tag ... Ihr steht an der Schwelle der deutschen proletarischen Revolution! ... Gehe auf die Straße mit unseren Demonstrationen, organisiere mit uns den politischen Massenstreik, den Generalstreik für den Sturz der faschistischen Diktatur! ... Marschiert in Massen auf die Rathäuser und Finanzämter. Verhindert in Massen alle Pfändungen!« Nach dem Krieg schrieb ein ehemaliger leitender Kommunist, die Fiktion einer baldigen Volksrevolution habe das Denken der Parteiführer beherrscht, der alte Parteibetrieb sei mechanisch weitergegangen; »man fühlte sich als Exponent einer Millionenbewegung, nein: des gesamten werktätigen Volkes und sah nicht die täglich stärker zutagegetretene Isolierung unserer Aktivisten«, die immer stärkere Verankerung der Hitlerpartei »bis tief in die Massen der Arbeiterschaft«.[27] Die alten Illusionen blieben, die Überschätzung der eigenen Stärke, die Unterschätzung des Gegners, die chiliastischen Hoffnungen auf die kommende Revolution.

Was auch blieb, war die Parteistruktur, mit einem politischen, einem organisatorischen und einem Agitpropleiter auf jeder Ebene. Das erleichterte die Arbeit der Gestapo, die nur die Namen einzusetzen brauchte, um die Gesuchten zu finden. Oft konnte sie sich auch auf ›Geständnisse‹ stützen, die sie durch schwere Folterungen erpreßt hatte, oder auf Spitzel, die sie in die Partei eingeschleust hatte, auf Genossen, die sie unter schwerem Druck ›umgedreht‹ hatte. Im Juni 1933 fand die Polizei auf einer Hühnerfarm, die der Sekretärin des Parteioberberaters für Westdeutschland gehörte, drei Koffer mit einem ›Archiv‹, Briefkopien und Konferenzprotokollen. Später wurde der Rest des ›Archivs‹ in der Wohnung eines Bezirkssekretärs entdeckt, mit einem Bericht über die Parteitätigkeit am ganzen Niederrhein. Wenn die Gestapo einen Parteikassierer gefunden hatte, brauchte sie ihm nur zu folgen, um alle Mitglieder seiner Zelle zu finden, und viele Kassierer besaßen Adressenmaterial. In Braunschweig wurde weiter für die KPD und die Rote Hilfe kassiert und Beitragsmarken ausgegeben. Im Juni wurde ein Kassierer verhaftet, als er das Geld einem Kurier übergeben wollte, mit ihm befanden sich in der Wohnung zwölf andere mit Adressen und Beitragsmarken. Im August wurden in Bremen zahlreiche Funktionäre aus allen Stadtteilen verhaftet, einige davon bei einer Sitzung einer Stadtteilleitung, von der die Gestapo wußte. In Düsseldorf führte der frühere

Leiter eines Bezirkskomitees einen Gestapoagenten als »Instrukteur aus Berlin« ein, der dann von der Gestapo gedruckte Beitragsmarken verteilte, das Geld zum Nutzen der Gestapo einsammelte und Verbindungen zu höheren Parteistellen herstellte. In Augsburg wurde die Reorganisation des KJVD von einem Spitzel kontrolliert, der immer wieder die anderen zur Aktivität anhielt und die radikalsten Pläne vorschlug. In Herne fand die Gestapo im Herbst 1933 eine Mitgliederliste, die aus Zigarettenbildern mit abgekürzten Namen und dem Betrag der Beiträge bestand. Im ostpreußischen Allenstein war ein Gestapoagent jahrelang aktiver KPD-Funktionär, so daß die Gestapo mit Verhaftungen warten konnte. Aus Kassel berichtete sie im Juli 1933, sie habe bereits die dritte Führergarnitur des Bezirks Hessen-Waldeck – 16 Mann – verhaftet, so daß der Bezirk keine geeigneten Leute zur Fortsetzung der Arbeit besaß. Das gleiche galt für Ludwigshafen, wo »jeder Ansatz einer Organisation von der Gestapo zerschlagen« wurde. In Bremen entdeckte sie im Laufe eines Jahres zehn Behälter mit illegaler Literatur, die auf dem Seeweg gekommen war.[28]

Aus Kassel schrieb der Parteiinstrukteur Ende 1933 an die Bezirksleitung, es habe so viel Verhaftungen gegeben, »daß von der Leitung nichts mehr übrig blieb«; er habe keine Verbindung zu den Stadtteilen; »mit Mühe und Not habe ich eine Leitung, aus vier Mann bestehend, geschaffen« und wieder Verbindungen hergestellt, es gebe noch 180 Mitglieder. In München und Nürnberg mußten im Sommer 1933 Funktionäre der Hilfsorganisationen und des KJVD herangezogen werden, um die Parteiposten neu zu besetzen. Die dortigen Funktionäre glaubten schon viel gewonnen, wenn die Instrukteure berichteten, sie hätten neue Führer für den Bezirk, Unterbezirk und Stadtteil eingesetzt, aber das Reservoir geschulter Leute war bald ausgeschöpft. In Berlin wurde im Herbst 1933 die gesamte Bezirksleitung verhaftet, inklusive eines Archivars mit dem Parteiarchiv und Detailangaben über zahllose Parteibeamte. Bis zum Oktober bestand dort eine Zentralleitung für ganz Deutschland, während ein Teil des Zentralkomitees nach Paris auswich. Die Berliner Leitung überwachte die Parteibezirke durch schriftliche Anweisungen, wöchentliche Kurierbesuche, monatliche persönliche Berichte der Oberberater, die für drei bis fünf Bezirke zuständig waren, und persönliche Diskussionen in Berlin. Die größeren Bezirke mußten einen Teil der Mitgliedsbeiträge nach Berlin abführen, während die kleineren geringe Zuschüsse erhielten. Es war eine starre Struktur, die nur mit schweren Opfern und immer neuen Verlusten aufrechterhalten wurde.[29]

Auf der lokalen Ebene war das Verhalten oft unvorsichtig. Pfingsten 1933 veranstalteten die Mitglieder des KJVD aus allen Städten des Ruhrgebiets ein Zeltlager auf einer Heide mit nur ganz elementaren Vorsichtsmaßregeln. Ein Aktivist aus Köln erinnerte sich, daß in den Stadtteilen die Rote Hilfe und andere Organisationen weiter in die Breite arbeiteten, daß die Mitglieder sich nach wie vor in großen Gruppen trafen, daß man zuviel über einander wußte. In Kassel kursierten Sammellisten mit dem Aufdruck »Gesellschaft für Recht und Gerechtigkeit«, die abgerechnet wurden; es gab nach wie vor Beitragsmarken, nur ohne Hammer und Sichel. In Stuttgart wurden monatlich Sparmarken eines getarnten Vereins in Büchlein geklebt. In Hannover wurden weiße Marken zu 10, 20 und 50 Pfennig für den »Kampffonds« verkauft, Zigarettenbilder der Marke Trommler dienten als Identifikation. In der Gegend von Mainz wurden Losungen gemalt: »Wir Jungarbeiter Deutschlands wollen keinen Krieg. Wir kämpfen gegen Militarisierung der Jugend. Wir schützen die Sowjetunion!« und »Bald kommt der Tag der Freiheit, dann werden wir die Richter sein!« Im Ruhrgebiet behauptete eine angebliche Opposition in der SA und SS, sie würden verfolgt, und trat für Klassenkrieg ein. Ein anderes Flugblatt forderte im Namen des Mittelstandes »Streichung aller Steuerrückstände, sofortige Senkung aller Steuerlasten!« und »Sondersteuer für Großkapitalisten und Millionäre! Kampf gegen jeden Lohnabbau und gegen die Teuerung!«[30] Leider wissen wir nicht, was für ein Echo diese und viele andere Flugblätter hervorriefen, aber wir wissen, daß die Mehrheit der Arbeiter apathisch und illusionslos geworden war. Das kommunistische Milieu, das in vielen Industriebezirken bestanden hatte, war durchlöchert, und viele Kommunisten zögerten, allzuviel zu riskieren.

Die KPD führte nach wie vor den Kampf gegen ›Abweichler‹ in den eigenen Reihen, die kritisch zur ultralinken Parteilinie eingestellt waren. In Hannover bestand seit langem eine Gruppe von »Versöhnlern«, die die Politik der Partei gegenüber der SPD ablehnten und im August in einem Zirkular die offizielle ›Linie‹ angriffen. Sie bildeten ein »Komitee für proletarische Einheit« und brachten ihre eigene Zeitschrift heraus. Die offizielle KPD reagierte darauf, indem sie in ihrer eigenen Zeitschrift, »Lenins Weg«, die Namen von vier prominenten Mitgliedern des Komitees veröffentlichte und sie aus der Partei ausschloß. Doch die Gestapo wartete mit Verhaftungen bis zum Herbst 1934 und ließ vermutlich die Mitglieder in der Zwischenzeit beobachten.[31] Es war ihre Standardpraxis, Verdächtige lange zu beobachten, um alle ihre Verbindungen festzustellen.

Im Oktober 1933 wurde eine junge KPD-Instrukteurin, Berta Karg, nach Düsseldorf geschickt und fand dort alle Verbindungen aufgeflogen, so daß sie die Nächte hungernd und frierend auf nassen Parkbänken zubringen mußte. In ihrer Verzweiflung sprach sie den Diözesanpräses Joseph Rossaint vor seinem Pfarrhaus an und bat um seine Hilfe. »In der Diskussion tasteten wir uns ab, bis das Vertrauen hergestellt war.« Er war aktiver Pazifist und vermittelte die Verbindung zu einem Leiter der katholischen Sturmschar. Als sich deren Führer aus ganz Deutschland am Allerheiligentag 1933 trafen, erhielt Karg die Möglichkeit, zu ihnen zu sprechen. Sie wurde als frühere Gewerkschaftsfunktionärin vorgestellt und betonte die Notwendigkeit gemeinsamen Widerstandes. »Heute sind es noch die Kommunisten und Sozialdemokraten, Gewerkschaftler – morgen seid Ihr es, die ebenso verfolgt werden, wenn Ihr nicht rechtzeitig dagegen aufsteht und kämpft!« Sie hatte Erfolg, Adressen wurden ausgetauscht, katholische Jugendgruppen erhielten kommunistisches Material; gemeinsame Flugblätter und ein Aufruf wurden geplant und entworfen. Doch Ende Januar 1934 wurde sie verhaftet und später zu 15 Jahren Zuchthaus verurteilt. Das Urteil gegen Rossaint lautete auf elf Jahre wegen Hochverrats, drei Mitangeklagte erhielten kürzere Strafen.[32] Es war ein seltenes Beispiel von Zusammenarbeit zwischen Katholiken und Kommunisten.

Die Kommunisten waren davon überzeugt, daß die proletarische Revolution bevorstand, daß sie eine Massenpartei unter zentraler Leitung aufrechterhalten müßten. Das erklärt teilweise ihre enorme Aktivität in den Anfangsjahren der Hitlerdiktatur. Obgleich alle ihre Anstrengungen nur geringen Erfolg hatten, blieb ihr Glaube unerschüttert. Sie waren eine kleine Minderheit der deutschen Arbeiterschaft. ›Die revolutionären Massen‹ existierten nicht. Viele waren bereit, ihren Frieden mit dem Regime zu machen, schon bevor Hitler seine großen Erfolge hatte, und viele hofften, daß sie endlich Arbeit erhalten würden.

Andere drückten ihre Opposition durch Neinstimmen in den von den Nazis organisierten Plebisziten aus. Im November 1933 und im August 1934 war in Bremen der Prozentsatz der Neinstimmen am höchsten in den Arbeitervierteln. Im August waren es 25,2 Prozent in Hastedt, 26,5 in Woltmershausen und 29,2 in Gröpelingen. Die Bremer Werftarbeiter standen in ihrer Mehrheit dem Regime ablehnend gegenüber, vor allem die der Weser A.G. mit ihren hochqualifizierten Arbeitern, die von der Direktion geschützt wurden. Da es keine Sabotage gab, konnte die Gestapo wenig tun und legte sogar aus der Haft entlassenen Arbeitern nahe, dort Arbeit zu suchen; aber das war eine Ausnahme. 1934 mußte die Gestapo zugeben, daß in dem Plebiszit vom August in katholischen und Arbeitergegenden 25 Prozent der Wähler »oder mehr« mit Nein gestimmt hätten.[33]

Es gab auch viele, die Kritik oder Opposition ausdrückten, ohne einer bestimmten Partei oder Gruppe anzugehören. 1933 gehörten über die Hälfte der Leute, die vom Münchener Sondergericht wegen »Heimtücke« verurteilt wurden (ein vager Begriff, der jede kritische Bemerkung einschloß) keiner Partei an. Es gab 425 solcher Fälle, von denen 40 Prozent Kommunisten und 55 Prozent parteilos waren. 1934 waren 80 Prozent parteilos. Anscheinend fehlen ähnliche Zahlen für andere Teile Deutschlands. Es gab keine breite Oppositionsbewegung, aber sehr viele Fälle von mehr oder weniger passiver Resistenz.[34] Bemerkenswert bleibt, wie rasch sich die Überreste der deutschen Arbeiterbewegung von einer vernichtenden Niederlage erholten und es mit einem allmächtigen Gegner aufnahmen, der sich auf starke Zustimmung im Volk stützen konnte.

III Krisenjahre 1934-1935

Die Jahre 1934-1935 waren schwierige Jahre für das Hitlerregime. Die Arbeitslosigkeit verminderte sich nur sehr langsam, und die vielen Tausende von Notstandsarbeitern erhielten nur Minimallöhne, die kaum mehr als die Arbeitslosenhilfe betrugen. Die Lebensmittel- und viele andere Preise stiegen erheblich, aber die Löhne blieben fixiert. Die großen Erfolge auf dem Gebiet der Außenpolitik kamen erst später, obgleich Hitlers Kündigung des Versailler Vertrags populär war und von der übergroßen Mehrheit begrüßt wurde. Die Ermordung von Ernst Röhm, der SA-Führer und vieler Gegner des Regimes im Juni 1934 bezeichnete eine schwere Krise des Regimes, verursachte kurze Zeit fast offene politische Diskussionen und beinahe halbdemokratische Zustände, wenigstens in Berlin. Die Krise brachte der Reichswehr stärkeren politischen Einfluß, indem sie Hitler zwang, gegen seine alten Kameraden vorzugehen. Daß zwei Generale kaltblütig ermordet werden konnten und die Mörder nicht bestraft wurden, zeigte vielen Menschen den wahren Charakter des nationalsozialistischen Regimes.

Doch im allgemeinen war die Nazipropaganda recht erfolgreich. Anfang 1935 schrieb der Grenzsekretär Hans Dill besorgt an die Parteiführer der SPD in Prag, die Genossen »konstatierten betrübt eine fortschreitende Verblödung des Volkes infolge der unbeschreiblichen Nazipropaganda ... Alles raunzt über die verkehrten Regierungsmaßnahmen, aber Hitler ist an allem unschuldig, alles kann er ja nicht wissen, überall kann er nicht sein, wo er aber richtig informiert werde, greife er sofort ein und mache es so, wie es im Volksinteresse liege.« Auch aus Berlin wurde 1934 mitgeteilt, viele Arbeiter seien für das Regime gewonnen, vor allem »der Glaube an Hitler ist noch erstaunlich stark«. Während die alten SPD-Mitglieder »im wesentlichen unerschüttert« seien, stehe es anders bei den Sportlern, Freidenkern und anderen Randorganisationen, »bei denen ein großer Teil mehr oder minder gleichgeschaltet ist«. Aus Südbayern hieß es, »ein Großteil der Arbeiterschaft stünde dem Dritten Reich teilnahmslos gegenüber«; viele der nicht »Gleichgeschalteten« seien entmutigt und ergäben sich in ihr Schicksal. Aus Ostsachsen wurde berichtet, erschreckend sei »die Selbstverständlichkeit, mit der gerade Betriebsarbeiter alles hinnehmen, was von ihnen verlangt wird«; es gebe nicht einmal »inneren Widerstand gegen den Hitlergruß«, der von ihnen verlangt und »als eine ganz belanglose Angelegenheit hingenommen« würde.[1]

Unter der Arbeiterschaft benutzte die offizielle Propaganda mit Effekt antibürgerliche Sentimente. Die starke Betonung der ›Volksgemeinschaft‹ konnte leicht als Abschaffung der bürgerlichen Privilegien und Standesvorurteile verstanden werden; wenn das Volk eine Gemeinschaft bilden sollte, müßten diese verschwinden. Die Propaganda der DAF nahm in den Betrieben in gewisser Weise populistische Züge an und diente als eine Art von ›Integrationsinstrument‹, auch wenn sie nicht immer beliebt war.[2] Aber eines konnte sie nicht tun: in Lohnkonflikten intervenieren oder Lohnerhöhungen durchsetzen. Im Jahre 1934 informierte einer ihrer Sprecher die Arbeitgeber, die Nationalsozialisten verachteten die »marxistische« Lohnpolitik, für sie seien Lohnfragen etwas völlig anderes als billige »Marxistische Marktschreierei«. Daher überlasse man die Regelung von Lohnfragen der Betriebsleitung und würde nur intervenieren, wenn diese ihre Pflicht als »Betriebsführer« verletze. Die Löhne mußten stabil bleiben, und 1935 instruierte ein DAF-Rundschreiben alle ihre Organe, daß die gesetzlichen Lohnsätze nicht überschritten werden durften, und das waren die niedrigen Lohnsätze der Krisenjahre. Die Folge war, daß viele Arbeiter die DAF und ihre Vertreter skeptisch betrachteten, selbst wenn sie manchmal versuchten, allzu große Ausbeutung zu verhindern und als eine Art von Vermittler zwischen Arbeitgebern und Arbeitnehmern aufzutreten.[3] Alle Lohn- und Arbeitszeitfragen gehörten zur Kompetenz der sogenannten Treuhänder der Arbeit, die 1933 ernannt wurden, nicht zu der der DAF. Der Staat übernahm die Funktionen der bisherigen Unternehmerverbände und der Gewerkschaften.

Dazu kam, daß die Propagandamethoden der DAF oft recht primitiv waren. Anfang 1935 meldete sogar die Gestapo von Hannover nach Berlin, der »Ton« in ihren Versammlungen sei ungeeignet, »den abseits stehenden Teil der Arbeiterschaft für die Bewegung und den Staat zu gewinnen«. Die DAF-Reden bestünden zu einem großen Teil darin, »den Arbeitern, die früher Marxisten waren, immer wieder vorzuhalten«, daß sie, »ebenso wie ihre damaligen Führer, Schweine und Lumpen gewesen seien, während jetzt ein goldenes Zeitalter angebrochen sei, in dem sie alle erst anständige Menschen geworden seien«. Das stieße die Arbeiter vor den Kopf, und der Besuch der DAF-Versammlungen habe »sehr nachgelassen«. Das gleiche traf auf andere Versammlungen zu, z.B. die der Nationalsozialistischen Volkswohlfahrt (NSV). Ein anderer Gestapobericht, in diesem Fall aus Aachen, verglich den Besuch mit dem aus der »schlimmsten Kampfzeit der Bewegung«. Es gebe »ein gewisses Mißtrauen gegenüber ordnungsgemäßer Verwaltung des Winterhilfswerks« infolge der »bekanntgewordenen Unterschlagungen bzw. Veruntreuungen durch NSV-Amtswalter«, und das beeinflusse die Menschen. In dieser streng katholischen Gegend gäben sie lieber »für kirchliche Zwecke« als für Nazi-Sammlungen. Eine andere weit verbreitete Kritik am Winterhilfswerk bestand darin, es wären Millionen gesammelt worden, aber die Armen erhielten nur »geringe Mengen von Graupen und anderen billigen Lebensmitteln«, und die »guten Sachen und vor allem das gesammelte Geld seien verschwunden«, so daß »starke Unzufriedenheit und Mißtrauen« herrschten.[4]

Im Gegensatz zur DAF verfolgte die NSBO oft einen radikaleren Kurs, wie sie es schon vor 1933 getan hatte. In manchen Fabriken erzwangen ihre Vertreter höhere Löhne, ermunterten die Arbeiter zum Kampf gegen die Senkung des Akkordlohns oder erreichten die Rücknahme von Kündigungen oder Betriebsschließungen. Als die Direktion einer Ruhrzeche bestimmten Arbeitern kündigen wollte, forderte die NSBO im April 1933 die Rücknahme. Als das abgelehnt wurde, wurde der Betriebsleiter vorübergehend verhaftet. Schließlich kam es zu einem Kompromiß, demzufolge einige Kommunisten und ältere Arbeiter entlassen wurden. Auf einer anderen Zeche wurde eine Liste der politisch aktivsten Arbeiter angelegt. Da die NSBO nichts gegen die Entlassung von ›Marxisten‹ hatte, wurde ihnen gekündigt. Eingestellt wurden in erster Linie die ›alten Kämpfer‹ der SA und SS, aber die Unternehmer fanden sie oft schwierig und undiszipliniert; sie bevorzugten unpolitische Arbeiter, so daß auch ›alte Kämpfer‹ oft arbeitslos blieben. Im März 1934 schrieb ein Sonderbeauftragter des westfälischen Treuhänders der Arbeit, in vielen Verhandlungen mit der NSBO habe er diese »von rein klassenkämpferischem Geist beseelt« gefunden und sich daher »größtenteils für die Unternehmer einsetzen müssen« und den NSBO-Obleuten mit der Gestapo gedroht. Jeder Arbeiter müsse sich »als Soldat der Wirtschaft betrachten«.[5] Natürlicherweise stieß eine solche Haltung bei vielen NSBO-Vertretern auf scharfe Ablehnung. Die Unternehmer bestanden auf ihrem neuen Recht als »Betriebsführer« und waren entschlossen, Herr im Hause zu bleiben.

Zwischen der NSBO und anderen Naziorganisationen bestanden starke Rivalitäten. Anfang 1934 berichtete die Gestapo, die NSBO wolle die Interessen von SA- und SS-Arbeitern vertreten und bestünde darauf, daß sie Mitglieder werden müßten. Die Redner der beiden Seiten stießen öffentlich zusammen und erließen Bekanntmachungen gegeneinander; die Unzufriedenheit der anderen Organisationen mit der NSBO habe Formen angenommen, »die kaum noch erträglich sind«. Die Gestapo meinte, eine Verständigung sei unmöglich, weil maßgebliche Vertreter der NSBO Leute seien, »die vor dem Umsturz als Marxisten diese Stellen innehatten«. Gleichzeitig betonte ein Artikel in der NSBO-Zeitung »Arbeitertum«: »Ebenso rücksichtslos, wie wir vorgehen gegen Arbeitnehmer, die die Disziplin eines Werkes stören, werden wir auch vorgehen gegen Betriebsführer, die ihre Zeit für gekommen halten und glauben, das deutsche Arbeitertum in den Zustand zurückbringen zu können, in dem es sich vor Jahrzehnten befunden hat. Diese Zeit ist restlos vorbei.« Wenn ein Direktor die Werksdisziplin verletze, werde er »wie der einfache Kommunist« ins Konzentrationslager geschickt. Ein paar Monate darauf wurde der Verfasser des Artikels, ein hoher NSBO-Funktionär, zum DAF-Kreisleiter in Teltow degradiert. In Münster wurden NSBO-Mitglieder beobachtet, als sie Abhörapparate unter den Tischen eines Gesangvereins anbrachten, ohne die Polizei zu informieren, wogegen diese protestierte. Auf jeden Fall waren viele NSBO-Obleute zu ehrgeizig und für die Beobachtung des ›Arbeitsfriedens‹ zu radikal und unabhängig geworden. Ihre Aufgaben wurden mehr und mehr von der DAF übernommen, und sie wurde allmählich entmachtet. Im Oktober 1934 siedelte ihre Zentrale nach München über, wo sie besser kontrolliert werden konnte. Im Dezember 1936 wurde das »Arbeitertum« amtliches Organ der DAF. Der Geist des Klassenkampfs mußte ausgerottet werden.[6] Die Haltung der Unternehmer verhärtete sich, und es gab keine Gewerkschaften mehr, die sich dem entgegenstellen konnten. Von ›sozialer Harmonie‹ auf Betriebsebene war keine Rede.

Viele Arbeiter waren schwer verärgert über die ständigen Sammlungen für die Winterhilfe und zahllose andere Zwekke. 1935 machte die Direktion von Blohm & Voss in Hamburg bekannt, es würden in Zukunft 23 Pfennig bis eine Mark für die Winterhilfe vom Lohn abgezogen werden; die

Arbeiter, die einverstanden seien, sollten ein Formular unterschreiben, was etwa 60 Prozent taten. Bei einer großen Stahlfabrik in Bochum sollten die Arbeiter einen bestimmten Prozentsatz ihrer Steuer geben, mindestens eine Mark monatlich, und ihr Einverständnis schriftlich erklären. Als das nicht genügend Zustimmung fand, wurde 1936 angesagt, der Betrag würde in Zukunft vom Lohn abgezogen, es sei denn, der einzelne erkläre schriftlich, er könne aus finanziellen Gründen nichts geben. In einer Augsburger Fabrik sollten die Leute den Betrag einer halben Überstunde für die Winterhilfe beisteuern, was Unzufriedenheit hervorrief. Ab 1937 wurde trotzdem der Betrag einer vollen Überstunde abgezogen, wie das ganz allgemein mit den DAF-Beiträgen geschah. Im April 1935 berichtete die Kölner Gestapo, die Beiträge der Arbeiter »zu den verschiedensten Organisationen, Verbänden, Sammlungen und Stiftungen« stünden »schon lange nicht mehr im rechten Verhältnis zu den Existenzmitteln«. Im Juni stimmte die Gestapo von Münster zu: »Allein im Berichtsmonat fanden acht verschiedene Sammlungen statt: Sammlung für die HJ, für die Luftfahrt, Plakettenverkauf zum Marinetag, Verkauf von Plaketten zum Reichshandwerkertag, Straßen- und Haussammlung für die Jugendherbergen, Verkauf von Kirschblüten für die Jugendherbergen, Straßen- und Haussammlungen für Mutter und Kind und für das Rote Kreuz.« Die Bevölkerung zeige ihre »wahre Stimmung« durch »ganz augenscheinliche Passivität« gegenüber den Veranstaltungen der Bewegung.[7] Kein Wunder, daß viele fragten, was aus all dem gesammelten Geld werde, vor allem in Münster, wo 1934 viele lokale DAF- und NSBO-Funktionäre wegen Unterschlagungen und Korruption verhaftet worden waren.[8]

Doch es gab einen Teil der DAF-Leistungen, der allgemeine Zustimmung fand. Das war »Kraft durch Freude« (KdF), eine riesige Organisation im Dienst des Regimes zur Förderung der Arbeitsleistung. Sie organisierte Konzerte, Theater- und Opernbesuche, Reisen zu Ausstellungen, nach anderen Städten und in die Berge, Ferien an der See, in den Alpen und auf Schiffen bis nach Norwegen und Madeira, vor allem Sport und Turnen bis zu Schwimmkursen, Skifahren »für jeden« und zahllose andere Aktivitäten, alle zu billigen Preisen für die Massen. 1934 nahmen 2300000 Menschen an den KdF-Ferien teil, 1938 stieg die Zahl auf 10300000. Angeblich waren fast 50 Prozent der Teilnehmer Arbeiter. In Sachsen wurde eine Reise nach München inklusive Mahlzeiten für 30 Mark angeboten, und die Textilarbeiter waren von dem niedrigen Preis beeindruckt. 1935 berichtete Hans Dill, einer seiner Kontakte wäre sehr angetan von einer Seereise zurückgekehrt. Doch andere Arbeiter hatten kein Geld selbst für kurze Reisen. Sie kritisierten, die KdF würde nur von Leuten »mit mittlerem Einkommen« benutzt, das Ganze würde nur arrangiert, um Eindruck zu schinden, die Anwesenheit von Fremden verhindere sie daran, sich frei auszusprechen, sie seien nie »unter sich«. Machten sie eine unvorsichtige Bemerkung, würde das sofort gegen sie notiert. Aber man fragte auch, warum die Sozialdemokraten nie so etwas organisiert hätten.[9]

Die Seereisen nach Norwegen und Madeira waren die großen KdF-Schlager mit ihren speziellen KdF-Schiffen. Das konnten sich Arbeiter nicht leisten, und in Sachsen ging das Wort um: »Die Bonzen fahren nach Madeira, die Kleinen erhalten eine Straßenbahnrundfahrt in Dresden.« Ein entrüsteter bayerischer Bauarbeiter hielt die KdF für »einen Brokken Fleisch, den man den Arbeitern hinwirft, damit sie nicht sehen sollen, was mit den Millionen gemacht wird, die die DAF einhebt«. Doch es gab auch ganz andere Stimmen. Aus Sachsen berichtete ein Sozialdemokrat über einen Schwimmkurs, an dem mehr als 50 Frauen teilnahmen, meist aus den unteren Schichten. Ein »Heil Hitler« wurde kaum gehört, und an dem Kurs war nichts Nationalsozialistisches zu finden: »Wir, die wir früher bei den Arbeitersportlern

waren, fühlten uns sozusagen zu Hause.« Viele Genossen, die bei den Naturfreunden waren, machten jetzt KdF-Reisen mit: »Es bleibt einfach keine andere Möglichkeit.«[10]
Viel weniger populär waren die Riesendemonstrationen am 1. Mai, an denen alle Arbeiter teilnehmen mußten. 1935 gelangten nur ein paar hundert von mehreren tausend Magdeburger Krupparbeitern bis zum Festplatz. Einige behaupteten, sie müßten mal austreten, viele drückten sich, und bei der großen Zahl gab es keine wirkliche Kontrolle. Die Bergarbeiter an der Ruhr wußten, sie würden keinen Lohn erhalten, wenn sie sich nicht namentlich zum Festzug meldeten. Das taten sie, um dann zu verschwinden. Doch die Nazis stellten durch SA-Leute die Namen fest, und der Lohn wurde gestrichen. Bei anderen Zechen setzte man Werkspolizei ein, um Verluste auf dem Marsch zu verhindern. Ein Bergarbeiter erzählte später, trotz aller Vorsichtsmaßregeln sei auf dem Marsch von Hochlarmark nach Recklinghausen fast die Hälfte der Teilnehmer verschwunden.[11] Viele waren erbost über den Zwang zur Teilnahme und die langweiligen Reden auf dem Festplatz, sie wollten lieber den Feiertag genießen oder etwas Nützlicheres tun.
Die Betriebsräte der Weimarer Republik wurden ersetzt durch sogenannte Vertrauensräte, die die Interessen der Arbeiter vertreten sollten. In vielen Fällen waren das die bisherigen NSBO-Zellenleiter, denen oft die nötige Erfahrung fehlte. 1934 und 1935 wurden die Vertrauensräte gewählt, aber die Kandidatenlisten wurden vom Unternehmer und dem DAF-Vertrauensmann zusammengestellt. Die Ergebnisse sind nur in Einzelfällen bekannt, und sie wichen stark voneinander ab. In einer Kruppschen Stahlfabrik nahmen 1934 88 Prozent und 1935 93 Prozent der Belegschaft teil; 71 bzw. 69 Prozent akzeptierten die ganze Liste, und 19 Prozent lehnten sie ab, während 9 bzw. 11 Prozent nur einzelne Namen durchstrichen. Auf den meisten Ruhrzechen war die Beteiligung gleichfalls sehr hoch, aber in einigen Fällen be-

trug die Nichtbeteiligung 40 Prozent und in anderen wurden die Listen abgelehnt, weil die Arbeiter Kurzarbeit machen mußten. In einer Steingutfabrik in Rheinsberg wurde der lokale NSDAP-Ortsgruppenleiter von 64 Prozent abgelehnt, während ein Kommunist und ein Sozialdemokrat Zustimmung erhielten. Im Bezirk von Köln akzeptierten 1934 nur 51 Prozent die ganze Liste und 1935 55 Prozent. Die Beteiligung betrug 1934 88 und 1935 91 Prozent. 1934 lehnten nur 7 Prozent die ganze Liste ab und 1935 8,7 Prozent. In einer Fabrik verfiel ein Kandidat der Ablehnung, weil er sich zu sehr für die Winterhilfe eingesetzt hatte.[12]

1934 kritisierten viele, daß die Kandidaten von den Unternehmern ausgewählt wurden, während nach dem alten Gesetz (von 1920) die Arbeiter das taten. Viele meinten, die Kandidaten verträten nur das Unternehmerinteresse, sie würden sie nicht wählen, das Gesetz bedeute einen Rückschritt, keinen Fortschritt. Doch 1935 meldete die Aachener Gestapo, die Vertrauensratswahlen zeigten, »daß der deutsche Arbeiter mehr und mehr beginnt, sich nicht mehr als Klassenangehöriger des Proletariats, sondern als vollwertiger Volksgenosse zu fühlen«; nur die Beteiligung an der Schlußkundgebung am 1. Mai sei »nicht so stark, wie es wünschenswert« gewesen. Die Interpretation war optimistisch, und vielleicht war der Wunsch der Vater des Gedankens. Nach einem Gestapobericht aus Stuttgart vom gleichen Jahr beruhte »die schlechte Stimmung in den Betrieben« darauf, daß die Gewählten »nicht immer das Vertrauen der Gefolgschaftsmitglieder besitzen und nicht immer ... dem Betriebsführer gegenüber energisch genug auftreten«, vor allem bei sozialen Maßnahmen.[13] Da die Arbeiter keinen Einfluß auf die Zusammensetzung der Listen hatten, war Mißtrauen die natürliche Folge. Jedenfalls wurde das Experiment von Wahlen nach 1935 nicht mehr wiederholt.

Die Vertrauensräte tendierten dazu, sich auf die Seite der Unternehmer zu stellen und Arbeiterforderungen, die den

Arbeitsfrieden störten, abzulehnen. Doch sie erwähnten oft die Forderungen gegenüber den Unternehmern und erreichten manchmal eine Besserung. In der Kruppschen Gußstahlfabrik nahmen Beschwerden, Widersprüche gegen Kündigung, Lohn-, Arbeitszeit- und Urlaubsfragen den wichtigsten Platz ein. In anderen Betrieben bemühten sich die Vertrauensräte um Einfluß auf Betriebsbußen, Kündigungen, Neueinstellungen und Fragen der Betriebsorganisation, aber die Leitungen waren gegen jede Zusammenarbeit in Personal-, Lohn- und Arbeitszeitfragen. Für sie war der Vertrauensrat ein ›brauchbares Instrument‹ der Betriebsführung, kein Verhandlungspartner. Sie benutzten die Sitzungen, um innerbetriebliche Anordnungen bekanntzumachen oder um Maßnahmen gegen Arbeitsverweigerer anzukündigen.[14]

So kam es, daß viele Arbeiter die Vertrauensräte als Werkzeug der Unternehmer ansahen und sich mit ihren Sorgen lieber an die alten Betriebsräte wandten, die man ihres Amtes beraubt hatte. Sie klagten ebenso über die Amtswalter der DAF, die oft nicht in der Lage wären, »einfache Auskünfte über Rechts- oder Versicherungsfragen zu geben«, wie die Bielefelder Gestapo feststellte. Immer wieder wurde gefragt, wozu die hohen Mitgliedsbeiträge für die DAF verwendet würden. Die DAF bestand darauf, daß sie vom Lohn abgezogen wurden, was sehr unpopulär war. Ein Berliner Unternehmer sprach 1936 von einer »ungeheueren Verbitterung ... die sich natürlich in der Arbeit auswirkt«. Im Ruhrgebiet und anderswo gab es Proteste gegen die Höhe der Beiträge und deren Abzug vom Lohn. Das wurde mit den hohen Gehältern der »Bonzen« verglichen, ihren Autos und ihrem »verschwenderischen Leben«, und die Parallelen zu den »Bonzen« aus der Weimarer Zeit waren schnell gezogen. In einem DAF-Bericht aus dem Bayerischen Wald hieß es sogar, man habe in einigen Betrieben die Zahlung der Beiträge

»geschlossen verweigert«. Allgemein wurde über schlechten Besuch der DAF-Versammlungen geklagt, und die Arbeiter schimpften über die »vollständige Verbonzung« der DAF und über vieles andere.[15]

Einzelne Maßnahmen des Regimes und einzelne seiner Vertreter wurden viel kritisiert, aber das richtete sich nicht gegen die Person Hitlers. Selbst die Sozialdemokraten mußten 1934 feststellen, Hitler würde von der Kritik ausgenommen. »Man gesteht ihm ehrlichen Willen zu und meint, daß er für die Mißwirtschaft seiner Unterführer nichts könne.« Etwas später konstatierte die Kasseler Gestapo: »Das Vertrauen zum Führer ist unbegrenzt, die Kritik an zahlreichen nachgeordneten Stellen ist aber nach wie vor stark.« Eine aus dem Ausland zurückgekehrte Deutsche war »entsetzt und erschüttert« über die allgemeine »Mißstimmung und Kritik« und darüber, »daß die Einigkeit des Volkes tatsächlich nur in einem einzigen Punkt vorhanden ist, nämlich in der Person des Führers«. Ein Aachener Gestapobericht fand, die energische Aktion Hitlers gegen die SA-Führer im Juni 1934 habe ihm gerade in den Teilen der Arbeiterschaft »besondere Sympathien und starkes Vertrauen erworben, die bis vor kurzem noch der nationalsozialistischen Bewegung ablehnend gegenüberstanden« und die sogar »bereit waren, sich an der Bekämpfung des nationalsozialistischen Staates aktiv zu beteiligen«. Im gleichen Jahr berichtete Hans Dill über Oberfranken, die »Massenbasis der Hitlers« bröckele ab, aber Hitler sei »die große Hoffnung«.[16]

Anfang 1936 fanden die SPD-Führer die Meinung weit verbreitet, »daß Hitler selbst es gut meint; nur seine Unterführer führen seinen Willen nicht richtig durch«, aber man mache ihn doch »für manches verantwortlich«. So sage man über die »Judenhetze Streichers«, er brauche ihm doch nur zu sagen, er solle sie einstellen, dann müsse er das tun. Gegen Jahresende andererseits wurde berichtet, daß bei Osram in Berlin Hitlers antisemitische Tiraden Anklang gefunden hätten, die Anzeichen mehrten sich, »daß der Antisemitismus doch in stärkerem Maße die Arbeiter erfaßt«, als das 1933 der Fall war. Doch in einem Punkt gab es allgemeine Zustimmung. Als die Reichswehr 1936 das Rheinland besetzte, meinten Chemnitzer Arbeiter, »es sei nun einmal deutsches Gebiet, und in dem müsse Deutschland auch machen können, was es wolle«; Hitlers Methode, »vollendete Tatsachen zu schaffen«, sei die einzige, »mit der man vorwärts komme«. Mit »einem kühnen Schritt in wenigen Stunden« habe er geschafft, was alles Verhandeln nicht erreicht habe. Aus einer stark katholischen Gegend berichtete die Gestapo, die Rheinlandbesetzung habe Hitlers Ansehen weiter verstärkt; die, die noch Einwendungen gegen seine Außenpolitik machten, »sind an Zahl zu einer bedeutungslosen Gruppe zusammengeschrumpft«.[17] Trotz aller Kritik im einzelnen gab es allgemeine Zustimmung in wichtigen Fragen.

Wir wissen nicht, wie die offizielle antisemitische Propaganda von der Arbeiterschaft aufgenommen wurde, und die Zustimmung bei Osram mag eine Ausnahme gewesen sein. Doch wir wissen auch, daß es in Deutschland schon lange vor Hitler starken Antisemitismus gab, angefacht durch den verlorenen Krieg, die Dolchstoßlegende, das wirtschaftliche Elend und die Inflation, die giftige völkische Propaganda. Sie infizierte vor allem bürgerliche Kreise, aber die Arbeiterschaft war keineswegs immun. Nach 1933 muß man zwischen zwei Tendenzen differenzieren: dem Verhalten gegenüber jüdischen Geschäften und ihrem Boykott durch die Nazis, und dem zu Streicher und seinem »Stürmer«, der sich auf jüdische Attacken auf deutsche Jungfrauen und andere Sexualverbrechen spezialisierte. Die Berichte von Kritik an Streicher und seiner Zeitung kommen aus katholischen Gegenden, wo die öffentliche Zurschaustellung des »Stürmer« auf Widerspruch stieß. Aus Aachen berichtete die Gestapo 1935, er würde »in weitesten Kreisen der katholischen Bevölkerung entschieden abgelehnt«, »in dieser Entschiedenheit« sei der Antisemitismus der Bevölkerung »nicht verständlich«, und die Wiedergabe von »Sittlichkeitsverbrechen von Juden« sei »bedenklich für die Jugend«. In Bayern wurden die von der NSDAP aufgestellten Stürmerkästen oft demoliert, und selbst nationalsozialistische Bürgermeister waren gegen die Wiederaufrichtung, um den lokalen Frieden nicht zu stören. In Düren beschwerte man sich 1934, als eine Abteilung des Arbeitsdienstes durch die Stadt marschierte mit dem Gesang »Wenn das Judenblut vom Messer spritzt, dann geht's noch mal so gut«. In Münster gab es große Aufregung, als eine andere Abteilung am Himmelfahrtstag an der Kirche vorbeizog und sang »Hängt die Juden, stellt die Schwarzen an die Wand«. Der Bürgermeister und der zuständige NSDAP-Kreisleiter mußten ihre Mißbilligung aussprechen, trotz der damaligen lautstarken antikatholischen Propaganda »gegen die Schwarzen«, die auch einen sexuellen Beigeschmack hatte.[18]

Berichte über das Nichtbeachten des offiziellen Boykotts jüdischer Geschäfte gibt es auch aus protestantischen Gegenden. Aus Hannover wurde das Reichsinnenministerium 1934 informiert, kurz vor Weihnachten habe man Tränengas in jüdische Geschäfte und Woolworth geworfen, aber am folgenden Tag habe sich »ein besonders starker Menschenstrom in die Geschäfte gewälzt«. Der Gauleiter von Pommern meldete 1935, »daß immer noch, nicht nur die Arbeiterbevölkerung, sondern auch bessergestellte Kreise ihre Einkäufe in jüdischen Geschäften« machten. Aus Münster berichtete eine NSDAP-Ortsgruppe im Dezember 1936, wenn man »das Hereinströmen z.B. in das Kaufhaus Hertz in den letzten Tagen« beobachtet habe, müsse einem »die Zornesröte ins Gesicht« steigen. Und einige Wochen später hieß es, heute würde »in den jüdischen Geschäften wieder stärker gekauft«. Es habe den Anschein, meinte der Schreiber, »als ob unsere ganze Propaganda in der Judenfrage nicht gehört worden« sei. Das war ein seltenes Eingeständnis des Fehlschlags der antisemitischen Propaganda. Aus Düsseldorf, so erinnerte sich der Inhaber eines Geschäfts, wenn vor ihm Naziposten standen, um Kunden am Kaufen zu hindern, hätten diese erwidert, »hier ist's am reellsten«, »ich kaufe, wo es mir paßt« und »ich muß auf meine Pfennige achten«.[19]

Die soziale Zusammensetzung der Menschenmassen, die in jüdische Geschäfte drängten, läßt sich nicht feststellen; aber unter ihnen müssen auch viele Arbeiter gewesen sein, vor allem Arbeiterfrauen. Unter ihnen dürften auch manche Mitleid mit den Verfolgten gehabt haben. Das jedenfalls war 1935 die Meinung des Landrats von Bad Kreuznach, der schrieb, der Boykott habe nicht den gewünschten Erfolg, der Umsatz der jüdischen Geschäfte sei nicht zurückgegangen, denn die Kreise, »die derartige Ausschreitungen grundsätzlich verurteilen, neigen vielfach dazu, die Juden zu bemitleiden«.[20]

Viele Arbeiter billigten Hitlers Außenpolitik, vor allem die Besetzung des Rheinlands und später die Österreichs. Nationale Zustimmung war eine starke integrierende Kraft, die alle sozialen Gruppen erfaßte. Aber daneben bestand eine nagende Furcht, daß die Politik zum Krieg führen könne. Schon Ende 1934 stellte die Gestapo von Hannover fest, die ganze Bevölkerung verfolge die außenpolitischen Ereignisse mit größtem Interesse und halte die Lage für sehr bedrohlich; da das Ausland die Möglichkeit eines Krieges so offen erörtere, seien »Illusionen kaum noch vorhanden«. 1935 schrieb die Kasseler Gestapo von einer weitverbreiteten Angst, daß die Rüstungsindustrie, die angeblich in jüdischen Händen sei, zum Krieg treibe. Ein Bericht, den die SPD-Führer aus Nordwestdeutschland 1934 erhielten, erwähnte, große Teile der Arbeiterschaft hofften auf Befreiung vom Nationalsozialismus durch Krieg; früher »war es eine Militärdiktatur oder die Monarchie. Jetzt ist es der Krieg.« Aus

Schlesien wurde 1936 berichtet, die meisten Arbeiter seien gegen den Krieg, auch die Jugendlichen; alle rechneten mit einer deutschen Niederlage, »denn man glaubt, daß alle gegen Deutschland sein werden und der Krieg nicht von langer Dauer sein könne« – und das würde das Ende des Regimes bedeuten.[21] Daß der Krieg nicht lange dauern könne, war eine Illusion, ebenso wie die Hoffnung auf eine Militärdiktatur, ausgedrückt in dem weitverbreiteten Reim: »Im Dritten Reich marschieren wir, im Vierten Reich regieren wir.« Bemerkenswert ist, daß die Leute mit einer deutschen Niederlage rechneten; das war die Erinnerung an 1918.

Die schwierigsten Probleme für das Hitlerregime in den Jahren 1934-35 waren wirtschaftlicher, nicht politischer Art. Vermutlich wegen der forcierten Wiederaufrüstung und der Drosselung von Einfuhren trat eine starke Knappheit an Lebensmitteln und anderen Gebrauchsgütern ein, unter der vor allem die unteren Klassen litten. Im Mai 1934 berichtete die Kasseler Gestapo, die billigeren Sorten von Margarine seien äußerst knapp. Das habe im Kreis Schmalkalden »erhebliche Verbitterung erzeugt«; dort lebe die Mehrheit der Bevölkerung »in dürftigsten Verhältnissen« und sei auf Bezug billiger Margarine angewiesen, »da Butter und Schmalz für sie nicht zu erschwingen sind«. Ein Jahr später entstand große Unruhe in Münster, weil die Margarine schlecht und die billige »Bauernbutter« aufgrund neuer Vorschriften des Reichsnährstandes nicht zu haben war. Im Sommer 1935 entstand im Ruhrgebiet Kartoffelknappheit, weil die alten ausverkauft und die neuen Kartoffeln zu teuer waren. Wieder gab es große Beunruhigung und es kam zu Szenen, wie sie seit den schlimmsten Zeiten des Ersten Weltkriegs nicht vorgekommen waren. In Ostwestfalen gab es weder Margarine noch Schweinefleisch, Speiseöl war zu teuer, ein Pfund Rindfleisch war um 20 Pfennig im Preis gestiegen. In Hannover bestand großer Mangel an Margarine, Öl und Kartoffeln waren zu teuer ebenso wie Gemüse und Obst. In Ober-

schlesien fehlten Fleisch, Fett und Gemüse. Auf den Märkten von Beuthen und Gleiwitz empörten sich die Frauen; nur der Schmuggel aus Polen erleichterte die Lage etwas.[22]
Im September 1934 berichtete die Kölner Gestapo von einer »wirtschaftlichen Katastrophenstimmung«, vor allem unter den Arbeitern. Ein Jahr später hieß es, »von der gegenwärtigen Verknappung« würden »insbesondere die Ärmsten der Armen betroffen«, da sie fast kein Schmalz und keinen Speck mehr erhalten könnten, »an Butter schon gar nicht zu denken«. Kartoffeln waren zu teuer und von schlechter Qualität. Im Herbst 1935 waren in Hamburg vor allem Fleisch und Butter knapp. Frauen gerieten in wütenden Streit, weil die eine ein Viertelpfund Butter mehr als die andere erhielt, und es kam zu lebhaften Diskussionen über den Mangel. Um die gleiche Zeit verursachte die Butterknappheit Massenansammlungen in Düsseldorf und Elberfeld, und das Überfallkommando mußte einschreiten. Die Frauen hatten keine Furcht, und Rufe gegen die Regierung und die Nazis waren zu hören.[23]
Die Knappheiten erzeugten erheblich höhere Preise, vor allem in den für den Arbeiterhaushalt wichtigen Grundlebensmitteln – zu einer Zeit, in der die Löhne niedrig waren und nicht steigen durften. Nach Bericht der Dortmunder Gestapo stieg zwischen 1933 und 1934 der Fleischpreis um 20-25 Prozent, der Kartoffelpreis um etwa 30, Käse um etwa 40, Hülsenfrüchte um 40 bis 110, Fett um 52 bis 104 Prozent. Von 1934 bis 1935 stieg der Margarinepreis um 66 Prozent, der von Kartoffeln und Gemüseöl um 33 Prozent, der von Fleisch, Fett und Butter sehr erheblich. Erst 1936 verbesserte sich die Lage. Nach Angabe des Essener Statistischen Amts verteuerten sich die Lebensmittel vom Januar 1933 bis Januar 1936 um nur 15,5 Prozent, aber das war eine offensichtliche Untertreibung. Im Oktober 1935 schätzte die Kasseler Gestapo »vorsichtig«, daß in nur einem Jahr die Lebenshaltungskosten um 20-25 Prozent gestiegen seien, und

sah darin »die größte Gefahr für den Staat«. Die Dortmunder Gestapo meldete im September 1934, die Arbeiter höben statt des Hitlergrußes den rechten Arm mit dem Ruf »Kartoffeln 3,75 Mark« und erhielten zur Antwort »Erbsen 50 Pfennige«. Im August und September 1935 beschwerte sich der Reichsarbeitsminister beim Minister für Ernährung und Landwirtschaft, die »Kaufkraft der Löhne« habe seit 1934 eine »erhebliche weitere Senkung« erlitten, und sprach von »verhängnisvollen Auswirkungen ... in sozialer und politischer Beziehung«.[24]

Die Löhne blieben niedrig, selbst für gelernte Arbeiter, und waren oft niedriger als in den Jahren der Weimarer Republik. Im Jahre 1935 verdiente ein gelernter Metallarbeiter im Südwesten 58,40 Mark für eine Fünfzigstundenwoche, aber erhielt nur 42,43 Mark nach Abzügen für Sozialversicherung, Steuer und die DAF. Arbeiter am Bau eines Staudamms verdienten nur 21,20 Mark und erhielten nach Abzügen für Ernährung, Schlafgelegenheit usw. nur 11,70 Mark. Die Löhne gelernter Metallarbeiter stiegen langsam, aber die der Textilarbeiter fielen verglichen mit der Zeit vor 1933. Im März 1934 mußte die Gestapo von Hannover zugeben, daß der Lohn einfacher Arbeiter oft weniger betrug als die Arbeitslosenunterstützung. Aber selbst wenn sie ein paar Mark mehr verdienten, gebe es die vielen Abzüge, und der beschäftigte Arbeiter müsse »erheblich mehr« für Kleider usw. ausgeben, so daß »vielfach die Weiterzahlung der Unterstützung einer Arbeitsstelle vorgezogen wird«. Ein holländischer Journalist schrieb, in Deutschland bedeute Arbeitsbeschaffung, daß ein Arbeiter als Lohn erhalte, was er bisher als Arbeitslosenunterstützung bezogen habe, und manchmal weniger. Ein oberschlesischer Industrieller informierte ihn, die Arbeiter verdienten nur 90 Mark monatlich. Sie äßen Kartoffeln und Brot, dessen Preis »niedrig gehalten wird«, aber die Qualität sei gesunken, weil ihm oft »minderwertige Produkte beigemischt« würden. Wenn die Männer nach

Hause kämen, könnten sie nur noch schlafen, sie seien in »hoffnungsloser Stimmung«.[25]

In einem Elendsgebiet wie Oberfranken verdienten die Arbeiter noch weniger. In der Stadt Selb, die von der Porzellanindustrie abhing und katastrophale Wohnverhältnisse hatte, kamen, wie die Stadtverwaltung berichtete, viele Kurzarbeiter »kaum oder nur knapp über einen Wochenlohn von 10 RM hinaus«; davon wurden noch Steuer, Versicherung, Winterhilfe usw. abgezogen, ab November 1934 auch die DAF-Beiträge. Im August 1935 meldete eine dortige NSDAP-Ortsgruppe, in der Textilindustrie betrüge der Durchschnittslohn einer Familie nur zwischen 15 und 18 Mark, so daß sich die Arbeiter nur teilweise mit Kartoffeln und Brennmaterial für den Winter eindecken könnten; die Lage bilde »den Gesprächsstoff in den Wirtschaften«. Der Grenzsekretär Hans Dill schrieb im November: »Die Löhne gedrückt, im Betrieb kein Recht mehr, zu den niederen Löhnen Knappheit an allen wichtigen Lebensmitteln, wobei die Qualität unentbehrlicher Lebensmittel ständig schlechter wird, dazu das ununterbrochene Sammeln und steigender Naziterror« – aber kein Widerstand. Höchstens daß ein Arbeiter im Gasthaus murrte: »Ich scheiße auf das Dritte Reich, wenn ich nur 57 Pfennig Stundenlohn kriege, ich will lieber in Rußland sein.« In Pommern erhielten die Arbeiter bei der Autobahn nur 51 Pfennig die Stunde. Nach der Rückkehr des Saarlands zu Deutschland stiegen innerhalb weniger Wochen die Lebenshaltungskosten um 20-25 Prozent. Ein lokaler Bürgermeister äußerte 1936, unter den Bergarbeitern herrsche jetzt zweifellos soziale Not, Fleisch, Eier und Fett seien knapp. Ein Wirtschaftsreferent in der Reichskanzlei schätzte den Lohn eines niedrig bezahlten Arbeiters auf 25 Mark, wovon elf Prozent abgezogen würden. Nach Zahlungen für Miete, Heizung, Licht, Kleidung, Nahrung usw. bleibe nichts übrig für bessere Lebensmittel wie Eier, Käse, Gemüse oder Obst.[26]

Natürlich entstand große Unzufriedenheit, die von den Behörden genau registriert wurde. Im September 1934 stellte die Kölner Gestapo fest, die Stimmung der Arbeiter habe sich »in den letzten Wochen wahrnehmbar verschlechtert«, nicht nur die der früher links Eingestellten, sondern auch derer, »die sich offen zum Nationalsozialismus bekennen«. Die Ursache sei »die zunehmende Verschlechterung der Arbeits- und Wirtschaftslage sowie das ständige Anziehen der Preise für Lebensmittel und notwendige Gebrauchsgegenstände«. Die Arbeiter seien nicht politisch interessiert, was sie bewege, sei »die Sorge um das tägliche Brot«. Im gleichen Monat meldete die Kasseler Gestapo, wenn die Preise weiter stiegen, »wird eine ernste Beunruhigung und schwere Mißstimmung breiter Bevölkerungsschichten unausbleiblich sein«; »Ausbrüche des Unwillens und der Unzufriedenheit« könnten nur mit Mühe verhindert werden; immer wieder erörterten Arbeiter, Handwerker und Kleinbauern öffentlich »die Frage der hohen Gehälter«. Im Oktober notierte die Aachener Gestapo, »das Anziehen der Preise, insbesondere für Lebensmittel, die Schwierigkeit der Kartoffelversorgung für den Winter« und ihr Preis, »der von der ärmeren Bevölkerung nicht aufgebracht werden kann«, drückten die allgemeine Stimmung, und das beeinflusse die Haltung gegenüber der Partei. Im Dezember berichtete die Gestapo von Hannover über »große Mißstimmung« unter den Arbeitern, weil man für notwendigste Lebensmittel Mindestpreise festgesetzt habe. »Es macht sich ein langsam steigender Haß in diesen Kreisen gegen das Bauerntum bemerkbar.« Die Arbeiter, die Beschäftigung hätten, seien verärgert, weil den Arbeitslosen neben der Unterstützung von der Winterhilfe geholfen würde und sie sich so besser stellten als die Arbeitenden. Im Sommer 1935 wuchs die Unzufriedenheit, weil die Preise für Kartoffeln, Gemüse, Obst, Milch, Eier und Butter weiter stiegen.[27]

Im April 1935 meldete die Gestapo von Münster, unter den

Arbeitern herrsche »eine starke Unzufriedenheit über die niedrigen Löhne, die den meisten Arbeitern in Anbetracht der hohen Lebensmittelpreise kaum das Existenzminimum gewährleisten«; die Beiträge für Winterhilfe usw. stünden »in keinem Verhältnis zu den niedrigen Löhnen« und würden als »weitere Lohnabzüge angesehen«. Die dortigen Textilarbeiter verdienten im Durchschnitt weniger als 20 Mark die Woche und müßten davon noch die Zinsen und Tilgungsraten für ihre Häuser aufbringen. Der Oberpräsident von Westfalen schrieb, die Arbeiter verglichen ihre »dürftigen Löhne« mit den hohen Unternehmerverdiensten und den Diäten der Staatsräte und Reichstagsabgeordneten, das Wort »Bonze« gehe um. Im Juni 1935 machte sich laut der Gestapo eine Stimmung breit, »die das Schlimmste befürchten läßt«. Wenn keine Abhilfe käme, hieß es, wolle man »in den Hungerstreik treten«, die Unzufriedenheit wachse »von Tag zu Tag«. Die Kasseler Gestapo fand es 1935 »unerträglich«, daß Berg- und Basaltarbeiter »bei schwerster Arbeitsleistung« nur einen »Hungerlohn« von wöchentlich 12 oder 13 Mark nach Hause brächten. Die Löhne beim Autobahnbau seien bei dem »starken Verschleiß an Kleidung sowie Mehrbedarf an Nahrung bedauerlich niedrig«.[28]

Im August 1935 meldete die Aachener Gestapo, viele Bergarbeiter könnten sich »kaum noch die billigste Margarinesorte erlauben« und müßten Brote in die Grube mitnehmen, die »nur mit Kraut und Pellkartoffeln belegt sind«. Die niedrigen Löhne, die hohen Abgaben und die schlechten Urlaubsverhältnisse hätten sie »in ihrem Vertrauen zur Staatsführung wankend gemacht«, während sich »gewisse Kategorien von Staatsbeamten und Parteifunktionären in ihrer Lebenshaltung nicht die geringste Beschränkung aufzuerlegen brauchen«. In Hannover fand man, daß nur »ein ganz geringer Teil der Gesamtarbeiterschaft« das Existenzminimum erreiche; so hohe Preise wie zur Zeit seien noch nie für Lebensmittel verlangt worden; und die Löhne seien nicht genug für den Lebensunterhalt. Anfang 1936 hieß es in einem Bericht der Kasseler Gestapo, der Mann, der müde von der Arbeit komme, würde von seiner Frau »mit Klagen über die Teuerung empfangen«, denn sie müsse sich ständig sorgen, »wie soll ich morgen Mann und Kinder satt machen«.[29] Es gibt viele ähnliche Berichte aus den verschiedenen Gegenden. Doch es gab keinen Widerstand gegen unerträgliche Bedingungen. Die Arbeiter waren demoralisiert, ihr alter Kampfgeist war verschwunden, Terror und Hunger sorgten für Ruhe. 1935 befürchtete selbst die Gestapo von Aachen, »daß die Situation im Winter recht schwierig werden wird«.[30] Aber ihre Furcht war unbegründet.

Die Apathie und Passivität der Arbeiter spiegelten sich in den Berichten wider, die die emigrierten SPD-Führer aus Deutschland erhielten. Anfang 1934 schrieb man aus Berlin, die »Entpolitisierung und das absolute Schweigen über die Verhältnisse« sei eine Auswirkung des seelischen Drucks, der auf den Massen laste, sie paßten sich an »die veränderten Verhältnisse« an. Ein Reisebericht aus der gleichen Zeit besagte, es gebe »nicht nur keine öffentliche Meinung, es gibt auch keine Gruppenmeinung mehr. Das Individuum ist vereinzelt ... Das Gemeinsame ist der Gleichtakt der Beine, die Unkenntnis, der Mangel an politischem Willen.« Im Sommer 1934 hieß es aus Ostsachsen, die Betriebsarbeiter nähmen in erschreckender Selbstverständlichkeit alles hin, was man von ihnen verlange. Aus dem Ruhrgebiet meldete man, die Betriebsarbeiter riskierten nichts: »Wer Arbeit hat, und sei sie noch so schlecht bezahlt, will sie unter allen Umständen behalten.« Die Indifferenten seien sehr beeindruckt dadurch, daß die »Arbeitsbeschaffung« vielen Arbeitslosen eine »wenn auch noch so schlecht bezahlte Arbeit« verschafft habe. Ähnlich wurde im Herbst aus Berlin berichtet, daß »bei manchem Arbeiter, der nach langer Erwerbslosigkeit leidlich bezahlte Arbeit erhalten hat«, Zufriedenheit vorherrsche; sie liefen nicht über und sie seien nach wie vor kritisch, »aber unter der Oberfläche vollzieht sich eine duldende, sich abfindende Gewöhnung an den politischen Zustand«.[31]

Anfang 1935 wurde berichtet, die allgemeine Stimmung zeige, »daß die Wirkungen der Wirtschaftskrise auf die innere Widerstandskraft der Arbeiter verheerender waren, als man bis dahin glaubte«. Käme ein Arbeiter nach jahrelanger Arbeitslosigkeit wieder in den Betrieb, »so wird er – und seien Lohn und Arbeitsbedingungen noch so schlecht – auf einmal ängstlich«. Die Nationalsozialisten hätten die Betriebe nicht erobert, aber sie hätten »das Selbstvertrauen der Arbeiterschaft zerstört« und »die Kräfte der Solidarität verschüttet«. Aus Bayern schrieb man im Herbst 1935, »daß sich die Leute an den Zustand gewöhnt haben und wenn es nicht noch viel schlechter wird, dann glaube ich nicht, daß dem Regime unter den Arbeitern eine Gefahr erwächst«. In kleineren Betrieben im Chiemgau sei die Stimmung »zwar nicht für Hitler, aber auch nicht positiv für einen anderen Weg. Man läßt es laufen.« Fast überall herrsche die Auffassung, es sei nichts zu machen.[32]

Anfang 1936 hieß es aus Mitteldeutschland, man könne sogar von früheren SPD- und Reichsbannermitgliedern hören: »Ihr habt immer große sozialistische Reden gehalten, die Nazis aber haben uns Arbeit gegeben. Gewiß gibt es nicht viel Lohn, aber ich brauche nicht mehr zu Hause untätig herumzusitzen ... Mir ist es egal, ob ich Granaten drehe oder Autostraßen baue, arbeiten will ich. Warum habt Ihr (die Sozialdemokraten) nicht mit der Arbeitsbeschaffung ernst gemacht?« Aus Bayern wurde berichtet: »Man schimpft zwar auf den wirtschaftlichen Druck und den Zwang zu Paraden und ähnlichen Schaustellungen«, aber man erkenne an, »daß Hitler vieles ganz richtig gemacht hat«. Er habe die »Kleinstaaterei beseitigt«, sei gegen »die Schwarzen« vorgegangen und habe »großzügig« die Arbeitsbeschaffung gefördert. Selbst die Kritiker des Regimes

»geben der Regierung in ihren außenpolitischen Maßnahmen recht«. Im Juni 1936 schrieb man aus der Pfalz, viele Arbeiter hätten »ihren Frieden mit den Machthabern gemacht« und hörten sich nicht einmal die Nachrichten ausländischer Sender an. Wenn angeordnet würde, die Häuser zu beflaggen, »können sie nicht schnell genug den Lappen herausbringen«. Berliner Arbeiter, hieß es in einem anderen Bericht, bemühten sich, »gute Seiten am Nationalsozialismus und seinen Führern herauszufinden«, sogar Hermann Göring, »trotz aller seiner schlechten Seiten«, habe auch »gewisse Vorzüge«, würde umständlich auseinandergesetzt.[33]

Im Sommer 1936 wurde aus Bayern gemeldet, die Arbeiter seien »weit weniger an politischen Vorgängen interessiert« als andere soziale Gruppen, und auch »weit weniger kritisch«, »die politische Indifferenz« habe »erschreckende Formen angenommen«. Selbst wenn sie politische Gespräche führten, »zeugen sie meist von einer unglaublichen Unkenntnis«. Die »systematisch betriebene Entpolitisierung der Massen ist unter der Arbeiterschaft am meisten vorgedrungen«. Das wurde aus Südwestdeutschland bestätigt: »Der weitaus größere Teil der Arbeiter verfällt immer mehr der Interesselosigkeit und vorherrschend wird der völlig Indifferente, der selbst zu jeder Denunziation gegen die eigenen Klassengenossen zu gebrauchen ist.« Nur in einem seien sich alle einig: »daß die Löhne und Gehälter zu niedrig sind.« Auch aus Berlin hieß es, der Arbeiter sei »heute stark entpolitisiert«, er arbeite in seinem Schrebergarten oder sammle Briefmarken und habe keine Lust »zur politischen Diskussion. Das haben die Nazis erreicht.« Doch als Robert Ley, der DAF-Führer, eine Grube in Gleiwitz (Oberschlesien) besuchte, reagierten die Bergleute nicht auf seinen Hitlergruß. Als er verärgert fragte, was hier los sei, traten drei Arbeiter vor und erklärten, die Löhne seien sehr niedrig und die Arbeit schwer, ihre Beschwerden bei der DAF nützten

nichts. Ley ließ sich die Beschwerden von einer Delegation vortragen und versprach Abhilfe.[34]
Die wachsende politische Indifferenz hinderte einzelne Arbeiter und Arbeiterfrauen nicht daran, »kritische, abfällige oder hämische Bemerkungen« über die Lage, sei es im Betrieb, im Laden, auf der Straßenbahn oder im Gasthaus zu machen, wie es die Düsseldorfer Gestapo im Herbst 1935 feststellte. Doch »die Verdrossenheit weiter Kreise« betraf vor allem wirtschaftliche Dinge, die immer wieder diskutiert wurden, die Löhne, die Preise, die Lebensbedingungen, die Mieten.[35] Es gab nur geringe Begeisterung für die politischen Angebote des Regimes und seine propagandistischen Bemühungen. Die Versammlungen waren schlecht besucht, und viele Arbeiter waren nach einem langen Arbeitstag viel zu müde, um noch zu Versammlungen zu gehen. Wenn sie entpolitisiert waren, so zeigte sich das auch auf diesem Gebiet.
Im Rahmen dessen, was das Regime erlaubte, wurde viel kritisiert, und viele Arbeiter bestanden auf ihren ›Rechten‹ als gleichberechtigte Mitglieder der ›Volksgemeinschaft‹. Als die Bauleitung eines Flugplatzes in Pommern im Sommer 1935 ein Strandfest gab, erzeugte das »erhebliche Mißstimmung« unter den Bauarbeitern, weil das Fest unter ihren Augen ablief und sie nicht eingeladen waren. An dem bekannten Film vom Reichsparteitag, »Der Triumph des Willens«, kritisierten Arbeiter, daß er nicht »die großen Arbeitsvorhaben« zeige wie die Arbeiten an der Autobahn und in Industrie und Landwirtschaft. Wie die Stettiner Gestapo 1935 berichtete, hätten sich daher nur wenige Arbeiter den Film angesehen. Im allgemeinen wurde bemerkt, daß die Arbeitslosigkeit noch immer sehr hoch sei, daß die Notstandsarbeiter trotz schwerer Arbeit bei Meliorationen oder im Tiefbau nur erhielten, was ein pommerscher Landrat als »Hungerlöhne« bezeichnete, Hungerlöhne vor allem für Familienväter. In einem anderen Fall in Pommern wurden

Notstandsarbeiter aus einer Entfernung von 15 km in ein Dorf geschickt, was die örtlichen Arbeiter »brotlos« machte.[36]

Wie es die Kölner Gestapo im April 1935 in ihrem Lagebericht formulierte: »Der Arbeiter vermeidet es sorgfältig, öffentlich Kritik zu üben, weil er Ungelegenheiten mannigfacher Art befürchtet. Er geht vielmehr dazu über, auf geschickte Art an der Arbeitsmethode, den Löhnen etc. zu kritisieren.« Man höre oft Stimmen, »die besagten, daß das Kapital die Macht über den Arbeiter wieder gewonnen habe«. In der Tat pries der Werksleiter eines der größten deutschen Chemiebetriebe, Glanzstoff, in seiner Rede zum 1. Mai 1935 die Reichswehr als »das beste Vorbild, das es in Deutschland gebe«, man müsse versuchen, »unsere Unteroffiziere und Offiziere der Arbeit« aus den eigenen Reihen zu rekrutieren. Seiner Meinung nach gab es in der »Betriebsgemeinschaft« nur Befehle, die mit militärischer Disziplin auszuführen waren.[37] Die Unternehmer waren fest entschlossen, keine Eingriffe zu dulden und den Arbeitern ihren Platz zuzuweisen.

In ihren Auseinandersetzungen mit den Unternehmern über Akkordlohn oder Arbeitsbedingungen erhielten die Arbeiter meist keine Hilfe von den DAF-Obleuten im Betrieb, entweder weil sie zu geringe Erfahrung besaßen oder ihre Beziehungen zur Betriebsleitung nicht verderben wollten. Aus einer rheinischen Textilfabrik wurde 1936 berichtet, Beschwerden beim Vertrauensrat seien zwecklos, und so versuchten gewerkschaftlich geschulte Arbeiter, den Vertrauensrat aufzuwiegeln und zum Betriebsführer zu schikken. Der schmeiße sie dann heraus, und so könne ihnen ihre »Ohnmacht vor Augen geführt werden«, was den Nazis sehr schade. In einer anderen Textilfabrik wurden die Akkordsätze um 30 Prozent herabgesetzt, was einen wöchentlichen Lohnausfall von 15 Mark bedeutete. Der Vertrauensrat wurde so mit Beschwerden überhäuft, daß er zum Betriebsführer ging, der ihn hinauswarf. Wütend rief er eine Versammlung der betroffenen Abteilungen ein und rief zur Aktion auf. Doch der Unternehmer verhandelte mit den alten Betriebsräten aus den Gewerkschaften, und sie erreichten, daß der alte Lohn weitergezahlt wurde. Allen war klar, daß »damit den Nazis eine Lektion erteilt« wurde.[38]

Charakteristischerweise wandten sich Arbeiter oft um Rat und Hilfe an die alten freigewerkschaftlichen Obleute im Betrieb. Im Sommer 1934 wurde aus den Münchener Reichsbahnwerkstätten berichtet, aufrechte Sozialisten und Gewerkschafter seien dort »schon wieder angesehene Leute« und würden »immer öfter um Rat und Meinung gefragt«. In einem Berliner Großbetrieb fragten die Arbeiter 1936 in allen Lohn- und Tariffragen den alten gewerkschaftlichen Vertrauensmann um Auskunft; der sende sie dann zu dem »Nazivertrauensrat«, der schlecht orientiert sei und die Leute zu dem Gewerkschafter zurückschicke und ihn kürzlich sogar bat, »sich mit den neuesten Tarifänderungen vertraut zu machen«. 1935 hieß es aus Nordwestdeutschland, Vertrauensräte seien meist die NSBO-Zellenleiter geworden, »die arbeitsrechtlich ungeschultesten Trottel«, nur die alten Gewerkschaftsfunktionäre genössen Ansehen und gäben »jederzeit Auskunft in sozialpolitischen und arbeitsrechtlichen Dingen«, das zeige »den Gegensatz von einst und jetzt«. In Sachsen wurde im gleichen Jahr beobachtet, »daß von den früheren Funktionären der Freien Gewerkschaften mit Hochachtung und Respekt, ja mit Verehrung gesprochen wird«; man habe von den Ereignissen gelernt, »was die frühere Arbeit der SPD und der freien Gewerkschaften für die Arbeiter bedeutet und was man verloren hat«. Ein Bremer Werftarbeiter erinnerte sich, daß sich die alten Gewerkschafter immer auf der Toilette trafen, um die Lage zu besprechen. In manchen Betrieben versuchten die früheren Betriebsräte, ihre Aufgaben fortzuführen und wurden von

den Arbeitern als ihre legitimen Vertreter angesehen.[39] Aber natürlicherweise war das nicht überall der Fall.
Was die Beziehungen zur Arbeiterschaft betraf, waren die Jahre 1934-35 zweifellos eine Zeit der Krise für das Hitlerregime. Was ihm half, war, daß es keine einheitliche Arbeiterklasse mit ihren Organisationen gab, sondern daß sie atomisiert war. Selbst innerhalb einer Fabrik wußten die einzelnen Abteilungen sehr wenig voneinander, hörten nichts von militanten Aktionen, die in einer anderen Abteilung vorbereitet oder durchgeführt wurden. Wenn alle Mitglieder einer Belegschaft zusammenkamen, war das im sogenannten ›Betriebsappell‹ in halbmilitärischen Formen, um Anordnungen und Instruktionen entgegenzunehmen und die Rede eines Nazifunktionärs anzuhören. Wie wir sehen werden, gab es Proteste und Aktionen in dem einen oder anderen Betrieb, aber sie waren nur selten erfolgreich und waren meist kleinen Umfangs. Die Arbeiter hatten viele Beschwerden, aber der Terror verhinderte ihre offene Äußerung. Die große Mehrheit war passiv und nicht organisiert. Solidarität, soweit sie noch bestand, überlebte nur in einzelnen Betriebsabteilungen oder im Milieu der Arbeitersiedlungen. Die kleinen illegalen Gruppen waren nicht imstande, die Unzufriedenheit zu mobilisieren; hätten sie es versucht, wären sie sehr schnell liquidiert worden.

IV Die Risiken des Widerstands

Es gab nicht nur weitverbreitete Apathie und Indifferenz, es gab auch erhebliche Opposition. Abgesehen von den illegalen Gruppen, die nach wie vor aktiv waren, kam es auch zu spontanen Widerstandshandlungen und lokalen kleinen Streiks. Fast alle waren begrenzt auf eine Baustelle, eine Abteilung in der Fabrik, einen kleinen Betrieb. Sie dauerten nicht lange, und sie endeten oft mit Strafmaßnahmen gegen die Streikenden.[1] Aber in einer Zeit, in der alle Streiks illegal waren, zeigten sie, daß der alte militante Geist noch in der Arbeiterschaft lebendig war. Was wir über sie wissen, stammt aus Polizeiberichten oder denen der SPD-Führer, da die Zeitungen nichts darüber berichteten.

Streiks gab es vor allem unter Arbeitern, die bei öffentlichen Bauvorhaben beschäftigt waren, beim Bau von Straßen, Autobahnen, Staudämmen, Flugplätzen usw. Sie erhielten Hungerlöhne, wurden schlecht verpflegt und in primitiven Baracken weit von der Heimat untergebracht. Im Herbst 1934 verrichteten Berliner Arbeitslose Straßenarbeiten in der Nähe von Bremen. Ihre Frauen sollten zehn Mark die Woche erhalten, bekamen aber nur sechs. Nach allen Abzügen erhielten die Arbeiter am Wochenende 3,70 Mark. Als alle Proteste erfolglos blieben, legten sie die Arbeit nieder und wurden unter Polizeibewachung zurück nach Berlin gebracht. Das Arbeitsamt behandelte sie als Arbeitsverweigerer und sperrte ihnen die Unterstützung. Auf einer Autobahnbaustelle in Franken streikten im November 30 Arbeiter, weil sie kein Fahrgeld erhielten. Man drohte ihnen mit Verhaftung und Konzentrationslager, aber sie sangen trotzig die ›Internationale‹, woraufhin 20 von ihnen als »arbeitsscheu« ins KZ Dachau kamen. Im September verweigerten 200 Arbeiter, die bei einer Talsperre im Rheinland beschäftigt waren, die Arbeit, weil sie nach allen Abzügen für

Verpflegung, Transport usw. nicht mehr verdienten, als ihre Unterstützung betragen hatte. Als das berichtigt wurde, waren es nur 2,50 Mark mehr pro Woche als die Unterstützung; sie blieben daher bei ihrer Weigerung und brachten Klagen vor. Selbst NSDAP-Mitglieder beteiligten sich an der Aktion. Allen wurde die Unterstützung »für gewisse Zeit entzogen«.[2]

Im März 1934 kam es zu kurzen Streiks auf Ruhrzechen, weil die Zechenleitung Maßnahmen gegen nationalsozialistische Arbeiter ergriff. Auf Schacht Konstantin bezeichnete ein Steiger, der NSDAP-Ortsgruppenleiter war, die ungenügende Einstellung von Arbeitslosen als Indiz für »lumpige Gesinnung« und »Profitgier der Unternehmer« und wurde daraufhin beurlaubt. Die Frühschicht weigerte sich einzufahren, bis die Maßregelung zurückgenommen würde. Das tat der Treuhänder der Arbeit, aber er belegte die Bergleute mit einer Buße für die Winterhilfe. Auf einer anderen Zeche wurde ein Steiger versetzt, weil bei ihm Ausbaumängel gerügt wurden. Der Vertrauensrat war für Streik, was sein Vorsitzender ablehnte. Dessen Rede wurde andauernd von Rufen »Nicht anfahren« unterbrochen. Aber die Bewegung endete erfolglos nach dem Erscheinen des DAF-Kreisobmanns, und die Arbeit wurde wieder aufgenommen. Auf einer dritten Zeche sollte die Belegschaft abstimmen, ob sie gewillt sei, unter der alten Leitung weiter zu arbeiten. Es kam zu einem Tumult, der erst durch Eingreifen der Gestapo beendet wurde. Es zeigte sich, daß es auch Vertrauensräte gab, die sich für Aktionen einsetzten.[3]

1935 kam es zu weiteren Streiks. Im Frühjahr stellten etwa 400 Glasschleifer einer Firma in Pirmasens drei Tage lang die Arbeit ein, um eine Lohnsenkung zu verhindern; bei 48 Stunden Arbeit verdienten sie nur 12 bis 13 Mark die Woche. Niemand sprach von Streik, »aber jeder wußte, daß es einer war«; er hatte keine Folgen. Als den Heringseinlegerinnen in Emden der Akkordlohn von 42 auf 38 Pfennig gekürzt werden sollte, weigerten sich die Frauen. Sie kamen in den Betrieb, aber rührten keine Hand. Da der Fisch zu verderben drohte, blieb es beim alten Lohn. Im Sommer registrierte die Gestapo Sabotage und kleine Streiks von Bauarbeitern in Ostpreußen und Thüringen für höheren Lohn und Sabotage beim Bau eines Flugplatzes bei Potsdam. Im Herbst wurden acht ähnliche Streiks auf Baustellen in verschiedenen Gegenden verzeichnet, von denen der größte 60 Notstandsarbeiter betraf. In einem Fall wurden drei Arbeiter verhaftet, weil sie Unterschriften gegen die Entscheidung eines Treuhänders sammelten, in einem anderen, weil sie es ablehnten, zehn Stunden lang zu arbeiten oder Überstunden zu leisten. In einem schlesischen Betrieb weigerten sich die Arbeiter, in der Mittagspause eine Hitlerrede anzuhören, und anscheinend geschah ihnen nichts.[4]

Im Juni 1935 lehnten es die Notstandsarbeiter beim Bau einer ›Thingstätte‹ in Heidelberg ab, Nachtarbeit und Überstunden ohne höheren Lohn zu leisten. Da der Bau zu einem bestimmten Termin fertig sein mußte, wurden die Forderungen bewilligt. Weniger erfolgreich waren die Arbeiter einer bayerischen Kristallfabrik, wo die gelernten Arbeiter nur 12 und die Gehilfen 6-7 Mark wöchentlich verdienten. Der Betriebsführer lehnte die Forderung nach Lohnerhöhung strikt ab, woraufhin die Arbeiter inklusive SA-Leuten in den Streik traten. Der DAF-Kreisleiter drohte ihnen mit Dachau, wenn sie die Arbeit nicht sofort aufnähmen. Ein Gehilfe erwiderte jedoch mit Zustimmung der anderen: »In Dachau müssen sie uns auch Brot und Wasser geben, und mehr haben wir daheim auch nicht.« Aber die Drohungen bewirkten, daß die Arbeit wieder aufgenommen wurde, die Zusicherung von Versprechungen wurde nicht gehalten. In den Saargruben kam es zu kurzen Streiks für höhere Löhne, auch wegen der Maßregelung eines Arbeiters, die daraufhin zurückgenommen wurde, ruhte die Arbeit. In den Hamburger Alfred-Nobelwerken übten die Arbeiter passiven Widerstand, um einen Lohnabbau zu verhindern, und waren nach drei Tagen erfolgreich.[5] Diese Fälle beweisen, daß im Dritten Reich nicht alle Streiks erfolglos waren. Wenn die Arbeit eilte, wurden die Forderungen gegen alle obrigkeitliche Neigung bewilligt. In einigen dieser Fälle hieß es, es gebe Kommunisten unter den Arbeitern oder es wären kommunistische Flugblätter verteilt worden, aber das waren Ausnahmen. Es bedurfte kaum kommunistischer Propaganda, um die Arbeiter gegen ihre unglaublich niedrigen Löhne mobil zu machen.

Mehr und größere Streiks fanden 1936 statt. Zu Beginn streikten 200 Arbeiter einer Lederfabrik in Worms vier Stunden lang, weil ihr Akkordlohn gesenkt werden sollte. Die DAF versprach Hilfe und ersuchte um Stillhalten, weil solche Methoden anderen ein Beispiel geben könnten. In Chemnitz fand im Februar eine Betriebsversammlung der Auto-Union statt, bei der die Arbeiter geregelte Arbeitszeit, weniger Lohnabzüge, bessere Werkzeuge und bessere Behandlung durch den Meister forderten. Als daraufhin nichts geschah, traten die Elektroschweißer in den Streik, blieben aber im Betrieb. Nach drei Tagen wurde ihnen eine Lohnzulage von 15 Mark versprochen. In einer sächsischen Flugzeugmotorenfabrik kam es wegen Herabsetzung der Akkordsätze zu einem Streik in einer Abteilung von etwa 150 Mann, die alle entlassen wurden, aber bald neue Arbeit fanden, da gelernte Arbeiter Mangelware geworden waren. Im Juni brach ein Streik von etwa 300 Arbeitern der Opelfabrik in Rüsselsheim aus, deren Akkordlohn herabgesetzt werden sollte. Sie wurden kurz verhaftet und 200 von ihnen fristlos entlassen; die ›Rädelsführer‹ blieben in Haft. Als die Gestapo in Berlin den Fall besprach, hieß es, der Streik habe »eine erhebliche politische Bedeutung« und fördere »den Solidaritätsgeist der übrigen Belegschaftsmitglieder«. Was die Nazis erschreckte, waren kommunistische Parolen in den Werkstoiletten und das Auftauchen kommunistischer Flugblätter nach einigen Tagen. Daher beschloß die Berliner Gestapo, Frankfurt anzuweisen, »V-Männer bei Opel einzuschleusen«. Als die entlassenen Arbeiter beim Arbeitsgericht Mainz Klage einreichten, wurden sie abgewiesen, weil sie gegen die ›Volksgemeinschaft‹ verstoßen hätten.[6]

Andere Streiks gingen nicht von relativ gut bezahlten gelernten Metallarbeitern, sondern von Notstandsarbeitern bei den Bauvorhaben aus. Im Juli streikten 350 Mann beim Bau eines Militärflugplatzes im Saarland, weil sie weniger als ihre Unterstützung verdienten, und ihre Führer wurden verhaftet. In Hessen legten zehn Mann die Arbeit nieder, weil die Löhne bei den schmutzigen und nassen Meliorationsarbeiten zu niedrig waren. Bei Nürnberg wurden 15 Autobahnarbeiter verhaftet, weil sie die Wiedereinstellung eines wegen »Unbotmäßigkeit« entlassenen Arbeiters erzwingen wollten. In Augsburg wurde ein Arbeiter verhaftet, der seine Kollegen zum Streik gegen seine Entlassung aufforderte. Das gleiche Los traf einen Kommunisten, der die Arbeiter einer Ziegelei zum Streik bei schlechtem Wetter aufrief und dazu noch die ›Internationale‹ gepfiffen hatte. Bei Koblenz legten 13 Notstandsarbeiter zwei Tage lang die Arbeit nieder, inklusive der SA-Leute, um besseren Lohn zu erhalten. Auf einem Bauplatz der Luftwaffe bei Königsberg verweigerten 25 Mann einen Tag die Arbeit, weil sie völlig durchnäßt waren. Auf einer Autobahnbaustelle bei Stuttgart ließen 38 Mann die Arbeit im Stich und kehrten nach Hause zurück. Auf anderen Baustellen lehnten es Arbeiter ab, nachts zu arbeiten (vermutlich weil sie dafür mehr Lohn wollten). Bei Dessau legten 16 Mann wegen Lohndifferenzen die Arbeit nieder, und bei Kassel elf Mann. Arbeiter, die aus Schlesien nach Ostpreußen verschickt wurden, kehrten ohne Erlaubnis nach Hause zurück und begannen dort »eine üble Hetze«, weil sie ihre Familien nicht mitnehmen durften und die Löhne niedriger waren als in Schlesien, berichtete die Gestapo.[7]

In Sachsen streikten 200 Textilarbeiter, weil die Direktion einen Lohnabbau von 25 Prozent durchführen wollte. Die Vermittlung der DAF erreichte, daß die Arbeit schon am folgenden Tag wiederaufgenommen wurde und der Lohnabbau auf 10 Prozent reduziert wurde. Im Sommer 1936 wurden kleine Streiks von Landarbeitern in Sachsen und Ostpreußen registriert. Auf einem adligen Gut bei Halle verweigerten 12 Arbeiter und Arbeiterinnen die Arbeit wegen zu niedriger Löhne. Nach zwei Tagen nahmen zehn von ihnen die Arbeit wieder auf, die zwei anderen kehrten nach Hause zurück. In Neuss wurden drei Arbeiter der Nationalen Radiatorenwerke in Schutzhaft genommen, weil sie gegen die DAF agitiert und den Wirtschaftsfrieden gestört hätten.[8] Alles in allem wurden 1936 179 Arbeitskonflikte registriert, mit dem Höhepunkt im Juli und einer geringeren Zahl im Winter. Aber nur zehn von ihnen betrafen zwischen 51 und 100 Mann und nur neun mehr als hundert; nur wenige dauerten länger als einen Tag. Die meisten waren sehr kleinen Umfangs, aber die Behörden des Dritten Reiches waren besorgt. Die Streiks zeigten, daß nicht alles in Ordnung war. Als man den Opelstreik im Reichswirtschaftsministerium besprach, betonte der Berichterstatter, ›Parteigenosse‹ Stiehler, daß 1936 die Zahl der Streiks zugenommen habe gegenüber 1934 und 1935, und daß die Treuhänder der Arbeit und die DAF-Funktionäre »vielfach nicht das Richtige bei der Beurteilung und Entwirrung der Lage treffen«.[9] Leider sagte er nicht, was er für die »richtigen« Maßnahmen hielt, und vielleicht dachte er nicht nur an die Intervention der Gestapo.

Es wurden nur ganz wenige Fälle von Sabotage verzeichnet, und interessanterweise betraf der einzige Fall, in dem 1936 definitiv Sabotage verübt wurde, die Opelwerke wenige Wochen nach dem Streik und den Verhaftungen. Dort wurde eines Nachts ein Raum, in dem Motoren lagen, mit Schlauchleitungen unter Wasser gesetzt und 200 für die Armee bestimmte Motoren durch Abschlagen der Zylinderköpfe unbrauchbar gemacht. Bei Befestigungsarbeiten in Mitteldeutschland wurde »versucht, den Zementmischungen zersetzendes Material beizumischen«, aber das muß keine Sabotage gewesen sein. Die Explosion eines Ölkessels in einer Augsburger Zahnradfabrik am Tag der Rheinlandbesetzung hatte wohl kaum etwas mit ihr zu tun und auch nicht mit Sabotage.[10] Sabotage wurde von deutschen Arbeitern nur selten verübt, auch nicht im Krieg.

Neben kollektiven Handlungen gab es auch kleine Aktionen der Verweigerung, sei es durch einzelne oder kleine Gruppen, oder was auch die immer wachsamen Sicherheitsorgane als Verweigerung bezeichneten. In Hamburg verweigerte eine Volksschullehrerin 1933 beim Hissen der Hakenkreuzfahne den Hitlergruß. Daraufhin informierte sie der Schulleiter, wenn sie beim nächsten Mal das gleiche täte, würde er einen SA-Mann hinter sie stellen, »der Sie so lange in den Arsch tritt, bis Sie anständig grüßen«. Im Jahre 1935 klagte ein Autobahnarbeiter einem Kollegen, im alten Reich habe er seine Arbeit gehabt, aber im Dritten Reich habe er sie verloren, sonst hätte er immer noch Arbeit in der Porzellanfabrik und brauche sich nicht auf der Autobahn »herumschlagen«; die Wehrpflicht sei eingeführt worden, »damit wieder ein Krieg entsteht«. Er erhielt zwei Monate Gefängnis. In Lambrecht in der Pfalz verfaßte ein katholischer Arbeiter Aufkleber mit »Nieder mit Hitler!« und »Die Bonzen schlemmen, der Arbeiter hungert! Heul Hitler.« Er wurde 1936 verhaftet und wanderte für 14 Monate ins Gefängnis. Aus Kassel meldete die Gestapo im Mai 1934, in der Altstadt bildeten sich wie früher wieder Diskussionsklubs. Dort debattiere man über die Löhne und meine, sie seien nicht viel höher als die Wohlfahrtsunterstützung und die Nazis hätten ihr Versprechen, »Kein Beamter mehr als 1 000 Mark monatlich, solange noch ein Volksgenosse erwerbslos«, nicht eingelöst. Im Kreis Schmalkalden, hieß es ferner, weigerten sich die »früher marxistisch eingestellten Arbeiter«, etwas zu den

Sammlungen zu geben, und auch auf dem Land würde wenig oder nichts gegeben, man wolle erst das Ende des Kirchenkonflikts abwarten.[11]

Abgesehen vom Singen der ›Internationale‹ berichtete die Polizei auch über das von »marxistischen Kampfliedern«. Im Mai 1933 meldete ein Polizist, eine Einheit des Arbeitsdienstes bei Bremen habe gesungen »Wenn wir schreiten Seit an Seit und die alten Lieder singen«. Nach der Beendigung von Notstandsarbeiten bei Hannover 1934 spielte ein Arbeiter auf seiner Mundharmonika »Wir sind die Arbeitsmänner, das Proletariat«, und andere sangen das Lied mit. Als der Mann verhaftet wurde, kam heraus, daß er 1933 dem Stahlhelm beigetreten war und mit ihm in die SA überführt wurde. In einer Kleinstadt bei Nürnberg ignorierten die Arbeiter einer Holzfabrik 1934 den Befehl, mit der Nazifahne zum Besuch eines Films über den Nazi-Märtyrer Horst Wessel zu marschieren. Es erschienen nur vier Mann, und der Besuch wurde abgesagt. In einer anderen bayerischen Kleinstadt versammelten sich die Arbeitslosen jeden Tag vor dem Arbeitsamt zu Diskussionen, die »recht ungeeignet für die Ohren der Gestapo« waren. In Brühl in Baden wurden 1935 neun Arbeiter verhaftet, weil sie ihre Kollegen zu einer Demonstration vor dem Rathaus und der Wohnung des Bürgermeisters aufforderten, »um für den Neujahrstag eine Vergütung zu erhalten«.[12]

Mehr Erfolg hatten die Arbeiter der Gutehoffnungshütte, die unbezahlte Feierschichten einlegen sollten. Sie marschierten geschlossen zum DAF-Büro und forderten ihre Beiträge zurück. »Wir sind nicht in die DAF eingetreten, um uns bescheißen zu lassen«, und sie erhielten sie zurück. Auf einer Zeche bei Moers sollten die Bergleute 20 Prozent der Lohnsteuer an die Winterhilfe abführen, und 370 von 4000 Mann lehnten das ab. Sie wurden vom Betriebsführer scharf angefaßt, mit Entlassung bedroht, und die große Mehrheit gab nach. Nur zwei weigerten sich und wurden entlassen. In einem bayerischen Rüstungsbetrieb lehnten die etwa 80 Arbeiter einer Spezialabteilung 1935 den obligatorischen Hitlergruß ab und nahmen Stellung gegen die Abzüge für die Winterhilfe. Im Oktober wurde eine neue Anordnung der DAF angeschlagen, die den Hitlergruß obligatorisch machte, doch in der Abteilung blieb alles beim alten, und die DAF fand sich anscheinend damit ab. In den Berliner Siemenswerken sollten im gleichen Jahr die Wochenlöhne durch Monatslöhne mit Teilzahlungen ersetzt werden, was geringe Kürzungen mit sich brachte. Die Anordnung mußte wegen Widerstands der Arbeiter widerrufen werden. Auf einer Autobahnbaustelle in Nordbayern schimpften die Leute »wie die Landsknechte«, und die Stimmung wurde immer kritischer. Wenn ein neuer Arbeiter sich mit dem Hitlergruß einführte, erwiderte niemand seinen Gruß, und kein Kollege sprach mit ihm. Auch auf anderen bayerischen Baustellen wurde offen über das Regime hergezogen, ohne daß man dagegen einschritt; »der Sauschwindel kann jetzt schon bald aufhören«, hieß es. In den Junkers-Flugzeugwerken in Dessau wurden zwischen 1933 und 1935 285 Arbeiter wegen Kritik, Gerüchteverbreitung usw. verhaftet, nicht wegen irgendwelcher illegaler Aktivität. In den Jahren 1934-36 verurteilte das Münchener Sondergericht 1127 Männer und Frauen wegen »Heimtücke«, von denen die große Mehrheit keiner politischen Partei angehörte.[13]

Gelegentlich zeigte sich die wahre Stimmung der Arbeiter, wenn sie eine Hitlerrede anhören sollten. Vor den ›Wahlen‹ vom März 1936 wurde den Arbeitern von Blohm & Voss in Hamburg mitgeteilt, sie würden ihren Lohn erst nach dem Anhören der Hitlerrede erhalten, die von Krupp in Essen übertragen wurde. Es entstand ziemliche Unruhe, weil die Schicht, die um drei Uhr endete, den Betrieb nicht verlassen durfte und zwei Stunden warten mußte. Rufe ertönten, erst vereinzelt, dann im Sprechchor: »Wir haben Hunger, wir wollen unseren Lohn haben.« Es geschah nichts, der Lohnschalter wurde erst um fünf Uhr geöffnet. In den Bayerischen Motorenwerken in München mußten die Leute zum Empfang der gleichen Rede in den großen Maschinensaal gehen. Im hinteren Teil standen sie, ohne sich darum zu kümmern, was vorne los war. Es gab keinen Beifall, es herrschte »eine geradezu eisige Stimmung«, berichtete ein Teilnehmer. In der gleichen Fabrik wurde gegen Jahresende wieder ein Gemeinschaftsempfang organisiert. Die Werks-SA mußte einschreiten, weil große Unruhe herrschte und die Arbeiter sich unterhielten. Als großer Applaus aus dem Lautsprecher tönte, stürzten sie zu den Toren und verlangten deren Öffnung, weil die Rede zu Ende sei. Die Wärter ließen sich überrumpeln, und alles strömte zu den Ausgängen, sogar die Fenster wurden benutzt, um nur wegzukommen. In Kiel gelang es einem Naziredner nicht, bei einem Betriebsappell irgendwelchen Beifall zu erhalten. Die Leute standen und starrten ihn an. Bevor es zum »Heil Hitler« kam, wandten sie sich schon zum Ausgang. Zur Strafe sollten nun einige entlassen werden, aber in einem Rüstungsbetrieb konnten die qualifizierten Arbeiter nicht entbehrt werden, und so wurde schließlich ein weniger Qualifizierter als Opfer ausersehen.[14]

In einer Abteilung der Berliner AEG weigerten sich 1936 die Arbeiter, Formulare zu unterschreiben, laut denen ihnen 10 Prozent der Lohnsteuer für die Winterhilfe abgezogen werden sollte. Als die DAF-Obleute eine Begründung verlangten, hieß es: »Zu wenig Lohn!« In anderen Berliner Fabriken ereignete sich ähnliches. In einem großen elektrotechnischen Betrieb handelten Gruppen von politisch bewußten Arbeitern gemeinschaftlich ohne irgendeine Verabredung. Wo sie die Mehrheit hatten, machten sie den wenigen Nazis das Leben schwer: »Der Mann ist nicht zu gebrauchen, er leistet schlechte Arbeit.« Das ging so, bis der Betreffende aufgab oder wegen Arbeitsmangel entlassen wurde. In einer anderen Berliner Fabrik wurden neue Leute

»erst einmal einige Zeit beschnüffelt« und geschnitten, wenn sie sich nicht anpaßten. Selbst SA-Leute konnten sich »diesem gemeinsamen Empfinden nicht entziehen« und fügten sich ein. Zu einem anderen Berliner Betrieb wurde von der DAF ein Mann als Stanzer geschickt. Bald wurden einzelne Arbeiter auf die Polizei bestellt, »weil sie im Betrieb meckern würden«, drei wurden wegen angeblicher kommunistischer Propaganda verhaftet, aber man konnte ihnen nichts nachweisen und sie kamen frei. Der neue Mann beschwerte sich, er würde von den anderen schikaniert, schließlich fiel ihm ein großer Mutternschlüssel auf den Kopf und er wurde krankgeschrieben. Aber man stellte auch fest, daß bei »Abwehraktionen einzelner Abteilungen« eines großen Werkes die übrigen Arbeiter oft keine Ahnung hatten, was dort stattgefunden hatte.[15] Die einzelnen Gruppen waren isoliert.
Überraschenderweise meldete die Gestapo im September 1936, daß ein bestimmter »Hetzvers« zur gleichen Zeit in Berlin, Leipzig und Karlsruhe aufgetaucht sei:

»Hitler ohne Frau,
Bauer ohne Sau,
Metzger ohne Fleisch,
Das ist das Dritte Reich.«[16]

Gegen diese Art von Mundpropaganda war die Gestapo machtlos. Doch es gab auch entgegengesetzte Beispiele. Aus einer sächsischen Fabrik wurde im gleichen Jahr berichtet, die Frauen, die gegen Hitler stünden, würden von den anderen angespuckt. Wer beim Plebiszit mit ›Nein‹ stimme, so hieß es, gehöre gegen die Wand gestellt und müsse erschossen werden.[17]
Das war sicher eine Ausnahme, ebenso wie die entgegengesetzte Einstellung. Doch in manchen Großbetrieben herrschte eine passive antinationalsozialistische Stimmung. Von der Maschinenfabrik Augsburg-Nürnberg in Augsburg

hieß es 1934, die Arbeiter seien ziemlich interesselos, aber »nicht für die Nazis«. Bei der Übertragung einer Hitlerrede im August sollten sich die Arbeiter in den Höfen versammeln und die Fabriktore wurden geschlossen, mit Ausnahme nur einer Seitentür. Bei dieser kam es zu einem solchen Andrang, daß die Portiers nicht ein und aus wußten. Schließlich öffneten die Arbeiter selbst die großen Tore und strömten hinaus. In Nürnberg entwickelte sich eine Schraubenfabrik mit etwa 3000 Arbeitern zu einer Art Asyl für Antinazis. Die Vorarbeiter waren Sozialdemokraten, aus der Haft entlassene Arbeiter wurden wieder eingestellt, ebenso wie andere aus politischen Gründen Entlassene und Halbjuden. 1936 berichtete die Gestapo über die Hanomag in Hannover, die Belegschaft bestünde meist aus Anhängern der SPD und KPD, die vor allem die Meister- und Vorarbeiterposten unter sich verteilten; auf den Hitlergruß würde immer mit »Guten Tag« geantwortet und Nationalsozialisten würden schikaniert. Ende 1934 wurden von Radfahrern vor den Toren kommunistische Flugblätter verteilt, aber bei der folgenden Polizeikontrolle konnten nur zehn Exemplare gefunden werden, und die Kontrolle traf auf Widerstand.[18]

Noch ausgeprägter war die oppositionelle Haltung auf den Bremer Werften. 1935 schrieb ein NSV-Zellenwart an seine Kreisleitung über die Weser AG, wenn ein Arbeiter den Hitlergruß anwende, stieße das auf »eine eisige Abwehr von mindestens 90 Prozent der Belegschaft« und löse »sehr große Schwierigkeiten« für ihn aus. Er habe noch keinen gesehen, der »es wagt, mit der braunen Hose zur Arbeit zu kommen«. Bei dem Stapellauf der »Scharnhorst« 1934 in Anwesenheit Hitlers sangen die meisten Arbeiter das Horst-Wessel-Lied nicht mit. Auf der Vulkanwerft erschienen zur Betriebsversammlung für die Vertrauensrätewahlen nur 250 von 2500 Arbeitern. Es wurde eine zweite Versammlung anberaumt, zu der nur 200 Mann kamen. Das waren Firmen mit alter sozialistischer und gewerkschaftlicher Tradition und hochqualifizierten Arbeitern, die von der Betriebsleitung geschützt wurden. Aber wie rasch der alte Geist zerfallen konnte, zeigt das Beispiel eines anderen Bremer Betriebes. Als die DAF ihren Reichsberufswettkampf organisierte, besprachen sich die alten Gewerkschafter einer Abteilung und entschieden: »Da macht keener mit.« Im folgenden Jahr gab es die gleiche Antwort. Aber trotzdem machte ein früherer Betriebsrat und Gewerkschafter mit und wurde dann zum Meister befördert. Da war es »natürlich Schluß«, von da an »konnte man nur noch mit zwei, drei Mann reden«, erinnerte sich ein alter Arbeiter.[19] Das Naziregime hatte viele Möglichkeiten, um die Leute für sich zu gewinnen, und viele fanden es schwer, dem Druck zu widerstehen. So machte man seinen Frieden mit dem Regime.

Der Ausbruch des spanischen Bürgerkriegs im Jahre 1936 gab der Opposition neuen Mut. Viele deutsche Kommunisten und Sozialisten gingen nach Spanien, um in der republikanischen Armee zu dienen. Die spanischen Ereignisse wurden in vielen Betrieben diskutiert, die Sympathien vieler Arbeiter gehörten der Republik, während Hitler und sein Regime offen Franco halfen. Aus München wurde den Sozialdemokraten berichtet, »daß der heldenhafte Widerstand der spanischen Arbeiter bei uns in den Betrieben eine sichtbare Wandlung mit sich gebracht hat. Allen ist bewußt geworden, daß in Spanien eine Entscheidungsschlacht geschlagen wird, die auch für uns Deutsche von besonderer Bedeutung ist.« Die Arbeiter hätten wieder Mut gefaßt; manche, die seit Jahren »kein Wort mehr über Politik verloren«, beteiligten sich wieder an Diskussionen, die ausländischen Sender würden abgehört und ihre Meldungen verbreitet. Aber man fürchte auch, daß es Hitler und Mussolini gelingen würde, die Westmächte »von einer wirksamen Unterstützung der rechtmäßigen Regierung abzuhalten«, während sie selbst Franco mit Truppen und Material versorgten. Als im Spätsommer in Hamburg Geschütze und Granaten für Franco geladen wurden, erschienen Flugblätter »Keine Waffen für Franco!« und »Es lebe der Freiheitskampf des spanischen Volkes!« In einem Bremer Rüstungsbetrieb wurden die Arbeiter, die für die Republik eintraten, verraten und ebenso Frauen in den Berliner Osramwerken, die Geld für die Republik sammelten. In Hamburg wurde ein Schaffner der Mitropa verhaftet, der eine große Geldsumme bei sich hatte, die Hamburger Eisenbahner zusammengesteuert hatten. Geld wurde auch in den Waldenburger Gruben und anderswo gesammelt, in Berlin sogar von Tür zu Tür. Als ein DAF-Funktionär in einer Versammlung in einer oberbayerischen Kleinstadt über die Verhältnisse in Spanien sprach, wurde er unterbrochen mit Rufen »lüg net so«, »bei der Wahrheit bleiben« und ähnlichem. Selbst Vertrauensräte schwiegen, wenn Arbeiter ihre Sympathie mit der spanischen Regierung betonten.[20] Um so größer war die Enttäuschung, als die Regierung ihre Schlacht verlor.

Die Jahre 1934-36 sahen den größten Umfang illegaler sozialdemokratischer Aktivität, oft in der Form von Lesergruppen der »Sozialistischen Aktion«. Nach einer späteren Schätzung wurde sie von etwa 200 bis 300000 Männern und Frauen gelesen und diskutiert. Ein Leser in Berlin schlug vor, jeder Empfänger solle in seinem Exemplar mit einer Stecknadel ein kleines Loch machen; als es zu ihm zurückkam, hatte es 216 Löcher. Die emigrierten Parteiführer glaubten, ihre Partei habe in Deutschland 300 Gruppen mit etwa 20000 Mitgliedern. Das war keine straff zentralisierte Organisation, wie sie die Kommunisten immer wieder zu bilden versuchten, sondern eher lose Zirkel von Genossen und Kollegen, kleine Vereine und Lesergruppen der illegalen Presse. Doch dann setzten Massenverhaftungen ein und zerstörten die meisten dieser Gruppen. Was blieb, waren unzählige kleine Zirkel, die Stammtische alter Freunde, die sich trafen, um Skat zu spielen oder Bier zu trinken, die zusammen wanderten, sangen oder musizierten, oder die sich einem ›bürgerlichen‹ Verein angeschlossen hatten, um den Kontakt zu halten.[21] Wie die Stuttgarter Gestapo im August 1935 meldete, es bestünde die Tendenz, »nur noch kleine und kleinste Gruppen und Zirkel zu bilden, die ohne Verbindung nach Neben und Oben arbeiten ... Gerade das Zusammenfinden in Vereinen, bei Ausflügen, in Freibädern und auf dem Lande in kleinen Gruppen zum Austausch von Mitteilungen, die Pflege der alten Beziehungen durch persönliche Besuche und durch das Zusammentreffen im Betrieb haben allgemein Schule gemacht.«[22]

Während 1933 viele Sozialdemokraten glaubten, das Hitlerregime könne sich unmöglich lange halten, entstand allmählich eine realistischere Einschätzung. Aus Sachsen hörten die emigrierten Parteiführer 1935, aufgrund der Unterdrückung der freien Meinung sei eine Gegenbewegung unwahrscheinlich; wenn die Dinge »normal« weiterliefen, müsse man »mit einer längeren Dauer, also noch einigen Jahren« rechnen; »jedenfalls müsse man sich auf lange Sicht einstellen, wenn nicht unvorhersehbare Fälle eintreten«.[23] Diese Frage war für die illegalen Gruppen lebenswichtig, denn bei einer langen Perspektive war es nötig, kleine Kader zu bilden, sie gut zu schulen und alle Massenaktivität zu vermeiden. In Südwestdeutschland führte diese Frage zu starken politischen Differenzen und faktisch zur Spaltung. Emil Henk und Otto Calvi bildeten eine Organisation, die eine Reihe von Städten umfaßte. Sie lehnten den Kurs der Prager Parteiführung ab und plädierten für kleine, gut ausgebildete Gruppen, verbunden durch Kuriere, eine Elite, die bei einer Destabilisierung des Regimes die Massen führen sollte. Den Apparat der Prager Leitung fanden sie zu schwerfällig und technisch rückständig, und sie standen in scharfer Opposition zur Politik ihres Grenzsekretärs, dessen Arbeit sie für »untauglich« hielten. Es kam zu harten Diskussionen und – nach einer Konferenz in St. Gallen im September 1934 – faktisch zur Spaltung. Die Henk-Calvi Gruppe brach mit der Prager Leitung und begann, in Mannheim mit der SAP zusammenzuarbeiten, blieb aber selbständig. Doch im Herbst hatte ein Kurier in der Pfalz einen Unfall, und die Polizei fand Flugblätter und anderes Material. Im Oktober wurden Henk und viele andere verhaftet. In Stuttgart bestand 1934 eine gut organisierte Kerngruppe von etwa 50 Mitgliedern mit einem größeren Einflußkreis und einer Reihe von Verbindungen in den Schwarzwald und darüber hinaus. Doch 1936 gelang es der Gestapo, zunächst einige Mitglieder und dann die Leitung zu verhaften.[24]

In Bayern verlief die Entwicklung ähnlich wie im Südwesten. Pfingsten 1934 gingen zwei junge Emissäre, Bebo Wager und Eugen Nerdinger, von Augsburg über die Grenze nach Böhmen, um dort den Grenzsekretär Waldemar von Knoeringen zu treffen. In den Diskussionen teilten sie ihm und dem anderen bayerischen Grenzsekretär Hans Dill mit, zuerst müsse eine kleine Organisation gebildet werden, die die Lage studiere und »die Erfahrungen im sozialistischen Sinn« auswerte. Es kam zu scharfen Kontroversen, weil Dill für eine Massenorganisation und breite Propaganda eintrat. Doch die Augsburger hielten an ihrer Opposition zu seinen Methoden und den »alten Formen der Sozialdemokratie« fest. Knoeringen andererseits, der inzwischen Verbindung zu »Neu Beginnen« aufgenommen hatte, sympathisierte stark mit den Ideen der Augsburger, die sie dort in die Praxis umsetzen wollten. Es wurden dann unabhängige kleine Gruppen oder Kader organisiert, alle Breitenarbeit aufgegeben und Verbindung nach München aufgenommen. Doch diese Ideen stießen auf Opposition von Aktivisten aus dem Reichsbanner, die nichts vom Aufbau kleiner Kader wissen und eine breitere Organisation beibehalten wollten. Vor dem Plebiszit vom August 1934 wurden 150 Klebezettel, die dazu aufriefen, mit ›Nein‹ zu stimmen, nach Augsburg gebracht, aber die kleinere Gruppe gab sie nur an zuverlässige Sozialdemokraten weiter, und die Polizei fand nur sieben von ihnen. Kritik an den Pragern und ihren Arbeitsmethoden war ziemlich weit verbreitet. In einer Konferenz von Gruppenleitern von Düsseldorf und Köln im Norden bis Stuttgart im Süden, die im März 1935 stattfand, lehnte der Vertreter der »Sozialistischen Front« aus Hannover alles ab, was aus Prag kam, und war gegen alle Kontakte mit der dortigen Leitung, während andere Teilnehmer weniger radikal eingestellt waren.[25] Vor allem waren es die recht unvorsichtigen Methoden der Prager Leitung, die in Deutschland auf Ablehnung stießen.

Starkes Mißtrauen bestand auch gegenüber den Kommunisten und ihren immer neuen Versuchen, eine ›Einheitsfront‹ herzustellen, die sich nach dem 7. Weltkongreß der Komintern im August 1935 verdoppelten. Im Frühjahr erhielt die SPD einen Bericht aus Westfalen, daß Verhandlungen mit kommunistischen Organisationen zwecks gemeinsamer illegaler Arbeit in Deutschland nicht in Frage kämen: »Wer draußen solche Beschlüsse faßt, muß wissen, daß er dazu von keiner wirklich vorhandenen illegalen sozialistischen Gruppe ein Mandat hat.« Sie würden sich nicht mißbrauchen lassen »als Objekte russischer Außenpolitik und als Reklamemittel für die russische Parteipolitik« und lehnten jede Zusammenarbeit mit Kommunisten ab. Wenn einzelne sich ihnen anschlössen, dann hätten diese »von der KPD und der Komintern genug«. Anfang 1936 hieß es, die kommunistischen Parolen, in die Nazimassenorganisationen wie die DAF hineinzugehen, um dort »Zersetzungsarbeit zu leisten«, würden von den Sozialdemokraten abgelehnt. Diese sagten: »Wer das die ganze Zeit mitmachen muß, der ist dann schon nicht mehr bei uns. Wer aber bei uns ist, der kann das nicht mitmachen«, es müsse ihn »derart anekeln, daß er es einfach nicht aushält«.[26]

Im November 1935 trafen zwei SPD-Führer zwei leitende Kommunisten in Prag, aber das Treffen endete ergebnislos. Die Sozialdemokraten fanden, eine Zusammenarbeit würde ihre Position gegenüber den Nazis schwächen, die dann behaupten könnten, »die Sozialdemokratie wäre zum Bolschewismus übergegangen«; das würde »Elemente, die jetzt bereit sind, sich einer eindeutig demokratisch orientierten Sozialdemokratie anzuvertrauen«, nach rechts treiben. Zwei Monate darauf besprachen die SPD-Führer die vielen Versuche der KPD, Abmachungen über gemeinsames Vorgehen zu treffen. Ein paar Tage zuvor hatten sie in der Prager SPD-Gruppe eine kommunistische Zelle entdeckt, die ihre Arbeit »nach allen Regeln kommunistischer Zersetzungsarbeit leistete«. Ihre Mitglieder wurden von der KPD angewiesen, sich nie als Kommunisten, sondern immer als »linke Sozialdemokraten« oder »revolutionäre Sozialisten« auszugeben. Die SPD-Führer wiesen alle Grenzsekretäre und sonstigen Parteivertreter an, »jede organisatorische Verbindung mit Kommunisten, insbesondere Abmachungen und Vereinbarungen mit kommunistischen Vertretern oder Organisationen über gemeinsame Aktionen abzulehnen«, und das gleiche gelte für alle Besprechungen mit Genossen aus Deutschland.[27] Die negative Haltung hatte gute Gründe, wenn man bedenkt, daß die Kommunisten jede Vereinbarung dazu benutzten, Rekruten für die eigene Partei zu werben und die andere zu zersetzen. Daneben bestand eine berechtigte Furcht davor, daß viele illegale KPD-Gruppen von Gestapoagenten unterwandert waren oder daß verhaftete Kommunisten unter schwerem Druck ›umgedreht‹ worden waren.

Viele Sozialdemokraten versuchten, die Parteitradition aufrechtzuerhalten, sei es am 1. Mai (im Gegensatz zu den Naziaufmärschen) oder durch Besuche an den Gräbern verstorbener Führer. Am Allerheiligentag 1934 suchten Tausende die Gräber von Wilhelm Liebknecht, Paul Singer und Hugo Haase in Berlin auf und wanderten schweigend an ihnen vorbei, aber 18 Menschen, die Blumen niederlegten, wurden verhaftet. Am Jahrestag der Ermordung eines Bremer Reichsbannermanns fand eine große Demonstration an seinem Grab statt; ein Kranz wurde niedergelegt mit der Inschrift »Nicht alle sind tot, die gestorben sind, denn sie töten den Geist nicht, ihr Brüder«. Am folgenden Tag begannen die Verhaftungen. Am Himmelfahrtstag 1934 versammelten sich in Hamburg Tausende am Grab des ermordeten Reichstagsabgeordneten Adolph Biedermann. Im Frühjahr 1933 wurde der Reichsbannerführer Karl Ruggaber aus Württemberg in ein Konzentrationslager eingewiesen. Als er viele Monate später entlassen wurde, war er dem Tod nahe. Bei seinem Begräbnis in Cannstatt im Januar 1936 versammelten sich 1500 seiner Kameraden, und die Reden enthielten verborgene Drohungen gegen das Nazisystem. Die Behörden erklärten, eine Wiederholung würde sehr ernste Folgen haben. Es war schwierig, solche stille Demonstrationen der Solidarität zu verhindern. Wer dabei redete oder Blumen brachte, konnte verhaftet werden.[28] Die Engmaschigkeit des sozialdemokratischen Milieus ermöglichte die Mobilisierung der Anhänger, ohne daß es dazu einer Organisation bedurfte, sogar noch im Zweiten Weltkrieg, solange das nicht mit brutaler Gewalt verhindert wurde.

In den Jahren 1935 und 1936 wurden die illegalen SPD-Gruppen durch Massenverhaftungen geschwächt, was oft das Ende ihrer Existenz bedeutete. Oft gingen die Verhaftungen auf die Verbreitung der »Sozialistischen Aktion«, von Flugblättern oder Klebezetteln zurück. Die Gruppen litten auch unter Infiltration durch die Gestapo. In München brachten die »Roten Rebellen« – wie viele andere – Klebezettel für das Plebiszit vom August 1934 an. Die Gestapo ließ das zu, um die ganze Gruppe auszuheben. Der Verbindungsmann zur Emigration war der Bruder eines Polizeibeamten. Im April 1935 wurden alle verhaftet. In Hamburg gab es Massenverhaftungen von SPD- und SAJ-Mitgliedern vom Jahresende 1934 bis 1936 und später. In Frankfurt verlor ein Kurier adressierte Nummern der »Sozialistischen Aktion« von seinem Motorrad, und die meisten Mitglieder

der Gruppe wurden im Oktober 1935 verhaftet. In Stuttgart wurde einer der Leiter 1935 verhaftet, aber es gelang ihm zu fliehen, und er suchte Hilfe bei einem Genossen in Mannheim. Ein Motorrad führte die Gestapo auf den Weg zu einer Mannheimer Wohnung, wo sie den Entflohenen fand. Am gleichen Tag sollte ein anderer Genosse mit umfangreichem Material am Bahnhof von Ludwigshafen abgeholt werden. Als er niemanden dort traf, ging er in eben die Wohnung, die gerade von der Gestapo durchsucht wurde. Bei ihm fand man mehr als tausend Exemplare der »Sozialistischen Aktion« und 3000 Flugblätter »Nieder mit Hitler!« Weitere Verhaftungen vernichteten faktisch die ganze SPD-Organisation in Mannheim und Umgebung. Im Sommer 1935 wurden mehrere Parteimitglieder in Oberfranken verhaftet, was praktisch das Ende der dortigen Parteiarbeit bedeutete.[29]

Die verhängnisvollste Aktion gegen die illegale SPD war die gegen die Brotfabrik Germania in Duisburg, weil sie eine so weite Gegend belieferte und so viele Sozialdemokraten beschäftigte. Die Verhöre bestätigten bald, daß die »Sozialistische Aktion« zusammen mit dem Brot geliefert wurde. Es kam zu über tausend Verhaftungen, beginnend im April 1935, in Aachen, Köln und ganz Westfalen, vor allem unter den Fahrern und ihren Gehilfen. Mehrere starben unter schweren Folterungen. Eine Kette von Massenprozessen fand vor dem Volksgericht in Hamm statt, das schwere Strafen wegen Hochverrats verhängte. Die sozialdemokratische Organisation an Rhein und Ruhr wurde fast völlig zerstört: ein Schlag, von dem sie sich nicht erholte. Auch in Hannover fanden 1936 Massenverhaftungen von über 300 Leuten statt, die die »Sozialistische Front« mehr oder minder aufrieben. Ein Gestapoagent gelangte bis an die Spitze der Organisation, aber ihr Leiter, Werner Blumenberg, schöpfte Verdacht und floh noch im letzten Augenblick. Einige der Verhafteten wurden durch fingierte Protokolle zu der An-

nahme verleitet, daß auch er verhaftet sei und daß eine Gegenüberstellung bevorstünde, und gaben viel zu.[30]
Im November 1935 notierte die Hannoversche Gestapo, viele Sozialdemokraten hätten sich »wieder zusammengefunden in irgendwelchen äußerlich harmlos erscheinenden Vereinen« wie Konsumvereinen und dem »Bund der Kinderreichen«. In Hannoversch-Münden habe eine große Menge öffentlich gegen einen Hauswirt demonstriert, weil er seine Räume nicht an eine kinderreiche Familie vermieten wollte, was an »frühere marxistische Methoden« erinnere. Die Gestapo klagte auch über die Arbeiterchöre als »Hort marxistischer Agitation und Verhetzung«, die sich »wieder neu aufgemacht« hätten; die Gegnerschaft von früheren Angestellten der Konsumvereine, Krankenkassen usw. habe sich »bis zur Erbitterung gesteigert«. Im April 1935 fand ein Konzert der Berliner Singgemeinschaft statt. Ein Teilnehmer berichtete, »man meinte, man kenne alle, und tatsächlich erkannte man viele Genossen, die man seit Jahren so gehäuft nicht gesehen hatte. Und die, die man persönlich nicht kannte, kannte man doch: Wir waren alle aus irgendwelchen Ekken der Arbeiterbewegung ... Wir wußten einfach, wir sind unter uns, wir sind noch zusammen ... Ich war sicher nicht der Einzige, der Tränen von Trauer und Wut in den Augenwinkeln hatte. In diesem Augenblick packte uns wieder Mut, nicht nur abzuwarten, bis der braune Spuk vorüber sei, sondern etwas dagegen zu tun ... Wir gingen anders aus dem Konzert, als wir gekommen waren, wir hatten wieder ein bißchen Mut gefaßt.«[31] Wenn die Gestapo die Arbeiterchöre für verdächtig hielt, war das offenbar berechtigt. Da alle größeren sozialdemokratischen Gruppen aufgerieben waren und ihre Mitglieder im Gefängnis saßen, waren es diese Vereine, in denen die alten Ideen überleben konnten.
Im Spätsommer 1936 beschrieb ein sozialdemokratischer Bericht die allgemeine Lage. »Sehr viele geben hin und wieder etwas für die Gefangenen, d.h. zur Unterstützung der

Familienangehörigen; Schriften lesen auch die meisten gern, aber selber mithelfen, Schriften zu verteilen, ... das ist etwas anderes. Wohl alle sind der Ansicht, daß etwas getan werden muß, aber viele halten es aus diesem oder jenem Grund für zu gefährlich.«[32] Angesichts des enormen Risikos war diese Haltung nur zu verständlich, und was konnten die kleinen illegalen Gruppen erreichen? Früher oder später wurden ihre Mitglieder verhaftet.

Lose verbunden mit der SPD waren die Organisationen freier Gewerkschafter, die von den internationalen Verbänden, deren Mitglieder die Freien Gewerkschaften gewesen waren, unterstützt wurden. Der wichtigste unter ihnen war die International Transportworkers Federation (ITF), die ihren Sitz in Amsterdam hatte und von Anfang an das Hitlerregime kompromißlos abgelehnt hatte. Im Frühjahr 1933 schrieb ihre Zeitschrift »ITF«: »In Deutschland herrscht heute eine absolute, brutale, unbarmherzige faschistische Diktatur. Mit deutscher Gründlichkeit ... Für die ITF gibt es jetzt nur eine Linie der Aktion mit Bezug auf das derzeitige deutsche Regime: Kampf ohne Gnade. Wie die ITF die schwarze Pest in Italien bekämpft hat und weiter bekämpft, so wird sie auch mit allen ihr zur Verfügung stehenden Mitteln gegen die braune Pest in Deutschland Krieg führen.« Im September 1933 fuhr der Geschäftsführer der ITF, Jacobus Oldenbroek, nach Deutschland und traf Hans Jahn, einen leitenden Funktionär des Einheitsverbandes der Eisenbahner, der ihm von seinen verzweifelten Versuchen berichtete, die deutsche Gewerkschaftsbewegung zu reaktivieren. Jahn hatte sogar versucht, Gewerkschaftsgelder dem Zugriff der Nazis zu entziehen, aber wurde von seinen Kollegen daran gehindert, denn »die Nazis sollten alles in guter Ordnung vorfinden«. Jahn informierte Oldenbroek, er habe bereits Beziehungen zu den wichtigsten Reichsbahnwerkstätten und Depots angeknüpft und er besitze das Adressenmaterial seines Verbandes. Oldenbroek fuhr weiter nach Stettin, wo er Wilhelm Voss, den Leiter der pommerschen Sektion des Seeleuteverbandes, traf, der wie Jahn das Adressenmaterial sichergestellt hatte, um es nicht in Nazihände fallen zu lassen. In Leipzig übernahm nach einem Besuch Jahns Franz Poralla die Aufgabe, alle Funktionäre des Eisenbahnerverbands aufzusuchen, fand aber nur 14 von ihnen zur Mitarbeit bereit. Wie einer von ihnen später schrieb, viele »resignierten oder traten aus Zweckmäßigkeitsgründen in die Reihen der Nazis. Jeder Gang durch die Stadt oder durch eine Dienststelle wurde zur Qual. Selten, daß ein Kollege den Mut noch fand, auf der Straße ein paar freie Worte zu wechseln. Der Freund von gestern wurde der Gegner von heute.«[33] Das waren die Schwierigkeiten, die jene zu überwinden hatten, die die Diktatur bekämpfen wollten.

Jahn und Voss übernahmen Vertretungen, so daß sie leicht im Land herumreisen konnten. Bald hatten sie Kontakte in vielen Städten, vor allem zu früheren Funktionären des Eisenbahnerverbandes. Oldenbroek kam wieder nach Deutschland und betonte gegenüber seinen Verbindungsleuten, das Regime könne nicht von heute auf morgen gestürzt werden, man müsse Vorbereitungen auf lange Sicht treffen. In den folgenden Jahren traf Jahn Vertreter der illegalen Gewerkschaft in vielen Städten, von Hamburg und Bremen im Norden bis Darmstadt, Augsburg und Nürnberg im Süden. 1935 sprach er in Duisburg in kleinem Kreis über Aufgaben und Ziele der Gewerkschaft. Seine Arbeit wurde unterstützt durch Edo Fimmen, den Sekretär der ITF, einen massiven und kraftstrotzenden Holländer, der mehr als alle tat, um der deutschen Opposition zu helfen, und der der SPD-Leitung in Prag stark mißtraute. Fimmen war gegen komplizierte theoretische Programmdiskussionen und vertraute auf die spontanen gewerkschaftlichen Impulse der einfachen Arbeiter. Das in Holland gedruckte Material der ITF wurde in großem Umfang in Eisenbahnwaggons und auf Rheinschiffen nach Deutschland befördert. Genau wie der Schmuggel der »Sozialistischen Aktion« und des KPD-Materials brachten die Mengen große Gefahren mit sich.[34]

Das galt in noch stärkerem Maße von einer internationalen Transportarbeiterkonferenz, die die ITF Ostern 1935 in Roskilde in Dänemark organisierte. 31 Gewerkschafter kamen aus Deutschland und viele andere aus England, Frankreich, Holland und den skandinavischen Ländern. Fimmen sprach über die internationale Lage und betonte, daß der Sturz des Hitlerregimes nicht bald zu erwarten sei. Den anderen wolle man zeigen, daß es deutsche Gewerkschafter gebe, die sich für eine freie Bewegung einsetzten und den Neuaufbau begonnen hätten. Jahn und Voss sprachen über ihre Arbeit, was von anderen ergänzt wurde. Fimmen rief alle auf, für die »Gedanken und Ideale des Sozialismus zu arbeiten« und warnte vor Querverbindungen zu anderen Gruppen, während Jahn dafür war. Da die Gestapo genau über die Konferenz informiert war, folgten bald Verhaftungen in Berlin, Hamburg, Stettin und anderen Städten, denn die Konferenz konnte ja kein Geheimnis bleiben. Viele von Jahns Verbindungen wurden entdeckt, und es kam zu harten Urteilen. Auch Jahn wurde verhaftet, aber wurde dank Intervention eines sympathisierenden Staatsanwalts entlassen und floh mit seiner Familie ins Ausland. Ab April 1936 hatte die Gestapo durch einen Angestellten der Pariser deutschen Botschaft Zugang zu einem Postschließfach, das von den emigrierten Gewerkschaftsführern benutzt wurde, und so war sie über deren Arbeitsmethoden gut unterrichtet.[35]

1935 veröffentlichte die ITF den Entwurf eines gewerkschaftlichen Programms mit einer langen Liste von Forderungen: Erhöhung der Löhne auf den Stand vom Mai 1932, Erhöhung der Arbeitslosen-, Krisen- und Wohlfahrtsunterstützung auf den gleichen Stand, Steuerherabsetzung, geheime Wahl von Betriebsräten (statt der Vertrauensräte), Entfernung der Unternehmer aus den Reihen der DAF, Pressefreiheit, Streikrecht, drei Wochen bezahlter Urlaub,

Vierzigstundenwoche mit vollem Lohnausgleich, Ausbau der öffentlichen Wirtschaft. Die Forderungen fanden sicher ein Echo unter Arbeitern, die ihre elementaren Rechte verloren hatten, aber wieviele würden sich für ihre Realisierung einsetzen? In und um Berlin verfaßte ein früherer Funktionär des Eisenbahnerverbandes Berichte und verteilte eine Proklamation an das deutsche Volk und die »Sozialistische Aktion«. Seine Gruppe litt unter vielen Verhaftungen, ebenso wie die früherer Funktionäre des Metallarbeiterverbandes, die Kontakte nach anderen Städten unterhielten. Nach einem Bericht von 1935 sah es diese Gruppe als ihre Aufgabe an, das Selbstvertrauen wiederherzustellen, Informationen aus den Betrieben zu sammeln, Rechtsberatung zu organisieren und wo möglich auch Vertretung vor den Arbeitsgerichten.[36] Es war ein bescheideneres Programm – und realistischer.

Für die freigewerkschaftlichen Angestellten unternahm Hans Gottfurcht die Neubildung ihres Verbandes. Getarnt als Reisender einer Versicherungsgesellschaft suchte er viele frühere Verbandsfunktionäre in Sachsen und Schlesien auf, um Kontakt herzustellen. Er wurde 1937 verhaftet und mußte bald darauf Deutschland verlassen. Ein anderer früherer Funktionär des Verbandes reiste 1936 nach Kopenhagen, um Vertreter der internationalen Gewerkschaftsbewegung und frühere Kollegen zu treffen, die Deutschland verlassen mußten. Er verbarg seine Kontakte so gut unter Geschäftsbeziehungen, daß sie von der Gestapo nicht entdeckt wurden, und arbeitete weiter von Berlin aus. Auch der Verband der Bekleidungsarbeiter unterhielt lose Kontakte mit anderen deutschen Städten, aber ein Treffen im Sommer 1936 in Berlin wurde der Gestapo bekannt und flog auf. 1934 wurden 22 Mitglieder des Einheitsverbandes für das Baugewerbe in Hamm verurteilt, weil sie versucht hatten, ihn wieder aufzubauen; sie hatten Funktionärsversammlungen im Wald und auf einem Friedhof arrangiert.[37] Anscheinend waren alle diese Organisationsversuche weniger erfolgreich als die der Transportarbeiter in der Herstellung von Kontakten und in dem Aufbau illegaler Verbindungen.

Lose verbunden mit der SPD, wenigstens ab 1934, war auch die Gruppe »Neu Beginnen«, zum Teil weil sie von der Prager SPD-Leitung finanziell unterstützt wurde, zum Teil weil sie neue Mitglieder unter den Grenzsekretären und den illegalen sozialdemokratischen Gruppen in Deutschland rekrutierte. 1935 dehnte sich die Gruppe weiter aus, aber ihr Leiter, Walter Löwenheim, kam zu der Überzeugung, daß das Hitlerregime nicht von innen her gestürzt werden könne, daß alle Opposition in Deutschland scheitern, daß die illegale Organisation liquidiert werden müsse. In Deutschland sollten nur kleine Horchposten von vielleicht 20-30 Leuten bleiben und die anderen Mitglieder emigrieren. Doch gegen diesen Kurs erhob sich im Sommer 1935 starke Opposition in Berlin und im Ausland, die alte elitäre Leitung wurde von der großen Mehrheit der Mitglieder abgesetzt und eine neue Leitung gebildet. Da die Gruppe bisher nicht unter Verhaftungen gelitten hatte, glaubten sie, es gebe eine gute Möglichkeit, im Lande zu arbeiten und die Expansion sorgfältig fortzusetzen, vor allem in Richtung auf die Gewerkschaften. Sie blieben bei einer langen Perspektive und wollten für jede Eventualität vorbereitet sein. Im September verließ Löwenheim Deutschland und informierte die SPD und die Sozialistische Internationale, daß die Organisation aufgelöst sei.[38]

Um die gleiche Zeit begannen Massenverhaftungen in Berlin und anderen Städten. Anscheinend hatte die Gestapo seit 1934 versucht, die Organisation zu entdecken, indem sie ihre Stärke viel zu hoch auf etwa 500 schätzte. Die Verhaftungen hatten in Sachsen begonnen, einer der Verhafteten wurde von der Gestapo ›umgedreht‹ und gab eine Adresse in Berlin und was er sonst noch wußte preis. Die Gestapo folgte geduldig allen Hinweisen, beobachtete lange sorgfältig und erhielt wertvolle Hilfe durch den Fund eines Koffers mit einer Masse von Archivmaterial, der im Berliner Müggelsee versenkt worden war. Warum das Material so lange in Deutschland aufgehoben und nicht vernichtet wurde, bleibt mysteriös. Jedenfalls wurde die Gruppe in Berlin fast aufgerieben, mit Ausnahme eines kleineren Restes, der noch mehrere Jahre bestand und erst 1938 entdeckt wurde. In Bayern und anderswo überlebten kleine Gruppen, die von den Verhaftungen nicht betroffen waren. Im Ausland blieb »Neu Beginnen« eine von mehreren kleinen Gruppen von revolutionären Sozialisten, mit Richard Löwenthal als ihrem Theoretiker. Walter Löwenheim und sein engerer Kreis gingen nach London, wo er ein Geschäftsmann wurde.

Die Organisation, die natürlicherweise am meisten unter der Härte der Verfolgung und den Schlägen der Gestapo litt, war die KPD, zum Teil wegen ihrer Taktik von Massenagitation, zum Teil wegen ihrer fehlerhaften Struktur, zum Teil wegen erfolgreicher Spitzelarbeit in ihren Reihen. Im Juli 1934 meldete die Hamburger Polizei, es stünden zwei Massenprozesse gegen etwa 400 Mann bevor wegen Neubildung der Revolutionären Gewerkschaftsopposition (RGO) und weitere Massenprozesse in Bremen, Oldenburg und Mecklenburg, in Hamburg wären 800 Leute wegen Verteilung des RGO-Organs verhaftet worden. Im gleichen Jahr wurde der KJVD, die Jugendorganisation, in Hamburg durch Wellen von Verhaftungen faktisch liquidiert. Man hatte versucht, die alte Organisationsform wieder aufzubauen, mit einem Pol-Leiter, einem Org-Leiter und einem Agitprop-Leiter auf jeder Ebene in den Stadtteilen und mit Instrukteuren, die für die richtige ›Linie‹ sorgen sollten. Aber die »Massenoffensive« blieb auf dem Papier, ebenso wie der Kampf gegen die »konterrevolutionäre Sozialdemokratie« und gegen den »konterrevolutionären Lump Trotzki« und dessen Freunde. In Leipzig wurden vom September 1934 bis April 1935 etwa 2000 Kommunisten verhaftet, darunter der gesamte Apparat der Bezirksleitung, infolge »Nachlässigkeit in der konspirativen Tätigkeit«. Einer der Verhafteten gestand viel, und eine zweite Leitung flog ebenfalls auf. Als ein zu Gefängnis verurteilter Jungkommunist nach seiner Entlassung nach Leipzig zurückkam, fand er die meisten seiner Genossen in der Haft oder emigriert. Viele andere hatten resigniert, »züchten Tauben. ›Politik? Ach, laß mich in Ruhe, red von was anderem.‹«[39] Auch bei den Kommunisten gab es Resignation. In Braunschweig endete der letzte Versuch zur Bildung einer Bezirksleitung im Juli 1934. Man hatte versucht, konspirative Deckung in einem Sportverein zu finden, dem viele frühere Arbeitersportler beigetreten waren. In Bremen wurde ein neuer Bezirksleiter zusammen mit etwa hundert Mitgliedern im November 1935 verhaftet. 1936 kam es zu neuen Massenverhaftungen. In Mannheim wurde im Herbst 1934 eine neue Bezirksleitung eingesetzt, aber im Winter folgten neue Massenverhaftungen. Der frühere Bezirksleiter erinnerte sich, daß zu dieser Zeit die Partei kaum aktionsfähig war. 1936 gab es neue Verhaftungen. Sie zerstörten den organisatorischen Zusammenhang, die Verbreitung von Druckschriften war praktisch beendet, wie der Generalstaatsanwalt im Oktober nach Berlin meldete. Das gleiche galt für Hof in Bayern, wo der Transport von Material über die böhmische Grenze aussetzte. In Frankfurt wurden bis 1935 sieben Bezirksleitungen der Reihe nach ›aufgerollt‹. Im März des Jahres war die Gestapo besonders erfolgreich. Sie verhaftete mehrere Parteifunktionäre, die für ganz Südwestdeutschland verantwortlich waren, darunter die Oberberaterin Maria Krollmann, die Mitglieder der Bezirksleitung von Hessen-Nassau, die Leiter der RGO, der Roten Hilfe und der Internationalen Arbeiterhilfe, zahlreiche Instrukteure für den Frankfurter Bezirk und den Reichskurier für Südwestdeutschland, was zu weiteren Verhaftungen in Berlin führte. Das Erkennungszeichen für die leitenden Funktionäre war die Hessische Tapferkeitsmedaille, die sie als Rosette im Knopfloch trugen, wie die Gestapo meldete.[40] Der Bericht deutete an, daß einige der Verhafteten zu Aussagen ›veranlaßt‹ worden waren. Jedenfalls endete damit die Parteiarbeit im Südwesten.

In München war die Politische Polizei ab Ende 1934 im einzelnen über alle Aktionen und die Struktur der illegalen Partei informiert. Der Münchener Leiter war ein Polizeiagent, so daß die Polizei die illegalen Gruppen kontrollieren und anleiten konnte und sie monatelang arbeiten und ihre Literatur verteilen ließ, um alle Verbindungen zu erfassen – bis 1935-36 zwei Wellen von Massenverhaftungen diese Aktivitäten beendeten. Als Mitglieder einer Betriebszelle bei der Agfa 1937 verhaftet wurden, bedeutete das das Ende der Aktivität in München. In Würzburg war 1934 ein Polizeispitzel der Organisator der KPD, er verteilte die illegalen Schriften an die Mitglieder und an andere, die er anscheinend von der Polizei erhielt. In Ludwigshafen wurde 1936 ein Spitzel in den KPD-Apparat eingeschleust, mit dem Ergebnis, daß »das bereits über die ganze Pfalz verbreitete Tätigkeitsfeld der Kommunisten« liquidiert wurde. In Kassel, berichtete die Gestapo im August 1935, war die KPD gut organisiert, die Mitglieder zahlten Beiträge und erhielten bis zum Juni die Literatur, dann kam es zu neuerlichen Verhaftungen. In Stettin wurden die, die versuchten, die illegale Partei wieder aufzubauen, im August und Dezember 1935 verhaftet. Die Gestapo meldete, viele von ihnen hätten »Geständnisse abgelegt«. In Köln erreichte die letzte Organisation, die die ganze Stadt umfaßte, im Frühjahr 1936 ihr Ende, als – nach vielen früheren Verhaftungen – 150 Mitglieder zusammen mit ihren Kontakten in den Fabriken und in der Umgegend von Köln gefaßt wurden.[41]

Die Bezirke am Niederrhein und im Ruhrgebiet waren kommunistische Hochburgen gewesen, und das gleiche galt von der illegalen Aktivität. Im November 1934 berichtete die KPD, sie habe wieder 260 Mitglieder in Essen, 240 in Hamborn, 160 in Moers und 100 in Dortmund. Aber im Winter und Frühjahr 1935 kam es zu neuen Massenverhaftungen, denen auch die ganze Bezirksleitung zum Opfer fiel, so daß die Parteiarbeit fast aufhörte und nur isolierte Gruppen übrigblieben. Das lag zum Teil an dem massenweisen Transport illegaler Literatur über die nahe holländische Grenze. Ende 1934 fand die Gestapo dicht an der Grenze ein Lager von zehn Zentnern und im Februar 1935 noch einmal vier Zentner mit 5669 Druckschriften. Ganze Kolonnen von Schmugglern waren beim Transport tätig. 1935 wurden ihre Lasten mit einem Wagen, den die Gestapo zur Verfügung stellte, zu einem Zigarrenladen in Essen gebracht, der unter Beobachtung stand, so daß man den Kurieren, die dort Pakete abholten, folgen konnte. Die Materialmassen waren so riesig, daß die Essener Kommunisten sie gar nicht bewältigen konnten. In vielen Städten der Gegend fanden Massenverhaftungen statt. In Krefeld beruhten sie auf Verrat. Ein Kassierer war verantwortlich für die Verhaftung des Bezirkskassierers und vieler anderer. Im November 1934 wurde eine Druckerei in Solingen entdeckt, in der die »Rote Fahne« gedruckt wurde, drei Monate später eine Druckerei in Köln. In Duisburg und Hamborn fanden 1935 drei große Polizeiaktionen statt, die die dortigen Gruppen aufrieben. Was übrig blieb, war eine Handvoll Jugendlicher.[42]

Die Lage verschlechterte sich für die KPD dadurch, daß ihr technischer Apparat in vielen Orten zerstört wurde, und damit das gesamte Verteilernetz. Im November 1934 und Januar 1935 wurden die meisten ›Techniker‹ in West- und Süddeutschland und in Berlin durch Unvorsichtigkeit verhaftet. Bald darauf wurden in Sachsen drei Kuriere gestellt, die vier bis fünf Zentner Material über die böhmische Grenze brachten, um es per Auto nach Berlin zu schaffen. Das hatte die Zerstörung des technischen Apparats des Bezirks Berlin-Brandenburg zur Folge mit Auswirkungen bis nach Magdeburg, Hamburg und Stettin, wohin das Material transportiert werden sollte. Von diesen Schlägen war es fast unmöglich, sich zu erholen. Aber es zeigte auch, wie umfangreich der Apparat nach zwei Jahren Nazidiktatur noch war. Allein in Berlin fand die Gestapo bis zum März 1934 zehn illegale Druckereien, über die die KPD »im Rahmen ihres Reichsdruckapparats« verfügte.[43]

Die KPD versuchte, in Berlin eine zentrale Parteileitung für das ganze Reich aufrechtzuerhalten, aber unter den Bedingungen des Dritten Reiches war das unmöglich. Viel später behauptete Franz Dahlem, einer der Führer, er wäre Anfang 1934 mit falschen Papieren nach Berlin geschickt worden, um »die Partei zu dezentralisieren«, so daß die einzelnen Bezirke direkt mit Abschnittsleitungen in den Grenzländern verbunden wurden. Aber das geschah erst wesentlich später. Noch im Frühjahr 1935 wurde eine neue deutsche Zentralleitung von Prag nach Berlin geschickt. Aber die bestand nur drei Wochen lang und wurde dann zusammen mit Delegierten aus der Provinz verhaftet. Erst nach diesem Schlag wurde die Zentralleitung in Paris etabliert, wo einige der Parteiführer seit 1933 lebten. Wie der Parteivorsitzende Wilhelm Pieck im Oktober 1935 zugab, hatten bis dahin die Mehrzahl der Parteibezirke ihre fünfte Leitung, Südbayern seine sechste, Hessen, das Ruhrgebiet und Norddeutschland ihre siebente und Baden seine achte Bezirksleitung.[44] Diese immer neuen Katastrophen zwangen schließlich die Parteileitung, ihre Taktik zu ändern. Die Parteigruppen in Deutschland wurden angewiesen, Verbindung zu Abschnittsleitungen außerhalb Deutschlands herzustellen – wie das die SPD schon 1933 getan hatte.

Die Parteilinie blieb die alte bis zum 7. Weltkongreß der Komintern im Sommer 1935, als die Taktik der ›Einheitsfront von unten‹ aufgegeben wurde. Die alten Illusionen blieben. Im Juni 1934 veröffentlichte das Zentralkomitee einen Aufruf, keine Miete, Steuern oder Zinsen zu zahlen, die Gas- und Elektrizitätsrechnungen unbezahlt zu lassen und auf die Rathäuser zu marschieren. Im August folgte ein

Appell an alle SPD-Genossen, sich zu einer »einzigen revolutionären Massenpartei« zusammenzuschließen, zur »großen Einheitsfront aller Arbeiter für Widerstand und Streikaktion!« Zu dem Plebiszit vom August wurde ein Flugblatt »Arbeit, Frieden und Brot« verbreitet: »Und jetzt wollen die Nazis hören, daß Ihr mit allem einverstanden seid, mit Hunger, Elend und Gastod für den Profit des Monopolkapitals.« Darum »Kämpft mit der KPD für die Rätemacht!« Zu den Vertrauensratswahlen von 1935 rief ein Flugblatt auf zur »Herstellung der Einheit der Arbeiterklasse auf revolutionärer Grundlage«, »zum Kampf gegen die wirtschaftliche und politische Versklavung der Arbeiter, zum Wiederaufbau der freien Gewerkschaften« auf breitester Grundlage. Aber es gab kein Echo in den Betrieben. Zum 1. Mai 1935 wurden in Berlin Losungen wie »Am 1. Mai die Straße frei dem Frieden« und »Erinnert Ley am 1. Mai: Höher die Löhne« ausgegeben, Losungen wurden gemalt und rote Fahnen gehißt. Wie einer der Parteiführer später schrieb, war es ein »Höhepunkt in der antifaschistischen Agitation«.[45]

Auf dem 7. Weltkongreß der Komintern gab Pieck offiziell zu, das deutsche Proletariat (d.h. die KPD) habe »eine Niederlage erlitten«, die Kommunisten wollten nicht, »daß die revolutionären Kader aus reinem Heldentum sterben. Das ist nicht der größte Heldenmut!« Der Parteisekretär Walter Ulbricht glaubte, die Ursache für das Fehlen von Massenwiderstand in den »sektiererischen Traditionen« der KPD zu finden, der es nicht gelungen wäre, eine Einheitsfront mit den sozialdemokratischen und christlichen Arbeitern zu bilden. Er trat nun ein für Vereinbarungen mit sozialdemokratischen Organisationen, die »ein starker Motor« für den Kampf sein würden. Das alte Ziel blieb unverändert. Wie es eine Resolution der ›Brüsseler‹ Parteikonferenz (abgehalten bei Moskau) im gleichen Jahr formulierte, »die bitteren Erfahrungen« der deutschen Arbeiterklasse durch den Sieg des Faschismus »haben in ihr den Willen zur Wiedervereinigung in einer einheitlichen politischen Massenpartei hervorgerufen. Aber eine solche Massenpartei wird ihre Aufgabe nur erfüllen, ... wenn sie die Notwendigkeit des revolutionären Sturzes der Bourgeoisie und die Aufrichtung der Diktatur des Proletariats in der Form der Sowjets anerkennt ... und auf der Grundlage des demokratischen Zentralismus aufgebaut ist.« Es war ganz ausgeschlossen, daß die SPD-Führer in Prag oder illegale sozialistische Gruppen in Deutschland ein solches Programm und solche Ziele akzeptieren würden. Ebenso unwahrscheinlich war es, daß führende Politiker des Zentrums wie Heinrich Brüning oder Joseph Wirth auf Piecks Angebot einer gemeinsamen Kampffront gegen Hitler eingehen würden.[46]

Bald gab es mehr oder minder frei erfundene »Einheitskomitees« in verschiedenen Teilen Deutschlands, die aufriefen zum »siegreichen Kampf gegen Hitlerfaschismus und Krieg«, weil der Kampf nicht mehr »nebeneinander geführt werden« könne: »Nur vereint werden wir siegen!« Aus Höchst bei Frankfurt wurde gemeldet, in einer Abteilung einer chemischen Fabrik seien 80 Prozent der Arbeiter für die Kommunisten; ein sozialdemokratischer Betriebsrat arbeite eng mit ihnen zusammen, aber er wurde entlassen, weil er als einziger den Hitlergruß verweigerte. Ein Mitglied des KPD-Apparats fuhr nach Freiburg, wo Traditionsgruppen von SPD und KPD relativ unbelästigt existierten. In einer kleinen Konferenz beider Gruppen sprach er über die neue Einheitsfronttaktik, und sie beschlossen einen Appell, die Reihen zu schließen.[47] Abgesehen davon brachte die neue Taktik keine nennenswerten Erfolge.

Wie sah die kommunistische Organisation an der Basis aus? Im Sommer 1934 schrieb ein Instrukteur des Bezirks Niederrhein an das Zentralkomitee, leider sei »der große Mangel zu verzeichnen, daß wir keine Zahlen und keinen genauen Überblick über unsere Einheiten im Betrieb und vor allem in Wohngebieten haben«; es müsse festgestellt werden, »daß von einer selbständigen Leitung und einer eigenen politischen Arbeit unten nicht gesprochen werden kann«, die Leitungen »sind äußerst schwach«. Es sei ihnen nicht gelungen, die »Rote Fahne«, »Inprekorr« und andere Literatur zu erhalten, obgleich sie das »Menschenmögliche« getan hätten und sie dringend brauchten, da die Funktionäre »politisch sehr schwach sind«, und sie hätten kein Geld zur regelmäßigen Herausgabe einer Wochenzeitung. Interessanterweise berichtete der gleiche Instrukteur über seine Arbeit in Solingen, sie hätten ein Flugblatt verbreitet, das zum Streik aufrief, und darüber habe es eine heftige Diskussion gegeben, »weil ja die Voraussetzungen für einen Streik nicht gegeben waren«. Doch andererseits »sprachen die Genossen von Bewaffnung und glaubten, wir befänden uns in einer revolutionären Situation«; es bestand Unklarheit, »ob beim Hitlerfaschismus mit einer kurzen oder langen Lebensdauer gerechnet werden muß und wie dieser Diktatur ein Ende gesetzt werden kann«. Aus der gleichen Gegend erinnerte sich ein früherer Parteifunktionär später: »Man war überzeugt, daß die Wahlen gefälscht seien und bereits die Mehrheit des Volkes in Wirklichkeit gegen Hitler eingestellt war.« Und für ihn und sehr viele andere »blieb die Partei der große Motor«. Ein anderer Funktionär äußerte, wenn er die Genossen aufsuchte: »Es muß gearbeitet werden, wieder hörte ich: muß, muß und muß.«[48] Es war eine Pflicht, die von zahllosen treuen Mitgliedern erfüllt wurde, und viele von ihnen glaubten an eine revolutionäre Situation.

Wenn auch die Arbeitsmethoden die gleichen blieben, so gab die KPD wenigstens die Quittierung der Beiträge mit Marken auf, wie die Hannoversche Gestapo im Februar 1934 feststellte, »eine Folge der großen Verluste an Mitgliedern und Funktionären«. Man versuchte, ohne schriftliche Aufzeichnungen und Identitätsbeweise auszukommen. Doch Beiträge wurden weiter gesammelt, z. B. in Hanau 50 Pfennig pro Monat. Nach einem anderen Bericht glaubte die Gestapo im Herbst 1934, daß 50000 Mitglieder Beiträge zahlten – eine erstaunlich hohe Zahl – und daß die KPD alle Nebenorganisationen wie KJVD, RGO, Rote Hilfe wieder aufgebaut habe. Die größte Gefahr sah die Gestapo in dem Wiederaufleben politischer Teilstreiks, öffentlicher Demonstrationen und aktiver Verteidigung gegen behördliche Maßnahmen, die von der KPD inspiriert wurden. Was sie überraschte, war, wie rasch die Stellen von verhafteten Funktionären neu besetzt wurden. Nachdem im Februar 1934 das letzte Mitglied der Bezirksleitung Südbayern zusammen mit dem ganzen Verteilungsapparat der illegalen Zeitung und vielen anderen Funktionären verhaftet worden war, war die dortige kommunistische Bewegung ohne jede Führung. Doch die fraglichen Positionen wurden in kurzer Zeit wieder besetzt und Vorbereitungen zur Bildung einer neuen Bezirksleitung getroffen. Die Gestapo von Münster stellte im Oktober 1935 fest, daß die Mitglieder »sämtlich jederzeit bereit waren, die entstandenen Lücken auszufüllen und an Stelle der festgenommenen Genossen zu treten«; die »Einsatzbereitschaft für die kommunistische Idee geht sogar so weit, daß überzeugte Kommunisten immer wieder ihr Leben opfern, um ihre Genossen nicht zu verraten.«[49] Es war Anerkennung von einer ganz unerwarteten Seite.

Gelegentlich fanden Demonstrationen unter kommunistischer Leitung statt. Als im Herbst 1935 300 Metallarbeiter in Hildesheim entlassen werden sollten, erschienen kommunistische Parolen auf den Mauern, und die Arbeiter demonstrierten mit dem Gesang der ›Internationale‹. Ihrer Ansicht nach war die Regierung verantwortlich für die Entlassungen, weil sie auf der umgehenden Erledigung aller Aufträge bestand, statt sie auf eine längere Frist zu verteilen. Als der bekannte Kommunist Karl Hoffmann, der in der Haft gestorben war, im März 1935 in Essen beerdigt wurde, versammelten sich mehr als tausend Männer und Frauen. Sieben Frauen und elf Männer wurden festgenommen, die Verhöre zogen sich bis zum Mai hin, aber es konnte ihnen nichts nachgewiesen werden. Selbst in der kleinen Universitätsstadt Marburg erschienen Losungen wie »Der Kommunismus ist unsterblich« und »Adolf Hitler 77facher Mörder!« (vermutlich mit Bezug auf den Röhm-Putsch). Die Gestapo fand, daß die Baustellen der Autobahn, mit ihren niedrigen Löhnen und schwerer Arbeit bei jedem Wetter, einen Nährboden für kommunistische Propaganda abgäben, und in der Tat fand dort die Mehrzahl der kleinen Streiks statt.[50] Aber all das stellte keine wirkliche Gefahr für das Dritte Reich dar.

Die kommunistischen Bestrebungen zur Infiltrierung der DAF – die Taktik des trojanischen Pferdes – waren nicht erfolgreicher als die anderen Versuche. Anfang 1934 hieß es in einem Rundschreiben der Bezirksleitung Niedersachsens: »Wir müssen, ohne für die Arbeitsfront zu werben, ... alle geeigneten Kräfte in die Arbeitsfront entsenden, um den früheren freigewerkschaftlichen und den Zwangsmitgliedern klar zu machen, daß die Vernichtung der Arbeitergewerkschaften nur möglich war durch die jahrzehntelange arbeiterfeindliche Politik der DAGB-Führer, die ... Wegbereiter, Schrittmacher und Steigbügelhalter Hitlers waren.« Auch in die NSBO sollten »qualifizierte Kräfte« eintreten, um »die faschistische Erziehung (zu) durchkreuzen, die unzufriedenen Elemente in die Richtung des Klassenkampfes (zu) lenken«. Wie das alles bewerkstelligt werden sollte, wurde nicht erklärt. Es gab massive Unzufriedenheit, vor allem unter den Notstandsarbeitern auf den Baustellen, aber die KPD zog keinen Vorteil daraus. Die Frankfurter Gestapo meldete 1935, in vielen Fabriken herrsche große Unzufriedenheit und Erregung über die Akkordsätze, die als »Schinderei« bezeichnet würden, »denn es werde Übermenschliches verlangt«, diesen Anforderungen sei keiner »auf längere Zeit gewachsen«, es fehle ihnen an »den notwendigen Kräften«.[51] Es bestand eine große Lücke zwischen dieser weitverbreiteten Stimmung und den KPD-Erfolgen, die man nicht nur durch den Terror erklären kann. Der Terror zerstörte weitgehend die Parteistruktur. Viele Zellen und Ortsgruppen waren isoliert, und viele Mitglieder hatten den ungleichen Kampf aufgegeben. Viele andere saßen im Gefängnis oder Konzentrationslager, und die Zahl der Opfer wuchs von Tag zu Tag.

Auch die Sozialistische Arbeiterpartei (SAP) litt schwer unter Verhaftungen, die von einer speziellen Abteilung der Gestapo ausgingen. In Berlin, Breslau, Dortmund, Duisburg, Frankfurt, Mannheim und München wurde die Mitgliedschaft dezimiert, manchmal mit Hilfe von Spitzeln. In Mannheim führte die SAP eine erfolgreiche Aktion durch, als Hitler in Ludwigshafen zur ›Wahl‹ vom März 1936 sprach. In beiden Städten erschienen Hunderte von Klebezetteln »Wer Hitler wählt, wählt den Krieg. Darum gebt ihm und seinen Trabanten keine Stimme!« Die Gestapo sah die »Gefährlichkeit« der SAP vor allem darin, daß ihr, wie den anderen Splittergruppen, viele intelligente Leute angehörten, oft in guten Stellungen. Doch als 1937 eine Parteikonferenz der SAP in Mähren stattfand, hatte sie nur noch drei funktionierende Bezirke: Berlin, Mannheim und Norddeutschland, und die ›Kader‹ waren auf kaum tausend zusammengeschmolzen. Im März 1938 schrieb die Berliner Gruppe an die emigrierte Parteileitung: »Die Inlandsarbeit (ist) im Gesamtmaßstab gescheitert ... unser Zusammenhalt wird mehr und mehr ein traditioneller, das Verhältnis der Organisation zur Gegenwart ein immer abstrakteres.« Die noch vorhandenen kleinen Gruppen konnten nur versuchen zu überleben und auf das Ende des Hitlerregimes zu warten.[52]

In ihrem Feldzug gegen die KPD stieß die Gestapo in Kassel 1935 zufällig auf eine Gruppe des ISK (Internationaler Sozialistischer Kampfbund), die meist aus Intellektuellen bestand. Sie fanden auch eine Broschüre, wie man sich im Betrieb verhalten solle. Der ISK arbeitete nach wie vor eng mit der ITF in Amsterdam zusammen. Das Material wurde in Holland gedruckt und durch Kuriere per Motorrad nach Deutschland gebracht, bis die Grenzkontrolle eine Kopie bei einem Fahrer fand. An vielen Orten gab es lokale Gruppen mit Studienzirkeln und Beiträgen. Die ISK-Gruppen in Frankfurt und anderswo bestanden bis 1936 und länger. Sie wurden geschützt durch ihre Kleinheit und vorsichtige Konspiration. Was die Polizei auf die Spur brachte, war die Zusammenarbeit des ISK mit der KPD in Kassel und Hannoversch-Münden, weil ein Spitzel unter den Kommunisten war. Die Gestapo bildete eine Spezialabteilung für den ISK, und nach geduldiger Beobachtung und Vorbereitung griff sie Ende 1937 zu. Während der folgenden Monate wurden etwa hundert Menschen in vielen Städten festgenommen und viele Ortsgruppen faktisch liquidiert, von Augsburg und Frankfurt im Süden bis Bremen und Hamburg im Norden.[53] Es zeigte sich, daß es unmöglich war, im Dritten Reich eine einheitliche illegale Organisation zu erhalten, so gut die Konspiration auch sein mochte. Doch der ISK konnte fünf Jahre lang eine solche aufrechterhalten und seine Literatur vertreiben. Es war eine beachtliche Leistung.

Auch eine syndikalistische Gruppe, die Freie Arbeiterunion, die 1919 entstanden war, überlebte im Rhein-Ruhr-Gebiet bis 1937. Sie hatte Verbindungen zu gleichen Gruppen in Berlin, Hamburg, Sachsen, Frankfurt, Mannheim usw. Die Mitglieder trafen sich zu regelmäßigen Diskussionen, vertrieben ihre Literatur, vor allem das monatliche »Fanal«, sammelten Beiträge und Geld für die spanische Armee. 1937 gelang es der Gestapo, die weitverzweigte Organisation aufzurollen. Etwa 200 Mitglieder wurden verhaftet und vor Gericht gestellt, die Urteile waren relativ milde.[54]

Opposition entstand auch von einer ganz unerwarteten Seite, der der deutschen Jugend, die es ablehnte, sich von der Hitlerjugend regimentieren zu lassen. Vor 1933 gab es viele wilde ›Cliquen‹, vor allem von jungen Arbeitern, die nicht in die traditionellen politischen Jugendorganisationen paßten und ihr eigenes Leben führen wollten. Nach 1933 existierten viele Cliquen weiter, bestehend aus Pfadfindern, Wandervögeln und früheren Mitgliedern der SAJ und des KJVD und Sympathisanten. Sie setzten ihre Fahrten und Lager fort und waren oft ganz unpolitisch. Dazu kamen bald frühere Mitglieder der Bündischen Jugend, deren Gruppen aufgelöst wurden, weil die Hitlerjugend auf ihrem Monopol bestand. Der ›Nerother Wandervogel‹ zum Beispiel löste sich 1933 formell auf und schickte seine Mitglieder geschlossen in die HJ und das Jungvolk, aber auch dort hielten die Gruppen weiter zusammen, oft in der Form von Sing- und Spielscharen. Am Anfang waren die Nerother meist Schüler und Studenten, aber später kamen mehr Volksschüler und Lehrlinge dazu, vor allem junge Arbeiter. Faktisch bestanden die Gruppen weiter, sei es innerhalb, sei es außerhalb der HJ. Die einzelnen Gruppen waren selbständig, aber allmählich entstanden Kontakte. Alle lehnten die HJ mit ihrem militärischen Drill und ihrer strikten Disziplin ab und formten eine Alternative, die viele Jugendliche anzog. Das war zunächst keine Opposition, die Nerother glaubten, ihre Erfahrungen »im neuen Staat verwerten« zu können. Was sie in die Opposition trieb, war die Starrheit der HJ-Führer und ihr Vorgehen gegen die Spielscharen mit ihrem ›bündischen‹ Brauchtum.[55]

Ambivalent gegenüber der HJ war auch die Einstellung der sogenannten Kittelbach-Piraten in Düsseldorf, die eine besondere ›Kluft‹ von schwarzen Hemden und weißen Halstüchern mit einem Totenkopfring trugen. Ihr Führer war SA-Mann, und sie wurden 1933 geschlossen in die HJ überführt, wo ihnen zunächst erlaubt wurde, weiter ihre Kleidung bei Aufmärschen zu tragen. Bald entstanden Reibereien und Konflikte, so daß sie Ende 1933 von der HJ-Leitung aufgelöst wurden. Doch sie trafen sich nach wie vor und es kam zu Zusammenstößen. Auch die ›Navajos‹ in Köln trugen einheitliche Kleidung, grell karierte Hemden mit silbernen Knöpfen, sehr kurze schwarze Hosen, lange weiße Strümpfe mit Troddeln oder Schaftstiefel, und die Mädchen weiße Blusen mit bunten Tüchern und ebenfalls Schaftstiefel. Sie waren politisch aktiver. Laut einem Gestapobericht von 1936 griffen sie vor allem HJ-Führer an, die sie als »Lumpen und Verbrecher« bezeichneten. »Immer wieder tauchten diese Banden auf, einmal stärker, einmal schwächer, um auf die HJ Jagd zu machen.« Die Feindseligkeit galt vor allem den Mitgliedern des HJ-Streifendienstes, deren Aufgabe es war, ›feindliche‹ Jugendgruppen und die Reste der Bündischen Jugend zu beobachten, und die sich oft Polizeibefugnisse anmaßten, »im strengsten Einvernehmen« mit dem Sicherheitsdienst der SS.[56]

Ständige Reibereien gab es auch mit den Mitgliedern der katholischen Sturmscharen, die bis 1936 legal waren. Die HJ belästigte oft die Teilnehmer an den Zeltlagern; die Mitglieder kamen aus der katholischen Arbeiterschaft und dem Mittelstand. Sie diskutierten nicht nur Abwehrmaßnahmen gegen die geplante Auflösung ihrer Gruppen, sondern auch die Kriegsgefahr, die Frage des Faschismus und soziale Probleme, die mit dem Hitlerregime zusammenhingen.[57] Einige ihrer Führer waren zur Zusammenarbeit mit Kommunisten bereit. Alle diese Konflikte verschärften sich, als die HJ im Dezember 1936 zur Staatsjugend erklärt wurde, der alle jungen Deutschen vom 10. bis 18. Lebensjahr angehören mußten. In den Jahren von 1934 bis 1936 gab es eine starke politische Opposition, aber sie war unsicher, zersplittert, ständig vom Staatsapparat bedroht, unfähig zu irgendwelchen größeren Aktionen. Die Verteilung illegaler Flugblätter oder Schriften stellte keine reale Bedrohung des Regimes dar. Im Grunde waren die kleinen illegalen Zellen und Gruppen hilflos. Auf jeden Fall besserte sich die wirtschaftliche Lage langsam, und damit verschwanden die Voraussetzungen zum Handeln. Das bedeutet nicht, daß eine vereinte Opposition das Regime hätte stürzen können, aber sie hätte ihm das Leben schwerer gemacht.

V Die letzten Friedensjahre

Die Jahre 1936-38 brachten Hitler nicht nur seine großen Erfolge auf außenpolitischem Gebiet – die Besetzung des Rheinlands, Österreichs und des Sudetenlandes –, ohne daß ein Schuß gefeuert worden wäre. Sie brachten auch Konsolidierung und Erfolg an der Heimatfront. Es gab eine Rüstungskonjunktur, und die Massenarbeitslosigkeit ging allmählich zurück. Während 1933 ihr Höhepunkt bei über sechs Millionen gelegen hatte, sank sie bis 1938 auf eine Million und 1939 auf weniger als eine halbe Million. Es entstand ein wachsender Mangel an gelernten Arbeitern und Bauarbeitern, ihre Lebenslage verbesserte sich und damit auch die allgemeine Stimmung. Die Opposition ging zurück. Viele ihrer Anhänger saßen hinter Gittern; von den Überlebenden gaben viele den Kampf als hoffnungslos auf oder ließen sich durch Hitlers Erfolge bestechen. Seine Position innerhalb und außerhalb Deutschlands schien unerschütterlich zu sein. Es entstand, was man mit Recht als »passiven Grundkonsens mit dem Regime« bezeichnet hat.[1] Selbst die Berichte der emigrierten SPD-Führer mußten zugeben, daß Hitler bei den Arbeitern populär war, populärer als seine Partei.

Aus Sachsen hieß es im März 1938: »Unverkennbar hat Hitler persönlich in allen Gesellschaftskreisen ungeheuer an Vertrauen und Prestige wiedergewonnen, am meisten vielleicht bei den Arbeitern. Daß Österreich mit Gewalt unterworfen worden ist, hat zur Zeit bei der Beurteilung hier im Lande wenig oder nichts zu sagen. Entscheidend ist, *daß* Österreich und nicht *wie* Österreich eingegliedert worden ist.« Aus der Pfalz wurde berichtet, die Annexion habe »in unseren Kreisen große Bestürzung und Niedergeschlagenheit ausgelöst«; die Genossen sagten: »Es gelingt Hitler alles, er kann machen, was er will, weil alle sich fügen.« Aus Bayern wurde vorsichtiger geäußert, der Stimmungsumschwung sei »nicht so sehr durch den Anschluß Österreichs ausgelöst worden, als durch die Tatsache, daß es nicht zum Krieg gekommen ist«. Hitler werde bewundert: »Er ist doch halt ein Kerl.« An der Peripherie der Illegalen hieß es: »Es ist sinnlos, gegen Hitler zu arbeiten. Wenn schon England nicht mehr kann, wie sollen wir noch können?« Die Depression halte weiter an. Doch ein späterer Bericht aus Sachsen erwähnte, »die Hochstimmung« sei schon abgeflaut, bereits nach zwei Wochen sei »eine ganz unerwartete Wendung der Stimmung« eingetreten: »Mit einem Male scheint viele Menschen das ganze Österreich-Abenteuer nicht mehr sehr zu interessieren. Es wird kaum noch darüber gesprochen ... Nur die Jugend ist noch aufgeregt und begeistert.«[2]

Die nationale Begeisterung konnte offensichtlich nicht anhalten, und die täglichen Sorgen gewannen wieder die Oberhand. Im Frühjahr wurde von einer Fabrik im Südwesten gemeldet, »die großen Ereignisse der letzten Monate« seien an der Stimmung »ziemlich spurlos vorübergegangen«; es habe »zwar Augenblicksbegeisterung und Schwankungen« gegeben, »aber heute ist die Festtagsstimmung von damals längst verrauscht und der Prolet sieht wieder den grauen Alltag vor sich«. Die meisten Arbeiter wollten seit langem den Arbeitsplatz wechseln, aber »die Betriebsleitung gibt keinen frei, und wenn sie es täte, dann käme das Arbeitsamt mit seinem Einspruch«. Man versuche alles Mögliche, um die Entlassung zu erzwingen, aber ohne allen Erfolg: »Der eine bleibt eine Woche fort, ohne sich zu entschuldigen, der andere liefert schlechte Arbeit, es hagelt Vorladungen zum Betriebsführer, aber die erhoffte Entlassung erfolgt nicht.«

Als im September das Münchener Abkommen unterzeichnet und das Sudetenland Hitler kampflos übergeben wurde, waren die Reaktionen ganz ähnlich. »In großen Teilen der Arbeiterschaft«, hieß es aus dem Südwesten, »herrscht das Gefühl, daß Hitler in Zukunft alles werde durchsetzen können.«

Viele äußerten Befriedigung über die Vereinigung des Sudetengebiets mit dem Reich, »aber von einer Begeisterung ist nichts zu spüren ... Unsere Genossen insbesondere glauben nicht an einen dauernden Frieden, sondern sehen nur einen Waffenstillstand, der einige Monate, vielleicht auch ein bis zwei Jahre halten wird.« Aus dem Ruhrgebiet wurde berichtet, man habe »aufgeatmet, als feststand, daß das große Morden aufgeschoben ist«, doch »in unseren Kreisen« sei allen klar, »daß der Krieg nicht durch Hitlers Friedensliebe, sondern durch eine schwere Niederlage der demokratischen Politik verhindert wurde«, und der Krieg würde doch kommen. Selbst gute Genossen sagten: »Was hat das alles noch für einen Sinn? Hitler zwingt alle in die Knie. Die Demokratie kapituliert überall. Was können wir in Deutschland noch tun, wenn die ganze Welt vor Hitler Angst hat?« Auch in München herrschte »große Enttäuschung ... über das Versagen der Demokratien«, nicht nur der Politiker, sondern auch der Arbeiterparteien und der Sozialistischen Internationale.[3] Interessanterweise glaubte die Mehrheit nicht an einen langen Frieden – wie so viele im Ausland –, sondern an die Vertagung des unvermeidlichen Zusammenstoßes, der binnen kurzer Zeit kommen würde.

In der Tat fand ein Berichterstatter aus Berlin schon Anfang 1937, daß alle Leute »fest mit einem baldigen Krieg« rechneten, »und alle, mit denen ich sprach, waren sich darüber klar, daß dieser Krieg von Deutschland provoziert wird«. Niemand glaube an einen deutschen Sieg, und viele Genossen sagten: »Nur so geht der Spuk des Nationalsozialismus endlich zu Ende.« Schon Weihnachten 1936 hätten die Berliner Hausfrauen »ganz allgemein vom kommenden Krieg« geredet, der Hungersnot mit sich bringen werde; hervorgerufen wurde das durch die Pressenachrichten, vor allem die über Spanien. »Die Leute standen in Gruppen herum und diskutierten; vor allem vor den Zeitungsläden stauten sich die Menschen.« Im Sommer 1937 hieß es aus der Pfalz: Früher hätte man an einen deutschen Sieg geglaubt, aber jetzt glaubten die meisten »nicht mehr an die Überlegenheit Deutschlands«. Schuld daran sei die Nazipropaganda, die »dauernd in den schwärzesten Farben« die Aufrüstung der anderen Länder schildere. Die Leute meinten, »wenn Deutschland sich mit diesen mächtigen Staaten dauernd verfeindet, dann muß es den Krieg verlieren.« Zwölf Monate später wurde die pessimistische Ansicht überraschenderweise von der bayerischen Wehrwirtschafts-Inspektion bestätigt. In weiten Kreisen bestünde »die ernste Sorge, über kurz oder lang würde ein Krieg der wirtschaftlichen Blüte den Garaus machen und einen für Deutschland schrecklichen Ausgang nehmen«; die älteren Leute, auch Arbeiter verglichen die Zeit mit der vor dem Ersten Weltkrieg, als auch alles so glänzend ging, »bis schließlich im August 1914 die furchtbare Katastrophe über Deutschland hereinbrach«.[4] Angesichts der Quelle war das ein schwerwiegendes Eingeständnis, das viel befürchten ließ.

Im Sommer 1938 wurde die Stimmung in Sachsen in Berichten an die SPD-Leitung mit Furcht vor dem Krieg beschrieben, vor allem bei dem Teil, »der den letzten Krieg aktiv mitgemacht hat«. Den Gegnern des Regimes erscheine er »als der Anstoß zur Befreiung von der faschistischen Diktatur«; die Überzeugung sei allgemein, »daß Deutschland den Krieg verliert, wenn er nicht in kürzester Zeit zu Ende ist«, denn »jeder weiß, daß Deutschland einen langen Krieg nicht aushalten kann«. Man habe keine Idee, was nach Hitler kommen würde, »man rechnet nur damit, daß Deutschland eine ungeheuere Niederlage erleiden und dann zerstückelt werden wird«. Auch aus dem Südwesten wurde geschrieben, die Hitlergegner hofften, »wenn bloß ein Krieg käme«, nicht nur die Sozialisten, sondern »bis in die katholischen Kreise hinein«. Auf Krieg hofften vor allem die, die früher gewünscht hatten, daß die Reichswehr Hitler stürzen würde, es sei ähnlich »wie bei der Reichswehr-Illusion«. Im September 1938 wies das Zentralkomitee der KPD alle Sektionen an, Front gegen die Stimmung des Fatalismus im Reich zu machen: »Hitler bringt aufgrund der Feigheit und Schwäche der demokratischen Länder alles ohne Krieg fertig.« Die Kommunisten müßten immer wieder betonen, daß seine Teilerfolge die Schwierigkeiten des Regimes nicht lösten, daß die Kriegsgefahr nicht schwinde, daß die »Befreiung« der Sudetendeutschen »nur ein Vorwand zur Überrumpelung der Tschechoslowakei und zur Aufrichtung seiner Herrschaft im Südosten Europas ist«. Es gab sogar Hinweise darauf, daß die wüste antipolnische Hetze vor dem Kriegsausbruch einigen Erfolg unter Arbeitern hatte. Im Frühjahr 1939 hieß es in den SPD-Berichten, »die Hetze gegen Polen« finde Anhänger, »selbst bei linkseingestellten Menschen«. Man müsse damit rechnen, daß im Fall eines Krieges gegen Polen »doch große Massen Hitler folgen werden«. Die Leute glaubten tatsächlich, »daß Polen mit englischem Geld einen Krieg gegen Deutschland vorbereitet«.[5] Mit ihrer antipolnischen Propaganda konnten sich die Nationalsozialisten auf sehr alte deutsche Vorurteile stützen. In vieler Hinsicht war Hitlers Außenpolitik durchaus populär.

Die Organisation, mit der die Arbeiter im Betrieb konfrontiert wurden, war die Deutsche Arbeitsfront, und sie war wenig populär. Sie war keine Gewerkschaft, aus dem einfachen Grunde, daß ihr auch die Unternehmer angehören mußten und daß sie den ›Arbeitsfrieden‹ aufrechterhalten sollte. Trotzdem übernahm sie bestimmte Funktionen der aufgelösten Gewerkschaften und vertrat auch zu einem gewissen Grad die Interessen der Arbeiter. Ihre Rechtsberatungsstellen in der Saar-Pfalz z.B. berieten allein im Jahr 1936 in 8222 betrieblichen Konflikten. Im Ruhrgebiet erreichte sie gegen die Opposition der Arbeitgeber, daß die Bergleute längeren und bezahlten Urlaub erhielten. Das DAF-Amt für Frauen führte einen zähen Kampf für die Verbesserung der Lage und der Löhne der Arbeiterinnen, gegen die Frauenarbeit an bestimmten Maschinen und in Ziegeleien, für die Bezahlung von Wochengeld an Arbeiterinnen usw. Doch viele Frauen wollten ihre Freizeit nicht durch »Kraft durch Freude« organisiert sehen. Wenn sie versuchte, sich in innerbetriebliche Dinge einzumischen, stieß die DAF auf die geschlossene Opposition der Unternehmer. Die Schwerindustrie an der Ruhr wehrte alle solche Versuche erfolgreich ab. Im Siemens-Konzern gab man DAF-Funktionären, die soziale Forderungen vertraten, zu verstehen: »Hier gibt es nichts auszurichten, hier können Sie höchstens etwas lernen.« Viele Unternehmer beschwerten sich bei ihrem Verband über DAF-Eingriffe in den Betrieb, und 1935 gründeten sie eine spezielle Arbeitsgruppe, die »Soziale Betriebsarbeit«, zur Abwehr von Eingriffen. Doch Betriebe reagierten auch auf Initiativen der DAF, indem sie Arbeiterinnen gelegentlich einen freien Tag für ihren Haushalt zugestanden, Betriebskindergärten einrichteten, Schwangeren leichtere Arbeit gaben und für sechs Wochen nach der Entbindung zusätzliche Vergütungen zahlten.[6] Da die Firmen bei der forcierten Aufrüstung riesige Gewinne machten, konnten sie derartige Zugeständnisse machen, die halfen, die Arbeiterinnen loyal zu erhalten.

Doch viele Arbeiter betrachteten die DAF mit sehr kritischen Augen. Aus einer Eisengießerei in Chemnitz hieß es 1937, niemand rede mehr von der DAF als »einer Interessenvertretung der Arbeiterschaft«, und oft höre man Bemerkungen wie: »Ja, wenn wir unsere alte Gewerkschaft noch hätten, dann würde es anders aussehen.« Aus Mitteldeutschland wurde 1938 berichtet, die meisten betrachteten die DAF »als überflüssigen Verein, zumal Arbeitgeber und Arbeitnehmer in der gleichen Organisation sein müssen«, die Beiträge wären »eine Art Steuern, mit denen man sich abfinden muß«. Wenn sie sich beschwerten, laute der Bescheid der DAF meist: »Macht das im Betrieb aus und einigt Euch.« Als sich ein Arbeiter einer kleinen Tischlerei bei der DAF beschwerte, verhandelte der DAF-Amtswalter mit dem Besitzer und fragte dann den Beschwerdeführer, ob er DAF-Mitglied sei. Als er verneinte, sprach der Vertreter von »Frechheit, die noch immer in den Leuten stecke«, und verlangte Auskunft, warum er noch immer nicht Mitglied sei. Dann erinnerte er die Arbeiter an ihre Pflichten »gegen Volk und Staat« unter dem Vierjahresplan und drohte allen »Hetzern« mit Zwangsmaßnahmen. Auf einer oberschlesischen Grube sollte die Sterbekasse der Bergleute von der DAF übernommen werden, während sie bisher von der Belegschaft verwaltet worden war. Doch eine Belegschaftsversammlung lehnte das ab, weil dadurch die polnischen Arbeiter ihre Rechte verloren hätten. Auf einer zweiten Versammlung gab es erregte Zwischenrufe, so daß sie aufgelöst wurde, aber die Kasse blieb den Arbeitern erhalten. Die Gestapo berichtete 1937, ein DAF-Redner habe die Arbeiter einer Düsseldorfer Fabrik mit dem Hitlergruß begrüßt, worauf sie mit einem »Gemurmel« antworteten. Am Ende des Betriebsappells wurde der Hitlergruß »laut und deutlich erwidert«, aber nur »weil der Betriebsappell dadurch beendet« wurde.[7] Selbst die Gestapo mußte feststellen, daß sich die DAF-Redner oft »ungeschickt benehmen«, und die Arbeiter hatten kein Interesse an Betriebsappellen und langweiligen Reden.

Wenn es die DAF-Vertreter oft schwer fanden, das Vertrauen der Arbeiter zu gewinnen, so galt das gleiche von den Vertrauensräten, die mit den Unternehmern zusammenarbeiten mußten. Aus Sachsen wurde 1937 berichtet, das Hinausschieben der Vertrauensrätewahlen habe meist keine besondere Beachtung gefunden. Viele meinten, »daß diese Wahlen an und für sich zwecklos seien, da ja die Unternehmer sowieso diese Personen selbst bestimmen«, ihre Hauptaufgabe sei ja nur die »Organisierung des Nazi-Klamauks im Betrieb«. Doch in einem anderen Bericht hieß es, manche Vertrauensräte bemühten sich »wirklich, das Interesse der Belegschaft wahrzunehmen«; aber dafür fehle die gesetzliche Grundlage, und so müsse der Betreffende entweder den Betrieb verlassen oder er würde gleichgültig und lasse »die Dinge laufen«. Wo der Vertrauensrat nicht das Vertrauen der Arbeit besaß, wie in einem bayerischen Verkehrsbetrieb, sabotierten die Arbeiter ihn oder versuchten, ihn in unangenehme Situationen zu manövrieren.[8] Vom Standpunkt der Arbeitgeber hatte der Vertrauensrat eine wichtige Aufgabe im Kampf gegen die ›Bummelei‹, die wachsende Tendenz der Arbeiter, aus Gesundheits- oder anderen Gründen abwesend zu sein. Auf den Ruhrzechen beispielsweise fehlten an einem normalen Arbeitstag durchschnittlich 7,4 Prozent der Bergleute. Im Jahre 1939 verlangten einzelne Vertrauensräte Maßnahmen, »um diese Bummelanten endlich zur Pflichterfüllung zu zwingen«, und begrüßten in Ausnahmefällen die ihnen mitgeteilte Verhaftung von Bummelanten. Doch im Juni 1939 mußte die DAF-Zeitung zugeben, daß im »Großteil der Betriebe« der Vertrauensrat »ein Schattendasein« führe und nur wenn überhaupt in zweitrangigen Fragen konsultiert werde.[9] Angesichts der abhängigen Position und der beschränkten Rechte der Vertrauensräte war diese Schwäche unvermeidbar.

In einem bayerischen Verkehrsbetrieb meinten die Arbeiter 1937, es lasse sich nicht immer vermeiden, den Vertrauensrat zu konsultieren, aber wenn irgend möglich wandten sie sich an den alten Betriebsrat, der ihre Forderungen vertrat, mit der Direktion verhandelte und sich sogar für Naziarbeiter einsetzte – woraufhin der Vertrauensrat zurücktrat und das Feld dem alten Betriebsrat überließ. Von einer Ruhrzeche wurde 1938 berichtet, das Ansehen der früheren Betriebsräte stünde höher als zur Zeit ihrer Funktion, was »auf das völlige Versagen der DAF zurückzuführen« sei, deren Vertreter sich meist »wirklich wie Bonzen benehmen«. Auch die Düsseldorfer Gestapo stellte 1937 fest, daß sich die Arbeiter in Lohnfragen oft nicht an die DAF, sondern an die »geschulten und ihnen bekannten Leute wenden und diese um Rat fragen«. Diese waren dann bestrebt, ihre »Gesinnungsgenossen« in führende Posten im Betrieb oder in den »Betriebsrat« (sic) zu bringen. Als die »Wirtschaftspost« 1936 einen Artikel brachte, daß die Bewilligung einer Invalidenunterstützung nach Beiträgen von nur zehn Jahren auf die Dauer unmöglich sei und die Wartezeit verdoppelt werden müsse, entstand unter den Betroffenen solcher Unwille, daß viele erklärten, aus der DAF austreten zu wollen. Für die Gestapo war das »Propaganda gegen die Regierung« im »marxistischen Sinne«, vor allem in den Metallbetrieben, aber die Wartezeit wurde nicht verlängert.[10] Offenbar war die Unruhe gerade unter den dringend gebrauchten Metallarbeitern so stark, daß man nachgeben mußte.

Was die Behörden immer wieder beunruhigte, war die weitverbreitete ›Bummelei‹ der Arbeiter und Arbeiterinnen, die 1936 begann und in den folgenden Jahren mehr und mehr zunahm. An sich war das kein neues Problem, denn schon vor 1933 war Abwesenheit wegen Krankheit unter den Bergarbeitern an der Ruhr ziemlich häufig. Als einige Ruhrzechen in den späteren dreißiger Jahren die Gründe der Abwesenheit untersuchen ließen, variierten sie von hohem Alter und Überarbeitung bis zu Reparaturen am Haus und landwirtschaftlicher Nebentätigkeit, und bei Frauen von Arbeit im Haushalt und Krankenbetreuung zu gesundheitlichen Schäden und Urlaub des Mannes. Die Arbeitgeber reagierten mit zunehmender Härte, öffentlichem Tadel, Abzug vom Lohn und Urlaub bis zu Drohung mit Gefängnis und anderen Strafen, aber ohne großen Erfolg. Aufgrund des zunehmenden Arbeitermangels waren Strafen ohne Wirkung und Entlassungen nicht mehr gefürchtet. Sehr viele Arbeiter wollten den Arbeitsplatz wechseln und, wenn der Arbeitgeber sie nicht entlassen wollte, versuchten sie es mit schlechter Arbeit oder Abwesenheit. Auf der Concordiazeche wurde beim ersten Fall von Abwesenheit der Lohn um einen halben, beim zweiten Fall um einen ganzen Tag gekürzt, beim dritten Fall sollte der Mann entlassen werden. Bezeichnenderweise stieg die Abwesenheitsrate erheblich zur Zeit von Schulferien und der Ernte. Wenn die Arbeiter nicht den gewünschten Urlaub erhielten, blieben sie einfach fort.[11] Es war eine Form privaten passiven Widerstands, hervorgerufen durch die ständig steigenden Anforderungen.

Was die Arbeitszeit betraf, so blieb der Achtstundentag die legale Norm, aber seit 1934 waren die Treuhänder der Arbeit ermächtigt, Ausnahmen zuzulassen, und machten davon angesichts der Arbeiterknappheit in weitem Umfang Gebrauch, um einen Produktionsrückgang zu vermeiden, so daß eine oder zwei Überstunden pro Tag sehr häufig waren. Im Flugzeugbau gab es 1938 eine 60-Stunden-Woche. Ein Bericht des Reichstreuhänders für das letzte Vierteljahr 1938 stellte fest, die Mangellage habe zu einer »weiteren Ausdehnung der Arbeitszeit geführt«, sie würde von den Arbeitern »bereits als drückend empfunden« und habe ein »Absinken der Arbeitsleistungen« verursacht. In Einzelfällen betrage die ununterbrochene Arbeitszeit 26 oder sogar 36 Stunden. Besorgnis bestünde über »die steigende Krankheitsziffer«. In einer thüringischen Metallfabrik wachse die »Neigung zum unbegründeten Krankfeiern«, je weiter der Wohnsitz vom Betrieb entfernt und dadurch die Kontrolle erschwert sei; nach den Weihnachtsfeiertagen sei die Krankenziffer auf 4,2 Prozent gewachsen. Im thüringischen Braunkohlen- und Kalibergbau seien sogar bis zu 30 Prozent der Arbeiter nach den Feiertagen nicht erschienen. In der chemischen Industrie gebe es mehr und mehr Bummelschichten. »Die Klagen über eine Lockerung der Arbeitsdisziplin« nähmen zu, besonders bei verheirateten Arbeiterinnen, deren Männer gut verdienten. Im November 1938 berichteten mehrere Treuhänder, daß die Arbeiter nicht länger als 48 Stunden arbeiten wollten: Wenn man diesem Wunsch nicht entspreche, ginge die Leistung entsprechend zurück. Auf verschiedenen Baustellen kehrten die Arbeiter nach dem Zahltag am Freitag nach Hause zurück, um erst am Montag oder Dienstag wieder zu erscheinen.[12]

Ein offizieller Bericht über den Gesundheitszustand der Bergleute vom August 1938 fand, »die übermäßige Inanspruchnahme ihrer Leistungsfähigkeit« könne »unmöglich längere Zeit so weitergehen«, ohne daß neben gesundheitlichen »auch wirtschaftliche Störungen auftreten«. Auch die Unternehmer begannen, von zunehmender Erschöpfung der Bergleute zu sprechen, wie die Harpener Bergbau AG auf einer Konferenz über diese Frage im Oktober 1938 feststellte. Trotzdem dehnte im April 1939 eine Verordnung die tägliche Arbeitszeit von 8 auf 8 3/4 Stunden aus bei Zusage von hohen Prämien beim Akkord für Förderung von mehr Kohle. Faktisch blieb die Kohlenförderung an der Ruhr 1937 bis 1938 konstant mit über 127000 Tonnen und stieg 1939 leicht auf 130000. In der ›roten‹ Siedlung Hochlarmark wurde das mit Empörung aufgenommen. Man sagte: »Die wollen den Arbeiter von der Straße haben, damit er die Dicken nicht mit ihren Wagen fahren sieht.« Doch jüngere Arbeiter stimmten teilweise zu, weil sie mit den Prämien mehr verdienen konnten, während die älteren ablehnten. Nach einem Bericht der NSDAP-Gauleitung vom März 1937 wurde die Stimmung unter den Ruhrarbeitern »merklich unruhiger« aufgrund der vielen Überstunden und der Weigerung, sie angemessen zu bezahlen. Es gab laute Klagen über die niedrigen Löhne, die hohen Lebenshaltungskosten, und sogar Vertrauensräte äußerten sie in den Sitzungen. Bis November 1939 wurden mehr als tausend Ruhrarbeiter wegen Bummelei oder Arbeitsverweigerung angeklagt, und die Gerichte konnten mit der Masse nicht fertigwerden. Im April 1939 stellte ein Betriebsführer resigniert fest, die Drohung, willkürliches Fehlen würde im vierten Fall mit Entlassung bestraft, habe sich nicht durchführen lassen, »weil wir auf keinen Mann verzichten können«. Im Saargebiet gab es besonders laute Klagen über ›Bummelei‹ unter den jungen Bergarbeitern.[13] Das war die Lage kurz vor Kriegsausbruch.

Die ersten Zeichen von beginnender Arbeiterknappheit zeigten sich schon im Sommer 1935. Die vielen Bauvorhaben für militärische Zwecke, die Autobahnen, Staudämme usw. machten es schwer, die nötigen Arbeiter zu finden. Im September stellte Göring als Beauftragter für den Vierjahresplan Schwierigkeiten am Arbeitsmarkt fest. Der Entwurf eines neuen Gesetzes sprach von einer Knappheit von gelernten Arbeitern in der Bau-, Baumaterialien- und Metallindustrie, nur für den Flugzeugbau würden 50000 Metallarbeiter benötigt. Arbeiter würden durch das Versprechen höherer Löhne ›weggelockt‹; schon würden dreifache Löhne über dem Tarifminimum bezahlt, ohne mit den Überstunden zu rechnen, so daß schließlich für einen Arbeitstag bis zu 14 Stunden gezahlt würden. Arbeiter gäben ihren Arbeitsplatz auf, ohne zu kündigen, oder sie zwängen den Unternehmer durch undiszipliniertes Verhalten oder schlechtes Arbeiten, sie zu entlassen. Streikversuche von Arbeitern in den besten Positionen wären nicht mehr selten. Im August stellte das Landesarbeitsamt Rheinland fest, es gebe einen ständig zunehmenden Wechsel der Arbeitskräfte, »die versuchen, in besser bezahlte Stellen hineinzukommen«, trotz des offiziellen Lohnstops würden höhere Löhne gezahlt. Auch die Berichte der SPD-Führer sprachen von gut bezahlten Arbeitern, die vorher arbeitslos waren. Gelernte Arbeiter nutzten die neue Lage aus und gewannen wieder Selbstvertrauen, während Unternehmer und Behörden ziemlich ratlos waren.

In der Rüstungsindustrie stieg von Dezember 1935 bis Juni 1939 der durchschnittliche Stundenlohn um 10,9 Prozent, der Wochenlohn wegen der Überstunden sogar um 16,8 Prozent, und erreichte den Stand von vor der Wirtschaftskrise. In Oberfranken stieg der Lohn der gelernten Arbeiter um 5 Prozent, der der Hilfsarbeiter bei einer sehr niedrigen

Ausgangslage um 15-20 Prozent.[14] Da kollektive Lohnforderungen nicht in Frage kamen, verhandelten hochqualifizierte Arbeiter einzeln direkt mit der Betriebsleitung, wie in einer Berliner Siemens-Abteilung, für bessere Bezahlung. Wenn es in den Berliner Henschel Flugzeugwerken ein Arbeiter erreichte, in die nächsthöhere Lohnstufe befördert zu werden, dann kam schon der nächste mit der gleichen Forderung: »Es stützt sich einer auf den anderen, ohne jede geschlossene Handlung für die ganze Abteilung.« In einem anderen Berliner Betrieb kündigten 1936 über 20 Werkzeugmacher. Sie lehnten eine Erhöhung ihres Stundenlohnes um fünf Pfennig ab, ließen sich aber nach einer Zulage von 10 Pfennig die Stunde wieder einstellen. In einem Elektrowerk brachten die Arbeiter ihre Forderungen einer nach dem anderen beim Meister vor, der sie meist unterstützte, und kleine Zulagen wurden bewilligt. In den Nürnberger Zündappwerken sollten die Akkordsätze gekürzt werden, woraufhin alle Arbeiter kündigten, und es blieb beim alten Lohn. In den Linke-Hoffmannwerken in Breslau sollte den Elektroschweißern das Kleidergeld von 1,35 Mark gestrichen werden, statt dessen sollten sie einen Arbeitsanzug erhalten. Etwa 50 Mann zogen zum Vertrauensrat, um zu protestieren. »Nach langem Palaver« wurde der Abzug rückgängig gemacht und Überstunden mit 15 Prozent Zuschlag bezahlt, statt mit 5 oder 10 Prozent. In der gleichen Fabrik wurden 1938 die Akkordsätze um 25 Prozent gekürzt, was große Erbitterung hervorrief; aber nur eine Minderheit erreichte, daß die alten Sätze weitergezahlt wurden.[15]

Bald dehnte sich die Lohnbewegung auf andere Industrien aus. Anfang 1938 meldete der Treuhänder der Arbeit für Niedersachsen, die Arbeiter stellten »in zunehmendem Maße und mit wachsender Entschiedenheit übertarifliche Forderungen« und würden sonst die Arbeit nicht aufnehmen. Die Bewegung habe sich bereits von den Facharbeitern auf Tiefbauarbeiter und andere Gruppen ausgedehnt. So erklärten schlesische Arbeiter beim Bau eines Kanals für die Hermann Göringwerke, sie könnten für einen Stundenlohn von 52 Pfennig nicht arbeiten und ein Viertel von ihnen habe die Baustelle wieder verlassen. In Gandersheim verlangten die 140 Mann eines Baubetriebes eine Lohnerhöhung von 10 Pfennig die Stunde und drohten mit Streik. Eine Firma in Braunschweig berichtete, sie zahle bereits 29 Pfennig mehr als den Mindestlohn von 55 Pfennig, aber verlöre trotzdem täglich fünf bis sieben Arbeiter an den Bau der Volkswagenfabrik. Bei dem riesigen Umfang der Bauarbeiten im ganzen Land konnten die Bauarbeiter eine Verbesserung ihrer sehr niedrigen Löhne erreichen. Von 1938 bis 1939 wurde der Arbeitermangel überall noch fühlbarer und erfaßte weitere Arbeiterkategorien, aber die Hauptgewinner waren die Metall- und Bauarbeiter. Ihre Forderungen wurden meist mit Hinweis auf bessere Löhne in den Nachbarbetrieben vorgebracht, und es kam vor, daß sich Unternehmer »die Arbeiter gegenseitig wegsteigerten«, hieß es aus Niedersachsen Anfang 1938.[16]

In den Werken der MAN in Augsburg kam es 1937 nach der Einführung von Kontrolluhren zur Akkordbemessung zu einer Protestbewegung. Etwa 150 Facharbeiter weigerten sich am Morgen, die Maschinen anzulassen, ein Vermittlungsversuch des Vertrauensrats scheiterte, und die Uhren mußten zurückgenommen werden. In zwei Hallen war die Unzufriedenheit so stark, daß die Leute nur durch ihren Arbeitsvertrag an den Kündigungen gehindert wurden. In einer Ziegelei bei Kronach bedrohten einige Arbeiter den Unternehmer, weil ihnen das Arbeitsamt die Abwanderung ins Baugewerbe verweigerte. Aus Mitteldeutschland wurde berichtet, »daß täglich Ziegeleiarbeiter die Betriebe verlassen«. In einer Ziegelei in Apolda verlangten die Arbeiter 1938 eine Lohnerhöhung von fünf Mark die Woche, sonst würden sie die Arbeit aufgeben. Nach Eingreifen des Reichstreuhänders arbeiteten sie weiter, aber kündigten. Eine Festnahme war unmöglich, weil das »zur sofortigen Stillegung der Ziegelei geführt hätte«. Im gleichen Jahr meldete der Regierungspräsident von Aachen, die Betriebe überböten sich gegenseitig in Lohnangeboten und Vergünstigungen wie Kündigungsschutz, Urlaubsbezahlung, KdF-Reisen usw. Viele Arbeiter gaben die Arbeit auf, um eine besser bezahlte Stelle zu erhalten. Ende des Jahres schrieb der gleiche Beamte, die hohen Löhne, die beim Westwall gezahlt würden, stellten »einen Magnet dar, der aus der gesamten Industrie des Bezirks wertvolle Facharbeiter anzieht« und hätten bei manchen Werken »einen äußerst bedenklichen Rückgang der Kapazität« verursacht. Dort erzielten Arbeiter durch Überstunden Wocheneinkommen bis zu 80 Mark, und Ersatzkräfte wären nicht zu haben. Die Arbeitsämter versuchten, »allzu große Abwanderungen von einzelnen Werken zu verhindern«, aber die Arbeiter kämen darum herum.[17]

Doch nicht alle Arbeiter waren in einer so starken Position. In vielen Betrieben mußten die Arbeiter, nach den Berichten, die die SPD erreichten, Kürzungen der Akkordsätze oder Lohnkürzungen hinnehmen. In einer niederschlesischen Textilfabrik wollte die Leitung im Mai 1937 einen Lohn- und Akkordabzug durchführen. Die Arbeiter protestierten, woraufhin die Firma auf den Lohnabzug verzichtete, aber nicht auf die 20 Prozent Akkordkürzung. Sie holte die Gestapo, und die eingeschüchterten Arbeiter gaben nach. In einer anderen schlesischen Firma, die Holzbaracken baute, sollten die Akkordsätze der Sattler und Tapezierer um 15 Prozent gekürzt werden, woraufhin 40 Mann die Arbeit verweigerten. Die DAF erklärte die Abzüge für berechtigt, drei Mann wurden verhaftet, und die Arbeit wurde wieder aufgenommen. Die Leitung einer schlesischen Glasfabrik lehnte es 1938 ab, die tariflichen Überstundenzuschläge zu zahlen, was große Unruhe hervorrief, da die Arbeiter oft nachts Reparaturen ausführen mußten. Sie wandten sich an den DAF-Betriebsobmann, der für sie eintrat. In einer Betriebsversammlung betonte der Treuhänder die finanziellen Schwierigkeiten der Firma und kündigte Maßnahmen gegen »Miesmacher und Querulanten« an, die Arbeiter kamen nicht zu Wort, eine geplante zweite Versammlung fand nicht statt. In einer bayerischen Glasfabrik wurde versprochen, die Akkordsätze um 10 Prozent zu erhöhen, aber statt dessen wurde Sonntagsarbeit eingeführt, und man erklärte den Leuten, sie könnten ja sonntags arbeiten und so ihren Verdienst um 10 Prozent steigern. In einer Autofabrik in Zittau wurden die Akkordsätze bis zu 20 Prozent gesenkt und den Arbeitern geraten, intensiver zu arbeiten. Zwei junge Mechaniker lehnten das ab, der Vertrauensrat meldete sie wegen Arbeitsverweigerung, und sie wurden zu Festungsarbeiten nach Ostpreußen verschickt.[18]

Im oberschlesischen Bergbau wurden 1937 Versuche gemacht, die achtstündige Arbeitszeit zu verlängern oder Sonntagsschichten einzuführen, aber viele Bergleute lehnten es ab. Sie erklärten, drei Monate lang hätten sie keinen Speck und keine Eier gesehen, sie seien zu schwach und bei diesem Fressen könnten sie keine Überstunden leisten. Auf einer Grube bei Gleiwitz beschuldigte sie der Vertrauensrat der Sabotage, es gebe genug Lebensmittel, aber sie antworteten »nur für den, der Geld hat, aber nicht für uns«. Auf einer anderen Grube wurde dem Vertrauensrat erklärt, mehr könnten sie nicht leisten, weil Butter zu teuer und Fett nicht zu haben sei. Anderswo hörten die Bergleute nach acht Stunden mit der Arbeit auf oder kamen überein, nicht mehr Kohle zu fördern, als nach ihrer Ansicht genug war. Doch auf anderen Gruben wurden die Überstunden wie verlangt geleistet. Das Bild war lokal sehr verschieden, abhängig vom Alter und der Nationalität der Leute, unter denen viele Polen waren.[19]

In einer bayerischen Sportartikelfabrik, die viele Näherinnen beschäftigte, hielt 1937 ein Nationalsozialist einen Vortrag über Blut und Rasse. Als er betonte, sie sollten viele Kinder gebären, gab es erregte Zwischenrufe. Die Empörung wuchs, als bekanntgegeben wurde, die Vortragsstunde müsse nachgearbeitet werden. Man drohte, jede Aufwieglerin würde festgestellt werden und sie müsse selbst die Folgen tragen – und die Unruhe legte sich. In einer sächsischen Maschinenfabrik trugen sich 80 von 500 Arbeitern in Listen ein, die einen Lohnabzug für die Winterhilfe ablehnten. Der Betriebsführer mahnte vergebens und schlug einzelnen vor, wenigstens 10 Pfennig zu geben, aber die Arbeiter blieben bei ihrer Weigerung; sie könnten nicht zweimal geben, bei Haussammlungen würden sie beitragen, auch als ein DAF-Obmann sie als Staatsfeinde und Marxisten bezeichnete. Im Jahre 1938 klagte ein Kölner Blockwalter über die vielen Sammlungen, selbst in den Betrieben sei es schwer, Geld zu sammeln, die Arbeiter empfänden es als Erpressung, immer wieder zu Spenden veranlaßt zu werden, und was die Frauen den Sammlern sagten, sei noch schlimmer. Doch aus Sachsen hieß es zur gleichen Zeit, die ständigen Sammlungen gäben »nur noch selten Anlaß zur Kritik«; selbst die, die früher politisch interessiert waren, läsen nicht mehr den politischen Teil der Zeitungen und hörten nur noch selten die Auslandsnachrichten. Was bei der breiten Menge zähle, sei, »daß der Faschismus einigen Millionen Arbeitslosen irgendwelche Beschäftigung gab«. Nur wenn es an Lebensmitteln mangele, gehe das Geschimpfe los, sonst sei die Bevölkerung »von einem geradezu erschreckenden Fatalismus beherrscht«.[20]

Doch die Arbeiter waren nicht nur an den Löhnen und Lebensmitteln interessiert, von großer Wichtigkeit für sie war auch die Frage der Freizügigkeit. Im Juni 1939 berichtete ein NSDAP-Kreisleiter aus der Gegend von Siegen, unter den Arbeitern herrsche große Unzufriedenheit über die Vorschriften, die die Freizügigkeit des einzelnen behinderten, Maximallöhne festsetzten und ihr Recht auf Kündigung beschnitten. Die Arbeiter könnten nicht verstehen, daß diese Anordnungen sie zu 90 Prozent benachteiligten, die Unternehmer vielleicht zu zehn Prozent und die Beamten überhaupt nicht, die Lasten müßten gleichmäßig verteilt werden. Im folgenden Monat schrieb der Wehrwirtschaftsinspektor von Berlin, Rüstungsfirmen berichteten über passiven Widerstand, die Arbeiter hintertrieben die rechtzeitige Ausführung und die Firmen klagten über sinkende Produktivität. Als der Inhaber einer Dresdener Gerberei seine Leute fragte, warum sie falsche Gründe für einen Arbeitsplatzwechsel angäben, meinten sie, es würde jetzt eben alles getarnt und so müßten sie es auch tun. Im September 1939 führte Dr. Mansfeld vom Reichsarbeitsministerium in einer Konferenz aus, seit der Krise von 1933 seien die Stundenverdienste um zehn, die Wochenverdienste um 20 Prozent gestiegen, bei Befestigungsarbeiten würden Wochenlöhne von 300 Mark gezahlt, beim Bau der Reichskanzlei von 250-300. Der Reallohn der Metallarbeiter sei seit 1933 um etwa zwölf, der der Bauarbeiter um etwa vier Prozent gestiegen, aber der der Textilarbeiter sei um zwölf Prozent gesunken. »Diese unterschiedliche Entwicklung in der Lohngestaltung habe teilweise zu schweren sozialen Spannungen geführt und den Leistungswillen der Arbeitskräfte erheblich geschwächt.«[21] Diese Unterschiede öffneten einen Abgrund zwischen den Arbeitern, die die Rüstungskonjunktur für sich ausnutzen konnten, und denen, die dazu nicht imstande waren. Solidarität konnte in einer solchen Lage nicht entstehen.

Die Lebensmittelpreise stabilisierten sich, und die Knappheiten waren weniger fühlbar, aber Schwierigkeiten blieben, vor allem in der Fettversorgung, auch Eier und Kartoffeln blieben zeitweise knapp. Im Oktober 1937 hieß es aus Berlin, es habe wegen der Kartoffelknappheit Krawalle auf dem Markt gegeben und Frauen seien deswegen mit Geldstrafen belegt worden. Bei den hohen Preisen könnten sich Arbeiter nur am Lohntag Fleisch leisten und nur die billigsten Sorten; am Freitag sei die Nachfrage nach diesen besonders groß, und wer spät von der Arbeit komme, fände nur noch die teueren Fleischsorten vor. Anfang des Jahres wurde aus

Sachsen berichtet, es herrsche »ein empfindlicher Mangel an Fleisch, Fett, Speiseöl und Speck« und die Frauen schimpften in den Geschäften. In Königsberg empörten sich Frauen im Frühjahr 1939 über die Lieferung von verdorbenem Fisch. Ein anderer Grund war, daß sie gezwungen würden, minderwertige Ware zu kaufen, wenn sie Dinge haben wollten, die knapp waren. Im Rheinland rebellierten Frauen wegen der Knappheit und der schlechten Qualität der angebotenen Waren; vor allem Fett war schwer zu haben.[22] Doch bei faktischer Vollbeschäftigung und höheren Löhnen war solche Unzufriedenheit und Entrüstung weniger ernst für das Regime, als das in früheren Jahren der Fall war.

Über die Stimmung der Arbeiter besitzen wir aus den Jahren vor 1939 eine Vielzahl von Berichten, die zeigen, wie verschieden sie von Ort zu Ort war. Anfang 1936 sprach der Treuhänder für Hessen von »Resignation und Verzicht«. Viele glaubten, die Arbeitsbeschaffung habe nur dem Unternehmer Erholung verschafft, während der Arbeiter »von den Erfolgen ausgeschlossen sei«. Im Oktober berichtete der Regierungspräsident von Schwaben, nach übereinstimmenden Meldungen vieler Behörden mache sich in der Arbeiterschaft »eine wachsende Mißstimmung gegen Regierung und Partei geltend«. Die Auffassung sei sehr weit verbreitet, vor allem unter den Textilarbeitern mit ihren niedrigen Löhnen, »daß den übrigen Ständen mehr geholfen werde als den Arbeitern«. Ein früherer Funktionär des freigewerkschaftlichen Bergarbeiterverbandes beschrieb im gleichen Jahr die Stimmung unter den Bergarbeitern an der Ruhr, sie erhöben keine Forderungen nach mehr Lohn oder weiteren Rechten und stellten die Notwendigkeit der Aufrüstung nicht in Frage, da alle anderen gerüstet seien. Um so mehr diskutierten sie, »wer denn eigentlich Opfer bringe«, was sie errege, seien die Unternehmerprofite im Vergleich zu ihrem eigenen Lohn. Im März 1937 berichtete die westfälische Gaufrauenschaftsleitung aus Münster, »jede Schwarzmalerei über einen kommenden Krieg, über eine große Lebensmittelverknappung und sonstige Katastrophen« finde einen guten Nährboden; »die bisherige frohe Bejahung« der Leute gegenüber Führer und Bewegung sei »teilweise erheblich zerstört«.[23]

Die Berichte, die die SPD-Führer aus Deutschland erhielten, spiegelten diese verschiedenen Stimmungen wider. Aus Berlin hieß es 1937, breite Gruppen der früher Unorganisierten neigten dazu, »gewisse sozialpolitische Leistungen des Naziregimes zu entdecken und ›anzuerkennen‹, ... weil sie keine Ahnung von den Leistungen der früheren Gewerkschaften haben«. Ein bayerischer Autobahnarbeiter erklärte, unter seinen Kollegen sei kaum ein überzeugter Nationalsozialist, und er glaube nicht an die Volksgemeinschaft. Zu den alten Reichen seien die Neureichen gekommen, »und das sind die Bonzen«. Wie ein Lagebericht der NSDAP-Kreisleitung von Augsburg es 1939 ausdrückte, die Arbeiter verstünden nicht, daß man »von allergrößter Sparsamkeit« rede und gleichzeitig »einen Luxus entfalte, der jeden einfachen Menschen erstaunen läßt«. Schon 1936 hieß es in einer Gestapomeldung aus Berlin, es könne doch Hitler »nicht entgehen, wie sich bald dieser, bald jener [seiner Unterführer] eine große Villa baue, wie einzelne seiner Mitarbeiter einen auf die Volksmasse geradezu aufreizend wirkenden Luxus trieben«. Aus dem Rheinland wurde 1937 berichtet, die große Masse sei »teilnahmslos, nimmt alles hin und beschäftigt sich nur mit persönlichen Dingen«; sie beteilige sich aus Neugierde an Betriebsveranstaltungen, gebe zu den Sammlungen und mache alles mit; die Leute seien zufrieden, »wenn sie verdienen und abends und sonntags in ihren Schrebergarten gehen können«, sie seien nicht Nazis und nicht Antinazis. Das wurde am Jahresende aus Sachsen bestätigt: »Der Reallohn ist niedriger geworden, die Dividende des Unternehmers aber höher ... So wie sich der Soldat im Schützengraben häuslich eingerichtet hat, um dieses Leben nach Möglichkeit erträglich zu machen, so muß auch die jetzige Haltung der deutschen Arbeiterschaft verstanden werden.« Was die Arbeiter bedrücke, seien »die trüben Aussichten für die nächste Zeit«, sie seien fatalistisch gestimmt. In einem südwestdeutschen Rüstungsbetrieb gab es zwei Lager, das der »Schlappschwänze und Kriecher, die immer nach oben katzbuckeln«, und das der Mehrheit, die ihren Lohn für ihre Arbeit fordere.[24]

Aus einem großen bayerischen Rüstungsbetrieb wurde Anfang 1938 berichtet, es liege »eine schwere Depression über der ganzen Belegschaft«, die politische Gleichgültigkeit nehme immer mehr zu. »Keiner weiß, was kommt und was mit ihm geschehen wird. Und weil der von der Zukunft nichts Gutes erwarten kann, darum will er gar nicht an sie denken.« Viele dächten, »uns geht es zwar nicht gut und wir haben wenig Lohn, aber wir haben Arbeit. Und wie geht es den Arbeitern anderer Länder? ... Es ist überall gleich, überall sind die Arbeiter ausgebeutet. Da kann man heute nichts machen.« Auch aus Norddeutschland hieß es: »Die große Masse des Volkes ist völlig abgestumpft und will von Politik einfach nichts wissen.« Man solle sich durch das allgemeine Geschimpfe nicht täuschen lassen; es würde »überall und auf alles geschimpft, aber niemand will mit diesem Geschimpfe gegen das Regime Stellung nehmen«. Selbst ein leitender Funktionär der KPD mußte zugeben, daß die wachsende Unzufriedenheit keine Bereitschaft bedeute, etwas gegen das Regime zu tun. Der ständig wachsende Terror habe viele Unzufriedene »zu furchtsamer Duldung gebracht«, und nicht wenige Arbeiter wären bereit, »dem Terrorapparat offen oder versteckt Hinweise über oppositionelle Regungen zu liefern«. Das Arbeitswissenschaftliche Institut der DAF andererseits fand im Mai 1939, daß unter den Arbeitern eine beunruhigende Stimmung herrsche, im Rheinland, in Mitteldeutschland und Schlesien sei die Produktion um 15 bis 25 Prozent zurückgegangen, und wo man scharf durchgegriffen habe, wären die Krankenziffern bedrohlich gestiegen.[25]

Die Mehrheit der Arbeiter lehnte nach wie vor die Teilnahme an den Großaufmärschen am 1. Mai ab. Wie sich ein Maschinenformer erinnerte, wurde, als die Leute abmarschierten, aufgepaßt, »daß keiner türmen ging unterwegs«, aber sobald sie auf dem Platz ankamen, verschwanden die meisten rasch. Am 1. Mai 1938 ging das in Braunschweig noch schneller vor sich. Wie die Gestapo meldete, liefen die Demonstranten schon vor dem Festplatz auseinander und gingen in die Stadt zurück. »Es setzte danach ein allgemeines Zurückfluten der Massen vom Kundgebungsplatz ein, so daß zu Beginn der Führerrede etwa nur noch ein Drittel der gesamten Festteilnehmer vorhanden war.« Im Jahre 1937 sollten Waldarbeiter in der Nähe von Hindenburg entlassen werden. Es wurde ihnen aber versprochen, daß, wenn sie am 1. Mai mitmarschierten, sie wiedereingestellt würden; die das nicht beweisen konnten, wurden entlassen.[26]

Im allgemeinen kann man sagen, daß die lautstarke Propaganda von der Volksgemeinschaft die Arbeiter wenig beeindruckte, weil die Differenz zwischen ihnen und den Alt- und Neureichen viel zu groß war. Die Stimmung war resigniert und apathisch, nicht oppositionell. Es gab kleine illegale Gruppen, aber ihre Wirkung war minimal. Was die Arbeiter interessierte, waren ihre Löhne, ihre ärmlichen Lebensbedingungen. Sie murrten, und die Bergarbeiter im Ruhrgebiet fragten oft wie viele andere: »Wann verdiene ich endlich mehr?« Doch daneben gab es eine andere Tendenz. Wie der Wehrwirtschaftsinspektor von Münster im September 1938 nach Berlin schrieb, die Rüstungsarbeiter wünschten uneingeschränkte Freizügigkeit, höhere Löhne, kürzere Arbeitszeiten, niedrigere Preise und Meinungs- und Pressefreiheit.[27] Diese relativ gut bezahlten Arbeiter hatten nicht vergessen, was sie verloren hatten. Aber das bedeutete nicht, daß sie alle so dachten. Vor allem junge Arbeiter, die erst unter Hitler Arbeit erhielten, würden sich anders geäußert haben. Die Berichte, die die SPD-Führer über Apathie, Indifferenz und Übermüdung erhielten, sprechen eine eindeutige Sprache. Im Juli 1939 hieß es: »Diejenigen, die früher gedacht haben, denken auch heute noch, und die, die schon früher nicht gedacht haben, denken jetzt noch weniger. Nur daß heute die Denkenden die Nichtdenkenden nicht mehr zu führen vermögen.«[28] Das erlaubte den Naziorganisationen viel Spielraum, um die Nichtdenkenden anzuleiten und sie ruhig und willfährig zu halten.

Was riesigen Unwillen erregte, war die zwangsweise Versetzung von vielen Tausenden von Arbeitern, nicht nur Arbeitslosen, zu Prioritätsvorhaben wie Autobahnen und Befestigungen und ab 1937 den Bau des Westwalls. Nach einer Schätzung wurden etwa 1300000 Männer aus ihrer Heimat verschickt, fast 400000 zum Bau des Westwalls, die meisten für eine begrenzte Zeit. Sie lebten in Baracken unter ziemlich primitiven Bedingungen und erhielten nur eine geringe Entschädigung für die Trennung von ihren Familien. Nach Berichten, die die SPD erreichten, wurden viele Hunderte aus Oberschlesien nach Pommern, Mecklenburg und Ostpreußen verschickt. Sie murrten, aber leisteten keinen Widerstand. Viele kehrten nach kurzer Zeit zurück, weil die Löhne zu niedrig – oft nur zwischen 35 und 45 Pfennig die Stunde –, die Arbeit zu schwer und die Unterbringung in Schuppen und Scheunen völlig unzureichend war und die Familien nicht genug Trennungsgeld erhielten. Nach der Rückkehr wurde ihnen die Unterstützung gesperrt, und die Polizei brachte sie an den Arbeitsort zurück. Ihre Frauen wollten sie begleiten, aber die Polizei verhinderte das. Vom Niederrhein wurden Arbeiter zu den württembergischen Erzgruben verschickt, aber sie verdienten nicht genug, um ihre Familien unterstützen zu können – bis bessere Beihilfen zugestanden wurden. Aus Hamburg gingen Arbeiter nach

Mecklenburg, um für die Wehrmacht zu arbeiten.[29] So konnte die Arbeitslosigkeit reduziert werden.

Im April 1937 fand im Reichsarbeitsministerium eine Sitzung wegen der Entlassung von weiteren tausend Bergarbeitern im Saarland statt, die zur »Erhaltung des Arbeitsfriedens« von dort zu entfernen waren, weil sie beim Verbleiben »eine Gefahr bedeuten würden«. Angeblich hatten sie sich während der Verwaltung des Landes durch den Völkerbund »staatsfeindlich verhalten«. Um Unruhen zu vermeiden, sollten die Entlassungen an verschiedenen Orten und in kleinen Gruppen erfolgen und die Arbeiter wenn möglich in Arbeitsplätze außerhalb des Saarlands eingewiesen werden. Im Frühjahr 1939 klagte die Gestapo über »das Absinken der Arbeitsmoral« bei den Westwallarbeitern, das sie auf »unsachgemäße Behandlung der Arbeiterschaft sowie auf die mangelhafte Auslese der Dienstverpflichteten« zurückführte. Die »unzufriedenen Elemente« träten »mit immer neuen Forderungen« hervor und bildeten »immer neue Herde der Unzufriedenheit«. Andere Gestapoberichte aus der gleichen Zeit bestätigten die »Verbitterung« und die schlechte Arbeitsmoral der Leute, die zu niedrigen Löhnen in Barackenlagern fern der Heimat untergebracht waren, z.B. in Emden und Wilhelmshaven oder bei den Baustellen der Autobahn. Arbeiter wechselten eigenmächtig die Arbeitsstelle, verweigerten die Unterzeichnung von Verpflichtungen und reisten in die Heimat zurück, wenn Urlaubsversprechen nicht eingehalten oder andere Versprechen nicht erfüllt wurden. In den ersten Kriegsjahren wurden 15000 Bergleute aus Schlesien an die Ruhr verpflanzt, und wieder gab es endlose Beschwerden über die Löhne, zu niedrige Trennungsentschädigungen, über die Baracken und die Behandlung, bis schließlich das Arbeitsamt Kattowitz ihre Rückkehr bewilligte.[30] Im Krieg mußten so große Arbeitergruppen vorsichtiger behandelt werden.

Trotz der immer heftigeren antisemitischen Propaganda

suchten viele Deutsche nach wie vor jüdische Geschäfte auf. Im Dezember 1937 stellte die Münchener Gestapo fest, kurz vor Weihnachten sei »der Andrang der Käufer« in einem jüdischen Warenhaus in Hof so groß gewesen, daß das durch Aushilfe verstärkte Personal die Kunden nicht abfertigen konnte. Die Kunden setzten sich aus Arbeitern und Landbewohnern zusammen. Die bayerischen Bauern handelten weiter mit jüdischen Viehhändlern, hieß es 1937, weil sie besser und bar zahlten. Einige fielen der Polizei durch ihre »Judenfreundlichkeit« auf, und die Münchener Gestapo vermißte bei den Bauern »jegliches Rassebewußtsein«. Auch aus Münster wurde gemeldet, daß die jüdischen Geschäfte mehr Zulauf hätten. In einer evangelischen Mädchenschule in Hannover, erinnerte sich ein Lehrer, wurden die jüdischen Schülerinnen 1938 »ganz fein behandelt«, und es durfte ihnen »kein Haar gekrümmt werden«.[31]

Während diese verstreuten Berichte keine allgemeinen Schlüsse zulassen, war es anders mit den fürchterlichen Pogromen vom November 1938 und den vielen Plünderungen und Zerstörungen, die sie begleiteten. In vielen deutschen Orten verursachten sie allgemeine Entrüstung. Das galt besonders von Hamburg und seinen Werftarbeitern, wo man nach einem sozialdemokratischen Bericht »nichts anderes als Verwünschungen und Flüche gegen diese Menschenjagden« hörte. In Eimsbüttel jagten Arbeiter, die Zeugen der Plünderung eines jüdischen Goldwarengeschäfts waren, den Nazis das geraubte Gut wieder ab und gaben es dem Besitzer zurück, unter dem Beifall und Schutz einer Menschenmenge. Es gab auch Berichte über Polizisten, die Juden und ihr Eigentum schützten, während die »Pogromisten« aus »braunhemdigem Straßenmob und HJ-Halbwüchsigen« bestanden. In Köln, so erinnerte sich eine Arztfrau, trafen sich die Putzfrauen eines bestimmten Viertels in der Nacht nach den Plünderungen, sammelten Beutegut ein und lehnten jede Bezahlung für ihre Hilfe ab, »sie würden es als Kränkung empfinden«. Die Regierungspräsidenten von Niederbayern und der Oberpfalz meldeten, die »Aktion« sei »bis weit in Parteikreise verurteilt« worden. Aus der Oberpfalz meldete die Gendarmerie, es gebe niemanden, der behaupte, die Juden hätten erfahren, was sie verdienten. Am Sonntag nach dem Pogrom pilgerten die Katholiken eines Dorfes bei Ulm zu der ausgebrannten Synagoge. Die Bauern eines anderen Dorfes boykottierten eine Wirtschaft in Ochsenfurt, weil der Sohn des Wirts am Pogrom beteiligt war. In München war die allgemeine Stimmung gegen das Pogrom. Bäcker lieferten Juden Brot, und Ladeninhaber fragten an, ob sie etwas brauchten, und das trotz des offiziellen Verbots. Solidaritätshandlungen gab es auch in anderen bayerischen Städten wie Nördlingen und Schweinfurt. In einer Metallfabrik in Wittenau bei Berlin lehnten die Arbeiter das Pogrom ab, und ihre Haltung versteifte sich, als bekannt wurde, daß Männer der Werks-SA verhaftet worden waren, »weil sie sich bei der Razzia bereichert hatten«. Man witzelte, es müsse sich um ein »Mißverständnis« handeln. Nur ein Bericht aus dem Südwesten erwähnte, die »Empörung« sei nicht so einheitlich gewesen, es gebe auch Arbeiter, die nicht für die Juden einträten.[32] Sicher gab es viele lokale Unterschiede.

Die KPD-Abschnittsleitung Rhein-Ruhr verbreitete ein Flugblatt zu den Pogromen, sie besäße Berichte aus vielen Städten der Gegend, »mit welcher Planmäßigkeit die SA- und SS-Stürme z. b. V. mit Sprengstoffen, ... gefüllten Benzinkanistern vorgingen und die Synagogen und Wohnhäuser der Juden ausräuberten, ... wie sie die Juden, alt und jung, Mann und Frau viehisch mißhandelten ... Die Empörung und der Abscheu der überwältigenden Masse der Bevölkerung ist allgemein ... Die Arbeiterfrauen, die nur mit Mühe und Entbehrung ein Stück für den Haushalt erwerben können, sahen mit Empörung die Vernichtung so vieler Werte »... Der Krug geht so lange zum Brunnen, bis er bricht!« Die Gestapo kommentierte, den Kommunisten sei es gelungen »im Verein mit den übrigen staatsablehnend eingestellten Kreisen, die öffentliche Meinung wesentlich zu beeinflussen«: ein bemerkenswertes Eingeständnis. Laut Gestapo ging die Kritik »kleiner Leute«, wie Arbeiter und niedere Angestellte, von der Überzeugung aus, »daß die Juden genauso Menschen seien wie wir auch«, während die Täter als »Mob, Pöbel und Verbrecher« bezeichnet wurden, sie hätten »schlimmer gehaust wie die Kommunisten«.[33] Wenn die Gestapo von »staatsablehnend eingestellten Kreisen« sprach, so war sie im Irrtum. In diesem Fall war die Entrüstung viel allgemeiner. Sie hatte auch politische Konsequenzen. In Köln war ein elfjähriger Arbeiterjunge Zeuge, wie SA-Leute einen jüdischen Friseur ermordeten und sein Vater dem Mann nicht helfen konnte. Die Schwester des Jungen bezeugte später: »Da kam ein Haß auf, wir konnten einfach nicht mehr ›Heil Hitler‹ sagen.«[34] Der Junge, Bartholomäus Schink, sollte in den letzten Tagen des Dritten Reiches in Köln öffentlich gehenkt werden. Er war ein Kölner Edelweißpirat.

Im allgemeinen brachten die Jahre 1936-39 eine erhebliche Konsolidierung des Regimes und, für Teile der Arbeiterschaft, etwas Prosperität. Die Arbeitslosigkeit ging scharf zurück, und der Facharbeitermangel wuchs, so daß die gelernten Metall- und Bauarbeiter bessere Lebensbedingungen erreichten, aber die Textilarbeiter und andere Gruppen nahmen daran nicht teil. Es gab viel Kritik, aber sie bezog sich nicht auf das System als solches, sondern auf gewisse Züge; das System ruhte auf seinen Erfolgen.

VI Die Schwäche der politischen Opposition

Alle Handlungen von Verweigerung und Opposition wurden von den Behörden sorgfältig registriert (wobei sie die Begriffe ziemlich weit ausdehnten), aber in den Vorkriegsjahren ging die Zahl zurück. Im Juli 1936 meldete die Gestapo von Halle, in politischer Hinsicht habe »die Disziplinlosigkeit unter den auswärtigen Arbeitern des Industriegebiets Bitterfeld recht bedenkliche Formen angenommen«; bei dem Richtfest eines Rüstungsbetriebes habe z. B. »ein großer Teil der Gefolgschaft« beim Singen des Horst-Wessel- und des Deutschlandliedes nicht mitgesungen. In zwei Abteilungen der MAN in Augsburg lehnten es die Arbeiter mehrmals geschlossen ab, an Naziveranstaltungen teilzunehmen oder Winterhilfe-Abzeichen zu kaufen. Um den Widerstand zu brechen, wurden 1936 einige Nazis in die Abteilungen eingestellt, aber die Stammarbeiter machten den Neuen klar, »daß sie keinen Spaß verstehen«. Die Augsburger Polizei meldete »steigende Unruhe« unter den Textilarbeitern. »Ihre Begeisterung für Staat und Partei« sei nicht groß, und »bittere Äußerungen« seien nicht selten. In der dortigen Kammgarnspinnerei kam es 1937 zu Tumulten, weil die Löhne durch Kurzarbeit bis auf 18 Mark die Woche sanken. Die Stimmung sei »wie geladen« und keiner der wenigen Nazis getraue sich, »das Maul aufzumachen«. In einer schlesischen Metallfabrik wehrten sich die Arbeiter 1938 gegen das überhöhte Arbeitstempo und erzwungene Überstunden und verlangsamten in einigen Abteilungen das Tempo, indem sie Übermüdung vorschützten. Der Ingenieur versuchte, sie anzutreiben; als ihm das nicht gelang, fragte er, was das bedeuten solle, es sei organisierte Sabotage, die er der Leitung mitteilen werde. Im Jahr 1937 meldete die DAF-Gauverwaltung Bayerische Ostmark, sie habe kostenlose Eintrittskarten zu einer antibolschewistischen Ausstellung verteilen lassen,

aber die Arbeiter hätten sie zerrissen und erklärt: »Das Sowjetparadies haben wir hier« nebst beleidigenden Äußerungen über den DAF-Führer Dr. Ley. Was den Arbeitern geschah, wurde nicht mitgeteilt.[1]
Ende 1936 wurde bekanntgemacht, daß ab 1. Februar 1937 neue Vorschriften über den Transfer von deutschen Löhnen aus dem Ausland gelten würden. Das verursachte große Beunruhigung unter den 6000 Saararbeitern, die auf französischen Gruben arbeiteten, denn die neue Regelung bedeutete, daß ihr Lohn um etwa ein Drittel reduziert wurde. Die DAF berief eine Versammlung ein. Als der NSDAP-Kreisleiter jede Konzession ablehnte, wurde er durch Zwischenrufe unterbrochen. Am 14. Februar 1937 marschierten die Bergleute der Grube Carling geschlossen über die Grenze, nachdem sie ihren Lohn gegen die neue Vorschrift in Frankreich gewechselt hatten. Gauleiter Josef Bürckel versprach die Aufhebung der neuen Regelung. Aber Ende Februar wurde den Leuten mitgeteilt, sie müßten zwei Drittel ihres Lohns an der Grenze zum amtlichen deutschen Kurs wechseln. Am 27. Februar gingen 800 Mann mit ihrem in Frankreich gewechselten Geld geschlossen über die Grenze. Die Gestapo kontrollierte die Wirtschaften und suchte nach ›Rädelsführern‹. Hunderte von Arbeitern wurden vernommen und Haftstrafen von vier bis elf Monaten sowie Geldbußen verhängt, aber bis August waren alle Verhafteten wieder frei. Im März 1938 gab es neue Proteste und neue Festnahmen. Ein Arbeiter wurde im Gefängnis zu Tode geschlagen. An seiner Beerdigung in Lauterbach nahmen viele Kollegen und die Bevölkerung des Ortes teil. Nach der Änderung des Wechselkurses zuungunsten der Grenzgänger wurde ihnen im August eine wesentlich höhere Ausgleichszulage zugestanden.[2] Die Konzession wurde gemacht, weil man den harten Kurs gegen Widerstand nicht erzwingen konnte.
Von den Ruhrzechen wurde 1938 berichtet, man habe zwei Monate lang einer Gruppe von Bergleuten das Gedinge stark

gekürzt, um sie zur Mehrarbeit zu veranlassen, weil der Fahrsteiger meinte, sie produzierten zu wenig. Daraufhin arbeiteten die Hauer so langsam, daß ihre Produktion um die Hälfte zurückging. Am vierten Tag ließ der Steiger ansagen, die Kürzung sei rückgängig gemacht. In Penzberg in Oberbayern wurde 1937 passiver Widerstand der Bergleute festgestellt. Die Produktion ging zurück, und man ergriff Maßnahmen gegen »willkürliches Feiern«. Im Jahre 1939 wurden zwei Steiger wegen angeblichen Betrugs verhaftet, doch das Verfahren wurde eingestellt. Ein Steiger aber, der sich sehr für die Leute einsetzte, wurde beurlaubt. Daraufhin verweigerten 350 Mann die Arbeit. Die Werksleitung gab nach, und die Leute marschierten zur Wohnung des Steigers, um ihn abzuholen. Es war eine Solidaritätshandlung, aber sie hatte keine politischen Motive. Im Juni 1939 berichtete die Wehrwirtschafts-Inspektion Nürnberg von »einer tiefgreifenden Mißstimmung in Arbeiterkreisen über die zum Teil übermäßige Anspannung der Arbeitskraft«, ja von »offener Widersetzlichkeit oder Sabotage bzw. Sabotageversuchen«. Bei Siemens-Schuckert habe man versucht, die Transformatoren unbrauchbar zu machen, und in einem Panzerwerk sei ähnliches passiert; vier Mann wären wegen »Aufhetzung« und Sabotageversuch festgenommen worden. Doch Sabotage kam sehr selten vor. Im gleichen Jahr sollten in einem oberschlesischen Hüttenwerk bei Gleiwitz 15 Arbeiter wegen Materialmangels entlassen werden. Auf einer Aborttür erschien dann eine Kreidezeichnung mit dem am Galgen hängenden Direktor: »So wird es Dir und Hitler einmal ergehen!« Die Gestapo hob die Tür aus und ließ viele Leute mit Kreide ihre Unterschrift schreiben. Auf einer anderen Tür erschien die Inschrift: »Uns zu überführen, da seid Ihr alle viel zu dumm! Arbeiter, verbreitet die Schlagzeile: Adolf und unser Direktor werden gehängt!«[3]

In den Jahren von 1936 bis 1939 gab es viele Streiks, mehr als hier erwähnt werden können, aber die meisten waren kleinen Umfangs und wurden innerhalb weniger Stunden erledigt. Allein in den 18 Monaten vom Februar 1936 bis zum Juli 1937 zählte die DAF 192 Streiks und Arbeitsverweigerungen, aber nur in sechs Fällen nahmen mehr als 80 Arbeiter an ihnen teil. Die meisten waren für bessere Löhne und Arbeitsbedingungen, einige defensiv, andere offensiv. Im Oktober 1936 versandte die Gestapo ein Rundschreiben an die bayerischen Behörden, das vor einer Zunahme von Streiks wegen schlechter Arbeitsverhältnisse warnte. Im Juli meldete die Gestapo einen größeren Streik bei der Auto-Union in Berlin und kleinere bei mehreren Bauvorhaben in Sachsen und Schleswig sowie auf verschiedenen Gütern in Ostpreußen und Sachsen. Bei der Auto-Union in Spandau versammelten sich 5-600 Streikende im Fabrikshof und beantworteten »Aufforderungen zur Wiederaufnahme der Arbeit mit Gröhlen und Johlen«. Der Anlaß war eine »Umorganisation der Löhne«, die nach Behauptung der Direktion keine Lohnkürzung verursachte. Über den Ausgang ist nichts bekannt. Zur gleichen Zeit wehrten sich die Bergleute der Zeche Rheinpreußen erfolgreich gegen die Leistung unbezahlter Überstunden zum Bau eines Hydrierwerks, und der Erlaß wurde zurückgenommen. Die große Mehrzahl der anderen Streiks von 1936 betraf Arbeiter bei der Autobahn und anderen Bauvorhaben.[4]

Anfang 1937 wurde von einer Glasfabrik im Bayerischen Wald berichtet, es gebe bei jeder Lohnzahlung heftige Debatten wegen starker Lohndifferenzen. Eines Tages, als die Sirene zur Wiederaufnahme der Arbeit rief, rührte sich niemand. Allen war klar, daß es sich um nichterlaubte Selbsthilfe handelte. Bald erschienen zwei uniformierte Amtswalter und der Betriebsleiter. Einer stellte sich auf eine Rampe und schrie die Arbeiter an: »Streik! Wer ist hier der Anstifter?« Die Arbeiter schwiegen. Man drohte mit der Verhaftung der Hälfte, wenn die Arbeit nicht binnen einer Stunde wieder aufgenommen würde. Daraufhin entschloß sich die Mehrheit zur Wiederaufnahme der Arbeit. Die Suche nach ›Rädelsführern‹ war erfolglos, ebenso wie die Verhandlungen der DAF mit dem Betriebsführer. Im Sommer 1937 bestand Streikgefahr bei dem größten schwerindustriellen Unternehmen Dortmunds, dem Eisen- und Stahlwerk Hoesch, die erst nach »größten Bemühungen« vermieden wurde, obgleich die Arbeiter 220-340 Mark monatlich verdienten. Auch hier konnte »keiner der Streikhetzer ermittelt werden«. In einer thüringischen Glasfabrik legten 150 von 280 Arbeitern wegen Akkorddifferenzen die Arbeit nieder, aber sie wurde nach einer halben Stunde wieder aufgenommen. Wie immer vermutete die Gestapo »kommunistische Einflüsse«, aber sie konnten nicht bewiesen werden. Erfolgreicher waren 600 Mann beim Bau der Autobahn Bottrop-Gladbeck. Aus Protest gegen den Wechsel vom Stunden- zum Akkordlohn arbeiteten sie wochenlang betont langsam. Da die Firma an einen Termin gebunden war, mußte sie nach fünf Wochen nachgeben. Doch andere Autobahnarbeiter mußten ihre Aktion nach Verhaftungen beenden. Nur in einem Fall in der Nähe von Korbach erreichten sie nach eintägigem Streik eine außertarifliche Zulage von 4 Pfennig die Stunde und höhere Überstundenbezahlung nach der 10. Stunde.[5]

Von den Ruhrzechen gibt es nur einen Bericht über eine Arbeitsniederlegung aus den Jahren 1937-38. Im Februar 1938 stellten die Hauer von Friedrich Thyssen zu hohe Temperaturen fest, und 47 Mann fuhren vorzeitig aus, weil nach Tarifvertrag die Arbeitszeit bei Temperaturen von mehr als 28 Grad nur sechs Stunden betragen durfte. Alle wurden mit einer Buße von drei Mark bestraft. Bei der Hoch-Tief AG in Nürnberg versuchten im gleichen Jahr die Arbeiter ihre Entlassung zu erreichen, indem sie wenig leisteten, blau machten und betrunken zur Arbeit erschienen, aber ohne jeden Erfolg. Dann erklärten sie dem Bauführer: »Wir arbeiten nicht, wir streiken.« Fünf von ihnen wurden verhaftet. Das gleiche passierte den Autobahnarbeitern bei Nürnberg, die versuchten, durch Drohungen Kollegen an der Aufnahme der Arbeit zu hindern, anscheinend mit einigem Erfolg. Auf seiten der Bergarbeiter gab es weit verbreiteten passiven Widerstand gegen die Forderung von Sonntags- oder Sylvesterschichten, so daß diese oft abgesagt werden mußten. Es kam zu massenweisen Abmeldungen von den Extraschichten. Auf anderen Gruben nahmen sich die Bergleute einfach einen anderen Tag frei, weil sie am Sonntag 50 Prozent mehr verdienten. Da alle Hände dringend nötig waren, wurden zunächst keine Strafmaßnahmen gegen ›bummelnde‹ Bergleute ergriffen. Im Sommer 1938 streikten etwa 1 000 Arbeiter bei Befestigungsarbeiten im Saarland für mehr Lohn und besseres Essen; da die Arbeiten dringend waren, versprachen die Unternehmer Entgegenkommen.[6]

Im Frühjahr 1939 brach ein kurzer Streik im Opelwerk in Brandenburg aus. Die Direktion verhängte häufig kleine Bußen wegen Werkzeugverlust oder zu großem Materialverbrauch, die in eine Kasse zum Nutzen der Arbeiter flossen. Als angesagt wurde, daß das Geld als »Hitler-Spende« in die Slowakei überwiesen werden sollte, kam es zu einer spontanen Arbeitsverweigerung, bei der die Meister es mit den Arbeitern hielten – mit dem Erfolg, daß nur 10 Mark pro Kopf in die Slowakei gingen und jeder Arbeiter 30 Mark erhielt. Auf einer Grube bei Beuthen wurde vier Stunden lang gestreikt, weil die Löhne durch eine neue Gedingefestlegung um zehn bis 15 Prozent gesenkt wurden. Die Bergleute forderten den alten Lohn, die Nachmittagsschicht fuhr nicht ein, und die Naziarbeiter waren solidarisch. Der DAF-Kreisleiter setzte sich für die alten Löhne und eine neue Vereinbarung der Leistungen ein. Auch auf Gruben in Gleiwitz weigerten sich die Leute, Mehrarbeit zu leisten, wenn ihr Lohn nicht erhöht würde, was die Leitung als Erpressung bezeichnete. Der Treuhänder der Arbeit mußte intervenieren, und es wurde angekündigt, daß bald Lohnerhöhungen erfolgen würden. Auf einer Saargrube verweigerten 140 Bergleute einen Tag lang die Arbeit, als ein Lohnabbau angekündigt wurde – anscheinend ohne Erfolg. In Bayern gab es kleinere Streiks, vor allem bei den Autobahnen und militärischen Bauten, und Arbeiter wurden als ›Unruhestifter‹ verhaftet. Erfolgreicher waren die Bauarbeiter beim Westwall, wo es im Juni zu einer Arbeitsverweigerung kam. Nach einigen Tagen wurde bekanntgegeben, die Reichsregierung trete für Verbesserungen ein: mehr Lohn, besseres Essen, Härteausgleich, Trennungszulage, Zusicherung des Heimatlohns auf Basis einer 60-Stunden-Woche.[7]

Selbst im Dritten Reich wurden nicht alle Streiks mit dem Eingreifen der Gestapo und der Verhaftung von ›Rädelsführern‹ beantwortet. In der letzten Zeit vor dem Krieg waren viele Rüstungs- und Bauarbeiten so dringend, daß die Arbeiterforderungen in gewissem Umfang erfüllt wurden. Sie konnten den ständig wachsenden Mangel an Arbeitern zu ihren Gunsten ausnutzen, oft gegen erheblichen Widerstand. Doch ihre Forderungen waren nicht politisch, sie stellten die Grundprinzipien des Systems nie in Frage, was in der Tat zu massiven Maßnahmen geführt hätte. Das Regime war allmächtig, und die Arbeiter waren isoliert und schwach, trotz der Konjunktur. Es gibt keine Beweise, daß große Arbeitergruppen – abgesehen von kleinen illegalen Zellen – einen Regimewechsel herbeiführen wollten. Politischer waren Kommentare zum Bürgerkrieg in Spanien. Im Herbst 1936 meldete der badische Generalstaatsanwalt, die Aktivität der linken Gruppen wäre scharf zurückgegangen, aber die Flüsterpropaganda »staatsfeindlicher Kreise« knüpfe oft an die Ereignisse in Spanien an und habe durch sie »einen gewissen Auftrieb« erhalten.[8] Solange sich die spanische Republik behaupten konnte, ermutigte ihr Kampf zahllose Oppositionelle.

Interessanterweise ging die einzige oppositionelle Massenaktion in den Jahren des Dritten Reiches nicht von der Arbeiterschaft, sondern von der Landbevölkerung des kleinen Landes Oldenburg aus. Dort veröffentlichte der Minister der Schulen und Kirchen, Julius Pauly, im November 1936 einen Erlaß, nach dem bis Dezember »kirchliche und religiöse Zeichen« wie Kruzifixe und Bilder aus allen öffentlichen Gebäuden zu entfernen waren und neue nicht angebracht werden durften. Der Erlaß erzeugte einen Proteststurm in strikt katholischen Gegenden, der die gesamte Bevölkerung erfaßte. Der Bürgermeister von Essen schrieb, die Bewegung sei so stark, daß er den Erlaß nicht ausführen könne. Der Amtshauptmann von Cloppenburg meldete, es habe sich »eine Einheitsfront der gesamten Bevölkerung« gebildet, »die sich offenbar allein gegen den Nationalsozialismus richtet«, sie erfasse auch die Kreise, die »durchaus den Geistlichen nicht blindlings folgen« und sei nicht »auf Parteigegner und fromme Leute beschränkt«. Mehrere Bürgermeister und viele Lehrer weigerten sich, die Kruzifixe abzunehmen. Ein Bürgermeister schrieb: »Das Vertrauen zu dem heutigen Staat ist durch diese Verfügung derart erschüttert worden, wie man es sich nicht schlimmer denken kann.« Die Durchführung des Erlasses sei unmöglich, wenn »die Mitarbeit der Bevölkerung in Zukunft erwartet werden soll«. In allen Kirchen wurde gegen den Erlaß gepredigt.[9]

Am 25. November 1936 sprach Gauleiter Karl Röver in einer Massenversammlung in Cloppenburg. Als die SA-Kolonnen in den Saal marschierten, erhoben die Versammelten nicht den rechten Arm zum Hitlergruß. In seiner Rede vermied Röver sorgfältig die Frage und sprach von nordischer Rasse, von der »Zucht des Menschen« und von »gutem Nachwuchs«. Aber bald hagelte es Zwischenrufe »Das Kreuz, das Kreuz!« und einer rief: »Wi kennt mehr von Rasse as Du!« Erst dann zog Röver ein Blatt aus der Tasche und kündigte an, daß der Erlaß zurückgenommen würde. Alle wollten den Saal verlassen, aber die Türen waren geschlossen, so daß er weiterreden konnte. In den Kirchen fanden

Dankgottesdienste statt. Es war ein Sieg, aber er war begrenzt. Anfang 1937 wurden zwei Bauern festgenommen und lange verhört, der eine, weil er eine Denkschrift mit weitreichenden Forderungen bezüglich der Schulpolitik verfaßt und verteilt hatte, der andere, weil er Aufzeichnungen über eine Unterredung mit Pauly veröffentlichte. Der erste kam ins Konzentrationslager Oranienburg, wurde aber nach dem Tod seiner Frau entlassen, der andere wurde nur mit der gleichen Strafe bedroht. Die Kruzifixe blieben in den Schulen. Als Gauleiter Bürckel 1937 für das saarländische Kohlenrevier anordnete, statt der Kruzifixe Hitlerbilder in den Schulen aufzuhängen, kam es auch dort zu einem lokalen Schulstreik, der vom Bischof von Speyer unterstützt wurde, und der Streik war zumindest teilweise erfolgreich.[10]

Es gab auch eine andere Form offener Opposition, nicht gegen das Regime als solches, sondern gegen die Hitlerjugend und ihren Monopolanspruch als ›Staatsjugend‹. Sie ging aus von Überresten der Bündischen Jugend und der linken Jugendorganisationen, und eines ihrer Zentren war der Niederrhein. Am Himmelfahrtstag 1937 nahmen kleine Gruppen von Bündischen wie zuvor teil an der Prozession zur Klosterkirche von Beyenburg. Wie ein Teilnehmer später schrieb, sah er dort zum erstenmal Gruppen von Jungen und Mädchen mit großkarierten Hemden, Rucksäcken und Koppeln, Klampfen oder Balalaikas in den Händen. Sie waren unpolitisch, alles was sie wollten, war, zusammen auf Fahrt zu gehen. Doch ein Hitlerjunge war von einem Auto überfahren worden, und das führte zu einem Großeinsatz von Polizei, SA und HJ gegen die Jugendlichen. 1938 wiederholte sich das in Beyenburg. Der HJ-Streifendienst konfiszierte alle ›bündischen‹ Gegenstände, Halstücher, Brotmesser und Klampfen. Die Namen wurden aufgeschrieben, und einige Jungen wurden verprügelt. Im Oktober 1939 trafen sie sich wieder, zusammen mit Gruppen der aufgelösten Nerother, um zusammen zu zelten. Wieder trat der Streifendienst in Aktion, nahm ihnen die Ausrüstung ab und schloß sie in einem Keller ein. Am nächsten Morgen ging es zum Polizeipräsidium in Wuppertal, sie wurden als »Pack« und »Gesindel« beschimpft, und ihre Schulen wurden benachrichtigt. All das führte zu einer langsamen Politisierung, denn eine Abweichung von den strikten Naziregeln war nicht erlaubt.[11]

Viel politischer waren die Leipziger Meuten, die in den gleichen Jahren entstanden, größtenteils aus Überresten der kommunistischen und sozialistischen Jugendgruppen. Die Mitglieder kamen aus der Arbeiterschaft, sangen sozialistische Lieder und hatten politische Diskussionen, aber keine einheitliche Organisation. Die einzelnen Gruppen nannten sich nach ihren Treffpunkten, sie trugen karierte Hemden, weiße Kniestrümpfe und Bundschuhe. Sie gingen auf Fahrt und benutzten den Gruß der sowjetischen Jungpioniere »Seid bereit, immer bereit«. Sie sprachen über die politischen Zustände in der Sowjetunion, die sie zu ihrem Vorteil mit denen in Deutschland verglichen, »von denen der Arbeiter nur Unfreiheit und Elend zu erwarten habe«. Sie wollten das Bauprogramm der Regierung durch langsames und nachlässiges Arbeiten stören. Einzelnen wurde vorgeworfen, sie hätten Streuzettel »Nieder mit Hitler!« verteilt und Hakenkreuzfahnen heruntergerissen. Sie wollten ein Gegengewicht zur HJ und dem BdM bilden, mit so großem Erfolg, daß uniformierte Mitglieder der HJ sich in einigen Arbeitervierteln Leipzigs nicht zeigen konnten. Man hat die Meuten auf etwa 500 bis 600 Jungen und Mädchen geschätzt. Im Jahre 1939 wurden acht ihrer Führer zu Zuchthausstrafen von einem bis zu acht Jahren verurteilt, und weitere Prozesse folgten. Das Urteil stellte fest, die Meuten hätten sich »zu einem gefährlichen Gegenspieler der HJ und des BdM« entwickelt.[12] Hier war die Politisierung sehr viel eindeutiger als am Niederrhein.

Die Massenverhaftungen von 1935 bis 1936 zerstörten faktisch das illegale Netz der SPD, und es wurde kein Versuch unternommen, es wieder aufzubauen. Wie der Grenzsekretär Hans Dill im Juli 1937 an den Prager Parteivorstand schrieb, »von innen ist m. E. nichts zu erwarten, unsere erste illegale Tätigkeit 1933/34 ist gescheitert.« Er wollte gar keinen großen Apparat hinter sich haben und halte die Verbreitung illegaler Literatur für zwecklos, »da mir das unter den gegenwärtigen Verhältnissen zu unsicher ist«. Er wolle nur die Berichte seiner wenigen Leute in Deutschland vermitteln und gar keine Namen wissen. Er gab zu, daß das Netz von Informanten und die lautstarke Nazipropaganda alle illegale Arbeit zum Scheitern verurteilten. In ihrem Jahresbericht für 1937 charakterisierte die Gestapo die Haltung der Sozialdemokraten mit »abwarten, der Umschwung kommt von außen«, aber man könne sich auf ihn vorbereiten, »um dann in gegebener Form die frühere Tätigkeit wieder aufnehmen zu können«. Die Sozialdemokraten vermieden alle »Organisationsformen« und suchten nur, »die Freunde bei ihrer Gesinnung zu halten«; es gebe viele Ansätze zu Gruppenbildungen, »aber es handelt sich immer um Zusammenkünfte geselliger Art im kleinen Kreise (Gesang- und Keglervereine usw. ...) ohne Verteilung illegalen Materials und dergleichen, so daß ein polizeiliches Einschreiten in den weitaus meisten Fällen absolut negativ verlaufen muß.« Immer wieder habe man beobachtet, daß die emigrierten Sozialdemokraten »sehr gut über die wirtschaftliche und militärische Lage sowie über die Stimmung in Deutschland unterrichtet waren«, aber die Verhaftung der Berichterstatter sei »außerordentlich schwer«, weil es sich um Einzelne handele, die Verbindung mit dem Ausland hielten. Die Gestapo stellte auch fest, daß sich frühere Sozialdemokraten »als Hausierer im Kaffee- und Seifenhausierhandel umfangreich betätigten«, frühere Genossen aufsuchten und beim Verkauf ihrer Waren Meinungen über die Lage austauschten. Es bestünde

»ein loser Zusammenhang, der nur den einen Zweck haben kann, die Verbindungen zueinander nicht zu verlieren«. Doch es sei nur selten gelungen, »einen dieser Leute auf frischer Tat zu fassen«.[13]

Dies Bild wurde durch Berichte aus vielen Teilen des Landes bestätigt. In Mannheim beispielsweise trafen sich Sozialdemokraten regelmäßig in der Wirtschaft »Großer Hirsch« und andere in »Zur Stadt Augsburg«, die beide von früheren Parteimitgliedern bewirtschaftet wurden; man unterhielt sich u.a. darüber, wem man nach Hitler Verwaltungsposten übertragen könne. Andere lose Kontakte bestanden durch Läden, die früheren SPD-Funktionären gehörten, wie dem Milchladen eines ehemaligen SPD-Stadtrats. All das war der Gestapo gut bekannt, aber bot keine Handhabe zum Eingreifen. Aus dem Ruhrgebiet erinnerte sich ein Meister, daß sie damals ein »Kränzchen« hatten, das sich immer sonntags traf, alte Freunde aus dem Mandolinenorchester, um Kaffee zu trinken und die Tagesthemen zu besprechen. Ein Maschinenformer meinte, die Sozialdemokraten und Kommunisten hätten in der Pause immer zusammengesessen und »gebuttert«, immer die gleichen Kollegen. Andere Sozialisten sprachen nur mit Einzelnen. In Kiel trafen sich die sozialdemokratischen Frauen in drei getrennten Gruppen zu Kaffee und Handarbeiten, und auch zu politischen Diskussionen. Es gab eine Unzahl solcher loser Gruppen und Freundeskreise.[14]

Von dieser allgemeinen Regel existierte eine interessante Ausnahme. Gegen Ende 1936 bildeten zwei frühere SPD-Funktionäre, Dr. Hermann Brill und Otto Brass, unter dem Eindruck der spanischen Ereignisse die »Deutsche Volksfront« oder, wie man sie nach ihrem Programm nannte, die »Zehn-Punkte Gruppe«. Dieses besagte u.a. »Wiedergutmachung des verübten Unrechts«, »Freiheit des Glaubens und der Weltanschauung«, »Presse-, Versammlungs- und Vereinigungsfreiheit«, »volle Selbstregierung und Selbstverwaltung des deutschen Volkes in einem erneuerten Reich der politischen, wirtschaftlichen und sozialen Demokratie«, »Verstaatlichung der Banken, der Schwerindustrie und der Energiewirtschaft« und interessanterweise »restlose Aussöhnung und Zusammenarbeit mit Frankreich, ... Aufbau einer europäischen Staatengemeinschaft durch ehrliche Zusammenarbeit in einem reorganisierten Völkerbund«. Wie Brill es formulierte, sie wollten »Freiheit statt Unterdrükkung, ... Recht und Gerechtigkeit statt Terrorismus, Frieden statt Kriegsdrohungen, ... Butter statt Kanonen«; die Volksfront lebe in den Herzen aller, die das wollten. Die Gruppe lehnte die Volksfronttaktik der KPD ab, die sie für eine »künstliche Konstruktion« hielt, und ebenso die Politik der emigrierten SPD-Führer. Brill und Brass stellten bald Kontakt her zur Neu-Beginnen Gruppe und ihren Berliner Mitgliedern, mit denen sie eng zusammenarbeiteten. Doch im Herbst 1938 wurden sie alle verhaftet. Drei Mitglieder wurden ermordet, Brill und Brass wegen Hochverrats zu je 12 Jahren Zuchthaus verurteilt. Die Leiter der Berliner Neu-Beginnen Gruppe, Kurt Schmidt und Fritz Erler, erhielten ähnliche Strafen, aber die Anklage wegen Landesverrats mußte fallengelassen werden.[15] Das bedeutete faktisch das Ende organisierter SPD-Tätigkeit in Berlin und ganz Norddeutschland.

Nur die vielen Kontakte und Freundeskreise existierten nach wie vor, wie die Gestapo im Januar 1938 berichtete: »Diese Leute sind weder organisiert noch geben sie illegales Material heraus.« An Hand vieler Beispiele sei festzustellen, »daß der Zusammenhang dieser Leute sehr gut organisiert ist und entsprechend funktioniert«.[16] Für das Weiterbestehen der deutschen Sozialdemokratie und ihr Wiederaufleben nach dem Krieg waren diese losen Gruppen von entscheidender Bedeutung.

Zur gleichen Zeit fuhr die KPD fort, Massen von illegalem Material zu verbreiten. Ein von der Abschnittsleitung West nach Bremen geschickter Instrukteur berichtete im März 1936, die Literatur wurde in Briefkästen gesteckt, in der Straßenbahn liegengelassen usw., so daß Massenverhaftungen folgten, »die oft zur Aufrollung und Zerstörung unserer illegalen Organisationen führten«. Er fügte hinzu, das wäre einer der Gründe, warum sozialdemokratische Gruppen jede Zusammenarbeit ablehnten. Im gleichen Jahr verzeichnete die Gestapo 1350 neue »Hetzschriften« mit zusammen fast 1500000 Exemplaren – eine Riesenzahl, und die große Mehrzahl müsse kommunistisch gewesen sein. 1936 wurden 11687 Kommunisten verhaftet. Wenn die KPD 1935 noch 5000 Mitglieder in Berlin hatte, so liquidierte die Gestapo 1936 große Gruppen und Unterbezirksleitungen in elf Berliner Bezirken vom Zentrum zum Osten, Norden und Westen, und 1937 folgten vier weitere Stadtbezirke im Süd- und Nordwesten. Nur geringe Teile überstanden die Massenverhaftungen, und alle Kontakte waren gefährdet. 1936 bestand im ganzen Rheinland nach dem Bericht eines Agenten »kein festes Organisationsgefüge der illegalen KPD« mehr, was die Gestapo der »sehr scharfen Behandlung« der Verhafteten zuschrieb. Ein früherer hoher KPD-Funktionär, der damals für die Reorganisation der Partei im Nordwesten verantwortlich war, beschrieb später den Zustand als »erschreckend«, Köln und das umliegende Gebiet bildeten einen »Trümmerhaufen«; »am schlimmsten« hätte die Partei in Wuppertal gelitten, wo die Gestapo mit Lockspitzeln ganze »Organisationen aufgebaut« hatte, und an der Grenze lagen »Stapel unverbrauchter Agitationsschriften«. Faktisch war das neue System von Abschnittsleitungen im Ausland, die Instrukteure ins Land schickten, genauso starr und umständlich wie das alte, als eine Zentralleitung in Berlin die Bezirksorganisationen kontrollierte.[17]

In Herne im Ruhrgebiet bedeuteten neue Verhaftungen im Oktober 1936 das Ende organisierter kommunistischer Arbeit; was übrig blieb, waren nur lose Freundeskreise. Die

Leipziger Parteigruppen hatten nach 1936 den Charakter von Diskussionsgruppen, um nach Massenverhaftungen neue Kraft zu gewinnen, und es gab kaum »Wirksamkeit nach außen«. Unter den Ruhrbergleuten wurden nach 1937 lose Zirkel zum Abhören ausländischer Sender gebildet, Parteibeiträge wurden nicht mehr eingesammelt. Im ›roten‹ Penzberg in Bayern fanden nach Massenverhaftungen keine Parteiaktionen mehr statt, die früheren Mitglieder trafen sich in verschiedenen Klubs. In den rheinischen Städten fanden Instrukteure, die vom Ausland eingeschleust wurden, oft keinerlei Organisation vor und mußten große Anstrengungen machen, Mitglieder für die Reorganisation zu finden – oft ohne Erfolg. In Frankfurt wurde nichts mehr unternommen, um die Organisation wieder aufzubauen. In Bielefeld war die KPD ganz aufgerieben. In Köln und Augsburg fanden viele neue Verhaftungen wegen des Abhörens des Moskauer Senders statt. Anfang 1936 ließ die Forbacher Abschnittsleitung der KPD die Einfuhr illegalen Materials stoppen, weil dadurch die meisten Festnahmen verursacht wurden. 1937 konnte die Gestapo, im Gegensatz zu früheren Jahren, keine Masseneinfuhr illegaler Literatur mehr feststellen. Daß es ihr trotzdem gelang, »noch größere zusammenhängende örtliche Organisationen … zu erfassen«, schrieb sie der »Schwerfälligkeit des kommunistischen Apparates« zu, und daneben einem »gewissen Widerstand«, weil örtliche Funktionäre »nicht einsehen können, daß sie ihren lange Jahre aufrechterhaltenen Apparat mit einem Male auflösen und abgeben sollen«.[18]

Doch die organisatorischen Formen änderten sich langsam. 1939 stellte das Oberlandesgericht Düsseldorf fest: »Man schloß sich zu kleinen Gruppen zusammen, kam bei Spaziergängen oder in Gaststätten zusammen und unterhielt sich über Fragen des Kommunismus oder erörterte politische Tagesfragen im kommunistischen oder marxistischen Sinne. Man hörte … die Übertragungen kommunistischer

Hetzsender ab und diskutierte über das Gehörte.« Im März 1937 liquidierte die Gestapo den KPD-Unterbezirk Schwelm bei Wuppertal. Dorthin hatten Kuriere die neuesten Anweisungen gebracht, und alle paar Wochen kam Material aus dem Ausland an. Die Schriften wurden für 10 oder 20 Pfennig verkauft und Mitgliedsbeiträge von 50 Pfennig eingesammelt, getrennt für die Rote Hilfe, und den Kurieren zum Transfer übergeben. Die Mitglieder waren in Straßen- und Betriebszellen organisiert.[19] Hier bestand die alte starre Organisationsform weiter bis 1937 – mit den zu erwartenden Folgen. Auch im Berliner Unterbezirk Schöneberg existierte eine Betriebszelle, Beiträge für Partei und Rote Hilfe wurden gesammelt und eine Betriebszeitung von 30-40 Exemplaren verteilt. 41 Leute wurden festgenommen. Eine andere Form kommunistischer Aktivität war die Teilnahme von etwa 800 Männern und Frauen, darunter Sozialdemokraten und Katholiken, an der Beerdigung eines in Dachau von der SS ermordeten Kommunisten in Mainz im März 1937. Geld für einen Kranz wurde gesammelt und dieser ins Grab geworfen, acht Leute wurden verhaftet. Im gleichen Jahr meldete die Gestapo die Festnahme von 102 Leuten in Korbach, die versucht hätten, den dortigen Unterbezirk wieder aufzubauen. »Die illegale Arbeitsweise war ziemlich primitiv«, so daß es keine große Mühe machte, »mit Hilfe eines V-Mannes die Organisation zu erfassen und aufzurollen«.[20]

Die Berichte, die die Prager SPD aus Oberschlesien erhielt, erwähnten Zeichen kommunistischer Tätigkeit im Kohlenrevier. Im April 1937 forderten KPD-Flugblätter höhere Löhne, Sperrung der DAF-Beiträge, Eintritt in den illegalen Bergarbeiterverband, Bildung einer Volksfront gegen Hitler. Die Zechenleitung forderte bei hohen Strafen zur Abgabe der Flugblätter auf. Im gleichen Monat wurden auf einer Chaussee bei Hindenburg zu Thälmanns Geburtstag Losungen gemalt: »Gebt Thälmann frei!« und »Freiheit unserem Thälmann!« Auf einer anderen Grube erschien ein Kohlenwagen mit der Aufschrift »Das ist eine neue deutsche Tat, ... daß man die Wagen immer größer baut und uns noch mehr den Lohn beklaut«. Ähnliche Aufschriften tauchten auf anderen Gruben auf, aber Arbeiter meinten, sie stammten von der Gestapo, um Anlaß zu Verhaftungen zu haben. Aus Sachsen hörte die SPD 1938, daß die »Stalin-Kommunisten« noch immer die Sozialdemokraten für den Aufstieg Hitlers verantwortlich machten; doch auf ihn könne nur ein bolschewistisches Deutschland folgen.[21] Die alten Konflikte gingen weiter.

Während 1936 etwa 1500000 illegale Flugblätter und Schriften festgestellt wurden, sank ihre Zahl bis 1938 auf kaum 100000, von denen die meisten aus dem Ausland stammten – nicht mehr durch Kuriere, sondern per Post an Adressen geschickt, die wahllos aus dem Adreßbuch und Berufslisten kamen. Die Gestapo behauptete auch, daß »der kommunistische Funktionärkörper zerschlagen und seiner Hilfsmittel und technischen Einrichtungen beraubt« sei. Doch im Frühjahr 1939 sprach sie von einer »Intensivierung der Arbeit der KPD im Inlande«. Instrukteure des Zentralkomitees seien in München, Trier, Stettin und Königsberg aufgetaucht, und andere Gestapostellen berichteten gleichfalls von erhöhter KPD-Aktivität. Die Flüsterpropaganda sollte verstärkt und Einheitsfrontkomitees in den Betrieben gegründet werden. Bei Blohm & Voss in Hamburg wurden Flugblätter verteilt: »Dr. Ley versprach uns ›gerechten Lohn‹, und so betonte er später, ›vermehrte Leistung bedingt Erhöhung der Löhne«‹, und darum müßten die Arbeiter in der DAF Erfüllung dieser Versprechen fordern. »Versucht man, uns durch Zwangsmaßnahmen den Zehnstundentag aufzubürden, und aus uns trotz Entkräftung und Übermüdung noch höhere Leistungen herauszupressen, so gilt für alle Kollegen: Acht Stunden, genug geschunden! ... Langsamer arbeiten!« Es folgten erregte Diskussionen und weitgehendes Einverständnis. In Rostock wurde Anfang 1939 ein Flugblatt verbreitet, die

Machthaber schürten »zu einem neuen Krieg«, sie redeten von »Kanonen statt Butter«. Tausende schmachteten im Gefängnis, und hunderte wurden hingerichtet, »weil sie für die nationale und soziale Freiheit kämpften«; jeder solle seine Kollegen über den »Untergang in die Barbarei« belehren. Eine in Paris erscheinende kommunistische Zeitschrift behauptete wenige Wochen vor Kriegsausbruch: »Die deutsche Arbeiterklasse war, ist und bleibt antifaschistisch, ihre Widerstandsbewegungen sind bereits eine Massenerscheinung, die dem Regime die schwersten Sorgen bereiten. Immer größere Teile der Mittelschichten gehen in Opposition. Unter den schwierigsten Bedingungen der barbarischsten Terrorherrschaft führen in Deutschland nicht nur einzelne, sondern *Massen* einen leidenschaftlichen, zähen, opfervollen Kampf, um Hitler an der Entfesselung des Krieges zu hindern.«[22] Nur daß von »Massen« und »Widerstandsbewegungen« keine Rede war.

Ein Rundschreiben des Zentralkomitees an die Abschnittsleitungen vom Juli 1938 betonte die Notwendigkeit des »Kampfes um den Frieden, des Kampfes um die Demokratie und die Volksfront« und kritisierte die vielen Antifaschisten, die glaubten, »daß der Krieg unvermeidlich sei, daß es sich deshalb jetzt nicht lohne, im Kleinkampf ... Opfer zu bringen«; das sei eine »gefährliche Einstellung, die zur Grundlage das fehlende Vertrauen zur Kraft der Arbeiterklasse und zu unserer Partei hat«. Dagegen müsse eine »zähe ideologische Aufklärungsarbeit« geführt werden, es fehle in der KPD an »der notwendigen Klarheit«. Aber die Hauptschuldigen waren natürlich die Trotzkisten. Im Jahr 1938 schrieb Wilhelm Florin, leitendes Mitglied des Zentralkomitees, in der »Kommunistischen Internationale«: »Die Trotzkisten, die in Deutschland weit gefährlicher wirken als in einem Land, wo die Arbeiterbewegung legal ist, die planmäßig im Bund mit der Gestapo (!) revolutionäre Gruppen zu vernichten suchen, nützen auch diese Lage unter den sozialdemokratischen Arbeitern aus, um die Desorganisation der Arbeiterklasse noch zu steigern.« 1937 schrieb das Zentralkomitee der KPD an die Kommunistische Partei der Sowjetunion: »Wir werden alles tun, um dieses Gesindel aus der Arbeiterbewegung völlig auszurotten. Ohne die Vernichtung des Trotzkismus ist der Sieg über den Hitlerfaschismus nicht möglich.«[23]

Ende Januar 1939 trafen sich die Führer der KPD mit den Leitern der Grenzabschnitte und anderen Funktionären zur sogenannten ›Berner‹ Konferenz (abgehalten in der Nähe von Paris). Das Hauptreferat »über die gegenwärtige Lage und die Aufgaben der Partei« wurde von dem Parteivorsitzenden Pieck gehalten. Er betonte, die Hauptfrage sei »die Herstellung der Einigung der Kommunisten mit den sozialdemokratischen Arbeitern und die Herstellung der Einheitsfront«, aber von diesem Ziel sei man noch weit entfernt. »Es sind nur sehr wenige, die bis jetzt den Mut gefunden haben, offen für die Einheitsfront mit den Kommunisten aufzutreten.« Pieck behauptete, daß ihre Bildung verhindert würde durch »die faulen Elemente, ... die wir wegen ihrer reaktionären Gesinnung aus unseren Reihen ausgestoßen haben«, und ebenso durch die SAP und den ISK, die versuchten, »einen Block gegen uns zu schaffen«. In der Diskussion wurde erklärt, die Vorbedingung einer Einheitsfront sei eine starke kommunistische Partei, man müsse erst diese aufbauen und dann Kontakt zur SPD herstellen, man könne nicht »auf den Aufbau der eigenen Partei verzichten«. Ein anderer Redner unterstrich die Forderung nach »Reinigung der Emigration von trotzkistischen und anderen zersetzenden Elementen«, die in den Parteigruppen in Amsterdam und Brüssel aufgetreten seien; auch in Paris müsse dieser Kampf verschärft werden.[24] Offenbar hatte die KPD viele Feinde in den eigenen Reihen und in den anderen linken Gruppen, die bekämpft werden mußten – alles im Namen der Einheitsfront und der Einigung.

Eine andere Frage, die von der Konferenz diskutiert wurde, war, ob zur Zeit des Münchener Abkommens vom September 1938 »offene Aktionen gegen Hitlers Kriegspolitik« möglich waren, ob die deutschen Massen den Antikriegslosungen der KPD gefolgt wären. Die Antwort, die aus Deutschland kam, war, sie hätten das nicht getan: »Der Druck der Gestapo laste noch zu stark auf allen.« Demgegenüber meinte der Redner: »Die Möglichkeiten des legalen Auftretens … wurden im Lande zu wenig gesehen. Eine unserer größten Schwächen im September war die Abgeschlossenheit von den vorhandenen Organisationen. Eine legale und halblegale Bewegung für den Frieden kann nur zustande kommen, wenn es den Antifaschisten gelingt, sich mit den Massen in den faschistischen Organisationen zu verbinden und dabei die vorhandene Unzufriedenheit auszunutzen.« Man müsse Vertrauensleute in der DAF, der SA, im Luftschutz und vor allem in der Hitlerjugend haben. Eine Rednerin äußerte, die Frauen hätten im September offener als die Männer geredet; es hätte oft »nur eines organisierten Anstoßes bedurft, um sie dazu zu bringen, ihre Männer und Söhne beim Ausrücken zurückzuhalten«. Angeblich hätten auch »ganze Büros von Zeichnern, Konstrukteuren, Ingenieuren tagelang gegen Hitlers Kriegspolitik diskutiert«.[25] Es stimmt, daß zur Zeit der Münchener Konferenz eine weitverbreitete Kriegsangst in Deutschland zu beobachten war, aber die Hoffnung, daß die »Massen« in den Naziorganisationen zum Kampf gegen den Krieg mobilisiert werden könnten, war illusorisch, und es bestand keine Möglichkeit einer »legalen und halblegalen Bewegung«. Die deutschen Kommunisten, die vor allen »illegalen Aktionen« warnten, hatten völlig recht. Es war auch eine Illusion, daß »offene Aktionen« gegen Hitler möglich waren, daß die Möglichkeit bestand, »offensiv vorzugehen«, wie ein anderer Diskussionsredner behauptete.[26] Jeder derartige Versuch würde direkt in die Hände der Gestapo gearbeitet haben.

In Wirklichkeit führte die Politik der Einheitsfront – ob von unten oder von oben – zu keinen realen Erfolgen, denn was immer die KPD behaupten mochte, es gab nur sehr wenige Sozialdemokraten, die bereit waren, eng mit Kommunisten zusammenzuarbeiten. Ein weiterer Hinderungsgrund war die Entwicklung in Spanien. Als der Krieg begann, einen für die Republik verhängnisvollen Ausgang zu nehmen, wuchs die Macht der spanischen Kommunisten, und sie benutzten sie zum Kampf gegen ihre Feinde auf der Linken. Deutsche sozialistische Freiwillige, die nach Spanien gingen, um der Republik zu dienen, verschwanden auf mysteriöse Weise. In einer Diskussion über die Einheitsfront, die 1937 in Amsterdam stattfand, und an der ich selbst teilnahm, wurde der KPD-Sekretär Walter Ulbricht direkt gefragt, was – wenn solche Dinge in Spanien passierten – erst in Deutschland vor sich gehen werde, wenn seine Partei dort an die Macht käme? Als Ulbricht Beweise verlangte, nannte ich den Namen von Mark Rein, eines Berliner Sozialdemokraten russischer Abstammung, der in Barcelona verschwunden war und nie gefunden wurde. Ulbricht versprach eine Untersuchung, aber die anwesenden Sozialdemokraten waren überzeugt, daß eine Einheitsfront bei solchen Methoden ausgeschlossen war.[27]

In kommunistischer Sicht war der freigewerkschaftliche Bergarbeiterverband wichtiger, der 1936 in Paris mit Unterstützung der Bergarbeiterinternationalen und ihres Präsidenten Pierre Vigne gegründet wurde. Unter den Gründern waren kommunistische Funktionäre wie Wilhelm Knöchel und linke Sozialdemokraten wie Franz Vogt und Richard Kirn, Führer der alten Bergarbeitergewerkschaft. Auch Bergarbeiter aus den westdeutschen Revieren waren anwesend. Kleine Gruppen des neuen Verbandes entstanden auf verschiedenen Gruben im Westen, und die illegalen »Bergarbeiter-Mitteilungen« wurden aus Holland nach Deutschland geschmuggelt mit Berichten über die Lage im Bergbau. Wie die Gestapo 1938 notierte, war ein »besonderes Kennzeichen« des Verbandes seine »starke Dezentralisation«, die Vertrauensleute stünden in direkter Verbindung mit dem Ausland, die Berichte würden mündlich an Kuriere gegeben, die sie selbst ins Ausland brachten oder von einem anderen Ort abschickten. Alle Kontakte zwischen den einzelnen Gruppen wurden vermieden, sie konnten sich nur über die Auslandsstellen miteinander in Verbindung setzen, die die Gestapo nicht erreichen konnte. Doch dieser Versuch der Bildung einer freien Gewerkschaft litt bald unter kommunistischen Störversuchen und der internen Fraktionsbildung. Im Frühjahr 1937 protestierte Kirn gegen das Vorgehen und zog sich bald zurück. Später stimmte Vogt der Kritik zu, und die Zusammenarbeit hörte auf. Im April 1940 schrieb Knöchel an einen britischen Bergarbeiterfunktionär, er arbeite nicht mehr mit Vogt zusammen, weil dieser versuche, »was in mühevoller und jahrelanger Arbeit aufgebaut wurde«, für sich zu benutzen. Doch anscheinend war der Verband erfolgreicher als die illegalen Parteigruppen, den Verfolgungen der Gestapo zu entgehen.[28]

Das gleiche traf nicht auf den illegalen Eisenbahnerverband zu, der von Hans Jahn und anderen organisiert wurde. Nach vielen Verhaftungen seiner Vertrauensleute in den Jahren 1935 bis 1936 organisierte Karl Molt ein neues Netz in Süddeutschland, wieder mit Unterstützung der ITF und ihres Sekretärs Fimmen. Doch 1938 gelang es der Gestapo, die Organisation zu entdecken und Festnahmen auszuführen. In Sachsen wurden trotz der Observationen durch die Gestapo bis 1938 die alten Verbindungen wieder hergestellt und kleine Gruppen gebildet, aber die Aktivitäten durch den Krieg beendet. Von seinem Exil in Luxemburg versuchte Jahn, Berichte zu sammeln und die Organisation neu zu beleben, bis 1940 die deutsche Invasion auch das beendete. Jahn entkam, aber seine Frau und Tochter wurden festgenommen. In Jahns Wohnung fand die Gestapo Pläne und

Adressen, so daß neue Verhaftungen und harte Urteile folgten.[29]

In Deutschland war die organisierte Opposition mehr oder minder vernichtet. Die Zahl der verhafteten Kommunisten und Sozialdemokraten ging stark zurück. 1936 wurden 11687 Kommunisten verhaftet, 1938 nur 3864; die Sozialdemokraten verloren im Jahre 1936 1374 und 1938 721 Mitglieder durch Verhaftungen. Das bedeutete nicht, daß die Kritik am Regime zurückging. Die Zahl der vom Münchener Sondergericht abgeurteilten Fälle von »Heimtücke« vermehrte sich in der gleichen Zeit von 445 Fällen 1936 auf 1501 im Jahre 1938 und 1445 1939. Aber nur eine kleine Zahl der Verurteilten gehörte zu einer politischen Partei: 23 im Jahre 1936, 64 1938 und 60 1939. Die anderen waren vermutlich Männer und Frauen, die sich aus irgendeinem Grund oppositionell geäußert oder mißliebig gemacht hatten, ohne politisch gebunden zu sein. Bis zum April 1939 wurden 112432 Menschen wegen politischer Opposition verurteilt, und weitere 27369 waren in Untersuchungshaft.[30] Es gab eine weitverzweigte Opposition, aber sie war unorganisiert und ohnmächtig. Es gab auch eine weitverbreitete Furcht vor dem kommenden Krieg, aber das hatte keine politischen Auswirkungen.

VII Die Zeugen Jehovas

Eine hervorragende Rolle unter den Gegnern des Hitlerregimes spielte die christliche Sekte, die sich die Zeugen Jehovas oder Internationale Bibelforscher nannte. Ein höherer Prozentsatz ihrer Mitglieder wurde ermordet oder in Konzentrationslagern gefangengehalten als der irgendeiner anderen Gruppe. Keine andere Gruppe war so gut organisiert für illegale Propaganda, keine andere hatte mehr ›Märtyrer‹, die für ihren Glauben litten. Die große Mehrzahl ihrer Mitglieder waren einfache Männer und Frauen aus der Arbeiterschaft, Dienstboten oder kleine Angestellte, während die höheren sozialen Schichten in ihren Reihen kaum vertreten waren.

Die Sekte entstand in den Vereinigten Staaten im späteren 19. Jahrhundert und dehnte sich von dort nach Europa aus. In Deutschland wurde sie Anfang des 20. Jahrhunderts gegründet und war anfangs sehr klein, 1918 hatte sie bereits 3868 Mitglieder und 1926 sogar 22535. Als Hitler zum Kanzler ernannt wurde, gab es etwa 25-30000 Zeugen, mit starken Gruppen in Berlin, Dresden, Hamburg und anderen Städten. Viele Mitglieder gehörten zu den Opfern des Ersten Weltkriegs, der Inflation, von Hunger und Arbeitslosigkeit. Die vielen schweren Krisen, die Deutschland von 1918 an durchmachte, verursachten ein rasches Anwachsen der Mitgliederzahl, so daß die deutsche Gemeinde zu einem der Zentren der internationalen Organisation wurde. Die Zeugen Jehovas hofften auf radikale Veränderungen, die Gott herbeiführen würde; was auf dieser Welt geschah, war ohne Bedeutung, denn das Ende der Welt stand bevor. Sie fanden in ihrer Gemeinschaft menschliche Wärme und Hilfsbereitschaft, sie gehörten zu den ›Erwählten‹, den ›Kindern Gottes‹. Jehova würde sie behüten und erlösen und alle ihre Probleme beseitigen.[1]

Für die Nationalsozialisten, die das deutsche Volk nach ihren weltlichen und rassistischen Ideen umformen wollten, waren diese Gedanken prinzipiell unakzeptabel. Die Zeugen weigerten sich, den staatlichen Gesetzen zu gehorchen, wenn diese mit den Geboten Jehovas im Widerspruch standen, sie lehnten jede militärische Aktivität und alles, was mit dem Krieg zusammenhing, strikt ab. Sie kannten nur einen Herrn – und er hieß nicht Adolf Hitler. Schon der Name »Internationale Bibelforscher« enthielt das Wort ›International‹, was andeutete, daß die Zeugen einer fremden Macht dienten und dem Watch-Tower Center in New York unterstanden: Grundsätze, die diametral der nationalsozialistischen Ideologie entgegenstanden. Beide Glaubenssätze waren in ihrem Anspruch totalitär, ein Zusammenstoß war unvermeidlich. Doch die Zeugen versuchten, ihn zu vermeiden. Im März 1933 gründeten sie zwei getrennte Vereinigungen für Nord- und Süddeutschland. Die Statuten betonten, daß sie rein religiöse Belange verfolgten und die staatlichen Gesetze respektierten. Im Juni organisierten sie eine Massenversammlung in Berlin mit rund 6000 Teilnehmern. Sie wurde mit dem Deutschlandlied eröffnet, und die Halle war mit Hakenkreuzfahnen ausgeschmückt. Dieser patriotische Kurs wurde scharf gegen die Mitglieder verteidigt, die seinen Erfolg bezweifelten.[2] Zunächst verschafften die Verbindungen nach Amerika den Zeugen auch einen gewissen diplomatischen Schutz durch amerikanische Vertreter, da das Hitlerregime in seinen auswärtigen Beziehungen vorsichtig sein mußte.

Alle diese Bemühungen waren umsonst. Für die Nationalsozialisten waren die Zeugen Jehovas eine fremde, pazifistische, projüdische Organisation, die aus dem Ausland gesteuert wurde. Im April wurde sie zunächst in Bayern und Mecklenburg aufgelöst, am 24. wurde ihr Zentralhaus in Magdeburg besetzt und durchsucht, doch ihre amerikanische Leitung intervenierte durch den amerikanischen Konsul in Berlin. Die deutsche Leitung beschrieb die Vereinigung als »völlig unpolitisch und antikommunistisch«, denn der Kommunismus sei ungöttlich und staatsgefährlich. Das Haus in Magdeburg wurde vorerst zurückgegeben und die Beschlagnahme aller Literatur aufgehoben. Doch schon im Juni wurde die Internationale Bibelforschervereinigung durch einen Erlaß des preußischen Innenministers aufgelöst und ihr Vermögen beschlagnahmt, denn sie betriebe »unter dem Deckmantel angeblich wissenschaftlicher Bibelforschung eine unverkennbare Hetze gegen die staatlichen und kirchlichen Einrichtungen. Indem sie beide als Organe des Satans bezeichnen, untergraben sie die Grundpfeiler völkischen Gemeinschaftslebens. In ihren zahlreichen Schriften verhöhnen sie ... die Einrichtungen von Staat und Kirche.« Das war am Tag vor der Berliner Massenversammlung, mit der die Leiter ihren Frieden mit der Hitlerregierung zu machen versuchten. Im August wurde die Magdeburger Zentralstelle geschlossen, 25 Lastwagen schafften alles Material fort, und alles wurde öffentlich verbrannt, auch die dort gefundenen Bibeln. An manchen Orten wurde die verbotene Missionstätigkeit fortgesetzt, an anderen fanden nur religiöse Zusammenkünfte und Bibelstudien in Privatwohnungen statt. Es gab heftige Kritik an einem Rundschreiben des zentraleuropäischen Leiters, das betonte: »Wir wollen gute Bürger des Landes sein und auch durch unseren Lebenswandel ein beredtes Zeugnis für die Ehre Gottes und die Rechtfertigung seines Namens ablegen.«[3]

Für die Zeugen, die nicht bereit waren, das Verbot der Vereinigung hinzunehmen, war Hitler der Antichrist, im Bündnis mit ihrem Erzfeind, dem Papst, seine Herrschaft die des Teufels, die Forderungen des Regimes, wie der Hitlergruß und das Singen des Horst-Wessel-Liedes, unvereinbar mit einem christlichen Leben. Sie waren entschlossen, die Missionstätigkeit fortzusetzen, »für die Wahrheit zu kämpfen«. Gegen Ende 1933 wurden Vervielfältigungsapparate und ein

Kuriernetz organisiert, Artikel aus dem verbotenen »Wachtturm« lokal vervielfältigt, weil der Postbezug zu riskant war. Illegale Literatur wurde aus Böhmen nach Deutschland geschmuggelt, darunter eine Broschüre »Bis wann regiert Hitler?« Im Herbst 1934 standen mehrere tausend Zeugen im Predigtdienst, der sich nicht auf die Verbreitung der Bibel und des erlaubten Kalenders beschränkte, sondern auch die verbotenen Veröffentlichungen vertrieb und illegale Publikationen organisierte. Viele Zeugen weigerten sich, an dem Plebiszit vom November 1933 teilzunehmen, das Deutschlands Austritt aus dem Völkerbund legitimieren sollte. SA-Leute drangen in ihre Wohnungen ein, man beschimpfte und bedrohte sie, schleppte sie mit Gewalt zur ›Wahl‹. Einige Zeugen wurden durch die Straßen getrieben mit dem Schild »Wir sind Landesverräter, wir haben nicht gewählt«. Ein Invalide wurde in einem SA-Heim so schwer mißhandelt, daß er starb. Die Höfe von Zeugen wurden in Brand gesteckt.[4]
Unternehmer benutzten die Weigerung von Zeugen, den Hitlergruß zu leisten oder am 1. Mai mitzumarschieren, zu ihrer fristlosen Entlassung, selbst nach langen Dienstjahren. Sie erhielten keine neue Arbeit und keine Unterstützung. Der Präsident des Landesarbeitsamtes Rheinland schrieb 1938, sie seien »asoziale Elemente, ... die dem Arbeitseinsatz nicht zur Verfügung stehen und denen deshalb Anerkennung als Wohlfahrtserwerbslose grundsätzlich und ausnahmslos zu versagen« sei. Im Jahre 1935 wurde der Versicherungsangestellte Fritz Winkler mit der Aufsicht über die Arbeit der Vereinigung in Deutschland betraut. Er teilte das Land in 13 Bezirke ein, jeder unter einem Bezirksführer, meist jüngeren Alters, darunter standen Gruppenführer, alle von oben ernannt. Bis August 1936 wurde der »Wachtturm« heimlich in Bremen gedruckt, dann wurde die Druckerei entdeckt. Sie wurde durch einen Vervielfältigungsapparat in Hamburg ersetzt, der zuerst 250, später 500 Exemplare herstellte, von denen viele nach Bremen, Biele-

feld und Hannover gingen. Im Jahre 1936 wurden bis zu 3000 Stück vertrieben. Finanziert wurde das Unternehmen durch die »Gute Hoffnungskasse«, die auch Geld für Illegale und die Frauen der Verhafteten lieferte. So entstand allmählich ein gut funktionierender illegaler Apparat.[5]

Anfänglich war die Verfolgung nicht besonders scharf – viel weniger scharf als die der verhaßten Kommunisten. Im Sommer 1934 wurden viele Zeugen von den Gerichten freigesprochen. Im August und September beschwerte sich die Hannoversche Gestapo, dadurch würden »die Bibelforscher nur noch in ihrer Ansicht bestärkt, daß das Verbot ungesetzlich, wie sie behaupten, erfolgt sei. Sie berufen sich vor den Gerichten immer wieder auf die gefällten Freisprüche anderer Gerichte.« Aber die Praxis änderte sich rasch. Es kam zu zahlreichen Verhaftungen in mehreren Städten, und im September 1936 von über tausend, darunter die Hälfte aller Bezirksleiter und große Gruppen in Berlin, Leipzig, Bremen und München. Im November wurden 25 Zeugen vom Sondergericht Frankenthal abgeurteilt, der Hauptangeklagte als »unverbesserlicher Fanatiker« zu zwei Jahren, die anderen Männer zu fünf Wochen bis einem Jahr Gefängnis, die Frauen nur zu Geldstrafen. In Hamburg erhielten 29 Angeklagte drei bis vier Jahre Gefängnis. Im Dezember 1936 stellte die Münchener Gestapo fest: »Jeder Versuch der Betätigung wurde von der Geheimen Staatspolizei und den Gerichten geahndet, und dennoch nahm das illegale Treiben der Sekte von Monat zu Monat zu.« Wie richtig diese Einschätzung war, stellte sich heraus, als im Dezember mehr als 3000 Zeugen zu einer festgesetzten Zeit schlagartig eine in der Schweiz gedruckte »Resolution« verteilten: »Wir erheben scharfen Protest gegen die grausame Behandlung der Zeugen Jehovas durch die römisch-katholische Hierarchie und ihre Verbündeten in Deutschland und in allen anderen Erdteilen.« Tausende von Exemplaren wurden in Briefkästen gesteckt, unter Türen geschoben und mit der Post versandt.

Die Gestapo erklärte, es sei ein offener Angriff auf die Reichsregierung.[6] Es war ein Propagandacoup, wie ihn keine der illegalen linken Gruppen fertigbrachte.

1937-38 wurde die Verfolgung wesentlich härter und erhielt ein völlig neues Gewicht. Im Juli 1937 erließ das Reichsjustizministerium eine Verfügung, alle Behörden müßten einen Monat vor der Entlassung von Bibelforschern aus der Haft die Gestapo benachrichtigen, damit die Entlassenen unmittelbar in ein Konzentrationslager überführt werden könnten. Das wurde von da ab allgemeine Praxis. Im gleichen Jahr wurde ein neuverheiratetes Paar verhaftet, weil es sich weigerte, im Standesamt mit dem Hitlergruß zu grüßen. Im Jahr 1939 wurde ein Musiker in ein Konzentrationslager eingewiesen, weil er den Hitlergruß des Orchesterwarts nicht erwiderte. Nach Massenverhaftungen wurde die illegale Leitung reorganisiert, wieder mit 13 Bezirken, die in Unterbezirke geteilt waren, letztere in Hauptgruppen und Untergruppen. Die unterste Einheit war die Zelle von drei bis sechs Mitgliedern und einem Zellendiener, um die Zerschlagung zu erschweren. An der Spitze stand der Reichsdiener, der nach jeder Verhaftung neu bestellt wurde.[7] Es war eine komplett hierarchische Struktur, die es der Gestapo erschwerte, in sie einzudringen.

Der Konflikt verschärfte sich durch die Einführung der allgemeinen Wehrpflicht im Frühjahr 1935, weil die Zeugen als strikte Pazifisten jeden Militärdienst ablehnten und es keinen alternativen Dienst gab. Bald verurteilten die Sondergerichte junge Zeugen wegen ihrer Verweigerung. Auf einer Sitzung im Reichsjustizministerium im Juni 1937 erklärte Ministerialdirektor Dr. Wilhelm Crohne: »Sie sind eine staatsgefährliche Vereinigung geworden, die z.T. vom Auslande aus geleitet wird. Sie haben auf ihre Fahne u.a. die Verweigerung des Wehrdienstes geschrieben, darüber hinaus aber auch die Verweigerung der Mitarbeit in den für die Wehrmacht arbeitenden Betrieben.« Auch eine Arbeit bei der Eisenbahn oder Post lehnten die Zeugen im Kriegsfall ab. Er behauptete, der Kommunismus dringe »mit Gewalt« in die Vereinigung ein, sie habe etwa ein bis zwei Millionen Mitglieder.[8] Es war eine riesige Übertreibung, vielleicht um die Gefährlichkeit der Zeugen zu betonen, damit die Verfolgung noch schärfer gemacht werden konnte.

Um die gleiche Zeit wurde in vielen rheinischen Städten von Aachen bis Duisburg und Bochum ein »Offener Brief« verteilt. »Trotz größtem seelischem Druck und trotz sadistischer körperlicher Mißhandlung, auch an deutschen Frauen und Kindern in zartem Alter, hat man in vier Jahren nicht vermocht, die Zeugen Jehovas auszurotten; denn sie lassen sich nicht einschüchtern, sondern fahren fort, Gott mehr zu gehorchen als den Menschen, wie es seiner Zeit die Apostel Christi auch taten, als man ihnen verbot, das Evangelium zu verkündigen.« Die Konsequenz sei Gefängnis bis zu fünf Jahren und nach der Entlassung Konzentrationslager und an manchen Orten, besonders im Ruhrgebiet, Bayern und Ostpreußen, Mißhandlungen, »die sich von den Folterungen der Inquisitionszeit nicht mehr unterscheiden«; 18 Zeugen wären in der Haft ermordet worden. In einem Dortmunder Keller fand die Gestapo 30000 Exemplare des Offenen Briefes. In ihrem Jahresbericht für 1938 verzeichnete die Gestapo, von allen verbotenen Sekten seien nur die Bibelforscher aktiv, aber die Einfuhr von ihren illegalen Schriften über die französische und schweizer Grenze wurde »fast völlig unterbunden«. 1938 wurden im ganzen Reich fast 700 Bibelforscher verhaftet, darunter viele, die im April öffentlich die Teilnahme an der ›Wahl‹ verweigerten, und viele, die dem Mobilmachungsbefehl nicht nachkamen und ihre Wehrpflicht verweigerten.[9]

Die Wellen von Festnahmen und Massenprozessen zerstörten das organisatorische Gefüge der Vereinigung größtenteils, so daß es eine Zeit lang keinen koordinierten Widerstand im ganzen Land gab. In Mannheim wurden Ende 1937

48 Zeugen verurteilt, sechs von ihnen starben in der Haft. In Leipzig wurden 186 Männer und Frauen von einem Sondergericht abgeurteilt. Zwischen 1936 und 1939 verurteilte das Münchener Sondergericht 274 Zeugen wegen »Heimtücke«. Nach der deutschen Besetzung waren die Zeugen besonders in Österreich aktiv – bis 1939 Massenverhaftungen dem ein Ende setzten. In Deutschland dauerte es einige Zeit, bis die Verbindungen zwischen den Gruppen wiederhergestellt wurden und ein funktionierendes Netz aufgebaut werden konnte. Aber die Loyalität der Zeugen blieb ungebrochen. Es gab scharfe Kritik an den »Lauen« und »Ängstlichen« in den eigenen Reihen, die vielleicht zu einem Kompromiß mit dem Regime neigten: Dienst ohne Waffe sei keine Alternative zur Kriegsdienstverweigerung, man dürfe Satan nicht dienen.[10] Auch nach Kriegsausbruch behielten die Zeugen ihre völlig kompromißlose Haltung bei. Sie lehnten selbst die Teilnahme am Luftschutz ab. Wie ihr »Mitteilungsblatt« 1942 schrieb: »Ein Christ wird keinen Anteil nehmen an einer Luftschutzorganisation, ... weil eine solche Organisation mehr oder weniger mit militärischen Einrichtungen verbunden ist und weil er dadurch stillschweigend zugeben würde, daß er von einer solchen Organisation Heil und Rettung erwartet.« Nur Jehova könne die Menschen retten. In der gleichen Zeitschrift erschien ein interessanter Vergleich zwischen Nazideutschland und Sowjetrußland. Die Nazipresse weise immer mit ihrer Kritik auf Dinge hin, die typisch für das bolschewistische Rußland seien, »und ausgerechnet in diesen Zügen gleichen sich Sowjetrußland und Nazideutschland wie ein Ei dem anderen. Rußland hat einen grausamen Diktator, den haben wir auch. Dort herrscht blutiger Terror, bei uns ebenfalls. Rußland hat die GPU und wir die Gestapo. Dort Sibirien und GPU-Gefängnisse, hier die Konzentrationslager und Gestapo-Keller.«[11] Der Vergleich stimmte, es war ein früher Versuch, die Ähnlichkeiten der zwei Systeme festzustellen.

Im Jahre 1939 ging einer der Bezirksleiter, der Dachdecker Julius Engelhard, in die Illegalität, um Zeugnis für den Glauben abzulegen, und organisierte ein neues Verbindungsnetz im Südwesten und Westen. Er mußte aus Karlsruhe fliehen und nahm 1940 sein Quartier in Oberhausen im Ruhrgebiet, wo es eine aktive Gruppe gab. Sie stellte von 1941 bis zum April 1943 27 Nummern des »Wachtturms« her mit einer Auflage von 240 bis 360 Stück. Diese wurden von Engelhard und anderen weit verteilt, bis Mannheim und München im Süden, Sachsen und Schlesien im Osten und Schleswig im Norden. Doch im Frühjahr 1943 wurde die kleine Oberhausener Gruppe entdeckt und ihre Mitglieder verhaftet. Engelhard und sieben andere wurden vom Volksgericht wegen »Wehrkraftzersetzung und Feindbegünstigung« zum Tod verurteilt. Doch das bedeutete nicht das Ende der Aktivitäten. Zeugen, die unter relativ günstigen Bedingungen im Konzentrationslager Wevelsburg inhaftiert waren, organisierten den Druck des »Wachtturms« im Lager und seine Verteilung durch weibliche Mitglieder draußen. Drei Monate lang wurde die Zeitschrift auch in einem Berliner Laubengrundstück gedruckt und von dort verteilt, später in Magdeburg.[12] Trotz zahlloser neuer Verhaftungen an vielen Orten gingen die verbotenen Aktivitäten weiter: Sogar Kontakte zwischen den einzelnen Gruppen wurden wieder hergestellt; eine erstaunliche Leistung.

Für die jüngeren Zeugen, die einberufen wurden und den Militärdienst verweigerten, war das Reichskriegsgericht in Berlin unter Admiral Max Bastian die Behörde, die sie zu verurteilen hatte. Wer nach dem 26. August 1939 dem Einberufungsbefehl nicht folgte, mußte wegen »Wehrkraftzersetzung und Feindbegünstigung« mit dem Todesurteil rechnen. Im ersten Kriegsjahr – August 1939 bis September 1940 – wurden von dem Gericht 117 Todesurteile gefällt, von denen 112 Zeugen betrafen. Später tagte das Reichskriegsgericht in Torgau in Sachsen. Die vielen Bände seiner Urteile liegen im Militärhistorischen Archiv von Prag, und die große Mehrheit der Urteile wegen »Wehrkraftzersetzung« betraf die Zeugen Jehovas. Die meisten blieben ihrem Glauben treu und wurden zum Tod verurteilt, schätzungsweise 250 bis 300 Männer. Einige wurden weich und widerriefen ihre Verweigerung unter Druck. Sie wurden nur zu Gefängnis verurteilt, und die Strafe blieb ausgesetzt, damit sie sofort »zur Feindbewährung« einem Strafbataillon mit seinen hohen Verlustziffern zugeteilt werden konnten.[13] Andere Todesurteile gegen Zeugen Jehovas wurden vom Berliner Volksgericht und anderen Sondergerichten verhängt. Als Helene Gotthold im August 1944 zum Tod verurteilt wurde, verbot man ihrer Tochter, eine Todesanzeige zu veröffentlichen. Nach einer Zusammenstellung der Wachtturmgesellschaft von 1974 wurden 253 Zeugen zum Tod verurteilt und 203 hingerichtet (aber das enthält offenbar nicht die Zahl der vom Reichskriegsgericht Verurteilten); 635 Zeugen starben in der Haft, 6019 wurden inhaftiert, fast ein Viertel der Mitgliedschaft.[14]

In den Konzentrationslagern bildeten Zeugen einen relativ hohen Anteil an den Häftlingen, in Buchenwald im Mai 1938 12 Prozent, in Mauthausen im Dezember 1939 5,2 Prozent, im zentralen Frauenkonzentrationslager Lichtenburg sogar 20 Prozent, mehr als irgend eine andere Gruppe. Selbst im Konzentrationslager setzten die Zeugen ihre Missionstätigkeit fort, hielten Gottesdienst, hatten Kontakt mit der Außenwelt und erhielten illegale Schriften, die geschickt eingeschmuggelt wurden, z. B. in Kuchen oder einem Holzbein versteckt. Auch in den Lagern verweigerten die Zeugen jede Art von Arbeit für den Krieg. Aus dem Frauenkonzentrationslager Ravensbrück wurde berichtet, daß Zeuginnen die Arbeit im Gemüsegarten trotz schärfster Strafen verweigerten, weil das Gemüse für ein SS-Lazarett bestimmt war, und ebenso keine Hilfe bei der Kaninchenzucht leisten wollten, weil die Wolle für Heereszwecke verwandt wurde.

Auch in der Haft bildeten die Zeuginnen eine geschlossene Gemeinschaft, die sich scharf von den anderen Häftlingen abgrenzte.[15]

Die Zeugen bewiesen Hilfsbereitschaft gegenüber anderen Verfolgten, die sich verbergen mußten. Wie sich eine Berliner Jüdin erinnerte, wurde ihr und ihrer Mutter zuerst von den Besitzern einer kleinen Wäscherei geholfen, die heimlich für Juden wusch: »Ihre Hilfsbereitschaft kannte keine Grenzen.« Viele Mitglieder gehörten zu den unteren Gesellschaftsklassen. In Hamburg waren 55,6 Prozent Arbeiter, 15,1 Hausangestellte, 12,6 Angestellte und 11 Prozent Rentner, zusammen fast 95 Prozent. In den rheinischen und westfälischen Städten muß die Zusammensetzung ähnlich gewesen sein.[16] Ihr Glaube veranlaßte sie, außerordentlichen Mut und Standhaftigkeit zu zeigen, wie es die religiösen Märtyrer früherer Jahrhunderte getan hatten. In Prozentzahlen hatten sie mehr Opfer zu beklagen als die Kommunisten, und ihre illegale Organisation war viel besser als die der KPD. Sie lehnten alle Kompromisse ab und zeigten, was in Nazideutschland möglich war. Sie waren willens, dafür zu leiden, und sie litten, wie es ihr Glaube forderte.

VIII Der Hitler-Stalin-Pakt und die ersten Kriegsjahre

Am 24. August 1939 wurden die Deutschen und die Welt überrascht durch die Nachricht, daß der deutsche Außenminister Joachim von Ribbentrop in Moskau einen Neutralitätspakt mit Stalin unterzeichnet hatte, der Hitler garantierte, daß es in dem kommenden Krieg keine zweite Front geben würde. Der Angriff auf Polen konnte beginnen. Deutschland und die Sowjetunion konnten das unglückliche Land unter sich teilen, es war die vierte Teilung Polens. Etwa zur gleichen Zeit wies das Zentralkomitee der KPD die Mitglieder an: »Organisiert Massenversammlungen an den Bahnhöfen und Verbrüderung mit den ausrückenden Soldaten ... Wenn die Antikriegsstimmung im Betrieb oder auf Straßen und Plätzen dafür günstig ist, entfacht kurze *Friedenskundgebungen* durch Rufe: ›Wir wollen Frieden! Nieder mit Hitler!‹« Das »mutige Handeln des einzelnen« könne den Ausschlag geben und die anderen mitreißen. Als der Krieg dann ausbrach, erklärte das Zentralkomitee, die KPD – im Gegensatz zu anderen oppositionellen Strömungen – habe immer die Auffassung vertreten, »daß die Erlösung unseres Volkes von der faschistischen Diktatur nicht von außen kommt (Krieg), sondern das Ergebnis des Kampfes der Volksmassen zum Sturze der faschistischen Diktatur sein wird.« Doch jetzt proklamierten die emigrierten SPD-Führer »ihr Bündnis mit der Reaktion in England und Frankreich und mit der deutschen Bourgeoisie zur Niederschlagung der deutschen Volksrevolution«. In Wirklichkeit führten sie keinen Krieg gegen Nazideutschland, sondern gegen das deutsche Volk, um »das deutsche Volk unter Vormundschaft zu stellen« und »die deutsche Arbeiterklasse in der Aufrichtung des neuen Deutschland auszuschalten«.[1] Es war eine Phantasie, die zeigte, daß die KPD den bitteren

Kampf gegen die Sozialdemokratie wieder aufgenommen hatte, daß die alte Parteilinie aufs neue triumphierte.

Am 3. September, dem Tag, an dem Großbritannien und Frankreich Deutschland den Krieg erklärten, folgte eine Erklärung des Sekretariats des Zentralkomitees: »Die verbrecherische Haltung einiger ehemaliger Führer der SPD hat die Kriegsvorbereitungen Hitlers erleichtert und den Zusammenschluß der Opposition in der Emigration verhindert. Es gibt deshalb heute keine gemeinsame Plattform der Opposition zum Sturze Hitlers. Die KPD ist die einzige Kraft in Deutschland, die – mit den Massen verbunden – ihre Absichten eindeutig verkündete, die ohne Schwankungen den Weg zur Volksrevolution beschritten hat.« In der »Kommunistischen Internationale« schrieb Florin unter dem Titel »Kampf den Kriegsverbrechern in Berlin wie in London und Paris«, die SPD unterstütze die englische und französische Bourgeoisie, weil sie sich vor neuen sozialen Revolutionen fürchte und nur durch »besondere Umstände« daran gehindert sei, offen die deutsche Kriegspartei zu unterstützen; »sie sind noch tiefer gesunken als 1914 und arbeiten als Agenten im Solde des englischen und französischen Imperialismus.« Im März 1940 berichtete die Gestapo von einem Bremer Flugblatt, das die SPD als Verräter und Verbündete der westlichen Imperialisten brandmarkte. Es war eine Neuauflage der ›Einheitsfront von unten‹ gegen die SPD-Führer, beruhend auf totaler Unkenntnis der Lage in Deutschland, wo nach Hitlers Blitzsieg gegen Polen große Begeisterung herrschte.[2]

Aus Berlin wurden die SPD-Führer informiert, daß viele Gewerkschafter den Hitler-Stalin Pakt für eine Bestätigung ihrer negativen Haltung gegenüber den Kommunisten hielten und sagten: »Wir haben doch immer gewußt, daß die Brüder noch einmal zusammengehen werden.« Es habe auch »regelrechte Wutausbrüche gegen die kommunistischen Drahtzieher gegeben«, und wer den Pakt verteidige, »fällt bei den alten Arbeitern radikal ab, ganz gleich, ob es sich bei dem Russenfreund um einen Provokateur oder um einen ehrlich überzeugten Kommunisten handelt«. Aus dem Rheinland hieß es, die Kommunisten fühlten sich betrogen und zeigten deutlich, »daß die Vereinbarung Hitler-Stalin eine furchtbare Enttäuschung für sie ist«. Aus Oberschlesien wurde berichtet, die Wirkung des Pakts unter den Arbeitern sei »am niederschmetterndsten« gewesen. Unter früheren Kommunisten gebe es nur ein Urteil: »Moskau hat an der Arbeiterbewegung den ungeheuerlichsten Verrat getrieben.« Wenn es sich um die Erhaltung ihrer Macht handele, seien Diktatoren »eben zu jedem Verrat fähig«, nun sei bewiesen, »daß zwischen Stalin und Hitler kein Unterschied bestehe«. Auf einer Grube bei Hindenburg erschien eine große Inschrift: »Nieder mit Stalin und Hitler – Es lebe die freie Republik!« Doch aus Berlin hieß es Anfang 1940, daß selbst kritische Kommunisten sich »keineswegs alle von der Moskauer Politik abwenden«; ein Teil sei »sehr nachdenklich geworden und sucht nach einem neuen Weg«, aber andere hofften immer noch, »daß zuletzt doch die Arbeiter in Deutschland unter Führung der Kommunisten und mit ... Hilfe der Russen eine Erhebung gegen die Nazis machen könnten«.[3]

Und es gab viele, die für Hitlers Kriegspolitik eintraten. Von saarländischen Arbeitern, die eingezogen waren, konnte man hören, »daß die Nazis jetzt doch nach links geschwenkt seien«. Einer von ihnen äußerte: »Jetzt muß man zum Führer halten, eine Revolution wäre Verrat. Verliert Deutschland den Krieg, so werden wir uns der neuen Situation fügen müssen.« Es wäre der Keim zu einem neuen Krieg, wenn Deutschland zerstückelt würde »wie beim Westfälischen Frieden«. In Berlin, nach einem anderen Bericht, käme der Gedanke, Deutschland könne den Krieg verlieren, überhaupt nicht auf: »Lieber wollen viele Hitler behalten, als dem ins Auge sehen, was nach einer Niederlage kommen könnte. Man fürchtet das völlige Chaos, Raub, Mord und

Totschlag«; diese weit verbreitete Stimmung »schaltet automatisch alle anderen Gedanken als den an den Sieg aus«. Daß diese Meinung nicht nur im Bürgertum weit verbreitet war, zeigte ein Interview mit einem früheren kommunistischen Landtagsabgeordneten aus Württemberg, das nach dem Krieg stattfand. Er erinnerte sich aus seinen Jahren im Konzentrationslager Dachau, daß, als Hitler einen Sieg nach dem anderen feierte, so manche unter den politischen Häftlingen »sich davon beeinflussen ließen« und resigniert sagten: »Der Hitler wird siegen, ihm gehört die Welt, und niemand wird ihn und seine Hand beseitigen können.« Doch die Mehrheit sei überzeugt gewesen: »Wir überleben den Hitler, und nicht er uns.«[4]
Jedenfalls hatte der Hitler-Stalin Pakt einen sehr negativen Effekt auf den illegalen kommunistischen Widerstand. Die Zahl illegaler Flugblätter sank von 277 im Dezember 1939 auf 82 im April 1940. Im ganzen Jahr 1939 gab es 15922, 1940 nur noch 1277. Im September 1940 meldete der Chef der Sicherheitspolizei und des SD stolz, eine »bemerkenswerte Tätigkeit« der KPD sei »seit langem nicht mehr beobachtet« worden, vor allem nicht im »Altreich«. In »marxistischen Kreisen« entstand sogar ein Gerücht, daß die KPD nach dem 1. Dezember 1939 wieder eine legale Partei sein werde. Es mag diese zunehmende Passivität gewesen sein, die Ende 1939 die emigrierte Leitung der KPD in Moskau zu dem Versuch veranlaßte, eine neue zentrale Inlandsleitung in Berlin zu bilden, wie sie in den ersten Jahren des Dritten Reiches existiert hatte. Damit sollte der Widerstand der isolierten Parteizellen koordiniert werden. Mehrere Instrukteure wurden nach Deutschland geschickt, aber sehr rasch verhaftet, und der Versuch, leitende Parteifunktionäre aus Schweden oder einem anderen neutralen Land zu infiltrieren, schlug fehl und wurde aufgegeben.[5] Angesichts der Mittel, die der Gestapo zur Verfügung standen, hätte er mit Sicherheit zu einer Katastrophe geführt.

Doch es gab illegale kommunistische Aktivitäten, wenn auch nicht unter zentraler Aufsicht. Im Oktober 1939 wurden in Berlin Flugblätter mit der Post verschickt: »Die Arbeiterklasse wird politisch so vorgehen, daß am Ende des zweiten Weltkrieges ein großer Teil der europäischen Völker die Fesseln der bürgerlichen Klassenherrschaft zerbrechen und die Ausbeutung des Menschen durch den Menschen beseitigen kann. Danach wird reine Luft sein in Europa.« Das Flugblatt eines kommunistischen Lehrers warnte die Berliner 1940: »Der wirkliche Krieg steht uns noch bevor – Vernichtung unserer Städte, Hunderttausende unter Trümmern ... Wollt Ihr, daß dieser schreckliche Krieg unsere Heimat vernichten soll? Erhebt Eure Stimmen für den Frieden! Schluß mit diesem Krieg, der nur den Reichen nützt und den Armen schadet.« Im Juni 1940 behauptete das Zentralorgan der KPD, »Die Rote Fahne«: »Die verderbliche Politik der Herrschenden in England und Frankreich und ihrer sozialdemokratischen Lakaien hat zu den Massenschlachten geführt«, in denen die Völker sich »für imperialistische Kriegsziele« opferten. Im November erklärte ein kommunistisches Flugblatt: »Die englischen Kapitalisten wollen ihre Herrschaft über einen bedeutenden Teil der Welt nicht aufgeben und die deutschen Kapitalisten wollen diese Welt erobern. Also der gegenwärtige Krieg ist auf beiden Seiten ein imperialistischer – ein ungerechter Krieg. Dieser Krieg dient nur den Reichen. Die Kapitalisten jagen für neue Absatzmärkte, für neuen Gewinn unsere Väter und Söhne auf das Schlachtfeld. Die Völker auf beiden Seiten haben diesen Krieg nicht gewollt.« Das Flugblatt stammte angeblich von einer »Arbeiteropposition in der NSDAP«.[6] Sogar emigrierte deutsche Kommunisten in England behaupteten, der Krieg sei ein imperialistischer, den sie nicht unterstützen könnten, er ginge sie nichts an.[7]

In Berlin leitete 1939 Robert Uhrig eine kommunistische Organisation, die Zellen in fünf Stadtbezirken hatte und kleine Versammlungen im Wald organisierte. In Mitteldeutschland bestand 1940 eine größere Organisation, die Mitglieder in den wichtigsten Betrieben von Halle und Merseburg hatte. In Hamburg nahmen im Herbst 1940 mehrere aus dem Konzentrationslager entlassene KPD-Funktionäre Verbindungen untereinander auf, und es gelang ihnen, eine neue Bezirksorganisation von etwa 300 Mitgliedern mit halblegalen Gruppen in verschiedenen Sportvereinen zu bilden. In Dortmund bestanden Kontakte nach Amsterdam und Berlin. In Mannheim leitete ein prominenter Kommunist, Georg Lechleiter, nach seiner Entlassung aus der Haft 1940 eine reorganisierte KPD-Gruppe. Ihr Organ, »Der Vorbote«, betonte: »Die Kommunisten sind Vorboten der kommenden sozialistischen Revolution. Die Kommunisten müssen die Vorarbeit leisten unter den Massen, die ihrer Unzufriedenheit in Massenaktionen Ausdruck geben müssen.« Die Gruppe wurde entdeckt, und 19 Mitglieder wurden zum Tod verurteilt und hingerichtet. In Bayern, wo die älteren Organisationen von der Polizei liquidiert worden waren, wurde kein Versuch zu neuer illegaler Arbeit unternommen.[8] Bemerkenswert ist, daß diese neuen Versuche von bekannten Parteifunktionären nach Jahren schwerer Haft ausgingen, die also genau wissen mußten, was für ein Schicksal sie bei einer neuen Verhaftung erwartete.

Im August 1941 zählte die Gestapo die Hauptthemen kommunistischer Propaganda auf: Fragen des täglichen Lebens wie Knappheit von Lebensmitteln und Verbrauchsgütern, Mängel in der Verteilung, hohe Preise bei schlechter Qualität; dann Berufsfragen wie Maßnahmen des Arbeitseinsatzes, schlechte Arbeitsbedingungen, Abbau der Akkord- und Prämiensätze, zu schnelles Arbeitstempo; schließlich soziale Fragen wie zu hohe Abgaben z.B. für die Arbeitslosenversicherung (trotz Vollbeschäftigung), Vergleiche zwischen den Gewerkschaften und der DAF, die ein »teurer Verein« sei, und insbesondere die Vertrauensräte, die von den Unternehmern abhingen und die Arbeiterinteressen nicht vertreten könnten.[9] Es war eine lange Liste, die viel Gelegenheit zu kommunistischer Propaganda bot. Doch die wirkliche Frage war, wie effektiv diese Propaganda zur Zeit der großen deutschen Siege und einer Art Bündnis Deutschlands mit der Sowjetunion sein konnte. Erst durch Hitlers Angriff auf die Sowjetunion änderte sich die Lage der Kommunisten.

Während die Aktivität der KPD bis zum Juni 1941 gering war, war die der SPD noch geringer. Es gab kaum noch organisierte sozialdemokratische Gruppen. Im März 1940 meldete die Gestapo, sie habe aus »verschiedenen Teilen des Reiches« gehört, daß in der letzten Zeit die Tätigkeit der Marxisten rege geworden sei, ihre Anhänger träfen sich »in ihren früheren Verkehrslokalen«, und in Berlin, Chemnitz, Darmstadt, Karlsruhe, Lüneburg, Liegnitz, Güstrow und Tilsit seien Festnahmen erfolgt. In Wiesbaden wurden etwa 20 Sozialdemokraten verhaftet, als sie den 1. Mai im Wald feierten. Bei Borsig in Berlin bestand eine Zelle, deren Mitglieder Kontakt zu Kommunisten ablehnten, weil sie Polizeispitzel in deren Reihen vermuteten. All das war kleinen Umfangs, aber daß die Berliner SPD keineswegs tot war, zeigte sich eindeutig im September 1942, als mehr als tausend Sozialdemokraten spontan an der Beerdigung Franz Künstlers, des früheren Vorsitzenden der Berliner SPD, teilnahmen, der mehrfach verhaftet und schwer mißhandelt worden war.[10]

Die Ausnahme war Bayern, vor allem Augsburg. Dort entdeckte die Gestapo im Frühjahr 1940 eine »Nachrichtenorganisation der SPD«, die Berichte an einen emigrierten Funktionär in der Schweiz lieferte. 21 Menschen wurden verhaftet. Augsburg war das Zentrum einer größeren sozialistischen Gruppe, die von Waldemar von Knoeringen aus dem Ausland dirigiert wurde. Als er 1938 aus Böhmen nach Paris ging, betraute er den Steuerberater Hermann Frieb mit der Sammlung von Nachrichten aus München, Augsburg,

Rosenheim, Innsbruck, Salzburg und anderen österreichischen Städten und ihrer Übermittlung durch Kuriere ins Ausland. Für ihre Arbeit während des Krieges erhielten die Gruppen eine achtseitige Instruktion, die ein Kurier als Mikrofilm in einem Hohlschlüssel aus Paris brachte. Sie sollten keine Aktionen unternehmen und nur bei Eintritt einer revolutionären Situation handeln, nach den »seit langem erörterten Prinzipien des revolutionären Sozialismus«. Als Frieb eingezogen wurde, übernahm Bebo Wager, der seit 1934 in engem Kontakt zu Knoeringen stand, in Augsburg die Leitung.[11] Die kleinen Gruppen in Bayern und Österreich waren alles, was von Neu-Beginnen nach den Berliner Verhaftungen von 1938 noch existierte. Es war ein Sonderfall, beruhend auf sehr vorsichtigen konspirativen Methoden.

Zwölf Monate vor dem deutschen Angriff auf die Sowjetunion stellte der Sicherheitsdienst der SS fest, daß durch die großen deutschen Siege »der Tätigkeit der Gegnergruppen« überall »der aufnahmefähige Boden entzogen« sei: »Innerhalb der früher kommunistisch und marxistisch eingestellten Kreise kann von einer organisierten Gegnertätigkeit nicht mehr die Rede sein. Hier haben die Kriegserfolge besonders lähmend gewirkt und größtenteils Ansätze zu gegnerischen Einflüssen im Keime erstickt.« Nur vereinzelt gebe es noch »unbedeutende Meckereien, Wandbeschmierungen, Verbreitung ausländischer Nachrichten oder Verteilung von Hetzschriften und Zetteln«. Dies war ein übertriebenes Bild, aber was die linken ›Feinde‹ des Regimes betraf, war es keineswegs falsch. Daß das Regime sie dennoch fürchtete, wurde durch die vorbeugende Festnahme von Hunderten von bekannten ›Marxisten‹ in den ersten Kriegsmonaten bewiesen.[12]

Auch mutige Einzelaktionen kamen vor. Anfang 1940 trugen Förderwagen einer Ruhrzeche die Inschriften »Es soll nur acht Stunden gearbeitet werden« und »Nieder mit Hitler«. Im Dezember erschienen weitere Inschriften: »2500

Mark kriegt der Kuepper (Direktor), 2,50 DM der Schlepper«; und wegen der Kürzung der Weihnachtsgratifikation: »Bald sind wir in anderen Händen, dann gibts auch wieder Weihnachtsspenden.« Im August 1940 meldete die Gestapo wachsende Unzufriedenheit unter den Bergleuten über ihre Behandlung durch die Unternehmer. In den Leunawerken bei Halle lauteten die Inschriften einfach »Nieder mit Hitler« und »Rot Front«. Das Sondergericht Saarbrücken verurteilte einen Mann zu fünf Jahren Gefängnis, weil er zu seiner Frau, die ein Hitlerbild kaufte, äußerte, sie solle ihr Geld nicht für solchen »Dreck« ausgeben, und es bedauerte, daß Hitler nicht dem Münchener Attentat Georg Elsers am 8. November 1939 zum Opfer fiel. Ein Mann, der erklärte, Hitler sei schuld am Krieg, und vorbeimarschierenden Soldaten zurief, sie sollten nach hinten schießen, erhielt drei Jahre Zuchthaus. Aus Würzburg berichtete die Gestapo Anfang 1941 von »Unruhe« unter den Arbeitern, man könne schon wieder das Wort »Schwindel« hören, einige würden fett, während andere hungern müßten. Und aus Düsseldorf hieß es im Juni 1940 über die Gegner des Regimes: »Infolge ihrer politischen Schulung verstehen sie es meisterhaft, sich anderen Volksgenossen anzupassen, um ihnen in vorsichtiger und versteckter Form ihr Vorhaben beizubringen.« Bei ihren Skatabenden sprächen sich »die Staatsfeinde« ungestört in ihrem Sinne aus und erhielten dabei weitere Informationen. Doch aus Hof meldete die Polizei 1940, Kommunisten und Sozialdemokraten bewiesen eine »rein patriotische Einstellung«, die sie angeblich in der Armee zeigen wollten.[13]

In Berlin erschien 1940 eine illegale Schrift, »Das freie Wort«, die im Juni ausführte: »Selbst wenn Deutschland auch noch England und Amerika schlägt, sind die Kosten dieses Krieges bereits jetzt so hoch (abgesehen von den riesigen Blutopfern), daß wir nach Kriegsende genauso zahlen müssen wie unsere Gegner. Und an wen müssen wir zahlen?

An die Großindustriellen, die jeden Krieg gewinnen! Deutsches Volk, besinne Dich in letzter Stunde. Stürze die Naziplutokratie ...« Weitere Flugschriften mit dem gleichen Titel stellten fest: »Das deutsche Volk muß opfern, opfern und nochmals opfern! ... Für die Freiheit des deutschen Volkes? Nein. Sondern einzig und allein für die größenwahnsinnigen Weltherrschaftspläne unserer plutokratischen Führerclique!« Die Ziele dieser unbekannten Gruppe waren: »Wir wollen die Freiheit der Meinung und des Glaubens! Wir wollen die Freiheit der Arbeit! Wir wollen die Verhinderung kommender Kriege durch die Verstaatlichung der Rüstungsindustrie und die Einziehung der Kriegsgewinne! Wir wollen die Schaffung einer wahren Volksvertretung!«[14] Mehr über diese Gruppe ist nicht bekannt.

Im Sommer 1941 wurde die öffentliche Meinung in Münster und anderen Orten aufgerüttelt durch die mutige Predigt des Bischofs Clemens August Graf von Galen gegen die Tötung Unschuldiger (die Euthanasieaktion der Nazis gegen geistig Behinderte und Schwachsinnige). Eine Tötung Unschuldiger, predigte er, sei nur in einem gerechten Krieg oder in der Notwehr erlaubt. Die Predigt erzeugte ungeheuere Unruhe, die wochenlang anhielt. Ein Arbeiter antwortete auf den Hitlergruß seines Betriebsobmanns mit dem Ausruf: »Was, der Mörder!« Auch nach seiner Festnahme blieb er standhaft dabei, daß »der Führer ein Mörder sei«. Ein Rüstungsbetrieb schrieb an die Gestapo und die westfälische Gauleitung der NSDAP, die Predigt habe zu Auseinandersetzungen geführt, »die offensichtlich dazu beitragen, anstelle der erstrebten Einheit unseres Volkes einen Zwiespalt herbeizuführen«. In Würzburg wurde 1940 eine Frau festgenommen, weil sie äußerte, man solle die Juden in Ruhe lassen, Deutschland müsse Frieden schließen, und die verfluchten Italiener erhielten die Kohle statt der Deutschen.[15]

Es kam zu Streiks und Arbeitsverweigerungen, aber sie dauerten nicht lange, und sie hatten keine politischen Motive.

Im Mai 1940 lehnten es die Arbeiter einer Grube ab, an Pfingsten zu arbeiten, aber sie entschlossen sich auf Druck der Leitung, »ganz besonders unaufschiebbare Arbeiten« zu verrichten. Auf mehreren Ruhrzechen weigerten sich die Bergleute kategorisch, durch Fliegeralarm ausgefallene Schichten in Nachtarbeit nachzuholen; es gab »tumultartige Szenen«, worin die Verwaltung eine Art Streik sah. In Penzberg in Bayern verlangte die Direktion zwei Stunden zusätzlicher Arbeit zum Ersatz für Ausfall aufgrund einer technischen Störung, aber 134 Mann lehnten das ab. Interessanterweise war es der frühere Betriebsratsvorsitzende, der auf einem Appell die Ablehnung ausführlich begründete. Niemand wurde bestraft, weil alle Leute dringend gebraucht wurden. Im Bezirk Kassel wurden 1940 43 Leute wegen Arbeitsverweigerung verhaftet und 1941 113,[16] solche Verweigerungen waren also relativ selten.

Furcht bestand allgemein vor der Gestapo und dem Konzentrationslager. Im November 1940 schrieb ein mutiger Kreisleiter der NSDAP aus Augsburg: »Wenn wegen nichtssagender Dinge nun Leute seit Kriegsbeginn hinter Schloß und Riegel sitzen und diese dann meistens auch noch der Willkür ... in Konzentrationslagern ausgeliefert sind, ist dies bestimmt kein Moment, das zur Stärkung der Volksgemeinschaft oder zur nationalsozialistischen Erziehung beizutragen vermag.« Es möge Fälle geben, wo Widerstand mit Gewalt gebrochen werden müsse, »daß man aber schließlich Väter ins Konzentrationslager steckt, während die Söhne vor dem Feind kämpfen, ist dann doch eine Unmöglichkeit«. Seiner Ansicht nach lege die Gestapo »manchmal Manieren an den Tag, ... die als direkt volksschädigend bezeichnet werden müssen«. Vielleicht dachte er auch an die Praxis der Gestapo, »widerspenstige« Arbeiter vom Samstagmittag bis Sonntagabend einzusperren – und das war eine der mildesten Strafen in ihrem Register.[17]

Bei Kriegsbeginn, am 4. September 1939, beseitigte eine Verordnung über die Kriegswirtschaft alle zusätzlichen Zahlungen für Überstunden, Nachtarbeit, Arbeit am Sonn- und Feiertag, verhängte eine Urlaubssperre und gestattete die Ausdehnung der Arbeitszeit über den noch legal gültigen Achtstundentag. In der Praxis bedeutete das einen Zehnstundentag. Wie bereits in der Rüstungsindustrie üblich, wurde oft auch länger gearbeitet. Die gesetzlichen Bestimmungen für Frauen- und Kinderarbeit wurden entsprechend gelockert. Die Treuhänder der Arbeit wurden ermächtigt, Mindestlöhne und Arbeitsbedingungen festzulegen. Zwei Monate später fand im Reichswirtschaftsministerium eine Ressortbesprechung der zuständigen Ministerien statt. Es wurde festgestellt, die Verordnung habe zu »einer Verweigerung von Überstunden, der Nacht- und Sonntagsarbeit und zu förmlichen Sabotageerscheinungen« geführt. In der Diskussion hieß es, daß die Mehrheit in den Rüstungsbetrieben am Sonntag nicht erscheine, daß die Abwesenheit bei Nachtarbeit zunehme, daß bis zu 80 Prozent der Bauarbeiter nach Zahltag am Freitag am Samstag nicht kämen, daß viele Arbeiter mehr Lohn forderten, weil ihr Einkommen nicht genüge, um die ihnen zustehenden rationierten Lebensmittel zu kaufen. Es wurde auch festgestellt, daß eine Leistungssteigerung selbst durch Lohnerhöhung nicht mehr möglich sei: »Dem Arbeiter fehlt nicht der gute Wille, sondern er könnte einfach nicht mehr. Er hätte seit Jahren ein Übertempo durchhalten müssen.« Das bewiesen die Krankmeldungen, die z.T. eine Höhe bis zu 50 Prozent erreicht hätten. Das Ergebnis war, daß die wichtigsten Teile der Verordnung vom 4. September widerrufen wurden. Im November wurden die Zuschläge für Sonntags-, Feiertags- und Nachtarbeit wieder eingeführt, im Dezember auch die für Arbeit über zehn Stunden. Im Januar 1940 wurde Nachtarbeit für Frauen und Jugendliche verboten und die Urlaubssperre aufgehoben; im September wurden die alten Überstundenraten wieder hergestellt, die sich auf den Achtstundentag bezogen.

Es war ein Rückzug auf Raten, und die Folge war, daß sich das Arbeitereinkommen erhöhte.[18]

Im Herbst 1939 veranstaltete die DAF im Bezirk Berlin eine Untersuchung über die Ursachen des unentschuldigten Feierns, weil die bisher getroffenen Maßnahmen erfolglos geblieben waren. In der ersten Oktoberwoche waren in 33 Großbetrieben 3,7 Prozent der Arbeitsstunden ausgefallen, ein Prozentsatz, der sich noch um die wirklich Kranken erhöhte. In den schlimmsten Fällen waren die Betreffenden zwei Tage lang inhaftiert worden, »ohne daß die Inhaftierung eine bessernde Wirkung hatte«. Im Gegenteil habe ihr Beispiel nur andere gereizt, das gleiche zu tun. Die meisten Antworten, die die DAF erhielt, waren: »Wer nichts zu fressen hat, kann auch nicht arbeiten«; »wenn meine Familie hungert, hört bei mir jede Gemütlichkeit auf«; »erschießt uns oder bringt uns in ein Konzentrationslager, da brauchen wir wenigstens keinen Kohldampf schieben«; »wenn ich zu Hause trockene Bolzen [Kartoffeln] kriege, kann ich nicht arbeiten«. In den schwersten Fällen wurden die Schuldigen entlassen, aber das Arbeitsamt schickte sie dann zu einer anderen Fabrik, wo sich das gleiche wiederholte. In einigen Werken waren so »schon Fristversäumnisse in Lieferterminen vorgekommen«. Im gleichen Monat klagte Albert Speer bei Himmler: »Die Arbeiter verlassen unter den nichtigsten Gründen die Baustelle und sind kaum zu bewegen, die Arbeit wieder aufzunehmen.« Die Gestapo forderte, es müsse »drakonisch durchgegriffen werden«, man solle den Arbeitern »die Taten und ihre Folgen vor Augen führen«.[19]

In Berliner Rüstungsbetrieben fehlten am Tag nach dem wöchentlichen Zahltag im August-September 1939 20 Prozent der Belegschaft, der Krankenstand schnellte in die Höhe, und die Leistung von Überstunden wurde abgelehnt. Die Arbeiter wollten unter dem steuerfreien Betrag von 234 Mark bleiben, weil ihnen sonst zu wenig übrigblieb. Die von der Betriebsleitung verhängten Geldstrafen imponierten ihnen nicht. In den ersten sieben Monaten von 1940 sprach der Treuhänder für die Ruhrzechen 2136 Verwarnungen wegen ›Bummelei‹ aus, stellte 261 Anträge auf Verhängung von Schutzhaft und 44 Strafanträge. In der gleichen Zeitspanne waren es für das ganze Wirtschaftsgebiet Westfalen-Niederrhein 8877 Verwarnungen, 767 Anträge auf Schutzhaft und 208 Strafanträge. In der Essener Kruppfabrik wurden in den Kriegsjahren 5426 Arbeiter wegen ›Bummelei‹ bei der Gestapo denunziert, und die Zahl der Drohungen und Verwarnungen muß sehr viel höher gewesen sein. In einer einzigen Bremer Fabrik wurden 1940 36000 Arbeitsstunden versäumt. Am Samstag fehlten auf der Vulkanwerft regelmäßig 300 Arbeiter, die lieber auf ihren Parzellen arbeiteten. In Leipzig registrierte die Gestapo 1940 2000 Fälle von ›Bummelei‹ und Arbeitsverweigerung unter den deutschen Arbeitern.[20]

Die Unternehmer reagierten auf das Problem mit wachsender Härte, mit geringem Erfolg: mit öffentlichem Tadel, Abzügen von Lohn und Urlaub, Geldstrafen, Entzug der Spezialrationen für Schwer- und Schwerstarbeiter und der Raucherkarte, Drohungen mit Gefängnis und mit Einberufung zur Armee. Doch gelernte Arbeiter waren Mangelware, und die Drohungen, auch die mit der Gestapo, wurden oft nicht wahrgemacht. Es gab auch einen anderen Grund für die häufige Abwesenheit: Übermüdung und Überarbeitung. Vom Saarland berichtete die Rüstungsinspektion für das erste Quartal von 1940: »Die männliche Gefolgschaft arbeitet in den meisten Betrieben zehn Stunden, dazu kommen Anmarsch und Rückmarsch« von durchschnittlich zusammen zwei Stunden; in vielen Fällen gebe es »Übermüdungserscheinungen«. Die Forderung von Sonntagsarbeit hatte negative Ergebnisse. In den Saargruben nahmen im Juni-Juli 1941 nur 63 bzw. 43 Prozent der Bergleute an den Sonntagsschichten teil. Im Steinkohlebergbau an der Ruhr fehlte in einigen Fällen mehr als die Hälfte der Belegschaft. Als der

Reichstreuhänder 1939 die Bergleute aufforderte, zum Ausgleich der vielen Feiertage am Sonntag zu arbeiten, wurde das kaum befolgt. Überschichten mußten oft abgesagt werden. Als die Zechen ablehnten, Entschuldigungen für Fehlen an Pflichtsonntagen zu akzeptieren, nahmen sich die Leute einen anderen Tag frei.[21]

Es gab auch Zeichen von passivem Widerstand. Auf einer Ruhrzeche beendeten die Hauer im Mai 1940 ihre Arbeit zur gleichen Zeit wie vor der Verlängerung ihrer Arbeitszeit. Wenn das Arbeitsamt sich weigerte, einer Kündigung zuzustimmen, begingen die Leute kleine Straftaten, um die Entlassung zu erreichen, oder beleidigten ihre Vorgesetzten. Wenn alles nichts half, begingen sie ›Kontraktbruch‹ und verließen ihre Stelle. Die rheinischen Arbeitsämter registrierten eine Zunahme von Anträgen auf Wechsel des Arbeitsplatzes. Als die Gutehoffnungshütte im Juli 1940 eine Verlängerung der Arbeitszeit ankündigte, rissen Arbeiter die Anschläge von der Wand. Angesichts ihrer Entschlossenheit wurden keine Verhaftungen vorgenommen. Als eine andere Zeche im Mai 1941 zwei Pflichtschichten an Feiertagen verlangte, fehlten bei ihnen 61 bzw. 399 Mann, und auch davor und danach fehlten viele.[22]

Oft mußten die Gerichte eingreifen. Während es 1937 nur 73 Urteile wegen mangelnder Arbeitsdisziplin gegeben hatte, stieg die Zahl 1940 auf 1676 und 1941 auf 2364. In diesem Jahr wurde angekündigt, daß »besonders hartnäckige Bummelanten ... einem Arbeitserziehungslager zugeführt« würden, »um ihnen in eindringlicher Form klarzumachen, daß im Kriege jeder seine Arbeitskraft einzusetzen hat«. Ein Erlaß Himmlers vom Mai bestimmte, daß die Arbeitszeit im Lager mindestens zehn Stunden und nicht mehr als zwölf betragen sollte, »um anderen durch sie ein abschreckendes und warnendes Beispiel zu geben«. Das Arbeitsamt Wesermünde richtete ein Arbeitserziehungslager ein, das im Juni 1940 70 Häftlinge beherbergte. Ein junger Luxemburger, der

1941 in ein Lager bei Trier eingewiesen wurde, erinnerte sich, daß er in ihm vor allem Saarländer fand, »die mal blau gemacht« oder mit ihrem Vorarbeiter zusammengestoßen waren, sie wurden für acht Wochen zur »Arbeitserziehung« dorthin geschickt. »Die Arbeit war sehr schwer und die Kost mies.«[23] Es waren keine Konzentrationslager, die Behandlung war besser und die Haft zeitlich begrenzt. Aber auch das Konzentrationslager Dachau hatte eine Abteilung für »notorische Bummelanten«.

Arbeitende Frauen, vor allem unverheiratete, die zum Arbeitseinsatz verpflichtet wurden und das ablehnten, sorgten für besondere Probleme. Im ersten Kriegsjahr sank die Zahl der arbeitenden Frauen um 6,4 Prozent, weil Soldatenfrauen relativ hohe Unterhaltszuschüsse erhielten. Wie der Generalbevollmächtigte für die Wirtschaft feststellte, gab es viele »überstürzte Heiraten mit Soldaten«. Wiederholte Aufforderungen zum »Ehrendienst« fürs Vaterland hatten nur geringen Erfolg. In den Jahren 1939 und 1940 erhoben die Rüstungsinspektoren immer neue Klagen über die Arbeit der Frauen und ihre schlechte Arbeitsmoral. Viele Soldatenfrauen kündigten, andere blieben ›krank‹ zu Hause oder fehlten nach Weihnachten, um vorher noch die Gratifikation zu erhalten. In vielen Rüstungswerken fehlten 20-25 Prozent der Arbeiterinnen und in einigen Fällen noch mehr, sehr viele blieben am Samstag fort. Im September meldete der Regierungspräsident von Ober- und Mittelfranken, »daß die Arbeitswilligkeit der Frauen immer mehr abnimmt ... Frauen, deren Männer beim Heer sind oder einberufen werden, ... versuchen, die Arbeit einzustellen ... Ein freiwilliges Arbeitsangebot gibt es überhaupt nicht mehr.« Frauen, die bei Einberufung des Mannes ihre Arbeit aufgegeben hätten, »können nur in den seltensten Fällen dazu bewogen werden, ihre Arbeit wieder aufzunehmen.«[24]

Doch arbeitende Frauen hatten mit großen Schwierigkeiten zu kämpfen. Sie hatten keine Zeit, sich in den Geschäften anzustellen und, wenn sie spät einkaufen wollten, war das, was sie wollten, schon ausverkauft. Die Kindergärten waren überfüllt und Plätze schwer zu finden. Bei langen Arbeitszeiten blieb ihnen zu wenig Zeit für den Haushalt. So kam es, daß Rüstungsbetriebe, die vor allem Frauen beschäftigten, ihr Programm nur zu etwa 75 Prozent erfüllen konnten. Die abwesenden Frauen wurden meist nur verwarnt und sehr selten bestraft, aber in besonders krassen Fällen wurden kurze Gefängnisstrafen verhängt. Was den bitteren Zorn der Arbeiterinnen hervorrief, war, daß »Damen« der besseren Gesellschaft keine Kriegsarbeit leisten mußten und Zeit hatten, sich zu amüsieren. Im Herbst 1939 gingen bei den Arbeitsämtern viele empörte Briefe ein, die Zeitungsannoncen zitierten, in denen junge Frauen »gleichgesinnte Damen« suchten, um zusammen zu musizieren oder Schach zu spielen. Dieses Thema sollte während der Kriegsjahre immer wieder auftauchen, es war eine Frage der sozialen Klasse. In Würzburg wurde 1941 allgemein geglaubt, daß die Frauen von höheren Beamten und Offizieren fortfuhren, ein Leben des Nichtstuns zu führen, während Arbeiterfrauen dienstverpflichtet wurden.[25]

Genau wie zur Zeit der Münchener Krise hatten die Menschen viele Sorgen, aber wenig Begeisterung für den Krieg. In einer Kölner Fabrik, notierte eine Oppositionsgruppe, gab es im September 1939 »ein wenig Bestürzung, aber beileibe keine Empörung«, die Masse nahm den Kriegsausbruch »apathisch hin«. Viele schienen enttäuscht zu sein, weil sie »die ständigen Friedensbeteuerungen der Nazis« geglaubt hatten, »aber sie nehmen es hin«. Im November hörte die SPD, im Rheinland schimpfe man zwar auf die Nazibonzen, über lange Arbeitszeit, keine Rechte, wenig Lebensmittel, aber »Hitler steht außerhalb der Diskussion. Bevor das Volk ihn kritisiert, wird es erst sehr schlimm kommen müssen.« Anfang 1940 hieß es aus der gleichen Gegend, es gebe zwar »Hurrapatrioten«, aber unter den Arbeitern nur sehr wenige. Der Schreiber beobachtete mehrmals, wie der eine oder andere in einer Kneipe auftauche, schimpfe und dann rasch verschwinde, »eine Art Miesmachertruppe«. Aus Berlin meldete ein Vertrauensmann 1940: »Es herrscht keine Begeisterung, aber auch keine aktive Antikriegsstimmung.« Viele fühlten sich zuerst als Deutsche und wollten keine »Vaterlandsverräter« sein. Aus einer mittleren rheinischen Industriestadt wurde berichtet, die »Jugend ist auch heute, wie 1914, begeistert, doch der Krieg ist trotzdem nicht volkstümlich«, viele sorgten sich um die Zukunft und fragten sich, »wieviel Opfer an Gut und Blut dieser Krieg kosten wird«. Der Bericht endete: »Alles ist vergänglich, auch Hitler. Wir haben Zeit, aber auch die Zuversicht, daß unsere Zeit kommen wird.« Auch aus Westfalen hieß es auf die Frage, ob man in den Betrieben viel diskutiere, »Wir warten ab.« Die große Mehrheit war resigniert, schicksalsergeben, indifferent, besorgt um die Lebensmittelknappheit und die Lebensbedingungen. Es gab keine Antikriegsstimmung.[26]

Anzeichen von gewisser Kritik stellte der NSDAP-Kreisleiter von Augsburg fest, der die allgemeine Stimmung als bedrückt und nervös bezeichnete. Was die Bevölkerung vor allem verlange, sei »unbedingte Gerechtigkeit« in der Warenverteilung und in den Leistungen. Daß man Geflügel zu sehr hohen Preisen frei kaufen könne, bedeute eine »absichtliche Bevorzugung der finanziell besser gestellten Kreise«. Im November 1940 kritisierte der gleiche Mann die schlechten Wohnverhältnisse: »Wenn nicht ... den kinderreichen Familien einmal menschenwürdige Behausungen zugewiesen werden können, dann wirkt das derzeitige Gefasel über englische Wohnverhältnisse noch lächerlicher, wie das jetzt schon der Fall ist.« Mit der Aufzählung schlechter englischer Löhne und Wohnungen und von Luxus auf der anderen Seite »rührt man meistens an Probleme, die dann zu einem Vergleich mit der eigenen Lage herausfordern«, und man stelle die Ähnlichkeit fest, vor allem die »bei den durch die Partei hochgekommenen Größen«. Auch der Sicherheitsdienst der SS kritisierte die Nazipropaganda. Es würde nicht verstanden, warum bestimmte englische Städte mehrfach bombardiert würden, obgleich man schon nach dem ersten Angriff gemeldet hatte, daß die betreffende Stadt vollkommen zerstört und eine »tote Stadt« sei. Und wie sei es den Londonern möglich, Lebensmittel zu kaufen, wenn sie nach den deutschen Berichten wegen der ständigen Alarme nicht mehr aus den Kellern kämen? Entweder stimmten die deutschen Berichte nicht, sage man, oder die meisten hätten London verlassen, »oder aber die Londoner gehen trotz Alarm unbekümmert ihrer Tagesarbeit nach«. [27] Die Übertreibungen der Nazipropaganda wurden jedenfalls nicht völlig geglaubt.

Im Herbst 1940 gab es erhebliche Lebensmittelknappheiten. Fleisch und Fett waren nur nach langer Zeit erhältlich, die Qualität der Wurst nahm mehr und mehr ab. Die Hausfrauen stöhnten, aber Anzeigen erschienen, die Gänse, Enten und Hühner zu hohen Preisen anboten. Obst und Gemüse fehlten fast überall, und man klagte entrüstet über ihre vorzugsweise Zuteilung. Als im Frühjahr 1941 frisches Obst erhältlich war, war es zu teuer für die Arbeiter. Aus Würzburg hieß es, ein Arbeiter könne kaum Obst kaufen, aber »seine Kinder müßten zuschauen, wie reicher Leute Kinder dieses verzehrten«. Er könne sich auch keinen Schoppen Wein mehr leisten, der nun mindestens 50 Pfennig koste, und die in den Delikatessenläden ausgestellten ausländischen Weine zu 3-5 Mark »seien ebenfalls nur für die deutschen Plutokraten eingeführt worden«. In Mainfranken erklärte ein Arbeiter einfach, man habe versprochen, den Arbeitern unter die Arme zu greifen, »man hätte aber zu hoch gegriffen und sie bei der Gurgel erwischt«. Der Fall sei »nicht vereinzelt«, meldete die SD-Außenstelle Lohr. Die Außenstelle Würzburg fand, es beginne »eine neue illegale Partei« zu entstehen, deren Mitglieder »sich in der Gegnerschaft zum Nationalsozialismus einig sind« und die Lage von diesem Gesichtspunkt beurteilten, zu denen sogar Mitglieder der NSDAP gehörten. Sie zeigten offenen Unwillen über neue Gesetze, die Ankündigungen von neuen Parteibauten, die geplante Sozialgesetzgebung, über die hohen Steuern, die Beschränkung der persönlichen Freiheit, die »Bedrohung der christlichen Weltanschauung«, die »Partei- und Bonzenwirtschaft« und die Tätigkeit der Gestapo und trügen die Unzufriedenheit in immer weitere Kreise.[28]

In Bremen war die Stimmung der Arbeiter sehr verschieden, je nachdem, ob sie auf einer Werft oder in einer Fabrik beschäftigt waren. Anfang 1941 beschrieb die Gestapo sie als sehr gut und zuversichtlich im Flugzeugbau, aber bei der Weser AG »nicht nur als nicht gut, sondern z. T. als bedenklich«. Deren Arbeiter klagten besonders über mangelnde Versorgung mit Kleidern und Schuhen. Als Großadmiral Raeder dort im Februar sprach, wurde seine Rede mit eisigem Schweigen aufgenommen. Vier Monate später flog Rudolf Heß nach Schottland. Das verursachte, wie mehrere bayerische Behörden berichteten, »geradezu lähmendes Entsetzen«, »ungeheuere Erregung«, »einen wahren Schock« bei »positiv eingestellten Leuten« und »hämische Genugtuung« in »staatsablehnenden Kreisen«. Die Leute meinten, Heß sei gar nicht krank, der beste Beweis dafür sei, daß er aus Augsburg abgeflogen sei und in Schottland den Platz gefunden habe, wo er hinkommen wollte. Ein Werkmeister der Messerschmittwerke äußerte, die Arbeiter führten den Flug auf eine »schwere Führungskrise des Regimes zurück«.[29] Selbst wenn viele skeptisch waren und so manches kritisierten, so arbeitete doch die große Mehrheit loyal für den Krieg, und ihre Kritik betraf nicht das System, sondern Einzelheiten.

Die ständigen Klagen über ›Bummelei‹ betrafen noch viel mehr die jugendlichen Arbeiter. Im Jahre 1939 wurde auf einer Sitzung von Leitung und Vertrauensrat des Chemiekonzerns Glanzstoff über das Benehmen der Jugendlichen geklagt. Der Betriebsobmann meinte, sie würden manchmal »zu scharf angefaßt«, und empfahl, sie »durch gutes Zureden zur Vernunft zu bringen«. Anfang 1940 notierte ein Betriebsleiter, die jungen Arbeiter verweigerten die Sonntagsarbeit und wollten »den Sonntag für sich beanspruchen«. Im Juni hieß es, es gebe »sehr viele Schwierigkeiten«, »bei gutem Willen« könnten die Jugendlichen mehr leisten, aber sie hätten »vielfach den Ernst zur intensiven Arbeit noch nicht«! Im Sommer 1941 erklärte ein Zinkwerk an der Ruhr, 15 Jugendliche hätten in sieben Monaten insgesamt 1400 Arbeitsstunden versäumt, sie zeigten gegenüber älteren Arbeitern und Vorgesetzten ein Benehmen »zynischer Frechheit«; es sei angebracht, »stärkere Strafmittel« anzuwenden und sie »in der Pflicht-HJ unterzubringen, um hier etwas Disziplin beigebracht zu bekommen«. Es konnte kaum angenommen werden, daß sie große Sympathie für den Krieg zeigen oder mit Begeisterung arbeiten würden, wenn ihr Stundenlohn 33-44 Pfennig betrug, wie die DAF von Freiburg im Mai 1941 feststellte.[30] Man kann auch vermuten, daß Werkmeister und ältere Arbeiter die Jungen sehr oft von oben herab und grob behandelten.

Im Februar 1940 meldete die Gestapo, es sei ihr gelungen, in der Gegend Köln-Bonn ein Netz der Bündischen Jugend zu »enttarnen«, dessen Mitglieder den Nationalsozialismus ablehnten. »Diese Gruppen bildeten fortan das Sammelbecken für alle die Jugendlichen, die dem neuen Staat aus irgendwelchen Gründen heraus feindlich gegenüberstanden.« Überall in Deutschland käme es »zu tätlichen Ausschreitungen gegen HJ-Angehörige und Beraubungen von HJ-Heimen« durch die illegalen Bündischen. Doch Gewalt wurde auch vom HJ-Streifendienst verübt. Als eine kleine Gruppe von Jungen, die auf Fahrt gehen wollten, einen Zug in Oberbarmen verließ, so erinnerte sich einer der Teilnehmer, fielen

Mitglieder des Streifendienstes über sie her, nahmen ihnen ihre Windjacken, Hemden, Brotmesser und die restliche Ausrüstung fort, trieben sie in einen Keller, schnitten ihnen die Haare ab und verprügelten sie. Als die Hitlerjugend später eine »Woche der Aktion« in Wuppertal organisierte, störten ihre Gegner das durch Lachen, Geschrei, Loslassen von Alarmuhren und Feuer. Die Jungen besaßen auch Blankoformulare der örtlichen HJ-Einheit, die sie mit einer Schreibmaschine, die ihnen ein Geistlicher lieh, für freie Eisenbahnfahrten und andere Zwecke ausfüllten. Sie taten sich mit anderen bündischen Gruppen zusammen, um Naziversammlungen zu stören und HJ-Heime zu verwüsten.[31]

Das waren die Anfänge der Edelweißpiraten im Rheinland. Es war eine besondere Form der Jugendkultur, die in Opposition zur offiziellen Ordnung in einer Reihe von rheinischen Städten entstand. Die Jungen und Mädchen waren nicht wirklich politisch, aber die Verfolgung trieb sie in die Opposition. Sie sehnten sich nach Freiheit, die ihnen das System versagte, und sie standen auf Kriegsfuß mit der HJ. Sie sangen in Parodie eines HJ-Liedes neben vielen ganz unpolitischen Liedern:

> »An Rhein und Ruhr marschieren wir,
> Für unsre Freiheit kämpfen wir,
> Den Streifendienst, schlagt ihn entzwei,
> Edelweiß marschiert – Achtung – die Straße frei!«

Und:

> »Brauset einst der Sturm herbei,
> Wird von unseren Hieben
> Deutsches Land auf ewig frei
> Von den fremden Dieben …
> Denk an mich im Todesgrauen
> Wenn die Kugeln fliegen,
> Sterb ich auch den Heldentod,
> Edelweiß wird siegen.«[32]

Womit sie nicht rechneten, war die totale Macht des Nazistaates. Doch selbst in den Städten, wo sie relativ stark waren, waren sie nur eine kleine Minderheit unter der Arbeiterjugend, voll Mut und Energie, aber isoliert durch ihr Treiben und ihre Kleidung. Viel mehr Jugendliche gehörten natürlich zur HJ, die meisten ohne große Begeisterung, weil der Dienst obligatorisch und öde war. Ihre Gegner machten mit Erfolg die Straße für uniformierte HJler unsicher, die sich in bestimmten Vierteln nachts nicht auf die Straße wagen konnten. Daran konnten alle Anstrengungen des Streifendienstes wenig ändern, und die Verfolgung erreichte wenig. Die Jahre von 1939 bis 1941 bieten ein vielschichtiges Bild. Der Widerstand von SPD und KPD war geringfügig. Die große Mehrheit der Arbeiter stand nicht in Opposition zum Naziregime, aber sie zeigte auch keine große Begeisterung für den Krieg. ›Bummelei‹ war weit verbreitet, und es gab starke Opposition zur Sonntags- und Feiertagsarbeit, vor allem unter Frauen und Jugendlichen. Das konnten auch die Gestapo und der Terror nicht ändern. Die großen militärischen Erfolge überschatteten die Entwicklung im Innern. Wie der Sicherheitsdienst zutreffend feststellte, wirkten sie lähmend auf alle oppositionelle Tätigkeit, aber sie veränderten nicht die Grundhaltung der deutschen Arbeiter und Arbeiterinnen. Man wartete ab.

IX Krieg mit der Sowjetunion

Der deutsche Angriff auf die Sowjetunion im Juni 1941 bedeutete keinen unmittelbaren Wendepunkt des Krieges, und er brachte für die meisten Deutschen auch nicht den gefürchteten Krieg an zwei Fronten, weil für sie Nordafrika kein wichtiges Kriegstheater war. Doch er brachte von Anfang an sehr fühlbare Knappheit an Lebensmitteln – die Hoffnung, sie aus der Ukraine erhalten zu können, erfüllte sich nie – und ständig wachsenden Mangel an wichtigen Konsumgütern. Dazu bestand von vornherein eine gewisse Skepsis gegenüber den triumphalen deutschen Siegesmeldungen.

Schon im September notierte der Sicherheitsdienst (SD) der SS, daß viele »verwöhnt durch den schnellen Verlauf der bisherigen Feldzüge ... und unter dem Einfluß der im Verlaufe der Kriegsjahre stärker in Erscheinung tretenden Verknappungserscheinungen in der Versorgungslage ... den ihrer Ansicht nach schon zu lange dauernden Feldzug im Osten mit einem wachsenden Unbehagen« verfolgten. Und aus Württemberg hieß es im gleichen Monat: Arbeiter, Angestellte und Beamte seien »über die augenblickliche Versorgungslage verärgert, ... weil ihr Verdienst nirgends mehr ausreicht und sie genau wissen, daß derjenige, der Geld hat, alles kaufen kann. Dies sei der Anfang einer Luderwirtschaft, wie man sie im letzten Krieg gehabt hätte.« Die Leute äußerten: »So weit ist es nun glücklich gekommen, daß wir ohne jüdischen Einfluß ein Volk der Schieber und der Beziehungen geworden sind.« Im Herbst kam es in Köln zu einer Krise in der Versorgung mit Kartoffeln. Während im Vorjahr etwa 75 Prozent der Bevölkerung Ende November Kartoffeln für den ganzen Winter im Keller hatten, waren es 1941 nur noch 22 Prozent, und auch diese waren nicht für den ganzen Winter versorgt. Die Stimmung sei daher

»äußerst gereizt«. Im Dezember berichtete das Rüstungskommando Köln, die vor den Lebensmittelläden Schlange Stehenden bemerkten beim Anhören der Nachrichten, »daß die angeblichen (!) Erfolge im Osten weniger wichtig seien als die Notwendigkeit, genug Essen zu bekommen«. In Arbeitervierteln »kam es vor den Geschäften zu heftigen Auftritten«, so daß die Polizei einschreiten mußte. Selbst im agrarischen Ostpreußen, berichtete der Generalstaatsanwalt im Oktober, konnten viele rationierte Lebensmittel wie Milch, Butter, Käse und Eier nicht in der erlaubten Menge verteilt werden, und vorübergehend war sogar Brot knapp. Wie ein solcher Zustand eintreten konnte, erklärte er nicht.[1]

Im Jahre 1942 verschlechterte sich die Lage erheblich. Im März berichteten Agenten des SD, was die Arbeiter vor allem bedrücke, sei »das Gefühl, sich nicht mehr satt essen zu können, weil einfach nicht genügend Nahrungsmittel beschafft werden können«. Das bedrücke auch die Hausfrauen, »die sich täglich aufs neue stundenlang – noch dazu sehr oft vergeblich – auf Märkten und in Läden bemühen müssen, einige wenige, teilweise schlechte Kartoffeln oder einige Kohlrüben« zu erhalten. Im gleichen Monat meldete der SD, nach übereinstimmenden Berichten aus allen Teilen des Landes habe die Herabsetzung der Lebensmittelrationen, inklusive der für Schwerarbeiter, »große Enttäuschung ausgelöst und insbesondere in Arbeiterkreisen zu einer nicht unbeträchtlichen Beunruhigung geführt«; auf einen großen Teil der Leute habe die Bekanntgabe »niederschmetternd« gewirkt. Die Arbeiter der Großstädte und Industriegebiete sähen schon die jetzige »Versorgung als reichlich knapp« an, sie ließen oft »jegliches Verständnis für die Notwendigkeit der neuen Maßnahmen vermissen«, ihre Stimmung sei »auf einem im Verlauf des Krieges bisher noch nicht festgestellten Tiefstand angelangt«. Einzelne hätten sogar offene »Andeutungen über die Minderung ihrer zukünftigen Arbeitsleistung« gemacht. Für die Hausfrauen sei es »infolge des Mangels an Kartoffeln und Gemüse nahezu unmöglich, ihre Familien ausreichend zu ernähren«, und die Arbeiter seien besonders verbittert darüber, »daß sich ein großer Teil der sogenannten bessergestellten Kreise aufgrund ihrer Beziehungen« – abgesehen von den Rationen – »irgendwelche Mangelware« verschaffen könne. Ende März berichtete der SD von »sehr unangenehmen Szenen« in größeren Betrieben, vor allem in Dresden, Frankfurt und im Sudetenland. »Der Aufruf zur Steigerung der Leistungen wurde häufig geradezu als Hohn empfunden und damit beantwortet, daß der Herabsetzung der Lebensmittelzuteilungen eben seitens der Arbeiter eine Herabsetzung der geleisteten Arbeit folgen müsse«. Unternehmer und Vertrauensräte hätten »vollauf zu tun gehabt, um die Belegschaft – vor allem die Frauen – einigermaßen zu beruhigen«, und es wäre zu »Unmutsäußerungen in schärfster Form« gekommen. Die oberbayerischen Landräte berichteten ähnliches.[2]

Wo die Frauen Schlange standen, hörte man oft, daß die Kürzungen »ihren Tiefstand noch nicht erreicht hätten und daß noch weitere unangenehme Überraschungen bevorstünden«, selbst im Fall einer guten Ernte, hieß es im April 1942. Sollte es aber eine Mißernte geben, würde die »Möglichkeit einer auch nur entfernt ausreichenden Ernährung der Bevölkerung geradezu in Frage gestellt«. In Arbeiterkreisen fielen immer wieder Äußerungen, es wäre nie so weit gekommen, »wenn rechtzeitig durch schärfste Maßnahmen gegen den Tausch- und Schleichhandel, gegen das Hamsterunwesen und gegen Preisüberbietungen vorgegangen worden wäre«. Bittere Klagen über die Lebensmittelnot kamen aus den rheinisch-westfälischen Industriestädten. Aus Dortmund wurde berichtet, daß Kinder wiederholt ohne Frühstück in die Schule kämen oder überhaupt nicht kommen könnten. Arbeiter und Angestellte bemerkten immer wieder, daß sie »bei der jetzigen Ernährungslage ohne ernstliche Gesundheitsschädigung« ihre Arbeit nicht leisten könnten. Viele begannen, die militärische Lage und die Aussichten vom Standpunkt ihrer Lebenslage aus zu betrachten, und meinten, »daß Deutschland hinsichtlich Dauer und Führung des Krieges gewisse Grenzen gesetzt seien«. Im Juni war es der Brotmangel, der zu dieser Äußerung führte: »Wenn wir jetzt schon nicht satt werden, wie wird es dann erst im kommenden Winter.« Frauen mit ihren Kindern erschienen in den Wirtschaftsämtern, weil »sie nicht mehr wüßten, wie sie den Hunger ihrer Kinder stillen sollten«. Zu dieser Zeit betrug die offizielle Brotration zwei Kilo die Woche – wenn sie erhältlich war. In den Großstädten diskutierten die Menschen weniger die militärische Lage als die unzureichenden Kartoffellieferungen, das fehlende Schuhleder, die zunehmende Knappheit von Arzneien, Kohle und Hülsenfrüchten.[3]

Im Winter 1941/42 war die unzureichende Versorgung mit Brennmaterial Anlaß zu ständigen Klagen, im Frühjahr war es der Mangel an Gemüse. Im April 1942 wurde aus Ostpreußen berichtet, es könne »nur ein ganz geringer Teil der Bevölkerung versorgt werden«, die Hausfrauen stünden oft stundenlang Schlange vor den Gemüseläden. Im Juni hieß es, es gebe großen Bedarf an Fisch und Gemüse; eine Begleiterscheinung des Mangels »sind vielfach Furunkulose und Zahnfleischerkrankungen«. »Schwer belastend« war die Knappheit von Fett, und die Brotrationen reichten nicht für Familien mit größeren Kindern. All das aus einer agrarischen Provinz an der Ostsee. Im gleichen Monat meldete der SD »zunehmende Verstimmung weiter Bevölkerungskreise gegenüber führenden Persönlichkeiten«, die von den Einschränkungen weit weniger betroffen würden als die einfachen Männer und Frauen.[4]

Im Juli 1942 stellten die SD-Berichte aus dem Rheinland eine Verschlechterung der Lage fest. In Bochum, Dortmund, Hagen und Arnsberg beginne das Schlangestehen vor den Gemüseläden schon um fünf oder sechs Uhr früh, teilweise schon um zwei Uhr nachts. Täglich höre man Ausdrücke wie »Wir lassen uns das nicht mehr gefallen«, »Wir schlagen Krach«. In Bochum kam es auf den Märkten und vor den Läden zu Schlägereien, so daß die Polizei einschreiten mußte. Als einige Frauen bevorzugt bedient wurden, hätten sich »tumultartige Auseinandersetzungen entwickelt«, eine Arbeiterfrau habe geschrien: »Wir machen das nicht länger mit, wir stehen nun schon seit fünf Stunden an und haben zu Hause nichts zu essen!« In Herne könnten die Lieferwagen nicht mehr abladen, »ohne dabei Gefahr zu laufen, von der Menge gestürmt zu werden«. Frauen und Männer versäumten die Arbeit, um sich vom Land Gemüse zu holen. In Bottrop-Gladbeck, Osnabrück und Recklinghausen sei die Gemüseversorgung nicht besser; in Dessau stünden die Frauen zu Hunderten Schlange, bevor die Händler auf dem Markt einträfen. Täglich komme es zu Streitigkeiten und Schlägereien, und die Polizei müsse für Ordnung sorgen. Von einer »Offensiv-Stimmung« wie in früheren Jahren sei keine Rede mehr, ein großer Teil der Frauen sei verzweifelt und sähe dem Winter »mit größten Besorgnissen entgegen«, und viele Arbeiter gäben ihrer Stimmung »in drastischen Äußerungen« Ausdruck. Wenn Obst und Gemüse erhältlich waren, beschwerten sich die Arbeiter, sie könnten die hohen Preise nicht zahlen, weil ihre Löhne nicht steigen durften.[5]

Bei der wachsenden Knappheit nicht nur aller Lebensmittel, sondern auch fast aller Konsumgüter blühte der Tauschhandel, obgleich er als kriegswirtschaftliches Verbrechen bestraft wurde. In Thorn betonte ein Verteidiger, es sei doch kein schweres Verbrechen, wenn jemand »zu unerlaubten Mitteln greife, um sich seine lebensnotwendige Nahrung zu verschaffen«. Und in München rief ein Verteidiger aus: »Meine Herren Richter, denken Sie daran, das Volk hat Hunger, Hunger!« Aus Augsburg wurde Ende 1942 berichtet, es tauche immer wieder die Vermutung auf, daß Geschäftsleute durch Tauschgeschäfte mehr Lebensmittel erhielten, als ihnen zustünden. Anfang 1944, wie der SD notierte, sprachen die Menschen ganz offen vom »Schwarzen Markt«, wo alles erhältlich sei, Tabakwaren seien »neues Geld«, wofür auf dem Land und auch in der Stadt »viel zu bekommen ist«. In der Umgebung von Hamburg basierte der Tauschhandel auf Friedenspreisen, für eine Gans müsse man drei Flaschen Kognak geben. In der Nähe von Danzig könne man 50 Gramm Fleisch für zehn Zigaretten bekommen. Die Leute hielten »Selbsthilfe« für den einzigen Weg, um etwas Obst zu erhalten. Große Teile des Volkes glaubten nicht mehr, daß es strafbar sei, etwas zu »organisieren«, das sei einer der Hauptgründe für die Zunahme des Schleichhandels. In Köln, so hieß es 1944, würden die Verkäufer nur etwas abgeben, »wenn man einen Sachwert als Entgelt bieten könne«, und der Tauschhandel und der Schwarzmarkt breiteten sich immer weiter aus.[6] Die Lage ähnelte der in den letzten Jahren des Ersten Weltkriegs.

Das größte Problem war das Fehlen von Kartoffeln. Um das auszugleichen, aßen die Menschen mehr Brot, aber Brot war knapp und die Brotration ungenügend. Die Hauptsorge der Frauen, stellte der SD im November 1943 fest, war »die Kartoffelnot und der Gemüsemangel«, viele Mütter »wüßten oft nicht, was sie auf den Tisch bringen sollten«. Das Einkaufen sei »ein Spießrutenlaufen, die Geschäftsleute fänden es einfach nicht mehr nötig, auch nur ein Mindestmaß an Höflichkeit gegenüber ihren Kunden aufzubringen«. Im gleichen Monat fand der SD, daß die Kartoffelversorgung in manchen Gegenden »völlig unzureichend« war; viele Geschäfte hätten seit mehr als vier Wochen überhaupt keine Kartoffeln gehabt. Unter den Arbeitern herrsche »vielfach Erbitterung gegen die verantwortlichen Stellen«, und Erinnerungen an den »Kohlrübenwinter« von 1917 »werden wieder wach«. Im Frühjahr 1944 wurde die »Kartoffelverknappung« noch fühlbarer und wirkte sich »immer ungünstiger aus«. Dazu kamen »Schwierigkeiten in der Kohlenversorgung«.[7]

Frauen, auch kinderlose, zeigten wenig Lust zur Kriegsarbeit. Im Sommer 1941 versuchte ein großer Kölner Rüstungsbetrieb, kinderlose Frauen seiner Arbeiter dazu zu überreden, bei ihm zu arbeiten. Von 120 Frauen, die in kleinen Gruppen eingeladen wurden, waren nur 13 dazu bereit. Die anderen entschuldigten sich mit Krankheit, Pflege von Verwandten usw. Die Frauen, die arbeiteten, fehlten oft. Eine Fabrik im Ruhrgebiet, die 150 Frauen beschäftigte, klagte, daß mindestens 30 von ihnen regelmäßig abwesend waren, oft wochenlang und noch länger. Wenn die Firma ihnen per Einschreiben eine Aufforderung zur Wiederaufnahme der Arbeit schickte, reagierten sie nicht oder lehnten die Annahme des Briefes ab. Die Aufforderung, vor dem Vertrauensrat zu erscheinen, wurde genauso ignoriert. Im August 1941 meldete der SD »ein weiteres Nachlassen der Arbeitsdisziplin und damit der Arbeitsleistung bei Frauen«, was einen Produktionsausfall von 20 bis 25 Prozent bedeutete. Nach Ansicht des SD suchten viele Frauen freiwillig Arbeit beim Roten Kreuz, der NS-Volkswohlfahrt usw., um so »um einen wirklichen Arbeitseinsatz herumzukommen«. Viele heirateten und wurden schwanger oder brachten ein ärztliches Attest zur Befreiung vom Einsatz bei. Anfang 1943 erließ der Generalbevollmächtigte für den Arbeitseinsatz, Fritz Sauckel, eine Verordnung über die Meldung für Aufgaben der Reichsverteidigung, die alle nichtarbeitenden Männer und Frauen verpflichtete, sich bis zum 30. Juni zur Arbeit zu melden. Das betraf etwa drei Millionen Frauen, aber nur 1260000 meldeten sich, und die Zahl der arbeitenden Frauen wuchs nur um etwa 370000 auf 14800000. Nach der deutschen Statistik arbeiteten nur etwa 46 Prozent der arbeitsfähigen Frauen, während es in Großbritannien 60,5 Prozent waren. Frauen, die für kleine Kinder sorgten, waren vom Dienst freigestellt.[8]

Immer wieder beschwerten sich arbeitende Frauen über das Nichtstun von »Damen« der besseren Kreise, der Frauen von Direktoren und Offizieren. Im Jahr 1942 zitierte der SD den Brief eines Frontsoldaten: »Ich lasse meine Frau nicht schikanieren, wenn ich im Felde bin. Ich habe ihr verboten zu arbeiten, solange nicht die reichen Frauen und Mädchen auch zur Arbeitsleistung herangezogen werden ... Wenn Opfer verlangt werden, dann sollen alle ohne Unterschied des Geldbeutels welche bringen. Eine Arbeiterfrau ist für den Staat genauso wertvoll wie eine Fabrikantenfrau. Das Kinderkriegen überlassen diese Damen ja so schon unseren Frauen.« Ein anderer Soldat verbot seiner Frau, arbeiten zu gehen, und schrieb an das Arbeitsamt Görlitz: »Ich wollte mal bescheiden anfragen, ob Ihre Frau schon arbeiten geht, ich glaube bestimmt nicht, denn dann hätten Sie ja nicht die häusliche Ordnung, um sich von Ihrer schweren Arbeit zu erholen.« Und eine Frau fragte: »Warum zieht man die Frau Direktor S. mit ihrer Hausangestellten nicht ein? Ihr vierjähriges Söhnchen könnte sie doch, genau wie wir es machen, in den NSV-Kindergarten geben.« In den Betrieben wurden die DAF-Amtswalter immer wieder gefragt, warum man nicht alle Frauen gleichmäßig erfasse. Bei Betriebsversammlungen gab es Zurufe: »Wo bleiben denn die anderen? Weiter wollen wir gar nichts hören.« Die Mißstimmung, stellte der SD fest, griff immer weiter um sich. Schwiegen die Amtswalter auf die Fragen, so sagte man: »Ihr von der Partei wollt es also selber nicht.« Versuchten sie, die Leute zu beruhigen, müßten sie etwas verteidigen, was »dem sozialen Gerechtigkeitsgefühl der Arbeiter widerspricht«. Viele DAF-Redner fühlten sich »in die Enge getrieben« und gebrauchten dann Argumente wie »die jetzt untätigen Frauen würden später keinen Anteil an den Errungenschaften des jetzigen Krieges erhalten«. Solche Äußerungen, fand der SD, führten nicht »zur Beruhigung, sondern im Gegenteil zu einer starken Verärgerung, weil sie natürlich nicht geglaubt würden«. Vor allem junge Frauen in Skianzügen und mit sonnenverbranntem Gesicht wirkten »geradezu provozierend«. Die Leute verstünden nicht, »daß es dem Staat nicht möglich sei, dies zu unterbinden« und für eine »solidarische Lebenshaltung« zu sorgen. Der Augsburger Oberbürgermeister erwähnte 1944 eine weit verbreitete Mißstimmung, daß sich »Frauen sog. besserer Kreise um den Arbeitseinsatz drücken« und sogar Hausangestellte hätten.[9] Wenn sich Arbeiterinnen vom Dritten Reich eine wirkliche Volksgemeinschaft erhofften, so wurden sie bitter enttäuscht.

Als die Luftangriffe immer heftiger wurden, wurden Frauen und Kinder in ›sichere‹ Gegenden evakuiert, aber das brachte neue Probleme. Frauen, die 1943 aufs Land nach Ostpreußen geschickt wurden, ›meckerten‹ viel und zeigten wenig Lust, an der Landarbeit ihrer Gastgeber teilzunehmen. Die Berlinerinnen bezeichneten die »politische Disziplin der Ostpreußen ... als Dummheit oder als beschränkten Gesichtskreis«. Die Berliner Jugendlichen benutzten nicht den Hitlergruß und zeigten ihre Gleichgültigkeit gegenüber der HJ. Viele Evakuierte kehrten nach Hause zurück, doch in den westfälischen Industriestädten fanden sie zu ihrem Entsetzen, daß das Ernährungsamt es ablehnte, ihnen Lebensmittelkarten zu geben. Im Oktober 1943 demonstrierten etwa 300 empörte Frauen in Witten, und die Stadtverwaltung rief die Polizei. Doch diese weigerte sich einzuschreiten, weil die Frauen recht hätten und die Sperrung der Karten nicht »auf gesetzlicher Grundlage beruhe«. In Bochum, Hamm und Lünen kam es zu ähnlichen Szenen. Bergleute weigerten sich einzufahren, wenn die Entscheidung nicht widerrufen würde. Beschimpfungen »führender Personen« und des Gauleiters wurden laut. Frauen erklärten, sie würden lieber Bombenangriffe aushalten als in ihre Quartiere zurückfahren, und eine rief: »Meine Kinder kommen nicht weg, und wenn ich nichts zu essen habe, dann kann ich mit ihnen zusammen verrecken.« Die Arbeiterfrauen waren keineswegs gefügig, sie hatten oft mehr Mut als die Männer und scheuten sich nicht, es mit den Behörden aufzunehmen. Wie der SD feststellte, war die Stimmung unter der Arbeiterschaft »auf einem im Verlauf des Krieges bisher noch nicht festgestellten Tiefpunkt angelangt«.[10]

Vor allem im Westen Deutschlands verursachten die ständigen Luftangriffe ein rapides Absinken der Stimmung. Anfang 1943 meldete der SD, es seien vor allem die Frauen, »bei denen wiederholt fast verzweifelte Stimmen über das Ausmaß der Luftangriffe« und die »Zukunftsaussichten« laut wurden. Die Leute waren besorgt, daß die Abwehr letzthin bedeutend vermindert worden sei, und manche behaupteten, daß Flakeinheiten nach Norditalien verlegt worden seien. Im März hieß es, »die ständige Angst um Leben, Hab und Gut … führe mit der Zeit zu einem Fatalismus«, und man frage, »wie lange diese Belastung noch ausgehalten werden könne«. Im Juni 1943 stellte der SD fest, daß die Luftangriffe im Westen Gegner des Regimes zu »Äußerungen gegen Staat, Partei und Führung« veranlaßten. Neugierige versuchten, die Bombengeschädigten »aufzureizen und aufzuhetzen«. In Düsseldorf habe ein Mann in Anwesenheit eines SS-Mannes gesagt: »Das verdanken wir unserem Führer.« In Barmen wollten zwei SA-Männer eine Frau trösten, die fassungslos vor dem Keller ihres zerstörten Hauses stand, in dem ihre ganze Familie begraben war, doch sie habe gerufen: »Die braunen Kadetten sind schuld am Krieg. Sie sollten besser an die Front gegangen sein und dafür gesorgt haben, daß die Engländer nicht nach hier kommen können.« In Düsseldorf wurde erzählt, man habe einen Galgen mit dem Hitlerbild errichtet. Nach schweren Angriffen wurde ostentativ mit »Guten Morgen« gegrüßt und der Hitlergruß vergessen. Im Industriegebiet gab es einen Vers:

»Lieber Tommy, fliege weiter,
Wir sind alle Bergarbeiter,
Fliege weiter nach Berlin,
Die haben alle ›ja‹ geschrien.«[11]

Im Sommer 1943 unterhielten sich zwei Frauen auf dem Braunschweiger Wochenmarkt über die Luftangriffe; man höre nichts von Vergeltung, es fehlten wohl die Mittel dazu. Ein paar Bahnarbeiter in der Nähe riefen ihnen zu: »Es gibt schon ein Mittel dagegen, unsere Regierung muß weg.« Der Oberbürgermeister von Göttingen, der mit seinem goldenen Parteiabzeichen in einen Zug nach Hamburg stieg, wurde angerempelt, und man sagte, »er sei auch einer von denen, mit denen man noch abrechnen werde«. Eine Frau hielt ihm den Ärmel unter die Nase; er könne sich darauf verlassen, eines Tages werde alles heimgezahlt. Eine bombengeschädigte Frau aus dem Westen meinte, man hätte alle Mißerfolge vermeiden können, »wenn die braunen Bonzen nicht in der Heimat, sondern an der Front wären und genauso ihre Pflicht täten wie die roten Kommissare in Rußland.« Die Frau wurde verhaftet, aber der Staatsanwalt sagte, es wäre ungerecht, sie wegen »Heimtücke« zu verurteilen, weil die Vergleiche der braunen Bonzen mit den russischen Kommissaren in 25 Prozent aller aus anderen Gründen laufenden Heimtückeverfahren vorkämen. In Dortmund hielt im April 1943 ein Hauptmann einen Soldaten wegen schlechten Grüßens an, und es stellte sich heraus, daß es ein Deserteur war. Rasch sammelte sich eine große Menschenmenge an, hauptsächlich Frauen, und die Menge »nahm eine so drohende Haltung an, daß der Offizier regelrecht in die Straßenbahn flüchten mußte«. Man rief: »Pfui, es gibt Revolution! Gebt uns unsere Jungen, gebt uns unsere Männer wieder!«[12]

Daß nicht alle Nazipropaganda über die ›Terrorangriffe‹ geglaubt wurde, zeigte sich in einem Bericht aus Augsburg von 1942. Man bringe den englischen Piloten »soldatische Achtung entgegen« für ihre »genau berechneten Bombenabwürfe«, die fast alle kriegswichtige Anlagen getroffen hätten. Aus Würzburg meldeten Polizeibeamte, nach Luftangriffen fänden die Politischen Leiter es besonders schwer, »ihre Aufgaben zu erfüllen«, ihre braune Uniform wirke wie »ein rotes Tuch auf den Stier«. Aus Berliner Arbeitervierteln berichtete der SD Ende 1943 von »negativen Äußerungen«, besonders in den Luftschutzkellern, die oft ohne Widerspruch erfolgten. Doch als eine Frau äußerte, »wenn die Nazis nicht ans Ruder gekommen wären, hätten wir das nicht zu erleben brauchen«, erwiderte ein Arbeiter: »Na, hören Sie mal ... Glauben Sie etwa, daß die Russen uns bei ihrer starken Rüstung in Frieden gelassen hätten?« Ein Fronturlauber andererseits erzählte, er habe es beim Löschen in Charlottenburg erlebt, daß Leute »Führerbilder ostentativ ins Feuer warfen« und sonst auf Hitler schimpften, mit Äußerungen wie: »Führer befiehl, wir müssen es tragen.« Nach einem besonders schweren Angriff auf Berlin im Februar 1944 hieß es in einem Bericht an die Parteikanzlei, man habe »mehr als früher Schimpfereien und Angriffe auf führende Persönlichkeiten, die für den Krieg verantwortlich gemacht werden«, gehört. »Mehr als früher« äußerten Frauen, sie hätten genug vom Krieg, »es solle endlich mit dieser sinnlosen Zerstörung Schluß gemacht werden«.[13] Die Person Hitlers war nicht mehr sakrosankt.

Aber es gab auch ganz andere Beispiele. In Nürnberg, berichtete der SD, wurde im Sommer 1943 eine Frau von anderen Frauen in einem Laden fast geschlagen, weil sie meinte, sie »vermisse an der Führerrede die Mitteilung, wann der Krieg aus ist, es ist jetzt doch genug«. Als Hitler am 8. November 1943 – dem zwanzigsten Jahrestag seines Münchener Putsches – sprach, habe es viele bejahende und begeisterte Stimmen gegeben. Der SD meldete, daß auch Kritiker »von der Rede sichtlich beeinflußt waren und dem auch Ausdruck verliehen«. Die große Mehrheit der Arbeiter erschien auch nach den schwersten Bombenangriffen am nächsten Tag wieder zur Arbeit, selbst in Hamburg 1943 trotz furchtbarer Zerstörungen. In Berlin notierte Goebbels' Pressereferent im November nach einem schweren Angriff, daß 75 Prozent der Arbeiter die Arbeit wieder aufgenommen hätten. Doch nach vier schweren Angriffen auf Köln im Sommer 1944 kehrten etwa tausend deutsche Arbeiter, ein Drittel davon Frauen, nicht mehr an ihren Arbeitsplatz bei Ford zurück, und viele andere erst nach ein bis zwei Wochen. Sehr viele glaubten immer noch an einen deutschen Sieg – und fürchteten die Folgen einer Niederlage.[14]

Wenn nach einem Luftangriff die Maschinen repariert werden konnten, arbeiteten die Leute wie selbstverständlich bis zur Wiederherstellung der Hallen unter freiem Himmel. Im November 1944 wurden nach einem schweren Angriff auf Bochum Soldaten zur Aufräumung in ein Arbeiterviertel kommandiert. Als ein Passant bemerkte, das sei nutzlos und der Krieg sei verloren, wurde er von einem Arbeiter unter Beifall der Umstehenden totgeschlagen. Nach mehreren sehr heftigen Angriffen auf Nürnberg im August 1943 andererseits blieben viele Arbeiter tagelang fort und versuchten, in weniger gefährdete Städte auszuweichen. Auch in Berlin kamen nach einem besonders schweren Angriff im Februar 1944 viele Arbeiter nur für wenige Stunden in die Fabrik und verließen sie vorzeitig unter Berufung auf die schlechten Verkehrsverhältnisse. Viele Arbeiterinnen suchten sich Quartiere außerhalb Berlins, ohne die Betriebsleitung zu verständigen.[15] Zweifellos verursachten die immer neuen schweren Luftangriffe Einbußen in der Produktion, aber die Moral der Arbeiterbevölkerung hielt ihnen im großen und ganzen stand.

Was den Krieg im Osten betraf, so stellte der SD fast von Anfang an fest, es gebe viel Mißtrauen gegenüber den bombastischen deutschen Siegesmeldungen. Schon Anfang September 1941 hieß es immer wieder, »daß sich trotz der enormen Menschen- und Materialverluste der Roten Armee ein fühlbares Nachlassen des bolschewistischen Widerstandes bis jetzt nicht gezeigt habe«, »daß der deutsche Vormarsch im Osten nur sehr langsam vorwärts gehe«; man habe schon zu oft verkündet, daß »der Großteil der bolschewistischen

Kerntruppen vernichtet«, daß »die russische Heeresführung nicht mehr Herr der Lage sei«. Viele Deutsche, notierte der SD, glaubten, daß der Feldzug schon zu lange dauere, und verfolgten ihn »mit einem gewissen Unbehagen«. Anfang November 1941 wurde ständig gefragt, »wie überhaupt eine Beendigung des Krieges gegen Rußland möglich sei«. Man gab zu, daß ein Friede mit Stalin nicht in Frage komme, aber es sei doch unmöglich, »den ganzen russischen Raum mit deutschen Truppen zu besetzen, da diese hierzu gar nicht ausreichen würden«. Man könne nicht verstehen, warum die deutschen Truppen, »nach der Vernichtung der 260 bestausgerüsteten sowjetischen Divisionen plötzlich nicht rascher vorwärts kommen«, da die Russen angeblich »nur noch über unzulänglich ausgebildete und ausgerüstete Truppen verfügen«. Die Leute fürchteten, daß das Kriegsende »noch in weiter Ferne steht«, was eine »gewisse Gleichgültigkeit gegenüber Einzelheiten des Kampfes« hervorrief, vor allem bei Frauen, unter Arbeitern und auf dem Land. Im Dezember 1941 wußten die Leute aus Feldpostbriefen, »daß die an allen Teilen der Ostfront anhaltenden sowjetischen Gegenangriffe mit unerhörter Stärke vorgetragen werden« und schwere Verluste verursachten. Der unverminderte Einsatz von sowjetischen Panzern, Flugzeugen und Geschützen habe die Behauptungen der deutschen Propaganda, »daß der Bolschewismus entscheidend geschlagen sei«, durch Tatsachen widerlegt. Die Feldpostbriefe klagten über Ausbleiben des Nachschubs und fehlende Winterkleidung. Soldaten baten um Lebensmittel, besonders Brot, denn sie seien »wiederholt tagelang ohne Essen« geblieben. Diese Briefstellen wurden sofort weitererzählt, vor allem von Familienangehörigen der Soldaten.[16] Die Winterkleidung war so knapp, daß Riesensammlungen warmer Sachen organisiert werden mußten.

Anfang 1942 zirkulierten Gerüchte über einen deutschen Rückzug an allen Abschnitten der Ostfront. Aus Mittenwald in Bayern berichtete die Gendarmerie, die Menschen seien kriegsmüde, die Stimmung sei wie 1917, und die Leute glaubten nicht an ein baldiges Kriegsende. Die »undurchsichtigen« Nachrichten aus dem Osten und aus Nordafrika wirkten »drückend auf viele Familien«. Da die Russen trotz ihrer schweren Verluste »noch immer mit gleicher Schlagkraft« angriffen, vermuteten die Leute »ungeheure Materialreserven der Sowjets, die sie aus angeblich gewaltigen Rüstungsstätten im Ural« bezögen. Im März 1942 gab es in mehreren Städten Befürchtungen, »daß die deutsche Ostfront diesem aufreibenden Kampf auf die Dauer nicht gewachsen sein werde«. Einzelne deutsche Einheiten müßten »schon derartig geschwächt sein, daß sie überhaupt nicht mehr bei einer Frühjahrsoffensive eingesetzt werden könnten«. Die russischen Quellen waren offenbar keineswegs erschöpft, und man dachte, »ob die amerikanischen Lieferungen etwa doch funktionierten«, oder sprach von einer »riesigen sowjetischen Rüstungsindustrie weit im Hinterland«. Im Juni wurden schon Vergleiche mit dem Ersten Weltkrieg gezogen, »den Deutschland trotz aller militärischen Siege schließlich doch noch ... verloren habe«, nicht zuletzt wegen der langen Kriegsdauer. Im Juli berichtete der SD von einem immer stärkeren Sehnen nach einem baldigen Kriegsende und von zunehmender Kriegsmüdigkeit in den Großstädten und Industriebezirken. Gegen Ende 1942 hieß es, die Ansicht habe sich »weiter verstärkt, daß Sowjetrußland noch immer unerschöpfliche Reserven habe«, was durch die gemeldeten hohen Panzerverluste der Russen bestätigt würde. Die Meldungen vom »gewaltigen Aderlaß« der Roten Armee stießen auf größte Skepsis, genau wie Presseartikel über »Schwerste Sowjet-Verluste« oder »Die Sowjet-Wirtschaft tödlich getroffen«. Dazu kamen Befürchtungen über Rommels Rückzug in Nordafrika und die Vermutung, »daß die Initiative in Nordafrika auf unsere Gegner übergegangen sei«.[17]

Anfang 1943 berichtete der Regierungspräsident von Schwaben, die »nicht abreißende Kette von Gefallenenmeldungen« lasse Verzagtheit aufkommen; man glaube allgemein, daß bei Stalingrad »eine größere deutsche Heeresgruppe eingeschlossen« sei. Ende Januar war man überzeugt, »daß das Schicksal der 6. Armee in Stalingrad bereits besiegelt sei«, die russische Kampfkraft war zweifellos unterschätzt worden. Viele befaßten sich »ernsthaft mit den Folgen einer Niederlage«, und die große Mehrheit war »von der Überzeugung durchdrungen, daß ein Verlust des Krieges dem Untergang gleichkomme«, doch andere äußerten, daß es »vielleicht nur halb so schlimm« kommen würde. Allgemein glaubte man, daß Stalingrad einen »Wendepunkt des Krieges bedeute«, und für »die labileren Volksgenossen« war es der »Anfang vom Ende«. In Bayern sank die Stimmung »auf einen bisher nicht gekannten Tiefstand«, und überall herrschte Sehnsucht nach Frieden. Immer häufiger wurde die Lage mit der von 1918 verglichen; auch damals hätte Deutschland zuerst immer gesiegt, und »dann seien die großen Rückschläge gekommen«, auch damals hätte Amerika »noch gar nicht richtig angefangen«, als Deutschland »schon ausgepumpt« gewesen sei. Ältere linke Arbeiter meinten, sie hätten schon immer schwer arbeiten müssen, und »vom Bolschewismus hätten sie nichts anderes, aber auch nichts Schlimmeres zu erwarten als viel Arbeit und wenig Lohn«. Die Zahl der Kriegsopfer wurde mit der des Ersten Weltkriegs verglichen. In Dresden erzählte man sich, in Stalingrad wären 3000 Mann aus der Stadt gewesen, aus einem einzigen Dorf in der Schwäbischen Alb waren es 25. Feldpostbriefe berichteten von »regelloser Flucht« unter Zurücklassung aller schweren Waffen, bei der sie nur »das nackte Leben gerettet« hätten, was »schreckhafte Vorstellungen von der Lage« hervorrief.[18]

Im Juli 1943 meldete der SD eine wichtige Veränderung. Seit Stalingrad habe das Erzählen von »gemeinen Witzen, selbst über die Person des Führers« in Wirtschaften und Betrieben stark zugenommen. Sehr weit verbreitet sei: »Nächstens gibt es mehr Butter, weil die Führerbilder entrahmt werden.« Viele bliesen in »das allgemeine Horn der Miesmacherei« und äußerten Sorgen über den Kriegsausgang, »ohne Rücksicht auf die Wirkung solcher Äußerungen auf andere«. Die Anwendung des Hitlergrußes sei in den letzten Monaten stark zurückgegangen, und viele Parteigenossen trügen nicht mehr ihr Parteiabzeichen. Ein Parteimitglied wurde im Zug von fremden Leuten gefragt, wie er »so ein Ding« (das Parteiabzeichen) überhaupt noch tragen könne. Ein Soldat schrieb an seine Frau, sie solle seine SA-Uniform verschwinden lassen, denn es käme »eine neue Zeit«. Es gebe auch Bemerkungen, daß es Deutschland unter den Sozialdemokraten besser gegangen und es nicht zum Krieg gekommen wäre. Alle Gespräche, am Arbeitsplatz, auf der Straße und in Lokalen, drehten sich um die Frage, »was noch werden soll«, und die Gefahr des Kriegsverlusts. Viele äußerten sich darüber »in offener undisziplinierter Weise«. In Arbeiterkreisen meine man, daß der Bolschewismus von »den einfachen Volksgenossen, die nichts zu verlieren hätten, gar nichts wolle« und nur »die Großen« bedrohe. Der SD mußte zugeben, daß die deutsche Propaganda es immer schwerer fand, dem »mit einwandfrei überzeugenden Argumenten« zu begegnen.[19]

Die deutsche Propaganda wurde kritisiert, weil sie Churchill als »Adjutant Roosevelts« bezeichnete oder von »Churchill beim Befehlsempfang bei Roosevelt« sprach. Man erinnerte sich an frühere »Befehlsempfänge«, die u.a. zum Verlust Nordafrikas geführt hätten, und manche verglichen das mit den Konferenzen, zu denen Hitler kürzlich zahlreiche europäische Politiker empfangen habe. Es sei doch nicht lächerlich, wenn sich die verantwortlichen Männer auch auf der Gegenseite zusammensetzten, und es sei gleichgültig, ob Churchill zu Roosevelt oder Roosevelt zu Churchill fahre.

Im September 1943 wurde die Formulierung kritisiert, daß »wir dem Gegner das Gesetz des Handelns diktieren«, die Aufgabe großer Räume im Osten sei doch keine Bagatelle, wenn früher »der Besitz dieser gleichen Räume als bedeutender, ja entscheidender Gewinn für unser Kriegspotential bezeichnet wurde«. Die wichtige Frage war, »was der Winter noch alles bringen werde«. Aus Franken meldete ein Landrat, die Hauptmerkmale der Gemütsverfassung seien »Übermüdung, Gleichgültigkeit, Schwermütigkeit, Abgestumpftheit, ... Mißtrauen gegen die Richtigkeit und Vollständigkeit der Presse und Rundfunknachrichten«. Es sei sinnlos, meinte er, immer größere Arbeitsleistungen zu fordern, die Arbeitszeit zu verlängern und die Ruhepausen zu verkürzen.[20]

Die sowjetischen Offensiven setzten sich ununterbrochen fort, die Rote Armee ging über den Dnjepr und dann über den Dnjestr, und der deutsche Rückzug ging weiter. Im Oktober 1943 stellte der SD starke Zweifel fest, »ob wir den Bolschewisten noch Halt gebieten können«. Selbst »die stärksten Optimisten« begännen, »sich hinter den Ohren zu kratzen«, wenn die Russen trotz ihrer hohen Verluste und der Zerstörungen »ihre andauernden Großoffensiven durchführen« könnten. Jetzt waren es die Deutschen, die auf »die Generale Regen und Schlamm« warteten. Im November notierte der SD, Pessimisten aus allen Kreisen seien für Frieden um jeden Preis, und eine viel größere Zahl wünsche einen Kompromißfrieden; zu ersteren gehörten »schlecht gestellte oder konfessionell gebundene Arbeiter und Bauern«, und auch Intellektuelle und Wirtschaftler, die meinten, es sei »höchste Zeit, Schluß zu machen, um weiteres unnützes Blutvergießen zu vermeiden«, ein verlorener Krieg sei weit weniger schlimm, als die deutsche Führung behaupte. Aus Mainfranken wurde im Mai 1943 gemeldet, an der Person und den Maßnahmen Hitlers würde »sehr viel und scharf Kritik geübt«; er höre auf keinen Rat, und »dadurch komme es oft zu schweren Gegensätzen zwischen seinen engsten politischen und militärischen Mitarbeitern«. Sogar die Maßnahmen gegen die Juden wurden kritisiert, das damals zerstörte Gut sei »heute bitter notwendig«. Aus einem benachbarten Ort hieß es, »der Führer habe im Jahre 1933 erklärt, daß Deutschland in zehn Jahren anders aussehen würde«, das sei die einzige Prophezeiung, die zu 100 Prozent erfüllt wurde. Ob diese Bemerkung von den evakuierten Düsseldorfer Frauen ausging, blieb offen, aber sie war weit verbreitet. Es wurde auch erzählt, der Führer habe sich zurückgezogen und schriebe ein neues Buch, »Mein Irrtum«.[21]

Die Berichte zeigen, wie skeptisch viele Deutsche über die massive deutsche Propaganda, die Meldungen über militärische Erfolge und den Krieg dachten. Viele hatten keine Angst mehr, ihre Meinung offen auszusprechen. Ein Arbeiter der MAN in Augsburg erklärte im Zug sehr eindeutig: »Nichts Gescheites mehr zum Fressen, einen Dreck zum Saufen, nichts mehr zum Rauchen – jetzt können sie uns noch ganz verrecken lassen!« Niemand widersprach. Ein Schweinfurter Arbeiter äußerte: »Wir Arbeiter haben das Gefühl, daß [wir] wieder rechtlos geworden sind.« Aus Kitzingen meldete der SD, die Stimmung sei gekennzeichnet »durch die ohnmächtige Wut gegen die Führung«, sie würde lieber »das ganze Volk zugrundegehen lassen als klein beigeben«; nach dem Krieg würden bekannte Naziführer »baumeln«. Zum Sturz Mussolinis hieß es in Mainfranken, die Stimmung sei »bereits vorher auf dem Nullpunkt« gewesen, so daß »eine Verschlechterung allerdings kaum mehr eintreten« konnte.[22]

Bereits 1942 meldete der SD »symptomatische Erscheinungen des Absinkens der Arbeitsmoral« wie unberechtigte Krankmeldungen, Arbeitsvertragsbruch, Unpünktlichkeit, Bummelei, anmaßendes Auftreten, unberechtigte Urlaubsgesuche und Widersetzlichkeit. In manchen Berichten würde auch eine »schwer nachweisbare Passivität« und sogar

»dauernde Pflichtvergessenheit« erwähnt. In einigen Fällen hätten deutsche Arbeiter russische Hilfskräfte aufgefordert, langsamer zu arbeiten, um ihre eigenen Reserven zu schonen. Frauen und Jugendliche seien ganz besonders arbeitsunwillig. In den ersten sechs Monaten von 1943 wurden mehr als 14000 Deutsche wegen Verstoß gegen die Arbeitsdisziplin verurteilt. Die DAF legte im Einvernehmen mit dem Reichssicherheitshauptamt und den Ministerien eine Skala von Strafen für Bummelei und schlechte Leistungen fest, als ein »letztes Erziehungsmittel« vor der Einschaltung der staatlichen Organe.[23]

Besonders unpopulär waren die für den Bergbau eingeführten Sonntagsschichten. Im Jahre 1943 beschwerten sich die Bergleute, daß sie an zwei Sonntagen im Monat arbeiten müßten und fast keine Feiertage hätten, das wäre in keinem anderen Beruf der Fall. Im Aachener Revier würden die Sonntagsschichten allgemein abgelehnt, und es kam zu einer Art von Kompromiß, nach dem Väter, deren Kinder Ostern zur Kommunion gingen, durch eine Bescheinigung des Pfarrers von den Schichten befreit wurden. Das Ergebnis war, daß die meisten eine solche Bescheinigung beibrachten, gleichgültig, ob sie Kinder zur Kommunion schickten oder nicht, in einem Fall 70-80 Prozent der Belegschaft. »Zehn Jahre hat man den Pfarrer an die Wand gedrückt«, hieß es, »und nun holt man ihn wieder aus der Versenkung«, und »Wir kapitulieren nie, nur vor dem Pastor.« 1942 wurden zwei Bergarbeiter in Saarbrücken verhaftet, weil sie zusätzliche Sonntagsarbeit verweigerten, und in ein Konzentrationslager geschickt.[24]

Doch in anderen Industriezweigen wurden die Arbeitsstunden nicht so stark erhöht. Von 1941 bis 1944 blieb die Wochenarbeitszeit der männlichen Arbeiter mit durchschnittlich 51 Wochenstunden gleich, und die der Frauen ging sogar leicht zurück. In einem Betrieb der eisenschaffenden Industrie verschlechterte sich die Arbeitsdisziplin »schlagartig« nach der Evakuierung der Frauen und Kinder. Die Männer verweigerten Sonntagsarbeit, weil sie Hausarbeit leisten müßten und zu ihren Familien fuhren. Doch als die Gestapo zwei Festnahmen machte, wurde die Sonntagsarbeit geleistet. Was in den zerbombten rheinischen Städten, in denen es bald an allem fehlte, drängte, war die ›Organisierung‹ von Lebensmitteln. Ein warmes Essen und ein Dach über dem Kopf zu haben hatte absolute Priorität – der Lohn war relativ unwichtig, weil für Geld so wenig zu haben war. Auf jeden Fall wurden die Extraschichten von den Bergleuten geleistet, wenn auch mit geringerem Ertrag. Die Belastungen wurden schwerer, aber sie wurden ertragen.[25]

Die Pogrome von 1938 hatten viel Entrüstung und aktive Sympathie mit den Opfern ausgelöst, aber während des Krieges ging das Interesse an dem Juden-Problem zurück. Die Massendeportationen erfuhren wenig Widerspruch, da die Leute mit ihren eigenen Sorgen beschäftigt waren. Ein kommunistisches Flugblatt, verfaßt von Berta Fuchs, einer »deutschen Arbeiterfrau«, protestierte gegen die Deportationen aus Düsseldorf im Juli 1942: »Tausend Alte, Gebrechliche, Kriegsbeschädigte, jahrelang getaufte Menschen und viele solche, die noch nicht einmal wußten, daß sie jüdischer Abkunft waren, haben sie abgeschoben.« Bei der Gestapo hätten sich »Szenen unendlichen Menschenleids« abgespielt, und ein namentlich genannter Polizist »tut sich als größter Sadist der Menschheit hervor ... Müssen wir uns nicht schämen, Deutsche zu sein?« Nach der Entdeckung der Massengräber polnischer Offiziere in Katyn im April 1943 meldete der SD, die Leute sagten, die Deutschen hätten kein Recht, die Russen zu beschuldigen, denn Polen und Juden wären von den Deutschen in viel größerer Zahl umgebracht worden. Ein Kommunist, der 1944 in Frankfurt wegen Hochverrats verurteilt wurde, erklärte, die Judentransporte würden in Rußland auf Abstellgleise geschoben, mit Benzin bespritzt und angezündet, kleine Kinder würden von SS-Männern bei den Beinen gepackt und an einen Baum geschlagen. Es sei höchste Zeit, daß diese »Mördergesellschaft« verschwinde.[26] Obgleich nicht alle Einzelheiten stimmten, hatte der Mann offenbar Gerüchte über die Morde gehört, die von Urlaubern kolportiert wurden.

Verfolgte Juden erhielten Hilfe von Mitbürgern, die sie versteckten, und so überlebte eine kleine Minderheit. Eine Reihe fand Unterschlupf in der schwedischen Kirche in Berlin. Da betraten eines Tages zwei Polizisten in Uniform ihr Versteck, doch sie gaben zu verstehen, daß sie nicht nach den Juden suchten; sie seien alte Sozialdemokraten und »zugleich Preußen bis ins Mark«. Sie seien nicht einverstanden mit den illegalen Methoden der Nazis und haßten Goebbels. Sie wußten von den versteckten Juden und versprachen, sie zu warnen, wenn die Gestapo drohte. Zwei Jüdinnen wurden in einer Arbeitersiedlung im Berliner Norden von einem früheren Gewerkschaftssekretär aufgenommen. Doch als sich neugierige Nachbarn nach dem »Besuch« erkundigten, sagte er: »Ihr müßt weg, es geht nicht mehr. Ich habe Angst.« Eine andere Berliner Jüdin fuhr mit zwei kleinen Kindern 1943 nach Weimar, wo sie sich in einer Wirtschaft mit einem Mann unterhielt. Er fragte sie, ob sie nach einem Zimmer suche, er habe nur eine kleine Wohnung und Familie, aber sie könne zu ihm ziehen. Als sie ihm die Wahrheit sagte, meinte er, er habe das schon vermutet, aber nun helfe er ihr doppelt gern. Er sei ungefähr der letzte Sozialdemokrat, der in Weimar noch am Leben und in Freiheit sei, und brachte die Kinder zu seiner Cousine, die ebenso hilfsbereit war. In Berlin-Wittenau waren es Angestellte der Deutschen Hydraulikwerke Alfred Teves, die untergetauchten Juden halfen und Lebensmittel in der Kantine für sie ›organisierten‹. Der Abteilungsleiter hatte »überall gute Freunde und alle mußten helfen«. Ein großes Problem waren die Luftangriffe, weil untergetauchte Juden nicht die Luftschutzkeller aufsuchen durften.[27]

Ein anderer Jude wurde 1943 von einer Familie in Luckenwalde aufgenommen, wo er eine kleine Widerstandsgruppe, »Gemeinschaft für Frieden und Aufbau«, vorfand, die Juden half, Geld sammelte und Flugblätter verteilte. Doch die Gruppe flog 1944 auf, und mehrere Mitglieder wurden ermordet. Eine andere illegale Gruppe, die »Europäische Union«, wurde 1942 von dem Physiker Robert Havemann und anderen gebildet. Sie lehnten offene Propaganda ab, halfen vielen Juden und versorgten sie mit falschen Papieren. Sie wurden 1943 mit Hilfe eines Polizeispitzels verhaftet; mehrere von ihnen wurden zum Tod verurteilt. Das gleiche Schicksal traf die Hamburger Gruppe »Kampf dem Faschismus«, die viele Verfolgte und vor allem jüdische Kinder versteckte. Sie arbeitete mit Kriegsgefangenen und Zwangsarbeitern zusammen, um die Produktion zu sabotieren und Zerstörungen beim Zusammenbruch des Regimes zu verhindern. In Mannheim unterstützte eine unpolitische Gruppe um den Physiker Carl Hermann Juden und versah sie mit falschen Papieren. Fünf von ihnen wurden 1943 verhaftet und zu langen Zuchthausstrafen verurteilt. In Stuttgart half eine kleine Gruppe Juden, nach der Schweiz zu fliehen, bis ihre Mitglieder verhaftet wurden. In Ostpreußen war es ein Angestellter der Forstverwaltung, Hermann Kurras, der 13 flüchtige Juden in seinem abgelegenen Haus versteckte – bis er 1944 unvorsichtige Bemerkungen gegen das Regime in einer Wirtschaft machte. Die Polizei kam, die Juden wurden entdeckt, und Kurras und seine Frau wurden hingerichtet.[28]

Fast alle diese Versuche endeten tragisch, aber sie zeigen, daß es Deutsche gab, die bereit waren, ihr Leben zu riskieren, um zu helfen – umgeben von einem Meer von Indifferenz und schweigender Billigung der Verfolgung. Viele wußten, was in den Konzentrationslagern vor sich ging, viele hörten Gerüchte über die Morde im Osten, aber sie schwiegen. Um so größer war der Mut derjenigen, die halfen, und die dafür büßen mußten.

Die detaillierten Berichte des SD und vieler anderer Stellen zeigen eindeutig die wachsende Skepsis der Menschen gegenüber den offiziellen Meldungen und der Propaganda. Die dramatischen Ereignisse des Krieges gegen die Sowjetunion und die Luftangriffe boten Anlaß für bittere Kritik und oppositionelle Äußerungen, die nunmehr auch gegen Hitler gerichtet waren. Es gab einen Vers in Parodie eines Soldatenliedes:

»Es geht alles vorüber, es geht alles vorbei,
Erst geht der Führer, und dann die Partei.«

Für viele bedeutete Stalingrad den Wendepunkt des Krieges, und für diese Katastrophe war Hitler selbst verantwortlich, auch wenn die Einzelheiten nicht bekannt waren. 1943 wurde vielen klar, daß Deutschland den Krieg nicht gewinnen konnte, und die massiven Luftangriffe trugen zu dem allgemeinen Gefühl von Mutlosigkeit und Verzweiflung bei. Viele zogen sich in die Privatsphäre der Familie zurück, viele waren durch schwere Arbeit und Nahrungsbeschaffung erschöpft, viele verloren alle Hoffnung für die Zukunft, – und eine Minderheit ging in die Opposition.

X Aufleben des Widerstands

Opposition zeigte sich im Dritten Reich in sehr verschiedenen Formen, von der einfachen Weigerung, bestimmten Befehlen zu gehorchen, über Proteste in den Läden und Märkten gegen die schlechte Versorgung bis hin zu aktiver politischer Opposition, die als Hochverrat galt und im Krieg mit dem Tod bestraft wurde. Eine sehr weit verbreitete Form stiller Opposition war das Abhören ausländischer Sender, der BBC oder von Radio Moskau – aus Mißtrauen gegenüber der deutschen Propaganda –, auch das ein Verbrechen. Die Verbreitung solcher Nachrichten galt als Hochverrat. Doch die deutschen Nachrichten der BBC und von Radio Moskau wurden von vielen Tausenden heimlich gehört.

Im Januar 1943, der Zeit von Stalingrad, notierte der SD, es müsse »vermutet werden, daß ausländische Rundfunksender zur Zeit wieder stärker abgehört werden«. Als Moskau bekanntmachte, daß zwei namentlich genannte Breslauer Soldaten russische Kriegsgefangene seien, wurden die betreffenden Familien im ersten Fall von zwanzig, im zweiten von über vierzig anonymen Zuschriften davon unterrichtet, während in früheren Fällen nur vier oder fünf Benachrichtigungen erfolgt waren. Eine Familie in Siegburg erhielt achtzehn Briefe, daß ihr Sohn noch lebe. In einem anderen Fall in Danzig wurde der Familie nacheinander von vier Unbekannten mitgeteilt, ihr Sohn habe im Moskauer Sender gesprochen, und sie erhielt außerdem fünf anonyme Briefe aus verschiedenen Gegenden. Da deutsche Kriegsgefangene mit Namen und Adresse am Rundfunk sprachen, wurde die gute Nachricht den Familien von vielen Hörern mitgeteilt, oder russische Flugblätter mit den Namen und Adressen wurden kopiert und an die Familien geschickt, wie die Gestapo im April 1943 feststellte. In Dresden transformierte der sozialdemokratische Inhaber eines Radiogeschäfts die deutschen

»Volksempfänger«, so daß sie ausländische Sender empfangen konnten, und versorgte polnische Hörer in Posen mit dem nötigen Gerät. Während der ersten sechs Monate von 1943 wurden 1314 Deutsche wegen Abhörens von ausländischen Sendern verurteilt. Viele erklärten offen, daß diese »dem Nachrichtenhunger der Bevölkerung besser entgegenkämen als die deutschen« Sendungen; sie brächten »weniger Propaganda und Polemiken als konkrete Meldungen« und dazu die Namen deutscher Kriegsgefangener.[1]

Es war sehr viel gefährlicher, die Nachrichten ausländischer Sender zu verbreiten. In Plön wurden deshalb 1943 ein deutscher Melker und ein Pole zum Tod verurteilt, und 1944 in Bremen ein deutscher Wachmann. 1944 wurde ein Bergmann an der Saar abgeurteilt, weil er und seine Kollegen im Schlafsaal der Grube Velsen ausländische Nachrichten hörten. Die anderen seien völlig gleichgültig gewesen und hätten sich politische Witze erzählt, aber sie hätten das »verbrecherische Treiben« des Angeklagten nicht bewußt unterstützt. In der Niederlausitz wurden 1943 sechs Arbeiter verhaftet, die gemeinsam mit Fremdarbeitern ausländische Sender abgehört hatten. Noch schwerer war das Verbrechen zweier Arbeiter aus Saarbrücken, die 1944 wiederholt fremde Sendungen hörten, den Inhalt notierten und an Häusern anklebten. Einer von ihnen starb in der Haft. Je länger der Krieg dauerte, um so weniger wurde das Abhören ausländischer Nachrichten als Verbrechen betrachtet, und die Denunziationen verminderten sich.[2] Die Programme, in denen deutsche Kriegsgefangene zu ihren Landsleuten sprachen, waren besonders populär.

Der vorgeschriebene Hitlergruß wurde seltener und seltener geleistet. Im Frühjahr 1943 meldete der Landrat von Füssen in Oberbayern, er würde nur noch selten gebraucht, man könne fast von einer »Grüß-Gott-Bewegung« sprechen. Das gleiche wurde aus dem katholischen Eichstätt berichtet, wo auch in den Todesanzeigen nur religiöse Formen verwendet würden. Der Bürgermeister von Brebach im Saarland stellte im April 1944 fest, dort wäre früher der Hitlergruß allgemein gebraucht worden, aber das lasse nun allmählich nach. In Berliner Betriebsversammlungen wurden Rednerinnen der NS-Frauenschaft ausgepfiffen und am Weiterreden gehindert, wenn sie keine Antwort auf die so oft gestellte Frage finden konnten, warum denn die Frauen der besseren Kreise nicht zur Arbeit verpflichtet würden. Die Betonung der »Volksgemeinschaft« wurde von linken Arbeitern ebenso wie von »alten Kämpfern« benutzt, um gegen soziale Diskriminierung Front zu machen. Gegenüber aus der Haft entlassenen politischen Gefangenen zeigte man in bestimmten Fällen Sympathie und Solidarität. Als eine junge Frau aus Wiesbaden im Mai 1942 nach ihrer Entlassung aus dem Gefängnis zu ihrer Firma zurückkehrte, fand sie auf ihrem Tisch einen Blumenstrauß ihrer Kollegen und wurde von ihrem Chef zum Essen eingeladen. Der Personalchef äußerte, die Zeit würde kommen, »wo Sie stolz darauf sein können, im Gefängnis gewesen zu sein«. In der Kantine wurde sie freudig begrüßt und gleichzeitig gewarnt, vor wem sie sich in acht nehmen müsse.[3] Das war wohl ein Ausnahmefall, aber er zeigte, wie die Stimmung in einem kleinen Betrieb war.

Es gab auch Beispiele aktiven Widerstands. In München wurden im März 1943 Flugblätter mit der Aufschrift »Nieder mit Hitler! Wir wollen Frieden!« auf Straßen und Plätze geworfen. Zwischen Juni 1941 und November 1943 stellten der Buchdrucker Rupert Huber und der Schlosser Karl Zimmet zwölf Flugblätter her, die den Raubkrieg scharf verurteilten und für Verständigung mit dem russischen Volk eintraten. Sie waren Katholiken und kamen aus dem konservativen Christlich-Sozialen Volksdienst. Sie nahmen Verbindung mit Gleichgesinnten auf, vor allem in Münchener Betrieben, aber auch mit sowjetischen Kriegsgefangenen. Sie nannten sich »Antinazistische Deutsche Volksfront« und wollten eine breite Volksbewegung gegen das Hitlersystem schaffen, zur Beseitigung »allen Unheils«, das man angerichtet habe. Beide wurden 1944 verhaftet. Im Dezember sprach das Volksgericht zwei Todesurteile und verschiedene Zuchthausstrafen gegen die Mitglieder der Gruppe aus. Nach einem schweren Luftangriff im Dezember 1943 wurden in Berlin-Charlottenburg Hitlerbilder ostentativ ins Feuer geworfen. Im Mansfelder Kupferbergbau hieß es: »Was lehrt uns Stalingrad?« Und im Sommer 1943 nach dem Sturz Mussolinis: »Finis Italiae! Benito ging zur Hölle, Adolf muß zum Teufel!« Anderswo fielen Äußerungen wie: »Es dauert nicht mehr lange, dann wird es bei uns genauso sein«, und »Das ist der Anfang vom faschistisch-nationalsozialistischen Ende«.[4]

Ein Flugblatt der von Robert Havemann und anderen 1942 gegründeten »Europäischen Union« erklärte, sie wolle »Wiederherstellung der politischen und menschlichen Grundrechte des Individuums, das Recht auf Arbeit und Brot, Freiheit der Rede und des Glaubens, Versammlungs- und Organisationsfreiheit, Gleichheit vor dem Gesetz und gleiches Recht für jedermann«. Hitler habe die alten Organisationen zerschlagen und jeden neuen Versuch im Keim erstickt, »doch eines ist ihm nicht gelungen: Er konnte die alten und ewigen freiheitlichen Ideen, die in Europa in den großen Revolutionen geboren wurden, nicht vernichten.« Sozialismus bedeute nicht »Ausrottung der Bourgeoisie, Aufhebung des privaten Eigentums und Errichtung einer blutigen Diktatur dogmatischer Marxisten«, sondern die »Ausschaltung privater Interessen aus Politik und Wirtschaft durch Überführung der gesamten Produktionsmittel in gesellschaftlichen Besitz, ... die volle Entfaltung der Produktionsmöglichkeiten der modernen Technik für den Wiederaufbau einer neuen Kultur in aller Welt«. Das Ziel der Union sei: »Freiheit des Individuums und soziale Gerechtigkeit, ... die Weiterentwicklung der europäischen Kultur.«[5]

Die »Europäische Union« half Juden und organisierte systematisch Kontakte zu Fremdarbeitern.
Im Februar 1943 meldete der Gau Westfalen der NSDAP, daß Hitler in einem Zug der »Massenmörder von Stalingrad« genannt worden sei, ohne daß jemand dem widersprochen habe oder daß die Betreffenden verhaftet worden seien. Bald darauf wurde Himmler als Chef der deutschen Polizei informiert, daß in einer brandenburgischen Munitionsfabrik sehr schlechte Stimmung herrsche, und er ordnete Verhaftungen und die Todesstrafe für die Rädelsführer an. Im Juni denunzierten zwei Essener Nationalsozialisten einen Bergarbeiter; er habe im Krankenhaus gesagt, er sei bei einer Hitlerrede fortgegangen, weil er »dessen Fresse nicht sehen und das Gequassel nicht hören wollte«, die SS sei eine Mördertruppe und die Wehrmacht würde »zu Verbrechern erzogen«, von einer Kompanie seien so viele übergelaufen, daß nur noch 30 Mann übrigblieben. Der Mann und seine Frau wurden zum Tod verurteilt und im März 1944 hingerichtet. Das gleiche Schicksal traf Albrecht Ege in Frankfurt, obgleich ihm kein Hochverrat nachgewiesen werden konnte. Er traf regelmäßig andere frühere Sozialdemokraten in einer Wirtschaft, wo sie an einem runden Tisch saßen und von einem Gestapomann beobachtet wurden. Sie vermieden den Hitlergruß, die Stammgäste bezeichneten die Wehrmachtsberichte als unwahr und die deutschen Nachrichten als »Zimt«. Ege habe die ausländischen Nachrichten »in mehr oder weniger versteckter Form« an die anderen weitergegeben und »in bewußt gegnerischer Haltung« Beziehungen zu Juden unterhalten. Als eine Jüdin deportiert wurde, ließ er für sie eine Wachstuchtasche anfertigen, und von einer anderen erhielt er eine Schreibmaschine geschenkt. Obgleich das Oberlandesgericht zugab, daß an dem runden Tisch auch »einwandfreie« Leute verkehrten, und daß Ege keinen »organisatorischen Zusammenhalt« hergestellt habe, wurde er Ende 1942 zum Tod verurteilt, weil die »Annahme einer

auch noch so losen Organisation« nicht auszuschließen sei.[6]

Im November 1944 wurde eine Arbeiterin des Bochumer Vereines abgeurteilt, die in einem Brief Hitler als den »wahnsinnigen Gefreiten«, der an allem schuld sei, bezeichnet hatte. Im Verhör erklärte sie mutig, sie habe keine Entschuldigung, denn sie habe sich ja den Ausspruch überlegt, bevor sie ihn schrieb. Wenige Wochen darauf wurden neun Arbeiter einer Frankfurter Firma verurteilt, die Hauptangeklagten zu drei bis sieben Jahren Zuchthaus wegen »Wehrkraftzersetzung«. Einer von ihnen habe die Sonntagsarbeit verweigert und die Kollegen zum gleichen ermutigt. Die Frauen von Millionären, verteidigte er sich, brauchten bestimmt nicht in der Fabrik zu arbeiten, daß sie das tun müßten seien nur Redereien. Über den Ingenieur der Abteilung bemerkte er, daß der »auch so ein Abzeichen an der Brust trage« und nichts leiste, und er habe auch gegen einen SA-Mann »gehetzt«. Der zweite Angeklagte bezeichnete die NSDAP-Mitglieder als »Gauner mit dem Abzeichen an der Brust«, alles sei »Gaunerei und Schwindel« und die Betriebsobmänner »bestochene Subjekte, die für den Arbeiter nichts täten«. Als früherer Kommunist erhielt er die schwerste Strafe. Ein Arbeiter aus Dudweiler im Saarland wurde verhaftet, weil er äußerte: »Früher hieß es: ›Wir Wilhelm von Gottes Gnaden‹, und heute heißt es: ›Ich Arschloch von Berchtesgaden‹.« In den ersten sechs Monaten von 1943 wurden 982 Deutsche wegen Hoch- oder Landesverrats verurteilt und 948 Todesurteile vollstreckt. Im gleichen Zeitraum wurden 8850 Menschen wegen Tätigkeit für eine der Linksparteien verhaftet, 8727 wegen sonstiger Widerstandstätigkeit und 11075 wegen »Opposition«; dazu kamen 10773 Festnahmen wegen verbotenen Umgangs mit Kriegsgefangenen oder Zwangsarbeitern.[7] Die Zahlen beweisen, wie viele Männer und Frauen eine kritische Haltung einnahmen und bereit waren, eine Verhaftung zu riskieren.

In den Kriegsjahren waren auch einige der oben erwähnten kleinen sozialistischen Gruppen aktiv, wenn sie auch keine offene Propaganda betrieben. Was nach den schweren Verhaftungen noch vom Internationalen Sozialistischen Kampfbund bestand, waren nur lose Zirkel, vor allem in Berlin, Bochum, Bremen, Göttingen und Hamburg, die die BBC und andere Sender abhörten. Die Londoner Leitung des ISK versuchte, den Kontakt wieder herzustellen, und 1943 erschien Änne Kappius in Bremen, geschickt aus London, um die Lage zu klären. Eine andere Botschafterin wurde beim Überschreiten der deutschen Grenze getötet, ein Mann schon in Friedrichshafen unweit der Grenze verhaftet. 1944 sprang Jupp Kappius mit britischer Hilfe aus einem Flugzeug ab und erreichte Bochum, wo er einen kleinen Kreis von Sozialisten und Gewerkschaftern vorfand und Verbindungen zu anderen Städten des Rhein-Ruhrgebiets herstellte. Ihr Ziel war, im richtigen Augenblick lokale Führerstellen zu besetzen, spätestens bei Ankunft der Alliierten. Von dort ging Kappius nach Bremen, wo eine kleine ISK-Gruppe unentdeckt von der Gestapo existierte. Das gleiche galt von Bremer Verbindungen der Sozialistischen Arbeiterpartei, die von schwedischen Seeleuten mit großem Risiko aufrechterhalten wurden. Die SAP hatte auch Kontakte zu einigen anderen deutschen Städten. Sie trat für eine Zusammenarbeit mit anderen linken Gruppen ein. Vor allem in Bremen wurde diese Zusammenarbeit praktiziert, damit die Gruppen das Nazi-Regime überleben konnten.[8] Bald nach Kriegsende gingen sowohl der ISK wie die SAP in der neugegründeten SPD auf, in der einige ihrer Mitglieder leitende Funktionen übernahmen.

Die kleinen »Neu-Beginnen«-Gruppen in Bayern und Österreich überlebten den Krieg nicht. Als der deutsche Vormarsch auf Moskau im Winter 1941/42 zum Stehen kam, glaubte ihr Leiter, Bebo Wager in Augsburg (Frieb war eingezogen worden), daß die deutsche Niederlage folgen würde, daß man sich in einer »vorrevolutionären Situation« befände, daß die Zeit zum Handeln bevorstünde. Er setzte sich ein für eine Politik der Expansion und größeren Aktivität, was zu einer Mißachtung der alten konspirativen Methoden führte. Einige Mitglieder erhielten Eisenfeilen zur Sabotage der Eisenbahnlinie über den Brenner (der Nachschublinie für das Afrikakorps), aber die Mehrheit der Gruppe lehnte solche Aktionen ab. Beim Versuch aktiven Widerstands wurde die Salzburger Gruppe 1942 mit Hilfe eines Gestapospitzels enttarnt, und ihr folgten die Gruppen in Augsburg und München. Bei Wager wurden ein Aufstandsplan und Sabotagepläne gefunden. In den Vernehmungen erklärten Frieb und Wager standhaft, daß Deutschland den Krieg »nicht durchhalten und daher verlieren wird«. Das Ziel der Organisation sei gewesen, »nach einem verlorenen Krieg ein Chaos zu vermeiden und wieder Ordnung zu schaffen«. Beide wurden zum Tod verurteilt und im Mai 1943 hingerichtet, mehr als zwanzig andere erhielten lange Haftstrafen. Das Urteil gegen Nerdinger und einen anderen wurde ausgesetzt, weil die Messerschmittwerke sie als gelernte Arbeiter reklamierten. Frieb und Wager mit ihrer kritischen Einstellung zur alten SPD hatten eine illegale Organisation geschaffen, die jahrelang ohne große Verluste gut funktionierte, aber die falsche Einschätzung der Situation von 1942 führte zu ihrem Ende.[9] Die Berliner Neu-Beginnen-Gruppe wurde erst nach Kriegsende wieder aktiv und ging bald in der SPD auf.

Eindeutig führend unter den illegalen Gruppen war seit dem Angriff auf die Sowjetunion die KPD. Ihr Ziel blieb die Schaffung einer zentralistischen Organisation unter zentraler Leitung – ein Ziel, das unter den Bedingungen des Dritten Reiches unerreichbar war. Die KPD war in allen Teilen Deutschlands aktiv, und wo immer ältere Organisationen in den dreißiger Jahren zerstört worden waren, fand eine Reorganisation statt, oft unter der Leitung alter Parteifunktionäre, die aus dem Konzentrationslager entlassen wurden und bei ihrer Verhaftung mit dem Todesurteil rechnen mußten. Die KPD verließ sich oft auf Instrukteure, die aus dem Ausland geschickt wurden oder von einem russischen Flugzeug absprangen. Die Propaganda bestand nach wie vor aus Flugblättern und illegalen Schriften, oft in gedruckter Form, um die ›Massen‹ zu mobilisieren, die aber trotz der Kriegslage nur geringen Erfolg hatten.

Im Januar 1942 bestieg der Dreher Wilhelm Knöchel, der in Moskau ausgebildet und dann einer der Leiter des illegalen Bergarbeiterverbandes wurde, getarnt als Silberputzer den Speisewagen des Schnellzugs Amsterdam-Frankfurt. Seit vielen Jahren war er der erste aus der Parteispitze, der in Deutschland arbeiten und ständigen Radiokontakt über Amsterdam mit Moskau halten sollte. Seine Aufgabe war die Schaffung einer scharf zentralisierten Partei mit Berlin als Zentrum. Im Rhein-Ruhrgebiet organisierte er ein Netz von Instrukteuren, kontrollierte die Neubildung von Parteizellen und die Verbreitung der Parteischriften, vor allem des »Friedenskämpfers« mit der Hauptlosung »Frieden – Freiheit – Fortschritt«, von dem 1942 neun Nummern erschienen. Die Zeitung appellierte an die Arbeiter, langsamer zu arbeiten, Überstunden abzulehnen und ausreichende Lebensmittelrationen zu fordern. »Schafft Euch in den Betrieben illegale Betriebskomitees und Vertrauensleute zur Vorbereitung von Massenstreiks und Massendemonstrationen für die Beendigung des Krieges und zum Sturze Hitlers.« An die Soldaten appellierte sie: »Erledigt Eure faschistischen Offiziere und geht mit Euren Waffen zur russischen Armee über ... Bildet in Euren Truppenteilen illegale Soldatenkomitees.« »Im ureigensten Interesse unseres Volkes« müsse die Solidarität mit den Zwangsarbeitern verstärkt werden: »Wenn sie langsamer arbeiten und Ausschuß machen, dann tun wir es erst recht.« Jeder anständige Deutsche müsse den Zwangsarbeitern helfen, »wo und wie er nur kann«. Eine große Lehre müsse man aus dem Jahr 1918 ziehen: »Die kommende Volksrevolution ... wird nicht nur die braunen Kettenhunde der Plutokraten stürzen. Sie muß auch diese selbst, die Monopolisten, Bankkönige und Großgrundbesitzer vernichten, damit sie nicht in vielleicht zwanzig Jahren wieder unser Volk in einen dritten Weltkrieg stürzen können. Ein 1918, das zu Hitler führte, darf es nicht mehr geben.« Die deutsche Arbeiterklasse trage die Verantwortung für die Volksrevolution, »eine hohe Verantwortung, aber auch eine stolze Aufgabe«.[10]

Eine andere KPD-Zeitung, das »Ruhr-Echo«, ging im August 1942 noch weiter in der Proklamierung illusionärer Losungen: »Organisiert in den Gruben und Betrieben illegale Kampforgane zur besseren Führung des Kampfes und zur Vorbereitung und Führung von politischen Massenstreiks und Massendemonstrationen unter der Losung: Für den Frieden! ... Bildet überall Selbstschutzgruppen gegen den Naziterror und bewaffnet Euch!« Eine illegale Parteikonferenz des Gebiets Rhein-Ruhr, an der allerdings nur Knöchel und drei andere Funktionäre teilnahmen, wandte sich im Mai 1942 direkt gegen die Auffassung »einer Reihe von ›Parteimitgliedern‹, die jede, auch die kleinste Aktivität der Partei ablehnen, weil die Zeit noch nicht reif sei«, denn »der jahrelange Kampf der Partei hat bewiesen, daß man doch etwas tun kann«. Was man unter den Bedingungen des wachsenden Terrors tun könne, wurde vorsichtigerweise nicht gesagt. Aber ein alter KPD-Funktionär, den man zum Aufbau einer Betriebszelle und zum Vertrieb von Druckschriften drängte, erwiderte, das würde die Mitglieder ins Unglück stürzen und er könne es nicht verantworten. Auch ein Mülheimer Jungkommunist wandte sich gegen die Neuauflage der alten verlustreichen Methoden, worin er mit seinen Freunden übereinstimmte, eine Zellenbildung würde sie noch rascher als 1933 ins Gefängnis bringen. Die Schriften, die unter Knöchels Anleitung erschienen, brachten auch genaue Berichte über den wirklichen Bombenschaden und benutzten das zur Aufforderung, den Krieg zu beenden, um die völlige Zerstörung der Städte zu vermeiden und das Leben zu retten. Als Moskau im Herbst 1942 zur Bildung von Arbeiter- und Soldatenräten aufrief, schrieb Knöchel wütend nach Amsterdam: »Was ist denn das für eine politische Losung? ... Sitzen denn die in Moskau auf dem Mond?« Trotz aller Hindernisse gelang es ihm, am Niederrhein eine umfangreiche illegale Organisation zu schaffen (oder neu zu beleben). Als die Gestapo Anfang 1943 zuschlug, fanden in Düsseldorf und anderen Städten Verhaftungen statt, die sich bis zum Sommer hinzogen und über 500 Frauen und Männer trafen. Knöchel wurde im Januar 1943 in Berlin verhaftet, verurteilt und hingerichtet, viele andere Kommunisten erlitten das gleiche Schicksal.[11]

In Hamburg wandte sich ein kommunistisches Flugblatt im Juni 1942 an die Bauarbeiter der Organisation Todt, die in die besetzten Länder geschickt wurden. Sie sollten sich wehren gegen jede »schikanöse Behandlung durch die O.T.Häuptlinge« und die Beseitigung des militärischen Drills in den Lagern verlangen: »Sorgt für langsames und qualitativ schlechtes Arbeiten. Sabotiert die deutsche Kriegsführung ... Es lebe der Sieg der Arbeiterklasse!« Ein 1943 von Dr. Theodor Neubauer verfaßtes Flugblatt enthielt einen scharfen Angriff auf die deutsche Bourgeoisie, die angeblich bereit sei, »ganz Deutschland an den englisch-amerikanischen Imperialismus zu verkaufen und einen Frieden in Kauf zu nehmen, der zehnmal schlimmer sein würde als Versailles«, um ihre Existenz zu retten. Deutschland würde »eine Kolonie der kapitalistischen Ausbeuter werden und nicht einmal die Möglichkeit einer modernen industriellen Wirtschaft und damit einer modernen Kultur behalten! Das wäre ein Untergang in Barbarei!« Der Schutz dagegen wäre nur ein Bündnis mit der Sowjetunion und den befreiten Völkern Europas »im Rahmen einer Union sozialistischer Republiken«. Realistischer forderte ein Flugblatt, das Ende 1943 in Leipzig verteilt wurde, die Arbeiter auf, bei einem Luftangriff die Betriebe zu verlassen und sich um ihre Familien zu kümmern: »Entschuldigt Euch mit Aufräumungsarbeiten oder schlechten Verkehrsverhältnissen! Langsamer Arbeiten führt zur schnellen Beendigung des Krieges!« Die Leipziger KPD-Gruppe wurde unterstützt durch mehrere Ärzte, die Arbeiter krank schrieben oder Befunde fälschten, um Einberufungen zu verhindern. Auch ein Betriebsleiter ließ wichtige Leute vom Wehrdienst freistellen. Neubauers Organisation umfaßte vor allem Thüringen und hatte Zellen in wichtigen Rüstungsbetrieben wie Zeiss in Jena und in den Suhler Waffenfabriken. Im September 1943 benutzte er eine illegale Druckerei, um ein Flugblatt mit einer Auflage von 1500 drucken zu lassen: »Hitlers Krieg ist verloren! Nur Kindsköpfe träumen noch vom Sieg!« Seine Organisation bestand bis zum Juli 1944 und wurde dann ›liquidiert‹ – länger als die meisten illegalen Gruppen.[12]

Im Sommer 1943 nahm Neubauer Kontakt zu einer großen illegalen Gruppe in Leipzig auf, die von dem früheren Reichstagsabgeordneten Georg Schumann geleitet wurde, und bald darauf mit einer Gruppe in Berlin, deren Führer Franz Jacob, Anton Saefkow und Bernhard Bästlein waren, alles prominente KPD-Funktionäre. Das Ziel war die Bildung einer zentralen, von Berlin geleiteten Organisation für ganz Mittel- und Norddeutschland: ein sehr gefährliches Unternehmen. Die Schumann-Gruppe in Leipzig hatte Zellen in 15 Betrieben und eine Jugendgruppe von etwa 120 Mitgliedern. 1943 formulierten Schumann und Otto Engert »Leitsätze über die Liquidierung des imperialistischen Krieges und der Naziherrschaft«, die dann mehrmals revidiert wurden. Ähnlich wie Neubauer beschuldigten sie die deutsche Bourgeoisie, sie sei bereit, »vor den englisch-amerikanischen Imperialisten zu kapitulieren und ihnen ganz Deutschland als Aufmarschbasis und Waffenhilfe für ihre künftige Auseinandersetzung mit der Sowjetunion auszuliefern«. Deutschland würde »zu einer Kolonie fremder Ausbeuter herabsinken«, sein Untergang sei sicher. »Nur in engster Zusammenarbeit mit der siegreichen Sowjetunion, die keinerlei Eroberungsabsichten gegenüber anderen Völkern hegt, kann sich das deutsche Volk die nationale und soziale Freiheit sichern. Im Wege der revolutionären Erhebung muß es die alten Gewalten stürzen ... und auf den Fundamenten der Arbeit und des Friedens die wirkliche sozialistische Ordnung begründen.« Verwirklichen könne das nur »die Arbeiterklasse unter Führung ihres Vortrupps, der Kommunistischen Partei«, mit der »aktiven Teilnahme aller Werktätigen«. Diese Plattform wurde monatelang scharf von den Mitgliedern kritisiert, weil sie angeblich nicht mit den Instruktionen des Zentralkomitees übereinstimmte, die von Radio Moskau gesendet wurden. Sie propagierten nämlich nicht mehr die unmittelbare Schaffung eines sozialistischen Deutschlands und die direkte Machtübernahme durch die KPD, sondern sahen eine demokratische Übergangsperiode vor, weil in Deutschland die Voraussetzungen für die Errichtung der Diktatur des Proletariats fehlten.[13]

Pieck, Ulbricht und Florin in Moskau traten jetzt für Frieden und Demokratie ein, für Zusammenarbeit mit allen Gegnern Hitlers. Das war die Linie, die im Sommer 1943 zur Gründung des »Nationalkomitees Freies Deutschland« durch die KPD-Führer und deutsche Kriegsgefangene in Krasnogorsk führte. Sein Gründungsmanifest wurde millionenfach über den deutschen Linien und im Hinterland abgeworfen. Seine Zeitung zeigte auf der Titelseite die schwarz-weiß-roten Farben des Kaiserreiches und rief die Deutschen auf, dem Beispiel des Freiherrn vom Stein und des Generals von Yorck zu folgen, die zusammen mit Rußland gegen Napoleon gekämpft hatten.

Nach mehreren Besuchen Neubauers in Leipzig kam im Februar 1944 Anton Saefkow aus Berlin, um die illegale Arbeit zu koordinieren und die Aufgaben der Partei mit Schumann und Engert zu besprechen. Es wurde beschlossen, eine einheitliche Leitung für Berlin, Sachsen und Thüringen zu bilden. Die Leipziger waren nunmehr bereit, auf die Linie des Moskauer Nationalkomitees einzuschwenken, und nahmen für Leipzig den gleichen Namen an. Im März riefen sie in einer neuen Zeitung zum Bündnis aller Antifaschisten auf. Sie hörten auch von den Staatsstreichplänen des früheren Leipziger Oberbürgermeisters Carl Goerdeler und erklärten sich zur Zusammenarbeit mit ihm bereit: »Um Hitler zu stürzen, sind wir zur Zusammenarbeit mit dem Teufel bereit.« Doch es stellte sich heraus, daß Goerdeler scharf antikommunistisch eingestellt und gegen die Freilassung aller politischen Gefangenen war. Alle diese Pläne wurden durch die Massenverhaftungen, die in Leipzig im Juli 1944 einsetzten, beendet. Zehn Todesurteile wurden gefällt; Schumann, Engert und acht andere wurden im Januar 1945 als »unbelehrbare und unverbesserliche Feinde« des Regimes hingerichtet. Daß die Massenverhaftungen in Berlin, Leipzig, Magdeburg und Thüringen im Juli 1944 begannen, zeigt, daß die Kontakte sorgfältig von der Gestapo beobachtet worden waren; die Versuche, eine einheitliche Leitung zu bilden, wurden den Aktivisten zum Verhängnis. »Diese Verluste waren unersetzlich«, schrieb 1984 ein ostdeutscher Historiker.[14]

In Berlin fanden 1942 Massenverhaftungen von Kommunisten statt, die meist auf einen Polizeispitzel zurückgingen, und es wurden 40 Todesurteile verhängt. Die Kontakte waren auch durch vier Fallschirmspringer gefährdet, die 1942 in Ostpreußen landeten, um nach Berlin oder Hamburg zu gehen. Die Gestapo erfuhr das bald, löste eine Jagd mit detaillierten Personenbeschreibungen, Einzelheiten über ihre Papiere, Lebensmittelmarken und Geldmittel aus, und zwei von ihnen wurden rasch festgenommen. Trotz dieser Schwierigkeiten gelang es Saefkow, Jacob und Bästlein, eine neue große Gruppe aufzubauen, die Zellen in etwa 30 Betrieben und mehrere hundert Mitglieder hatte. Die Gestapo stellte dazu fest, »die gleiche Arbeitsweise der Kader in den verschiedenen Werken ließ sofort den für die weiteren Ermittlungen wichtigen Schluß zu, daß die illegale Arbeit von einer zentralen Stelle geleitet wurde ... Von den inzwischen festgenommenen Kaderleitern wurde in Besprechungen auf das in Moskau gebildete ›Nationalkomitee Freies Deutschland‹ hingewiesen.« Loyal gegenüber den Moskauer Anweisungen stellte die Gruppe in ihrem »Kadermaterial« vom September 1943 fest, der Weg zur »Errichtung der Macht der Arbeiterklasse« führe über einzelne Etappen: »Solange der Faschismus nicht beseitigt und der Krieg nicht beendet ist, sind wir Kommunisten bereit, unter Hintanstellung aller weitergehender Forderungen mit allen jenen patriotischen Kräften, die gleich uns das Hitlerregime stürzen wollen, ein Stück (!) Weges zusammen zu gehen.«[15]

Wenige Wochen darauf hieß es in einem Papier »Strategie und Taktik des proletarischen Klassenkampfes« etwas anders: »Wenn aus der politischen Krise des deutschen Faschismus in vollem Umfange die Krise der deutschen Bourgeoisie geworden ist, hat das Proletariat die Möglichkeit ... unter unserer Führung die Macht zu erobern und die Diktatur des Proletariats aufzurichten.« Und was die Parteistruktur betraf: »Es ist heute keine Zeit für die Einhaltung der demokratischen Seiten unserer Parteiverfassung. Solange Himmler in Deutschland regiert, kann unsere Partei nur zentralisiert sein.« Das Papier wiederholte auch die alten Illusionen über die revolutionären Massen: »Die Arbeiter in Deutschland warten geradezu darauf, daß wir – der revolutionäre Vortrupp – ihnen das Bewußtsein ihrer eigenen Kraft zurückgeben.« Geführt von einer »wahrhaft bolschewistischen Partei wird die Arbeiterklasse am Ende dieses Krieges ihre historische Mission erfüllen können.« Was die Lage bei Kriegsende betraf, so hieß es bald darauf in einem anderen

Papier, die organisierte Vorhut habe die Aufgabe, »die mit der Beendigung des Krieges zusammenfallende revolutionäre Situation auszunutzen, um die politischen Voraussetzungen für den Aufbau der sozialistischen Planwirtschaft, frei von Kriegen und Krisen, zu schaffen. Bei der Lösung dieser Aufgabe wird ein Teil der Verbündeten von heute zu den Feinden von morgen werden.«[16] Niemand kann sagen, daß sich die Leiter der illegalen Partei nicht offen über ihre Ziele äußerten, aber all das war nur für die »Kader« bestimmt. Im Juli 1944 wurden die Leiter und viele andere verhaftet, einige bei einem Treffen mit führenden Sozialdemokraten, an dem anscheinend auch ein Gestapospitzel beteiligt war.

Anscheinend wurden nur verhältnismäßig wenige Sabotageakte von deutschen Kommunisten verübt, auf jeden Fall gibt es nur wenige Berichte darüber. 1942 zerstörten Kommunisten auf Anweisung eines Instrukteurs bei Rheinmetall Maschinen, indem sie Schlamm und Eisenspäne einfüllten. Im November wurde versucht, eine Eisenbahnbrücke über die Sieg zu demolieren. Im Dezember 1942 wurden sechs Arbeiter einer Pulverfabrik in Ingolstadt verhaftet, die seit Jahresanfang zahlreiche Explosionen verursacht hatten. In Düsseldorf wurde ein Arbeiter festgenommen, weil er vorsätzlich eine Maschine für die Herstellung von Handgranaten beschädigte, so daß ein Zahnrad zersprang. Im Treibstoffwerk Lützgendorf organisierte ein deutscher Arbeiter zusammen mit Polen Sabotage und beschädigte Motoren und Leitungen. In Leipzig sabotierten deutsche und polnische Arbeiter die Produktion von Panzerfäusten und anderen Waffen.[17] Das ist eine relativ kurze Liste. An Sabotage waren deutsche Arbeiter, im Gegensatz zu den Zwangsarbeitern, nicht gewöhnt.

Doch es gibt viele Beweise, daß deutsche Arbeiter und vor allem ihre Frauen den fremden Zwangsarbeitern aus dem Osten halfen und sie versorgten. Natürlich war die große Mehrheit indifferent, und die Fremdarbeiter wurden oft von Deutschen, die sie anweisen oder überwachen mußten oder die als Vorarbeiter für sie verantwortlich waren, schlecht behandelt. Im September 1942 meldete der SD, vor allem Frauen neigten dazu, »die Russen zu bemitleiden«, was ihre Kost, ihre zu schwere Arbeit und ihre unzureichende Betreuung betreffe. So wurde erzählt, einer Russin sei ein Eisenstück auf den Fuß gefallen, so daß sie stark blutete; trotzdem habe sie ohne Schuhe und Strümpfe »bis zum Lager humpeln müssen«, was die deutschen Arbeiterinnen nicht mitansehen konnten. Die Einstellung der männlichen Arbeiter sei anders. In einem Eisenbahnabteil hätten sich kürzlich mehrere über die Behandlung der Russen unterhalten, die wenig zu essen bekämen und sehr schwer arbeiten müßten. Dabei habe ein Arbeiter gesagt: »Hauptsache ist, daß wir den Krieg gewinnen, wenn die Russen hier auch dabei eingehen.« Alle hätten ihm zugestimmt, nur zwei Frauen »schüttelten mißbilligend den Kopf«. Nach diesem Bericht wurde die Behandlung der russischen Arbeiter oft eingehend diskutiert, und die Meinungen gingen weit auseinander.[18]

Bei der Ruhrchemie in Holten waren 6000 Ostarbeiter beschäftigt, die schlecht bekleidet, ohne Schuhe und oft hungrig waren. Frauen warfen ihnen Brot und Kleider zu. »Das ist ja eine Schande für uns alle«, hieß es. Auf der Concordiazeche brachten Frauen bei Schichtanfang russischen Kriegsgefangenen Sachen, was zur Folge hatte, daß man ihre Arbeitszeit änderte. Doch die Frauen setzten ihre Hilfe fort. Als die Wachmannschaften gegen sie vorgingen, riefen sie: »Ihr solltet Euch schämen, die Menschen so herumlaufen zu lassen.« Später kamen sie überein, ihren Männern mehr Butterbrote mitzugeben, die sie bestimmten Ostarbeitern geben sollten. Im Jahre 1944 lehnte es ein Italiener in der Berliner Straßenbahn ab, seinen Platz einer älteren deutschen Frau einzuräumen, denn er habe auch für sein Billett bezahlt. Mehrere deutsche Frauen traten für ihn ein, er könne doch

nichts dafür, daß er hier sei: Man müsse menschlich bleiben, denn »wir hätten doch schon genug Schuld auf uns geladen durch die Juden- und Polenbehandlung, die man uns noch heimzahlen werde«.[19]
In Oberhausen organisierten Bergleute Lebensmittel und Kleider für russische Kriegsgefangene. Einige gaben ihren fremden Untergebenen Brot oder tauschten die von ihnen gebastelten Spielsachen gegen Nahrungsmittel aus. Manche Bergarbeiter steckten den Ostarbeitern sogar Kochsalz zu, um Magenschmerzen oder Übelkeit hervorzurufen. Ein Maschinist berichtete später, er habe dafür gesorgt, daß die Ostarbeiter in der Kantine ordentliches Essen bekamen. An Feiertagen habe er einige zum Essen zu sich mit nach Hause genommen und sie dann auf eigene Verantwortung in der Stadt herumgeführt. Andere Arbeiter bestätigten, daß ihre Frauen ihnen »doppelt Butterbrote« mitgaben, die sie den Russen zusteckten oder auf die Erde fallen ließen, um nicht aufzufallen. In Breslau wurden zwei Arbeiter wegen ihrer Solidarität mit Kriegsgefangenen verhaftet. Im Februar 1944 berichtete der Augsburger Oberbürgermeister, daß »leider zahlreiche deutsche Hausfrauen und sogar beurlaubte Soldaten« den Russinnen Brot, Brotmarken und Sammelmarken gäben, vor den Läden sowohl wie auf dem Wochenmarkt. Stelle man die Spender zur Rede, so antworteten sie nicht oder sagten, »die armen Teufel« brauchten »auch etwas zu essen«. Der tägliche Kontakt mit den Ostarbeitern bewies, daß sie keine »Untermenschen« waren, wie die Nazipropaganda behauptete, sondern intelligente, gute Arbeiter (wenn man sie nur anständig behandelte) und nett und freundlich. Im Saarland ging ein früherer Gewerkschaftsfunktionär so weit, entflohene russische Gefangene, die er im Wald fand, zu verstecken und sie im Winter 1944 mit Lebensmitteln und Nachrichten über die Kriegslage zu versorgen. Er wurde verhaftet, aber es konnte ihm nichts bewiesen werden.[20]
Das war die Haltung einer Minderheit, vor allem im Ruhr-

gebiet, die oft ohne politische Motive menschliche Anständigkeit bewies.

Es gab auch politische Zusammenarbeit von deutschen Kommunisten mit russischen Arbeitern und Kriegsgefangenen. Im Juli 1944 meldete die Gestapo, frühere Kommunisten, die passiv geworden waren, seien wieder illegal tätig, auch unter den Ostarbeitern. In Leipzig wurden in der Wohnung eines deutschen Kommunisten Flugblätter in deutscher und russischer Sprache hergestellt, worauf fünf Deutsche und 39 Russen verhaftet wurden. Im November wurde in Chemnitz eine KPD-Gruppe ›aufgerollt‹, die Zellen in sechs Rüstungsbetrieben hatte sowie Verbindungen zu Ostarbeitern und russischen Kriegsgefangenen, die nach dem gleichen Muster organisiert waren, »zwecks gemeinsamer Aktionen« und der »Aufstellung von Terror- und Sabotagegruppen«. 43 Deutsche und 13 Ostarbeiter wurden festgenommen. Im Herbst 1944 landete ein deutscher Deserteur mit dem Fallschirm in Ostpreußen. Obgleich das von der Polizei beobachtet wurde, fand er einen willigen Gendarm, der ihm den Weg zeigte, erreichte Bremen und fand Kontakt zu den dortigen Kommunisten. Erstaunlicherweise wurde er nicht entdeckt und sandte Radioberichte über die Bremer Rüstungsbetriebe nach Moskau. Nur seine Wirtin entdeckte durch die kyrillischen Wäschezeichen, woher er gekommen war.[21]

Die Klagen über schlechte Arbeitsmoral unter den jugendlichen Arbeitern verstummten nie. In den Treuhänder-Berichten über Kontraktbruch wurde eine Beteiligung von Jugendlichen bis zu 50, 60 oder 80 Prozent gerügt. Beschwerden, daß sich junge Menschen auf der Straße herumtrieben, wiederholten sich. Als die Polizei im April 1943 eine Razzia im Berliner Bezirk Schöneberg unternahm, wurden 153 Mädchen und Jungen angehalten. Als Reaktion darauf trat eine Clique mit dem Namen »CDU« (Club der Unheimlichen) auf, die Überfälle auf uniformierte HJler organisierte.

Vier Mädchen und 12 Jungen wurden festgenommen, drei von ihnen dann dem Jugendrichter übergeben und die anderen nur verwarnt. Im gleichen Jahr wurden in Königsberg zwischen 50 und 60 Jugendliche verhaftet, die Überfälle auf den HJ-Streifendienst und Einbrüche unternahmen – angeblich ohne politisches Motiv. Betont politisch waren die »Schreckensteiner« in Braunschweig, die Zusammenstöße mit der HJ provozierten, sie zusammenschlugen, Kontakte zu jugendlichen Ostarbeitern hatten und sogar von Erwachsenen mit Geld und Lebensmitteln unterstützt wurden, wie der Staatsanwalt im September 1943 feststellte.[22] Solche Cliquen, die die HJ bekämpften, mehr oder weniger politisch motiviert, bestanden anscheinend in vielen Städten.

Im Jahre 1943 berichtete der Frankfurter Generalstaatsanwalt, unter den »entarteten Jugendlichen« hätten sich keine »politischen Strömungen« feststellen lassen; »offenbar ist unbändiger Freiheitsdrang als Triebfeder anzusehen«. In Hamburg bestand ein »Totenkopf-Verband«, der Überfälle auf die HJ organisierte. »Systematisch wurden Straßenzüge abgestreift, um HJ-Angehörige anfallen zu können, oder HJ-Angehörige wurden durch Radfahrpatrouillen angemeldet« und überfallen. In Halle gab es in den Arbeitervierteln »Proletengefolgschaften«, die den Leipziger »Meuten« ähnelten. Im Oktober 1944 erließ Heinrich Himmler ein Rundschreiben über die Cliquen und ihre Bekämpfung. Er unterschied drei verschiedene Arten: »Cliquen mit politisch-oppositioneller Einstellung«, »Cliquen mit liberalistisch-individualistischer Einstellung, Vorliebe für englische Ideale, Sprache, Haltung und Kleidung« und »Cliquen mit kriminell-asozialer Einstellung«. Die Cliquen hätten allgemein keine feste Organisation und ihre Form »ist oft nur lose und ungeregelt«, sie hätten meist »feste Treffpunkte und Wirkungsbereiche« und gingen oft zusammen auf Fahrt. Ihre Basis sei oft Zugehörigkeit zu einem Betrieb, einer Schule oder Organisation. »Zunächst können solche Zusammenschlüsse ganz harmlos sein, ... später jedoch ... eine bedrohliche Entwicklung nehmen«, was oft auf einen »asozial oder kriminell ausgerichteten Burschen« zurückginge, »der sich die anderen Jugendlichen gefügig zu machen versteht«. Das war das Bild, das der Chef der deutschen Polizei von der rebellierenden deutschen Jugend entwarf, der selbst alle Wanderungen und Fahrten »außerhalb der Hitlerjugend« verboten waren, wie die Gestapo 1943 verfügt hatte.[23]

Die oben erwähnten Gruppen existierten alle in einer Stadt, aber die Edelweißpiraten bestanden am ganzen Niederrhein. Ursprünglich unpolitisch, wurden sie erst durch das Eingreifen der Gestapo politisiert, wie sich einer von ihnen erinnerte. Sie sagte ihnen sogar, sie könnten doch ihre Lieder auch in der HJ singen, doch damit wollten sie nichts zu tun haben. »Mit der Zeit wurde mehr oder weniger passives Opponieren gegen die Nazis zu einem gewissen politischen Denken und Handeln.« In Mülheim trafen sie sich an der Rheinbrücke, Jungen und Mädchen, spielten Musik und sangen. In Dortmund kamen viele aus sozialistischen Familien oder von den »Roten Falken«, der sozialdemokratischen Kindergruppe. Als sie 1941 auf einer Eisenbahnbrücke ein Transparent sahen »Räder rollen für den Sieg«, schrieb einer darunter: »und Naziköpfe rollen nach dem Krieg.« In Essen malten sie Anti-Hitler-Losungen und gaben aus HJ-Heimen gestohlenes Geld an die Familien politischer Gefangener. In Wanne-Eickel sammelten sie von britischen Flugzeugen abgeworfene Flugblätter und steckten sie in Briefkästen. In Düsseldorf-Germersheim schrieben sie an eine Unterführung »Nieder mit Hitler!« »Nieder mit den Nazi-Banditen!« und »Das OKW lügt!« Sie blockierten die Straße für uniformierte Nationalsozialisten.[24] All das waren spontane, unkoordinierte Aktionen.

In Wuppertal verteilten Edelweißpiraten ein Flugblatt »An die geknechtete deutsche Jugend«: Nazi-Deutschland wolle sie in die HJ stecken, um sie auszubilden im Marschieren,

Schießen, Karten- und Geländekunde, mit dem Ziel: »Kanonenfutter für Hitlers unersättliche Machtgier!« »Deutsche Jugend, erhebe dich zum Kampf für die Freiheit und Rechte eurer Kinder und Kindeskinder, denn wenn Hitler den Krieg gewinnt, ist Europa ein Chaos, die Welt wird geknechtet sein bis zum jüngsten Tage. Bereitet der Knechtschaft ein Ende, ehe es zu spät ist. Herr mach uns frei!« In Schwelm bei Wuppertal griffen sie mit vereinten Kräften die große Feier der westfälischen HJ zum zehnten Jahrestag der ›Machtergreifung‹ an, mit Losungen wie »Deutsche Arbeiter wollen Frieden und Brot« und »Wir werden nur dann siegen, wenn wir was zu fressen kriegen«. Sie halfen deutschen Deserteuren mit Lebensmitteln und falschen Papieren und holländischen Fremdarbeitern beim Grenzübergang, wie sich ein Überlebender erinnert. Doch ihre häufigsten Kampfobjekte waren die HJ-Heime und der HJ-Streifendienst. Ein Richter schrieb 1943 in Köln: »Diese Jungens folgen allem, nur nicht dem Zwang. Und wenn dieser Zwang von Altersgenossen ausgeübt wurde, so waren diese ihre persönlichen Feinde.«[25]

In Düsseldorf – aber das war eine Ausnahme – nahmen die Edelweißpiraten Kontakt zu einem Instrukteur der KPD auf, verteilten deren Flugblätter und Klebezettel und befestigten sie an Telefonkiosken und Anschlagbrettern. Der Instrukteur und Knöchel trafen den Führer der Piraten, Werner Heydn, einen jungen Dreher, und forderten ihn auf, die Antikriegsstimmung unter der Jugend zu verstärken. Kontakte zu anderen Jugendgruppen im Rheinland wurden hergestellt, um gemeinsame Aktionen durchzuführen. Knöchel seinerseits betonte in echter KPD-Manier, sie müßten in die HJ gehen, um die Mitglieder gegen die Führer zu beeinflussen und Proteste zu veranstalten, aber das lehnten sie ab. Knöchel und der Instrukteur wurden bald darauf verhaftet, und im Dezember 1942 schritt die Gestapo gegen die Edelweißpiraten ein. 28 Gruppen in Düsseldorf, Duisburg, Essen, Krefeld und Wuppertal wurden aufgelöst und etwa 130 Jugendliche verhaftet. Zusammen hatten die Gruppen etwa 740 Mitglieder, vor allem in Düsseldorf und Duisburg. Wie die Gestapo feststellte, war sich die Mehrzahl der »Tragweite ihrer Handlungsweise nicht bewußt«. Sie trugen die spezielle Kluft der Piraten, »um, wie sie sagen, nach außen zu zeigen, daß sie etwas anderes sein wollen« und um dem HJ-Dienst zu entgehen. Der junge Dreher aus Düsseldorf, der Kontakt zur KPD aufgenommen hatte, wurde 1944 zu einer Gefängnisstrafe von zwei Jahren verurteilt, mit ihm standen 50 andere vor Gericht. In den Düsseldorfer Gestapoakten sind die Namen von 492 Jugendlichen festgehalten, von denen die große Mehrheit aus der Arbeiterschaft kam und nur ein sehr kleiner Teil Schüler oder Studenten waren.[26]

Im September 1943 standen sieben Jungen im Alter von 15 bis 18 Jahren vor dem Jugendgericht in Wuppertal wegen Teilnahme an verbotenen ›bündischen Umtrieben‹. Ihnen wurde vorgeworfen, bündische Lieder gesungen zu haben und in bündischen Kleidern auf Fahrt gegangen zu sein; sie hätten eine »systematische Hetze« gegen die HJ betrieben, HJler überfallen und niedergeschlagen. »Ihre Tat«, stellte das Gericht fest, »stellt zugleich einen Versuch dar, die Heimatfront zu unterhöhlen und somit dazu beizutragen, das Reich zu Fall zu bringen.« Doch angesichts der Jugend der Angeklagten waren die Strafen relativ milde. Sie bestanden aus Jugendarrest oder kurzen Gefängnisstrafen.[27] Wenn das Reich durch die Konflikte zwischen den Edelweißpiraten und der HJ »unterhöhlt« werden konnte, müssen seine Fundamente auf sehr wankendem Grund gestanden haben. Die Edelweißgruppen boten den Jungen und Mädchen, was ihnen die HJ nicht bieten konnte: Zusammengehörigkeit, Freiheit von monotoner Propaganda und Drill, von Druck und Zwang.

Die Wendung im Kriegsverlauf mit Stalingrad als Symbol führte zu einem Erstarken der Opposition in vielen Teilen

Deutschlands. Die Leute hörten ausländische Sender, und viele sprachen ihre Meinung offener aus, obgleich der Terror weiter wütete. Dabei traten Frauen besonders hervor und zeigten oft großen Mut. Die KPD versuchte vergeblich, eine neue Zentralleitung zu bilden, und war nicht imstande, die wachsende Opposition in ihre Kanäle zu leiten, ihre Methoden blieben die alten. Vielleicht das interessanteste Phänomen dieser Jahre war das Aufkommen der Edelweißpiraten und verwandter Gruppen. Es zeigte, daß viele Jugendliche, vor allem aus Arbeiterkreisen, sich gegen Reglement und Zwang zur Wehr setzten und autonome Gruppen bildeten, die nie ganz unterdrückt wurden. Es war ein hoffnungsvolles Zeichen für die Zukunft, zu einer Zeit, als die Bevölkerung der Großstädte und Industriezentren schwer zu leiden hatte. Die Macht der Nazibehörden blieb unerschüttert, die Kontrolle umfassend wie zuvor. Die Liquidierung der KPD-Organisationen erfolgte gleichzeitig mit der des Umsturzversuches vom 20. Juli und nahm riesige Ausmaße an, um alle Opposition schon im Keim zu ersticken.

XI Das Ende des Hitlerregimes

Im letzten Kriegsjahr verrichtete die große Mehrheit der deutschen Arbeiter, trotz massiver Luftangriffe und des Schrumpfens der Grenzen des Großdeutschen Reiches, ihre Aufgaben so gut sie konnte. Ein neutraler Beobachter, der nach einem besonders schweren Luftangriff am 3. Februar 1945 in Berlin herumlief, bemerkte unter den Leuten »keinerlei Anzeichen von Unruhe, kein Rufen oder Schreien, keine Tränen. Vollständige Apathie. Niemand hat Kraft, einen Aufruhr gegen Hitler und den totalen Staat anzuzetteln, geschweige denn gegen Krieg und Schicksal.« Eine adlige Frau, die gute Kontakte zu der konservativen Opposition hatte, fand es »unglaublich«, daß die Arbeiter »immer noch durchhalten. Warum kommt es nicht zu einem Massenaufstand, der von ihnen aus ja leichter möglich wäre?« Sie hätten schon längst nicht mehr genug zum Essen und seien »am Ende ihrer Kräfte«.[1] Aber es war nicht »leichter« geworden, gegen SS, Armee, Polizei und Gestapo und ohne eine funktionierende Organisation oder Partei einen Aufstand vorzubereiten und die Massen zu mobilisieren. Zur Zeit des deutschen Zusammenbruchs von 1918 bildeten sich in ganz Deutschland spontan Arbeiter- und Soldatenräte, die die Macht übernahmen. Das war es, was die britischen Behörden auch 1945 erwarteten.[2] Aber die Soldaten kämpften an der Front oder waren Kriegsgefangene, und die Arbeiter waren vollkommen erschöpft, ruhig und passiv. Es gab keine spontanen Aktionen.

Im Januar 1944 informierte der Sicherheitsdienst die Parteikanzlei, »die Zahl der Pessimisten und Skeptiker« wachse ständig, die meisten könnten sich nicht vorstellen, wie sich »das Blatt noch einmal wenden solle«; es bestünde die Gefahr, »daß die bedrohlichen Gedankengänge der Pessimisten in breiten Bevölkerungskreisen festen Fuß fassen«. Die

Nachricht vom Beginn der russischen Winteroffensive erzeuge »erneute Furcht vor den unerschöpflich erscheinenden Menschen- und Materialquellen der Sowjets und vor der oft genannten Überlegenheit der Russen im Winterkriege«. Allgemein wurde gefragt, »wie weit unsere Heerführung eigentlich noch zurückzugehen beabsichtige« oder ob sie nicht mehr die Freiheit habe, »darüber selbst zu entscheiden«. Ein Teil sei »halb verzweifelnd« und ratlos, man warte ab, »was noch an schweren Schicksalsschlägen« kommen werde. Praktisch gebe es wieder einen Zweifrontenkrieg und man habe »alle Hände voll zu tun, um die an Zahl und Material weit überlegenen Feinde abzuwehren«. Gegen Ende März 1944 fand der SD große Teile der Bevölkerung »stark eingeschüchtert«. Man wisse nicht, »worauf man eigentlich noch hören soll«; auch zuversichtlichen Menschen würde »die Sache allmählich unheimlich«, und man rede über das »unerbittliche Herannahen der Bolschewisten«. »Die Vorstellung, daß wir fast wie im Ersten Weltkrieg gezwungen seien, gegen eine Reihe von übermächtigen Feinden zu kämpfen«, die Opfer vieler Familien und der »Luftterror« minderten den Glauben an den Endsieg und machten »den Sinn des ganzen Geschehens« fraglich. Im April berichtete eine Außenstelle des SD aus Schwaben, nach dem letzten schweren Angriff auf Augsburg sei die Stimmung nervös, die große Mehrheit wünsche »Frieden um jeden Preis«, in der Stadt spreche »man versteckt und auf dem Lande offen davon, daß von einer für uns glücklichen Beendigung des Krieges keine Rede mehr sein kann«. Urlauber von der Ostfront bezeichneten die sogenannten »Absetzbewegungen« der Heeresberichte als »reguläre Flucht«.[3]

Im März 1944 erließ Albert Speer, der Generalbevollmächtigte für die Rüstung, eine Verordnung, die die Arbeitszeit in der Flugzeugindustrie von 60 auf 72 Stunden in der Woche ausdehnte, für Frauen und Jugendliche auf 60 und in der Rüstungsindustrie im allgemeinen ebenfalls auf 60 Stunden;

er ordnete auch verlängerte Sonntagsarbeit an. In einzelnen Betrieben wurde auch das nicht eingehalten. So verordnete der Betriebsleiter der Messerschmittwerke auch für Frauen und Jugendliche 12 Stunden tägliche Arbeitszeit, am Samstag neun Stunden und am Sonntag einmal im Monat sechs Stunden, was mehr als 70 Stunden ergab. Im Juli wurden generell alle Beschränkungen der Arbeitszeit aufgehoben. Doch die erhoffte Produktionssteigerung wurde infolge der chaotischen Verkehrsverhältnisse nicht erreicht. Wie der SD meldete, sagten die Arbeiter, 72 Wochenstunden seien »bei der gegenwärtigen Verpflegung kaum durchzuhalten«; vor allem die Frauen äußerten ihre Ablehnung, »denn es gehe immer auf sie, wenn sie bei solchen Anforderungen nicht genug zu essen schaffen könnten«. »Fatalistische Ergebenheit« in das Schicksal breitete sich aus; man könne nicht »mehr arbeiten als vom frühen Morgen bis in die späte Nacht ... und zu verlieren habe man ohnehin nichts mehr«. Im Mai riefen die Einberufungen zur ›Heimatflak‹ große Mißstimmung unter den Arbeitern hervor, weil Männer, die schwer arbeiten müßten und gesundheitlich litten, eingezogen wurden, doch »die Bessergestellten können sich immer vor allem drücken«. Später war es die Einberufung aller Männer von 16 bis 60 Jahren zum ›Volkssturm‹, die Äußerungen hervorrief wie: »Wir wollen nicht mehr kämpfen«, »mit uns kann der Krieg nicht mehr gewonnen werden«, meldete die Gendarmerie von Feldkirchen in Oberbayern. Auch in Stuttgart fragten Arbeiter, ob die Mitglieder der besitzenden Klassen ihre Pflicht tun würden, und es gab endlose Kritik. Die Nürnberger Schraubenfabrik stellte für ihre Arbeiter Bescheinigungen aus, daß sie wegen »kriegswichtigen Einsatzes« nicht an den Volkssturmübungen teilnehmen konnten. Dazu kam, daß Ausrüstung und Waffen für den Volkssturm fehlten. Die ewige Frage war: »Wann wird diese schreckliche Plage einmal ein Ende nehmen?«[4]

Im Sommer 1944 landeten die Alliierten in der Normandie,

und auf deutscher Seite wurden die V1 und V2 als »Vergeltungswaffen« eingesetzt. Doch schon gegen Ende Juni stellte der SD fest, viele hätten von der V1 erwartet, daß der Widerstand in England »schlagartig ausgeschaltet werden würde«, aber sie habe »keine merkbaren Ergebnisse« hervorgebracht. Die heftigen Kämpfe in der Normandie und der sich fortsetzende Rückzug im Osten und in Italien hätten »eine weitgehende Verschlechterung der Stimmung« hervorgebracht, »von Begeisterung, Siegeszuversicht und Vertrauen auf die deutsche militärische Kraft« sei wenig zu spüren. Im Juli hieß es, angesichts der rasch fortschreitenden Invasion in Frankreich gebe es viel »Enttäuschung, ja Ärger über die Atlantikwall-Propaganda«. Einfache Leute redeten von »an der Nase herumführen«, Pessimismus herrsche vor, vor allem im Süden. Der rasche russische Vormarsch bedrohte Königsberg und Danzig, und Gerüchte zirkulierten über die Evakuierung Ostpreußens, was an das Tempo der früheren deutschen Blitzsiege erinnere. Man könne es nicht fassen, daß die Russen in zwei Wochen 250 km vorgedrungen seien. Die Leute befürchteten eine Katastrophe im Osten. In der zweiten Julihälfte hieß es, die Vorgänge im Osten hätten die Stimmung »innerhalb weniger Tage auf den Nullpunkt herabsinken lassen«, es herrsche »eine tiefe Depression verbunden mit Angst um die Zukunft« in allen Schichten und besonders unter den Frauen; die Invasionsfront, Italien und die »Vergeltungswaffe« würden erst in weitem Abstand diskutiert.[5]

Trotz des weitverbreiteten Pessimismus taten die Arbeiter weiter ihre Pflicht – vermutlich aus einer Mischung von angeborener Disziplin, patriotischen Gefühlen, Wut über die schweren Luftangriffe, Angst vor der Zukunft und einer Stimmung des Aushaltens und der Zähigkeit. Im Dezember 1944 wurde aus Halle berichtet, die Arbeiter seien zuversichtlicher als andere soziale Gruppen. In einer Betriebsversammlung in Dresden äußerten Arbeiter, sie müßten jetzt um so mehr leisten, um den Verlust im Westen auszugleichen, wo soviel Waffen und Ausrüstung verloren würden. Im Februar 1945 kam eine Umfrage zu dem Schluß, daß die Arbeiterschaft der Großbetriebe »nach wie vor vorbildlich ihre Pflicht erfülle«, nur wenig »meckere« und immun gegenüber »allen kommunistischen Zersetzungsversuchen« sei – ganz anders als bürgerliche Schichten, die alles für verloren hielten und meinten, »wozu noch arbeiten«, wo der Krieg höchstens noch drei Monate dauern könne. Kritisiert wurde »das Beispiel vieler führender Persönlichkeiten«, die entgegen den Anordnungen ihre Familien nach dem Westen schickten. Andererseits hieß es aus dem Berliner Wedding im November 1944, bis Weihnachten sei der Krieg zu Ende und dann »ginge alles wieder Stempeln«. Arbeiter des Berliner Rüstungsbetriebs Loewe lehnten »aufklärende Worte« über neue Wunderwaffen lächelnd ab; woher sollten die denn kommen, hier müßten die Frauen wegen Materialmangels schon zwei Tage die Woche aussetzen. In vielen Fabriken arbeiteten die Leute bis zu den letzten Kriegstagen, oder wenigstens bis kein Material mehr vorhanden war.[6] All das kann man nicht allein durch Angst vor der Gestapo erklären, die sicher auch eine Rolle spielte.

Nach schweren Luftangriffen gab es, wie der SD im Februar 1945 aus Berlin meldete, »mehr als früher Schimpfereien und Angriffe auf führende Persönlichkeiten, die für den Krieg verantwortlich gemacht werden«; viele Frauen meinten, »es solle endlich mit dieser sinnlosen Zerstörung Schluß gemacht werden«. Nach einem heftigen Angriff auf München, berichtete die bayerische Polizei, habe es »sehr abfällige Äußerungen« gegeben; man erzählte sich ganz offen von Gewalttätigkeiten gegen uniformierte Politische Leiter, sogar in »Parteikreisen«. Aus Stuttgart meldete der SD im Januar, daß vor allem »Intelligenzler und intelligente Arbeiter« äußerten, »die Kriegsschuld liege eindeutig auf unserer Seite, denn einer der Kernpunkte von des Führers Politik sei

ja die Ausdehnung des Reiches nach Osten gewesen ... Der Führer habe also von Anfang an auf den Krieg hingearbeitet«, Deutschland habe seine Lage selbst verschuldet.[7] Nunmehr waren es Hitler und die Politischen Leiter, die ›Goldfasanen‹, die für den Krieg verantwortlich gemacht wurden.
Es kam auch zu aktiven Antikriegshandlungen. Im September 1944 wurden in Augsburger Straßen echte Geldscheine zu 1 Mark gefunden mit dem Aufdruck »Deutschland geht zugrunde, das ist das Werk der Nazis« und »Jeden Tag, den Hitler länger lebt, müssen Tausende von Soldaten, Frauen und Kindern verbluten«. Im gleichen Monat meldete die bayerische Gendarmerie aus Au, Hakenkreuze würden abgerissen, Hakenkreuzdenkmäler gesprengt und »Hetzparolen« an die Wände geklebt, die Stimmung sei »gedrückt und verzagt und z. T. sehr gereizt«. Gegen Jahresende, so berichtete der badische Oberlandesgerichtspräsident, habe in einer der bekanntesten Metzgereien von Karlsruhe eine Frau mit »Heil Hitler« gegrüßt, woraufhin ein Mann sie an den Haaren packte und schrie: »Dieser Mann und Kriegsverbrecher gehört aufgehängt und Sie daneben, an einen Balken gehören Sie gehängt und Feuer darunter gemacht, so daß Sie langsam verbrennen.« Niemand in dem Laden versuchte, der Frau zu Hilfe zu kommen. An der Gemeindetafel eines kleinen oberbayerischen Ortes erschien im Dezember ein Anschlag: »Die Deutsche Friedensbewegung ruft Euch! Jeder Deutsche wird aufgefordert, den sinnlosen Kampf, den Hitler und Himmler von Euch fordern, mit allen Mitteln zu sabotieren! ... Der Tag zum offenen Kampf gegen die Nazityrannei rückt näher! Nationale Friedensbewegung.« Aber wir wissen nicht, wer hinter dem Appell stand und ob es eine solche Bewegung gab.[8]
In den Ruinen der zerstörten rheinischen Städte entstand eine Art Gegengesellschaft, die aus Deserteuren, entflohenen Zwangsarbeitern, Flüchtlingen, Illegalen, Jugendlichen, Schwarzmarkthändlern und Kriminellen bestand. Die Wirt-

schaft beruhte auf dem Tauschhandel, durch den alles zu haben war: Zigaretten, Alkohol, Butter, Fett und Waffen. Nach einem Gestapobericht gab es allein in Köln zwanzig solcher Gruppen, die zwischen drei und zwanzig Mitglieder hatten und zu denen auch Polen und Franzosen gehörten. Sie erschlugen 29 Menschen, darunter den Leiter der Kölner Gestapo, zwei weitere Gestapoleute, sechs politische Leiter, fünf Polizisten und je einen Angehörigen der SA und der HJ. Das Hauptziel der größten dieser ›Banden‹ war eindeutig die Gestapo und die NSDAP. Sie arbeiteten eng zusammen mit einer Gruppe von Edelweißpiraten in Köln-Ehrenfeld, einem Arbeiterviertel mit betont linker Tradition. Die Eltern oder nahe Verwandte der Piraten hatten zur SPD oder KPD gehört, und viele hatten unter Verfolgung gelitten. Am 20. April 1944, als ein »Geburtstagsgeschenk« für Hitler, verschafften sich die Piraten von der Reichsbahn Hemmschuhe und brachten einen Wehrmachtzug zum Entgleisen. Sie planten die Sprengung des Gestapohauses, eines Gerichtsgebäudes und von Eisenbahnanlagen. Ihr Ziel war, die Flucht von Nazis und Gestapoleuten zu verhindern und sie den heranrückenden Amerikanern zu übergeben. Sie halfen Deserteuren und Zwangsarbeitern, und sie haßten ein Regime, das so viele ihrer Bekannten verfolgte. Sie gehörten zur Arbeiterschaft und hatten keine klaren politischen Ideen. Im Herbst 1944 wurden sie verhaftet, und ihre Führer wurden öffentlich gehenkt.[9]

Die Ehrenfelder Piraten hatten gute Kontakte zu ähnlichen Gruppen in anderen Kölner Stadtteilen, mit denen sie gemeinsame Aktionen durchführen wollten. Wie der Kölner Oberstaatsanwalt Anfang 1945 schrieb, all das habe zu einer »ernsthaften Besorgnis innerhalb der Hitlerjugend und auch unter der hiesigen Bevölkerung und der Nachbarstädte Düsseldorf und Bonn geführt«. Eine Zeitlang sei es für HJler unmöglich gewesen, im Dunkeln »in Uniform über die Straße zu gehen, ohne befürchten zu müssen, von Edelweißpiraten angerempelt oder gar überfallen zu werden«. In Wuppertal hatten die Piraten Kontakte zu russischen Kriegsgefangenen. Ihr Ziel war die Sabotage des deutschen Rückzugs und der deutschen Militärtransporte und eine Zusammenarbeit mit den Amerikanern.[10] Aber viel konnten die kleinen Gruppen nicht tun.

Einen völlig anderen Charakter, mehr dem der traditionellen linken Bewegung ähnelnd, hatte das »Nationalkomitee Freies Deutschland«, das in Köln 1944 unter dem Einfluß des in Rußland von der KPD-Leitung gegründeten Nationalkomitees mit dem gleichen Namen entstand. Es hatte etwa 200 Mitglieder, darunter auch Nichtkommunisten, aber die Leitung war eindeutig in kommunistischer Hand. Die Flugblätter und Plakate des Komitees riefen auf zu Arbeitseinstellung, Sabotage, Fahnenflucht, langsamer Arbeiten, Brandstiftung und Beschädigung von Maschinen, um ein schnelles Kriegsende herbeizuführen. Es hatte Verbindungen zu Betriebszellen und Zwangsarbeitern, die es mit Lebensmitteln und Kleidern versorgte. Das politische Ziel war, in Übereinstimmung mit den Moskauer Richtlinien, die Errichtung eines antifaschistischen demokratischen Staates nach dem Vorbild der spanischen Bürgerkriegspolitik. Dazu wollte das Komitee mit den Alliierten zusammenarbeiten, aber diesen mit eigenen Vorschlägen über den Wiederaufbau von Gewerkschaften, eine freie Presse, eine neue Stadtverwaltung und einen Gesundheitsdienst entgegentreten. Zu diesem Zweck wurden Ausschüsse gebildet, die konkrete Vorschläge ausarbeiten sollten. Um geeignete Leute für die Kommunalverwaltung aus allen antifaschistischen Kreisen zu finden, sondierte man vorsichtig bei Sozialdemokraten und Bürgerlichen. Diese Pläne stießen auf Opposition bei kommunistischen Betriebsarbeitern, aber das Komitee setzte sich durch und entwarf ein entsprechendes Programm. Es war ein gutes Beispiel einer ›Volksfront‹-Taktik für die Zeit nach Kriegsende.[11]

Doch im November 1944 wurden die Leiter und viele Mitglieder verhaftet. Die Leiter starben unter den Folterungen der Gestapo, viele andere sollten hingerichtet werden, aber 42 von ihnen wurden im letzten Augenblick von den Amerikanern gerettet. Ein ähnliches Komitee wurde 1944 in Stuttgart unter der Leitung eines Kunsthistorikers gebildet. Es war viel kleiner und hatte Verbindung zu Widerstandsgruppen im Elsaß. Im Juni wurden 26 Mitglieder verhaftet. In Hamburg bestand eine größere Gruppe, »Kampf dem Faschismus«, die Ende 1944 mit Vorbereitungen für die Zeit des Zusammenbruchs begann, um in Zusammenarbeit mit Fremdarbeitern die Sprengung von Brücken und lebenswichtigen Betrieben zu verhindern. In Bremen berieten Vertreter linker Gruppen ab Mai 1944 über die Nachkriegsaufgaben. Die Grundlage war ein kommunistisches Aktionsprogramm der »Einheitsfront von General Seydlitz bis Wilhelm Pieck«, das von linken Sozialisten akzeptiert wurde. Im März 1945 beriet man über ein Sofortprogramm, um den Zerstörungswahn der Nazis zu blockieren. In Hannover berieten frühere Gewerkschafter, mit wem man die leitenden Posten der Kommunalverwaltung besetzen und wie man Nazisabotage in den Fabriken und anderswo verhindern könne. Man überlegte, »was wir tun müssen, wenn die Nazis weg sind«, und man fand geeignete Personen.[12] Sie wurden nicht entdeckt, aber nur zu oft endeten ähnliche Beratungen im Gestapogefängnis.

Im allgemeinen scheinen die ständig wiederholten Appelle der Moskauer KPD-Führer, Nationalkomitees für ein Freies Deutschland zu bilden, nur ein begrenztes Echo in Deutschland gefunden zu haben. Vermutlich waren die Kader in Berlin, Sachsen und Mitteldeutschland durch die Massenverhaftungen vom Juli 1944 zu geschwächt, um dem Appell folgen zu können. Man wartete auf den Einmarsch der Roten Armee, und mit ihr kamen die Moskauer Führer mit Ulbricht an der Spitze. Interessanterweise erfolgten die Versuche, Nationalkomitees ähnlich dem russischen zu bilden, im Westen und Süden, in Städten, die nicht von den Massenverhaftungen des Juli betroffen waren.

Im März 1945 wurde aus Berlin berichtet, die bolschewistischen »Greueltaten« würden nicht so ernst genommen, vieles sei Propaganda, um das Volk »bei der Stange zu halten«, und die Anglo-Amerikaner seien weniger gefährlich, sie würden vielleicht noch vor den Russen nach Berlin kommen. Als die Amerikaner im Anfang 1945 in Deutschland vorrückten, wurde eine weitere Propagandalüge entlarvt. Im Februar meldete ein SS-Obersturmbannführer, die Bevölkerung an der Saar habe »die beste Meinung« von ihnen und wolle daher ihre Dörfer nicht räumen. Als ein Regimentskommandeur 30 Frauen aus einem Dorf zwangsweise abtransportieren wollte, habe es »regelrechte Szenen« gegeben und »wüste Schimpfereien«. Die Frauen erklärten, »daß sie von den Amerikanern anständig behandelt worden seien« und sogar Seife und Schokolade erhalten hätten. Es sei zu befürchten, daß sie in ihren neuen Unterkunftsorten »Propaganda für die Amerikaner machen werden«, da sie »einen deutschen Sieg für völlig ausgeschlossen halten«. Aus Stuttgart meldete der SD im März, niemand glaube mehr an einen deutschen Sieg. Wenn jemand – aber das geschehe sehr selten – auf die Hilfe neuer Waffen innerhalb weniger Wochen hinweise, »so wird er höchstens mitleidig belächelt«, denn es gebe keine Transportmöglichkeiten, weder für die Rohmaterialien noch für die Fertigteile aus anderen Orten. Doch die Arbeiter in den nicht unmittelbar bedrohten Gebieten führten ihre Arbeit nach wie vor getreulich aus. Noch Anfang April 1945 schrieb der Regierungspräsident von Oberbayern von einer »restlosen und unentwegten Pflichterfüllung ... unter schwierigsten Bedingungen«.[13] Daß die Arbeiter noch an eine Wende des Kriegsglücks glaubten, ist kaum anzunehmen.

Mitte April wurde in Berlin ein kleines Flugblatt von einer

Widerstandsgruppe verteilt: »Wer heute noch die Befehle der Nazis ausführt, ist ein Idiot oder ein Lump. Berliner! Folgt dem Beispiel der Wiener! ... Soll Berlin das Schicksal von Aachen, Köln und Königsberg erleiden? NEIN! Schreibt überall euer Nein an! Bildet Widerstandszellen in Betrieben, Kasernen, Schutzräumen!« Das »Nein!« wurde nachts an die Mauern der zerstörten Stadt gemalt. Im gleichen Monat wurden in Hamburg Flugblätter verteilt mit der Aufforderung, die Stadt kampflos zu übergeben und keine »Werwolfsnester der SS« zu dulden. Ein anderes Flugblatt erklärte: »Endlich Schluß mit der sinnlosen Verlängerung des Krieges! ... Zeigt der Welt, daß wir nichts gemein haben mit dem Hakenkreuz. Hamburg darf nicht verteidigt werden, wenn Hamburg leben soll.« In Bremen stellte das antifaschistische Komitee Verbindung zu einer Offiziersgruppe her, die den Krieg für sinnlos hielt, um Waffen für zuverlässige Werftarbeiter zu bekommen und die Naziführer zu verhaften. Aus dem Komitee entwickelte sich die »Kampfgemeinschaft gegen den Faschismus«, die von Bedeutung für die Nachkriegszeit war. Eine ähnliche Rolle spielte die »Antifaschistische Aktion« in Braunschweig, die Nazigelder beschlagnahmte und verteilte.[14]

An vielen Orten stießen Menschen, die die Stadt kampflos den vorrückenden Alliierten übergeben wollten, auf den erbitterten Widerstand der SS und getreuer Nazis. In Düsseldorf erschossen sie vier Menschen und in Mülheim weitere vier: zwei Kommunisten, einen Sozialdemokraten und einen Katholiken. In Solingen sammelte eine kleine Gruppe, die während des Krieges die BBC abgehört hatte und die Lage besprach, gegen Kriegsende Waffen und beschloß zu handeln, als sich am 15. April die Amerikaner näherten. Sie drangen ins Rathaus ein und forderten den Polizeileutnant auf, weiße Fahnen zu hissen. Als er sich weigerte, entwaffneten sie ihn und enthoben ihn des Dienstes. Ein Polizeimeister, der sich zur Verfügung stellte, wurde eingesetzt und die weißen Fahnen gehißt. Am nächsten Tag erschien eine SS-Einheit, schoß auf die weißen Fahnen und zog sich dann zurück. Panzersperren wurden beseitigt, ein Bürgerausschuß formierte sich, und die Amerikaner konnten einmarschieren, ohne auf Widerstand zu stoßen.[15]

In Bayern dauerte der deutsche Widerstand länger und forderte noch am Schluß neue Todesopfer. In Bad Windsheim demonstrierte eine große Menschenmenge vor dem Rathaus, um den Kommandanten zum Abzug seiner Truppe aus der Stadt zu bewegen. Frauen drangen in seinen Gefechtsstand ein, und er konnte sich nur retten, indem er militärische Hilfe anforderte. Am folgenden Tag kam die Gestapo aus Nürnberg, ließ sich die ›Rädelsführerinnen‹ nennen und erschoß eine von ihnen vor den Augen ihres Mannes. Gegen Ende April besetzten Offiziere der »Freiheitsaktion Bayern« vorübergehend den Münchener Sender und erließen einen Appell, keinen Widerstand zu leisten, aber sie wurden von Nazikräften überwältigt. In Wasserburg am Inn folgte eine kleine Widerstandsgruppe dem Appell und rief die Einwohner zur Einstellung des Widerstands auf; ein Standgericht verurteilte die Mitglieder der Gruppe zum Tod, aber sie konnten sich in Sicherheit bringen.[16]

Weniger glücklich waren die Sozialdemokraten und Kommunisten des ›roten‹ Penzberg in Oberbayern. Dort ging der frühere Bürgermeister Hans Rummer am 28. April zum Bergwerk, wo die Arbeit eingestellt wurde, und die Bergleute marschierten zum Rathaus. Der Nazi-Bürgermeister wurde aus dem Haus gewiesen, und Rummer verpflichtete sich die Beamten. Doch dann erschien ein Hauptmann, der seinem Kommandeur berichtete und Befehl erhielt, die Aufständischen zu verhaften. Soldaten sicherten das Rathaus, sieben Mann wurden festgenommen, der Münchener Gauleiter befahl ihre Exekution und schickte eine Werwolfeinheit nach Penzberg, um für ›Ordnung‹ zu sorgen. 14 Männer und zwei Frauen wurden ohne jeden Prozeß hingerichtet.

Am Morgen des 29. verließ die Einheit Penzberg und am 30. rückten die Amerikaner ein. Das war die Tragödie einer kleinen Stadt, in der die Linksparteien immer die Mehrheit besessen hatten.[17]

Als der Krieg schon fast zu Ende war, fand das Regime noch immer seine wütenden Verteidiger, nicht nur in der SS, sondern auch in der Armee. Hunderte von sogenannten Deserteuren und Oppositionellen wurden hingerichtet, in seinem Todeskampf war das Regime genauso grausam, wie es schon vorher immer gewesen war. Die Hitlerjugend sang ein Lied: Europa würde in Flammen stehen »bei der Germanen Untergang«. Europa stand in Flammen, als Hitlers Zwölfjähriges Reich zu Ende ging, doch aus der Asche erstanden ein neues Europa und ein neues Deutschland. Im Osten Deutschlands herrschten die Kommunisten 44 Jahre lang, aber auch ihre Herrschaft ging zu Ende.

XII Schlußbetrachtung

Die Bandbreite der Einstellungen deutscher Arbeiter zum Nationalsozialismus reichte von Bejahung bis zu bitterer Opposition. Wie wir gesehen haben, hatte die NSDAP schon in den zwanziger und frühen dreißiger Jahren beträchtlichen Zulauf aus der Arbeiterschaft: in welchem Umfang, ist noch immer nicht geklärt. Die nationalsozialistische Propaganda war besonders erfolgreich unter bestimmten Arbeiterschichten, Jugendlichen und Arbeitslosen, Handwerkern und Landarbeitern, denen sie das Ende des ›Systems‹ von Elend und Hunger versprach, weniger unter gewerkschaftlich Organisierten. Als Hitler an der Macht war, nutzte seinem Ansehen vor allem die Arbeitsbeschaffung, das langsame Verschwinden der Arbeitslosigkeit, selbst wenn die Löhne auf niedrigem Niveau fixiert blieben, die Arbeiter viele ihrer alten Rechte verloren und ihren Arbeitsplatz nicht mehr wechseln durften. Von 1936 bis 1938 wurden Hitlers große außenpolitische Erfolge von den meisten Deutschen und den meisten Arbeitern willkommen geheißen. Ein kommunistischer Historiker schrieb vor einiger Zeit: »Die übergroße Mehrheit der Deutschen folgte daher den Nazis begeistert, zum Teil abwartend oder mit einer gewissen Skepsis, aber doch nicht ohne gewisse, mit der Konsolidierung des Regimes wachsenden Sympathien für die ›neue Ordnung‹, die scheinbar Arbeit für alle und innere Ruhe brachte, die soziale Sicherheit und Deutschlands ›Wiederaufstieg‹ versprach.«[1] Man darf die Demoralisierung großer Teile der Arbeiterschaft durch lang dauernde Arbeitslosigkeit und kümmerliche ›Wohlfahrtshilfe‹ nicht unterschätzen. Wer noch Arbeit hatte, war von den Arbeitslosen getrennt, und die Solidarität litt stark. Andererseits stimmten vor 1933 sehr viel mehr Arbeiter für die zwei Linksparteien als für die NSDAP, und deren vereinte Stärke blieb trotz der Krise relativ stabil, während die NSBO sehr schwach blieb.

Die ›Machtergreifung‹ vollzog sich ungeheuer rasch, ohne daß es irgendwelchen Widerstand von links gegeben hätte. Die stolze deutsche Arbeiterbewegung wurde innerhalb weniger Wochen sang- und klanglos liquidiert, was die Demoralisierung in den Reihen der Linken weiter verstärkte. Seit vielen Jahren waren die beiden Linksparteien damit beschäftigt gewesen, einander zu bekämpfen, und der Abgrund, der sie voneinander trennte, half den Nazis erheblich. Nach 1933 machte die große Mehrheit der Arbeiter ihren Frieden mit dem Regime und wurde passiv und apathisch, »weil man ja doch nichts tun könne«. Aber man mißtraute den neuen Bonzen von der DAF und vermißte die Gewerkschaften und deren Hilfe in Lohn- und anderen Fragen.[2] In den Betrieben hielten sich viele an die alten Betriebsräte und Gewerkschaftsvertreter und nicht an die neuen DAF-Obleute und Vertrauensräte, die mit den Unternehmern zusammenarbeiteten.

Doch eine starke Minderheit von Sozialdemokraten und Kommunisten war nicht zur Unterwerfung bereit und lehnte es ab, passiv hinzunehmen, was immer ihnen das neue Regime befehlen mochte. Der grausame Terror zur Zeit der ›Machtergreifung‹ und die vielen Tausende von Verhaftungen in den ersten Monaten festigten sie in ihren Ansichten. Zahllose Arbeiter reagierten, indem sie sich kleinen illegalen Gruppen anschlossen, illegale Flugblätter und Schriften verteilten und der offiziellen Propaganda so gut sie konnten entgegenwirkten. 1933 und 1934 entstanden überall in Deutschland kleinere oder größere illegale Gruppen – und oft wurden sie ebenso schnell, wie sie entstanden waren, von der Gestapo ›aufgerollt‹. Deren Arbeit wurde durch die unkonspirative Taktik und die fast offenen Propagandamethoden vieler linker Gruppen erleichtert. Vor allem die KPD blieb ihren alten Methoden der ›Massen‹propaganda, des

Hissens von roten Fahnen und des Malens von Parteilosungen viel zu lange treu. Sie sah nach wie vor die Sozialdemokratie als ihren Hauptfeind an und benutzte die ›Einheitsfront von unten‹ dazu, Sozialdemokraten ihrer Partei abspenstig zu machen. Auch als sich nach 1935 die Taktik etwas änderte, kam keine Einheitsfront zustande. Die zentralistische Parteistruktur der KPD wurde trotz furchtbarer Verluste aufrechterhalten, wenn möglich mit einer zentralen Leitung in Berlin. Nach einer zuverlässigen Schätzung wurden zwischen 1933 und 1935 etwa 75 000 Mitglieder verhaftet und mehrere tausend hingerichtet oder ermordet – was etwa einem Viertel der Mitgliederzahl von 1932 entspricht.[3]

Auch die Sozialdemokraten erlitten in den ersten Jahren des Hitlerregimes durch Unvorsichtigkeit und falsche konspirative Methoden sehr schwere Verluste; aber sie lernten schneller als die Kommunisten, daß alle breite Propaganda zwecklos war. Beide Parteien, vor allem die KPD, litten unter der Infiltration durch Gestapoagenten und ehemalige Genossen, die in der Haft ›umgedreht‹ worden waren. Viele waren durch die Plötzlichkeit und Totalität des Nazisieges unsicher geworden, hielten Widerstand für unmöglich oder wollten sich in den Augen der neuen Machthaber rehabilitieren. Andere wurden in der Haft durch Versprechen von Freiheit und Belohnung gewonnen. Die aus der Haft Entlassenen wurden nicht immer mit dem nötigen Mißtrauen empfangen. Man hat kürzlich behauptet, daß »oppositionelle Regungen und Aktionen ... in aller Regel aus den eigenen Reihen liquidiert« wurden.[4] Aber in dieser Verallgemeinerung ist das übertrieben und gilt nicht für viele sozialdemokratische und andere linke Gruppen. Was schließlich übrig blieb, waren zahllose Skat- und Kegelklubs, Konsumvereine, Arbeiterchöre, Sportvereine und Stammtische, die man nicht alle verbieten konnte. Man hat die Zahl derer, die sich in dieser Form einigelten, auf mehrere hunderttausend geschätzt, was wohl zu hoch gegriffen ist. Auf jeden Fall überlebten sozialistische Traditionen in diesen sehr losen Organisationsformen die zwölf Jahre des Dritten Reiches.

In den Arbeitersiedlungen der Großstädte, in manchen Betrieben und Gruben überlebte die Solidarität – eine Tradition proletarischen Lebens und gemeinsamer Erfahrungen, die nicht die der Nazis war. Sie zeigte sich auch in der Hilfe, die so manchen Zwangsarbeitern des Zweiten Weltkrieges in Form von Lebensmitteln und Kleidern zuteil wurde, vor allem von Arbeiterfrauen, und in den immer wiederholten lauten Protesten gegen die Befreiung von ›Damen‹ der besseren Kreise von der Fabrikarbeit. Eine neue Art des Protestes zeigte sich in vielen Städten in der »Bummelei« junger Arbeiter und in der Bildung von Cliquen außerhalb der Hitlerjugend, die sich langsam politisierten. Was als Opposition gegen das Verbot, zusammen auf Fahrt zu gehen, begann, führte bei den Edelweißpiraten und anderen zum Kampf gegen die HJ und den von ihr ausgehenden Zwang, und schließlich gegen das System, das auf Zwang basierte. Die bestorganisierte Form der Opposition war die der Zeugen Jehovas, die durch ihren Glauben inspiriert wurden, auch die härteste Verfolgung schweigend zu erdulden, und die jede Arbeit für den Krieg standhaft verweigerten, auch wenn das zu Todesurteilen führte.

Im Dritten Reich gab es sehr verschiedene Formen von Opposition: vom ›Grüß Gott‹ statt ›Heil Hitler‹, über Ablehnung der Spenden für die Winterhilfe bis hin zur Hilfe für verfolgte Juden, dem Verteilen illegaler Literatur, dem Malen von »Nieder mit Hitler!« auf die Hauswände und der Mitgliedschaft in illegalen Gruppen. Die Historiker haben darüber diskutiert, was den Namen von Widerstand oder Opposition verdient und was nicht. Doch die Grenzen sind fließend, etwa was die vielen Leser der »Sozialistischen Aktion« betrifft oder die vielen Sozialdemokraten, die am Stammtisch saßen und die politische Lage besprachen. Ihre

Haltung war sicher oppositionell, aber sie verdient kaum den Namen ›Widerstand‹. Zwischen 1933 und 1939 wurden mehr als 5000 Frauen und Männer in München von einem einzigen Sondergericht wegen »Heimtücke« verurteilt, aber ihr ›Verbrechen‹ mag nur in kritischen Bemerkungen oder in der Ablehnung bestimmter Anordnungen bestanden haben. Selbst die Bezeichnung ›Verweigerung‹ oder ›unorganisierter Ungehorsam‹ mag solche Handlungen überbewerten.[5]

Auf jeden Fall beweist die Vielzahl dieser Fälle und die weitverbreitete Skepsis gegenüber der Nazipropaganda, daß die Ideologie nur begrenzten Einfluß ausübte, daß sehr viele Menschen ihre Distanz bewahrten und selbständig urteilten. Die Tatsache, daß das Abhören ausländischer Sender im Krieg als Verbrechen galt, deutet an, daß die Nazis die Grenzen ihres Einflusses erkannten. Die Berichte des SD und die vielen Urteile wegen Hörens eines ›Hetzsenders‹ zeigen, wie viele Leute sich über das Verbot trotz des Risikos hinwegsetzten. Den Wehrmachtsberichten über die Kriegserfolge im Osten wurde von Anfang an mit starker Skepsis begegnet, die sich ab 1943 in Ungläubigkeit und tiefes Mißtrauen wandelte.

Trotz des offiziellen Lohnstops konnten gelernte Rüstungs- und Bauarbeiter in den Jahren vor dem Krieg den ständig wachsenden Arbeitermangel zu ihren Gunsten ausnutzen, was neue Spannungen in der Arbeiterschaft hervorrief. Doch die Haltung der großen Mehrheit blieb passiv. Viele Berichte zeigen, daß die meisten bis ans Kriegsende loyal ihre Aufgaben erfüllten, wobei Furcht vor der Gestapo nicht das Hauptmotiv war. Wie immer waren die Motive gemischt: Furcht vor den Folgen eines verlorenen Krieges und einem sowjetischen Sieg, Patriotismus, Zähigkeit, Loyalität gegenüber der Firma, Stolz auf ihre Arbeit und ihre wichtige Rolle in der Kriegswirtschaft haben wohl eine Rolle gespielt. Wie man es kürzlich formuliert hat, »blieb der politische Grundkonsens zwischen deutscher Bevölkerung und NS-

Regime bis in die letzten Kriegstage intakt«.[6] Auf der anderen Seite herrschte nur sehr geringe Begeisterung für das System und seine Veranstaltungen, wie die stille Sabotage der Aufmärsche am 1. Mai beweist. Wirkliche Sabotage wurde nur sehr selten verübt, und die kommunistische Propaganda blieb ohne Erfolg. Sie war zu unrealistisch und zu weit entfernt von den Interessen der Arbeiter; aber auch wenn sie realistischer gewesen wäre, wäre sie wahrscheinlich erfolglos geblieben.

Wenn auch die große Mehrheit der Arbeiter ihren Frieden mit dem Regime machte, so bleibt doch die Tatsache, daß das Gros derer, die aus politischen Gründen verhaftet wurden, zur Arbeiterschaft gehörte. Von 21 823 Deutschen, die auf der »Steinwache« in Dortmund inhaftiert waren, war die übergroße Mehrheit Arbeiter. Von 629 Solingern, die zur politischen Opposition gehörten, waren 384 Arbeiter, und vermutlich kamen auch viele der 49 Hausfrauen aus der Arbeiterschaft (bei 92 fehlt eine Angabe). In Oberhausen an der Ruhr stieg die Zahl der Arbeiter unter den politisch Verfolgten auf über 80 Prozent. In Gegenden mit weniger Industrie würden die Zahlen niedriger gewesen sein, aber zweifellos stellte die Arbeiterschaft die Mehrheit derer, die für ihre politische Überzeugung litten. Während der Kriegsjahre wurden im Zuchthaus Brandenburg 1 807 Menschen aus politischen Gründen hingerichtet, von denen 775 Arbeiter oder Handwerker waren.[7] Sie konnten das Regime nicht stürzen, aber das war ohnehin eine unmögliche Aufgabe. Als das 1944 von militärischen und konservativen Gruppen versucht wurde, scheiterten sie völlig. Erst nach einem verlorenen Krieg, in dem Deutschland zerstört wurde, brach das Hitlerregime zusammen, und noch bei seinem Zusammenbruch riß es viele seiner Gegner mit in den Abgrund. Der Widerstand forderte unzählige Opfer.

Anmerkungen

I Nationalsozialisten und Arbeiter vor 1933

1 Genaue Zahlenangaben bei P. Madden, Some Social Characteristics of Early Nazi Party Members 1919-1923, Central European History, 15. Bd. 1982, S. 43, auf der Basis aller vorhandenen frühen Mitgliederlisten.

2 D. Mühlberger, Germany, in ders. (Hg.), The Social Basis of European Fascist Movements, London 1987, S. 60; M. Ruck, Bollwerk gegen Hitler? Arbeiterschaft, Arbeiterbewegung und die Anfänge des Nationalsozialismus, Köln 1988, S. 65.

3 Ebenda, S. 198, 203.

4 D. Mühlberger, The Sociology of the NSDAP. The Question of Working-Class Membership, Journal of Contemporary History, 15. Bd. 1980, S. 496.

5 D. Mühlberger, Hitler's Followers, London 1991, S. 38ff.; W. Böhnke, Die NSDAP im Ruhrgebiet 1920-1933, Bonn 1974, S. 54; W.S. Allen, The Infancy of Nazism, New York-London 1976, S. 40.

6 M.H. Kele, Nazis and Workers. National Socialist Appeals to German Labor, Chapel Hill 1972, S. 121; T.W. Mason, Sozialpolitik im Dritten Reich, Opladen 1978, S. 52f.

7 Mühlberger, Sociology of NSDAP, S. 499f.; ders., Hitler's Followers, S. 64; Böhnke, NSDAP im Ruhrgebiet, S. 199f., 207.

8 M. Broszat, Der Staat Hitlers, München 1971, S. 51f.; Mühlberger, Sociology of NSDAP, hat 26,3 Prozent Arbeitermitglieder der NSDAP vor der Septemberwahl von 1930.

9 Broszat, Staat Hitlers, S. 51f.; P. Manstein, Die Mitglieder und Wähler der NSDAP 1919-1933, Frankfurt 1989, S. 138, 160; Mühlberger, Hitler's Followers, S. 77, 115, 139; ders., Germany, S. 89.

10 C. Mierendorff, Gesicht und Charakter der nationalsozialistischen Bewegung, Die Gesellschaft, 1. Bd. 1930, S. 497f.; die entgegengesetzte Ansicht bei Mühlberger, »Workers'« Party or a »Party without Workers«? unveröffentlichtes Ms., S. 39, 40, 44; H. Speyer, Die Angestellten vor dem Nationalsozialismus, Göttingen 1977, S. 115-19. Ich bin Dr. Mühlberger dankbar für die Überlassung seines Manuskripts noch vor der Veröffentlichung.

11 Mason, Sozialpolitik, S. 74f.; Mühlberger, Hitler's Followers, S. 117, 180; ders.; Germany, S. 114, 123; H. Bennecke, Hitler und die SA, München 1962, S. 207; P. Longerich, Die braunen Bataillone, München 1989, S. 82f., 85.

12 R. Bessel, Political Violence and the Rise of Nazism. The Storm Trooper in Eastern Germany 1925-1934, New Haven 1984, S. 36f., auf Basis der Akten des Preußischen Innenministeriums.

13 Mühlberger, Sociology of NSDAP, S. 501, 508; Mierendorff, Gesicht und Charakter, S. 500.

14 G. Mai, Die nationalsozialistische Betriebszellenorganisation, VfZG, 31. Bd. 1983, S. 600, 604; C. Fischer, The German Communists and the Rise of Nazism, Basingstoke 1991, S. 138, 147.

15 M. Zimmerman, »Ein schwer zu bearbeitendes Pflaster«, in: D. Peukert und J. Reudecke (Hg.), Die Reihen fast geschlossen, Wuppertal 1981, S. 72; M. Kater, The Nazi Party. A social Profile of Members and Leaders, Oxford 1983, S. 54.

16 U. Herbert, Arbeiterschaft im »Dritten Reich«, Geschichte und Gesellschaft, 15. Bd. 1989, S. 323; M. Rüther, Lage und Abstimmungsverhalten der Arbeiterschaft, VfZG, 39. Bd. 1991, S. 249.

17 Fischer, German Communists and the Rise of Nazism, S. 119; J. W. Falter und D. Hänisch, Die Anfälligkeit von Arbeitern gegenüber der NSDAP, Archiv für Sozialgeschichte, 26. Bd. 1986, S. 211, behaupten, bei den Wahlen von 1932 hätten 22 Prozent der früheren SPD-Wähler die NSDAP gewählt, aber das ist unwahrscheinlich.

18 Mason, Sozialpolitik, S. 62f., 67f.; T. Childers, The Nazi Voter, Chapel Hill 1983, S. 256f.; H. A. Winkler, Mittelstandsbewegung oder Volkspartei? in: W. Schieder (Hg.), Faschismus als soziale Bewegung, Hamburg 1976, S. 98; Falter und Hänisch, Die Anfälligkeit von Arbeitern, S. 215.

19 Ebenda, S. 215f.; Childers, Nazi Voter, S. 265f.

20 K. Bludau, Gestapo – Geheim, Bonn 1973, S. 83; K. Klotzbach, Gegen den Nationalsozialismus. Widerstand und Verfolgung in Dortmund, Hannover 1969, S. 79; I. Marssolek und R. Ott, Bremen im Dritten Reich, Bremen 1986, S. 77f.; G. Zorn, Widerstand in Hannover, Frankfurt 1977, S. 39; E. Matthias und H. Weber, Widerstand gegen den Nationalsozialismus in Mannheim, Mannheim 1984, S. 57.

21 Genaue Zahlen bei R. Reuth, Goebbels, München 1991, S. 655 Anm. 84.

22 V. Kratzenberg, Arbeiter auf dem Weg zu Hitler? Frankfurt 1989, S. 81; Allen, Infancy of Nazism, S. 86; Kele, Nazis and Workers, S. 149f.

23 Ebenda, S. 154, 169ff.; Kater, Nazi Party, S. 55; Mai, Nationalsozialistische Betriebszellenorganisation, S. 597ff.; Mason, Sozialpolitik, S. 71f.; P. D. Stachura, Gregor Strasser and the Rise of Nazism, London 1983, S. 87. Laut Mason, S. 71, verdreifachte sich die Mitgliedschaft in den ersten acht Monaten von 1932.

24 Kratzenberg, Arbeiter auf dem Weg, S. 205; Böhnke, NSDAP im Ruhrgebiet, S. 173f.; D. Mühlberger, The Rise of National Socialism in West-

phalia 1920-1933, Londoner Doktorarbeit von 1975, S. 358, mit Zahlen für jeden Gau.

25 Kratzenberg, Arbeiter auf dem Weg, S. 227, 265f., 273; H. Wehner, Zeugnis, Köln 1982, S. 38; Kele, Nazis and Workers, S. 201; M. Frese, Betriebspolitik im »Dritten Reich«, Paderborn 1991, S. 46f.; E. Heuel, Der umworbene Stand. Die ideologische Integration der Arbeiter im Nationalsozialismus 1933-35, Frankfurt 1989, S. 222 Anm. 35.

26 Kele, Nazis and Workers, S. 122f., 201; Mai, Nationalsozialistische Betriebszellenorganisation, S. 585; J. Noakes, The Nazi Party in Lower Saxony, Oxford 1971, S. 175ff.

27 E. Anderson, Hammer or Anvil, The Story of the German Workingclass Movement, London 1945, S. 147f.; F. L. Carsten, Der Aufstieg des Faschismus in Europa, Frankfurt 1968, S. 175; Kele, Nazis and Workers, S. 200; Mai, Nationalsozialistische Betriebszellenorganisation, S. 599; H. A. Winkler, Weimar 1918-1933, München 1993, S. 533f.; E. Fröhlich (Hg.), Die Tagebücher von Joseph Goebbels, 2. Bd., München 1987, S. 270.

28 Ähnlich Mai, Nationalsozialistische Betriebszellenorganisation, S. 604f.; Kratzenberger, Arbeiter auf dem Weg, S. 271f.

29 P.E. Schramm (Hg.), Hitlers Tischgespräche im Führerhauptquartier, Stuttgart 1963, S. 261f.

II Die ›Machtergreifung‹ und die Opposition

1 E.R. Huber, Dokumente zur deutschen Verfassungsgeschichte, 3. Bd., Stuttgart 1966, S. 604 und Anm. 2.

2 Persönliche Erinnerungen; R. Küstermeier, Der Rote Stoßtrupp, Berlin 1970, S. 6.

3 E. Matthias, Die Sozialdemokratische Partei Deutschlands, in ders. und R. Morsey (Hg.), Das Ende der Parteien, Düsseldorf 1960, S. 189; ders., Der Untergang der Sozialdemokratie 1933, VfZG, 4. Bd. 1956, S. 218; Ms. von Blumenberg.

4 Frese, Betriebspolitik, S. 53, 55, 456; K. Wisotzky, Der Ruhrbergbau im Dritten Reich, Düsseldorf, 1983, S. 31ff.; W. Viebahn und W. Kuchta, Widerstand gegen die Nazidiktatur in Köln, in: R. Billstein (Hg.), Das andere Köln, Köln 1979, S. 299.

5 C. Stern, In den Netzen der Erinnerung, Reinbek bei Hamburg 1986, S. 86f.; S. Bahne, Die Kommunistische Partei Deutschlands, in Matthias-Morsey, Ende der Parteien, S. 696; Matthias, Sozialdemokratische Partei, ebenda, S. 160.

6 Ebenda, S. 182ff.; F. Stampfer, Die dritte Emigration, in: E. Matthias, (Hg.), Mit dem Gesicht nach Deutschland, Düsseldorf 1968, S. 73-76.

7 Revolution gegen Hitler, Die historische Aufgabe der deutschen Sozialdemokratie, Karlsbad s.d. (1933), S. 2, 15.

8 Matthias, Sozialdemokratische Partei, S. 185ff.; ders., Sozialdemokratie und Nation, Stuttgart 1952, S. 18.

9 Stampfer, Die dritte Emigration, S. 182ff.; H. Mehringer, Die bayerische Sozialdemokratie, in: M. Broszat (Hg.), Bayern in der NS-Zeit, München 1985, 5. Bd., S. 354.

10 J.F. Wagner, The Hard Lessons of a Political Life, Internationale Wissenschaftliche Korrespondenz zur Geschichte der deutschen Arbeiterbewegung, 29. Bd. 1993, S. 196; H. Mehringer, Waldemar von Knoeringen, München 1989, S. 98; ders., Bayerische Sozialdemokratie, S. 393; R. Müller, Stuttgart zur Zeit des Nationalsozialismus, Stuttgart 1988, S. 167; und persönliche Erinnerungen.

11 R. Bein, Widerstand im Nationalsozialismus, Braunschweig 1985, S. 77, 83; D. Rebentisch und A. Raab, Neu-Isenburg zwischen Anpassung und Widerstand, Neu-Isenburg 1978, S. 200; L. Bembenek und F. Schumacher, Nicht alle sind tot, die begraben sind, Frankfurt 1980, S. 52f.; S. Keval, Widerstand und Selbstbehauptung in Frankfurt, Frankfurt 1983, S. 195-97; W. Wippermann, Das Leben in Frankfurt zur NS-Zeit, Frankfurt 1986, 4. Bd., S. 41; Th. Klein (Hg.), Die Lageberichte der Geheimen Staatspolizei über die Provinz Hessen-Nassau, Köln 1986, S. 482, 509.

12 Matthias und Weber, Widerstand, S. 143ff.; Müller, Stuttgart, S. 167; G. Högl und U. Steinmetz, Widerstand und Verfolgung in Dortmund, Dortmund 1981, S. 130; K. Klotzbach, Gegen den Nationalsozialismus. Widerstand und Verfolgung in Dortmund, Hannover 1969, S. 129, 140ff.; K. Bludau, Gestapo – Geheim! Widerstand und Verfolgung in Duisburg, Bonn 1973, S. 26f.; 36f.; A. Billstein, Der eine fällt, die andern rücken nach, Frankfurt 1973, S. 107.

13 F. Bajohr, In doppelter Isolation, in W. Breyvogel (Hg.), Piraten, Swings und Junge Garde, Bonn 1991, S. 20; U. Hochmuth und G. Meyer, Streiflichter aus dem Hamburger Widerstand, Frankfurt 1980, S. 46ff., 313f.; M. von Hellfeld und A. Klönne, Die betrogene Generation, Köln 1985, S. 75f.; K. Ditt, Sozialdemokraten im Widerstand, Hamburg 1984, S. 75ff., 81; F. Bringmann und H. Diercks, Die Freiheit lebt, Frankfurt 1983, S. 60f.

14 Marssolek und Ott, Bremen im Dritten Reich, S. 209, 212f., 217-20; D. Peukert, Volksgenossen und Gemeinschaftsfremde, Köln 1982, S. 145; K.H. Jahnke und M. Buddrus, Deutsche Jugend 1933-1945. Eine Dokumentation, Hamburg 1989, S. 284.

15 G. Hetzer, Die Industriestadt Augsburg, München 1981, S. 185; Marssolek und Ott, Bremen, S. 155; R. Mann, Protest und Kontrolle im Dritten Reich, Frankfurt 1987, S. 203.

16 Matthias, Untergang der Sozialdemokratie, S. 218 (Blumenbergs Ms.); G. Zorn, Widerstand in Hannover, Frankfurt 1977, S. 107, 115ff.; H.-D. Schmid, Sozialdemokratischer Widerstand. Widerstand im Abseits, Hannover 1992, S. 22, 24, 27f.

17 Mehringer, Bayerische Sozialdemokratie, S. 371; K.-P. Schulz, Proletarier, Klassenkämpfer, Staatsbürger, München 1963, S. 157; L. Eiber, Arbeiter unter der NS-Herrschaft, München 1975, S. 134.

18 Wels an Kautsky, 23. 10. 1933: Matthias, Sozialdemokratische Partei, S. 266.

19 J. Bremer, Die Sozialistische Arbeiterpartei Deutschlands, Frankfurt 1978, S. 62-65, 72f., 76f., 80f., 83; J. Foitzik, Zwischen den Fronten, Bonn 1986, S. 48ff.; W. Brandt, Links und Frei, Hamburg 1982, S. 64.

20 Högl und Steinmetz, Widerstand, S. 159; Matthias und Weber, Widerstand, S. 214, 223f.; Marssolek und Ott, Bremen, S. 230; W. Brandt, Erinnerungen, Berlin 1990, S. 111.

21 Foitzik, Zwischen den Fronten, S. 85ff.; W. Link, Die Geschichte des Internationalen Jugendbundes (IJB) und des Internationalen Sozialistischen Kampfbundes (ISK), Meisenheim am Glan 1964, S. 141, 179, 185, 193; Viebahn und Kuchta, Widerstand in Köln, S. 320; Bein, Widerstand, S. 123.

22 Küstermeier, Roter Stoßtrupp, S. 12ff., 22, 25, mit Zitaten aus der illegalen Zeitschrift, K. war einer der Leiter des Roten Stoßtrupps.

23 Persönliche Erinnerungen des Vfs., der 1932 für die »Org.« geworben wurde. Vgl. G. Bry, Resistance. Recollections from the Nazi Years, West Orange 1979.

24 Neu beginnen! Faschismus oder Sozialismus, Karlsbad s.d. (1933), S. 38-42, 58f.

25 Matthias und Weber, Widerstand, S. 240-43; Schadt, Verfolgung und Widerstand, S. 105; persönliche Erinnerungen des Vfs. aus Berlin.

26 Hochmuth und Meyer, Streiflichter, S. 35; A. Ackermann, Ich kam aus der illegalen Arbeit in Berlin, Beiträge zur Geschichte der Arbeiterbewegung, 7. Bd. 1965, S. 829; Wehner, Zeugnis, S. 99; Anonym, Dokumente des Widerstandes. Eine Artikelserie aus der »Hamburger Volkszeitung«, 1947, S. 49; Eiber, Arbeiter unter der NS-Herrschaft, S. 147.

27 Klotzbach, Gegen den Nationalsozialismus, S. 170, 173; Bahne, Kommunistische Partei, S. 734; A. Zehnter, Widerstand und Verfolgung in Bochum und Wattenscheid, Bochum 1992, S. 234, 237; Mann, Protest und Kontrolle, S. 200f.: Bericht von R. Goguel von 1947.

28 A. Merson, Communist Resistance in Nazi Germany, London 1985, S. 91, 127; Wippermann, Leben in Frankfurt, 4. Bd., S. 37; P. Berger, Gegen ein braunes Braunschweig, Skizzen zum Widerstand, Hannover 1980, S. 91f.; Marssolek und Ott, Bremen, S. 248, 251; Mann, Protest und Kontrolle, S. 201; B. Dorn und M. Zimmermann, Bewährungsprobe – Herne und Wanne-Eickel 1933-1945, Bochum 1987, S. 155, 158; Klein, Lageberichte, S. 57; C. Tilitzki, Alltag in Ostpreußen 1940-1945, Leer 1991, S. 29; H. Mehringer, Die KPD in Bayern 1919-1945, Bayern in der NS-Zeit, 5. Bd., S. 192; G. Braun, Sozialdemokratischer und kommunistischer Widerstand in der Pfalz, in G. Nestler und H. Ziegler (Hg.), Die Pfalz unterm Hakenkreuz, Landau 1993, S. 403.

29 C. Fischer-Defoy, Arbeiterwiderstand in der Provinz, Berlin 1982, S. 109; Dorn und Zimmermann, Bewährungsprobe, S. 158; Mehringer, KPD in Bayern, S. 88; H. Duhnke, Die KPD von 1933 bis 1945, Köln 1972, S. 112; D. Peukert, Die KPD im Widerstand, Wuppertal 1980, S. 134.

30 Ebenda, S. 105; ders.; Widerstand und Exil der deutschen Arbeiterbewegung, Bonn 1982, S. 272f.; Fischer-Defoy, Arbeiterwiderstand, S. 82; M. Dieterich, Es kann uns den Kopf kosten. Antifaschismus und Widerstand in Heilbronn, Heilbronn 1992, S. 132; F.J. Heyen, Nationalsozialismus im Alltag, Boppard 1967, S. 101; P. Dohms (Hg.), Flugschriften in Gestapo-Akten, Siegburg 1977, S. 448, 455; K. Mlynek, Gestapo Hannover meldet, Hildesheim 1986, S. 45f.: Polizeibericht vom 7. 6. 1933.

31 Ebenda, S. 34; F. Schepers, Das Komitee für proletarische Einheit, Widerstand im Abseits, Hannover 1992, S. 47, 50.

32 B.C. Karg, Mein Kampf gegen die braune Diktatur, in: R. Löwenthal und P. von zur Mühlen (Hg.), Widerstand und Verweigerung in Deutschland 1933-1945, Berlin 1984, S. 106-9.

33 Marssolek und Ott, Bremen, S. 146, 152; H.-J. Steinberg, Die Haltung der Arbeiterschaft zum NS-Regime, in J. Schmädeke und P. Steinbach (Hg.), Der Widerstand gegen den Nationalsozialismus, München 1985, S. 871ff.; Peukert, Volksgenossen und Gemeinschaftsfremde, S. 57.

34 P. Hüttenberger, Heimtückefälle vor dem Sondergericht München 1933-1939, in: Bayern in der NS-Zeit, 4. Bd., S. 446; M. Broszat, Resistenz und Widerstand, ebenda, S. 708.

III Krisenjahre 1934-1935

1 Eiber, Arbeiter unter dem NS-Regime, S. 110; Deutschland-Berichte der Sozialdemokratischen Partei Deutschlands (Sopade), 1. Bd. 1934, S. 29f., 208. Hier zitiert als Deutschland-Berichte nach dem Neudruck von 1980. Die Bände enthalten die Berichte der Grenzsekretäre von 1934 bis 1940.

2 K. O. Freiherr von Aretin, Nation, Staat und Demokratie in Deutschland, Mainz 1993, S. 225; G. Mai, Warum steht der deutsche Arbeiter zu Hitler? Geschichte und Gesellschaft, 12. Bd. 1986, S. 254.

3 W. E. Wicht, Glanzstoff, Neustadt/Aisch 1992, S. 202f.; Eiber, Arbeiter, S. 84; Mason, Sozialpolitik, S. 245f.

4 Mlynek, Gestapo Hannover, S. 286; B. Vollmer (Hg.), Volksopposition im Polizeistaat, Stuttgart 1957, S. 95, 115: Berichte von Oktober bis November 1934 und vom Januar 1935.

5 Wisotzky, Ruhrbergbau, S. 57ff., 63; Frese, Betriebspolitik, S. 80; Broszat, Staat Hitlers, S. 189.

6 Klein, Lageberichte, S. 78; Kratzenberg, Arbeiter auf dem Weg, S. 141, 166; Heuel, Der umworbene Stand, S. 456f.; J. Kuropka, Meldungen aus Münster 1924-44, Münster 1992, S. 259f.; Mai, Nationalsozialistische Betriebszellenorganisation, S. 611.

7 G. Nitzsche, Deutsche Arbeiter im Kampf gegen faschistische Unterdrückung und Ausbeutung, Beiträge zur Geschichte der deutschen Arbeiterbewegung, 1. Bd. 1959, S. 141; G.-H. Seebold, Ein Stahlkonzern im Dritten Reich, Wuppertal 1981, S. 266; Hetzer, Industriestadt Augsburg, S. 116; M. Rüther, Lage und Abstimmungsverhalten der Arbeiterschaft, VfZG, 39. Bd. 1991, S. 244; Kuropka, Meldungen aus Münster, S. 162.

8 Ebenda, S. 625ff.: Gestapobericht vom Juli 1934.

9 Mason, Sozialpolitik, S. 185; K.-M. Mallmann und G. Paul, Herrschaft und Alltag, Bonn 1991, S. 141f.; Eiber, Arbeiter, S. 103; Deutschland-Berichte, 3. Bd. 1936, Nr. 7, S. 884f., 4. Bd. 1937, Nr. 10, S. 1700.

10 Ebenda, 3. Bd. 1936, Nr. 7, S. 884, 4. Bd. 1937, Nr. 3, S. 316; Herbert, Arbeiterschaft im »Dritten Reich«, S. 337.

11 Deutschland-Berichte, 2. Bd. 1935, Nr. 4, S. 416; M. Zimmermann, Ausbruchshoffnungen, Bonn-Berlin 1983, S. 106; ders., »Ein schwer zu bearbeitendes Pflaster«, S. 78; Dorn und Zimmermann, Bewährungsprobe, S. 113.

12 Deutschland-Berichte, 2. Bd. 1935, Nr. 1, S. 37; Frese, Betriebspolitik, S. 178; W. Zollitsch, Die Vertrauensratswahlen von 1934 und 1935, Geschichte und Gesellschaft, 15. Bd. 1989, S. 371ff.; K. Mammach, Wider-

stand 1933-1939, Köln 1984, S. 89; Rüther, Lage und Abstimmungsverhalten, S. 239, 245.

13 Ebenda, S. 236; Vollmer, Volksopposition, S. 198 (Bericht vom 8. 5. 1935); W. Bohn, Stuttgart: Geheim!, Frankfurt 1978, S. 78 (August 1935).

14 Frese, Betriebspolitik, S. 202, 212-15, 217.

15 Wisotzky, Ruhrbergbau, S. 111f.; T. Siegel, Rationalisierung statt Klassenkampf, in: H. Mommsen und S. Willems (Hg.), Herrschaftsalltag im Dritten Reich, Düsseldorf 1988, S. 165; Deutschland-Berichte, 3. Bd. 1936, Nr. 1, S. 13, Nr. 12, S. 1591; Bayern in der NS-Zeit, 1. Bd. S. 255; Rüther, Arbeiterschaft in Köln, Köln 1990, S. 254f.: Gestapoberichte für Juli 1934 und November 1935.

16 Deutschland-Berichte, 1. Bd. 1934, Nr. 1, S. 10; Klein, Lageberichte, S. 147; Vollmer, Volksopposition, S. 52; Eiber, Arbeiter, S. 110.

17 Deutschland-Berichte, 3. Bd. 1936, Nr. 1, S. 16, Nr. 12, S. 1588, Nr. 4, S. 477; Vollmer, Volksopposition, S. 371.

18 Ebenda, S. 69, 293; I. Kershaw, Antisemitismus und Volksmeinung, Bayern in der NS-Zeit, 2. Bd., S. 291; Kuropka, Meldungen aus Münster, S. 444.

19 Mlynek, Gestapo Hannover, S. 315; R. Thévoz, H. Branig und C. Lowenthal-Hensel (Hg.), Pommern 1934/35 im Spiegel von Gestapo-Lageberichten, Köln 1974, S. 82; Kuropka, Meldungen aus Münster, S. 287f.; A. Faust, Die Kristallnacht im Rheinland, Düsseldorf 1987, S. 162.

20 Heyen, Nationalsozialismus im Alltag, S. 134: Bericht für Juni 1934.

21 Mlynek, Gestapo Hannover, S. 261f.; Klein, Lageberichte, S. 242; Deutschland-Berichte, 1. Bd., Nr. 6, S. 502, 3. Bd. 1936, Nr. 8, S. 966.

22 Klein, Lageberichte, S. 99; Kuropka, Meldungen aus Münster, S. 160; Deutschland-Berichte, 2. Bd. 1935, Nr. 8, S. 953, 956ff.

23 Rüther, Arbeiterschaft in Köln, S. 237; Deutschland-Berichte, 2. Bd. 1935, Nr. 11, S. 1271; Peukert, KPD im Widerstand, S. 214.

24 Wisotzky, Ruhrbergbau, S. 87f.; Peukert, Volksgenossen, S. 63; Peukert und Bajohr, Spuren des Widerstands, München 1987, S. 164; Mason, Sozialpolitik, S. 150; Klein, Lageberichte, S. 322.

25 U. Schüren, Rahmenbedingungen für den Widerstand gegen den Nationalsozialismus, Widerstand und Exil der deutschen Arbeiterbewegung, Bonn 1982, S. 201, 208; Rüther, Lage und Abstimmungsverhalten, S. 233; Mlynek, Gestapo Hannover, S. 117; P. Stoop (Hg.), Geheimberichte aus dem Dritten Reich, Berlin 1990, S. 185.

26 Eiber, Arbeiter, S. 88, 97f., 111, 122; Thévoz u.a., Pommern 1934/35, S. 39; Mallmann und Paul, Herrschaft und Alltag, S. 47f.; Mason, Sozialpolitik, S. 165.

27 Rüther, Arbeiterschaft in Köln, S. 235; Klein, Lageberichte, S. 161f.; Vollmer, Volksopposition, S. 94, 123; Mlynek, Gestapo Hannover, S. 273.

28 Kuropka, Meldungen aus Münster, S. 153, 156, 269; Wisotzky, Ruhrbergbau, S. 88; Klein, Lageberichte, S. 274, 312.

29 Vollmer, Volksopposition, S. 256; Mlynek, Gestapo Hannover, S. 415, 471; Klein, Lageberichte, S. 373.

30 Vollmer, Volksopposition, S. 256.

31 Deutschland-Berichte, 1. Bd. 1934, Nr. 1, S. 12, 29, Nr. 2, S. 120, 208, Nr. 4, S. 429, Nr. 7, S. 666.

32 Ebenda, 2. Bd. 1935, Nr. 1, S. 137, Nr. 9, S. 1076.

33 Ebenda, 3. Bd. 1936, Nr. 2, S. 156f., Nr. 3, S. 307, Nr. 6, S. 673, Nr. 4, S. 480.

34 Ebenda, 3. Bd. 1936, Nr. 7; S. 829, 838, Nr. 12, S. 1563, Nr. 9, S. 1166.

35 Peukert, Volksgenossen, S. 56, 70, 132; Bohn, Stuttgart, S. 77.

36 Thévoz u.a., Pommern 1934/35, S. 63, 127, 171; Mason, Sozialpolitik, S. 127.

37 Rüther, Arbeiterschaft in Köln, S. 201; Wicht, Glanzstoff, S. 165.

38 Deutschland-Berichte, 3. Bd. 1936, Nr. 1, S. 86, Nr. 9, S. 1170.

39 Ebenda, 1. Bd. 1934, Nr. 5, S. 432f., 2. Bd. 1935, Nr. 1, S. 37, Nr. 11, S. 1311; M. Voges, Klassenkampf in der Betriebsgemeinschaft, Archiv für Sozialgeschichte, 21. Bd. 1981, S. 357; Marssolek und Ott, Bremen, S. 154; Frese, Betriebspolitik, S. 88.

IV Die Risiken des Widerstands

1 Mammach, Widerstand, S. 91.

2 Deutschland-Berichte, 1. Bd. 1934, Nr. 7, S. 660; I. Kershaw, Popular Opinion and Political Dissent in the Third Reich, Oxford 1983, S. 82; Vollmer, Volksopposition, S. 106f., 110.

3 Wisotzky, Ruhrbergbau, S. 51f., 56.

4 Deutschland-Berichte, 2. Bd. 1935, Nr. 5, S. 553f., Nr. 1, S. 45; M. Pikarski und E. Warning (Hg.), Gestapo-Berichte über den antifaschistischen Widerstandskampf der KPD, 1. Bd., Berlin 1989, S. 130ff.

5 F. Reutter, Verfolgung und Widerstand der Arbeiterparteien in Heidelberg, in: J. Schmidt und M. Caroli (Hg.), Heidelberg unter dem Nationalsozialismus, Heidelberg 1985, S. 516; Deutschland-Berichte, 2. Bd. 1935, Nr. 7, S. 779f.; Mallmann und Paul, Herrschaft und Alltag, S. 364; Stoop, Geheimberichte, S. 185.

6 Deutschland-Berichte, 3. Bd. 1936, Nr. 1, S. 87, Nr. 3, S. 483f.; Nr. 9, S. 1171ff.; Voges, Klassenkampf, S. 352; Wippermann, Leben in Frankfurt, 4. Bd., S. 52f., 102; G. Morsch, Streik im Dritten Reich, VfZG, 36. Bd. 1988, S. 675.

7 Mallman und Paul, Herrschaft, S. 365; Klein, Lageberichte, S. 388; Bayern in der NS-Zeit, 1. Bd., S. 256; Pikarski und Warning, Gestapo-Berichte, 1. Bd., S. 167f., 173; dies., Über den antifaschistischen Widerstandskampf der KPD, Beiträge zur Geschichte der Arbeiterbewegung, 26. Bd. 1984, S. 558, 560.

8 Nitzsche, Deutsche Arbeiter, S. 144, 146; Pikarski und Warning, Gestapo-Berichte 1. Bd., S. 154; dies., Über den antifaschistischen Widerstandskampf, S. 407.

9 Morsch, Streik im Dritten Reich, S. 683ff., mit detaillierten Zahlenangaben für Beteiligung und Dauer der Streiks; Nitzsche, Deutsche Arbeiter, S. 147.

10 Pikarski und Warning, Gestapo-Berichte, 1. Bd., S. 157; Hetzer, Industriestadt Augsburg, S. 119.

11 L. van Dirk, Oppositionelles Lehrerverhalten 1933-1945, Weinheim 1988, S. 239; Eiber, Arbeiter, S. 121f.; Klein, Lageberichte, S. 83, 204; G. Nestler, »In einem Namen nur ist Heil«, in: ders. und H. Ziegler (Hg.), Die Pfalz unterm Hakenkreuz, Landau 1993, S. 318ff.

12 Marssolek und Ott, Bremen, S. 151; Mlynek, Gestapo Hannover, S. 169; Kershaw, Public Opinion, S. 77, 80; Schadt, Verfolgung und Widerstand, S. 141.

13 Rossaint und Zimmermann, Widerstand, S. 97; Deutschland-Berichte, 2. Bd. 1935, Nr. 1, S. 55f., Nr. 6, S. 658; Nr. 11, S. 1314, 1317; Duhnke, KPD, S. 208 Anm. 106; Voges, Klassenkampf, S. 379; Hüttenberger, Heimtückefälle, S. 446f.

14 Deutschland-Berichte, 3. Bd. 1936, Nr. 3, S. 317, Nr. 4, S. 449, 510, Nr. 12, S. 1582.

15 Ebenda, Nr. 1, S. 89, Nr. 6, S. 739, Nr. 12, S. 1561, 1563, 1591.

16 Pikarski und Warning, Gestapo-Berichte, 1. Bd., S. 161.

17 Deutschland-Berichte, 3. Bd. 1936, Nr. 4, S. 481.

18 Ebenda, 1. Bd. 1934, Nr. 4, S. 434; M. Albert, Der heimliche Widerstand in der NSF (Nürnberger Schraubenfabrik), in: S. Asgodom (Hg.), »Halts Maul, sonst kommst nach Dachau«, Köln 1983, S. 154, 160; Mlynek, Gestapo Hannover, S. 297; Zorn, Widerstand in Hannover, S. 164.

19 Marssolek und Ott, Bremen, S. 151-55.

20 Deutschland-Berichte, 4. Bd. 1937, Nr. 1, S. 17; Hochmuth und Meyer, Streiflichter, S. 189; Marssolek und Ott, Bremen, S. 269; G. Schefer, Wo Unterdrückung ist, da ist auch Widerstand, in Frauengruppe Faschis-

musforschung, Mutterkreuz und Arbeitsbuch, Frankfurt 1981, S. 285; Pikarski und Warning, Gestapo-Berichte, 1. Bd., S. 163, 169; Bayern in der NS-Zeit, 1. Bd., S. 260; W. Maser, Das Regime. Alltag in Deutschland 1933-1945, München 1983, S. 170.

21 W. S. Allen, Die sozialdemokratische Untergrundbewegung, in: J. Schmädeke und P. Steinbach (Hg.), Widerstand gegen den Nationalsozialismus, München 1985, S. 855f.; Fischer-Defoy, Arbeiterwiderstand, S. 105.

22 Bohn, Stuttgart: Geheim, S. 78.

23 Deutschland-Berichte, 2. Bd. 1935, Nr. 6, S. 666.

24 Matthias und Weber, Widerstand in Mannheim, S. 158, 174; Reutter, Verfolgung und Widerstand, S. 524-31; W. Nachtmann, Erwin Schöttle, Grenzsekretär der Sozialdemokraten für Württemberg, in: M. Bosch und W. Niess (Hg.), Widerstand im deutschen Südwesten, Stuttgart 1984, S. 158f.

25 Hetzer, Industriestadt Augsburg, S. 193f., 197; E. Nerdinger, Pfingstkonferenz mit »Michel«, in S. Asgodom, »Halts Maul«, S. 187; Mehringer, von Knoeringen, S. 105ff.; Matthias und Weber, Widerstand in Mannheim, S. 162ff.

26 Deutschland-Berichte, 2. Bd. 1935, Nr. 4, S. 430, 3. Bd. 1936, Nr. 1, S. 16.

27 E. Matthias, Sozialdemokratie und Nation, Stuttgart 1952, S. 36; Widerstand und Exil der deutschen Arbeiterbewegung, Bonn 1982, S. 627f.

28 Marssolek und Ott, Bremen, S. 212; Deutschland-Berichte, 1. Bd. 1934, Nr. 7, S. 736f.; Bajohr, In doppelter Isolation, S. 21; P. Sauer, Württemberg in der Zeit des Nationalsozialismus, Ulm 1975, S. 173.

29 Mehringer, Bayerische Sozialdemokratie, S. 386f.; Hochmuth und Meyer, Streiflichter, S. 47, 118; Bajohr, In doppelter Isolation, S. 22; Wippermann, Leben in Frankfurt, 4. Bd., S. 47; Matthias und Weber, Widerstand in Mannheim, S. 195ff.; Eiber, Arbeiter, S. 136f.

30 Bludau, Gestapo, S. 36f.; A. Billstein, Der eine fällt, die andern rücken nach, Frankfurt 1973, S. 107; Peukert, Ruhrarbeiter, S. 118; Zorn, Widerstand in Hannover, S. 122.

31 Mlynek, Gestapo Hannover, S. 150, 442; B. Beuys, Vergeßt uns nicht. Menschen im Widerstand, Reinbek bei Hamburg 1987, S. 308.

32 Deutschland-Berichte, 3. Bd. 1936, Nr. 9, S. 1093.

33 H. Esters und H. Pelger, Gewerkschafter im Widerstand, Bonn 1983, S. 32f., 127, 129, 132-39 (Oldenbroeks Bericht, s.d.).

34 Ebenda, S. 36, 39ff.; Foitzik, Zwischen den Fronten, S. 209; Peukert, Ruhrarbeiter, S. 149; persönliche Erinnerungen an Edo Fimmen.

35 Esters und Pelger, Gewerkschafter, S. 44f., 142, 145, 147; Hochmuth

und Meyer, Streiflichter, S. 104f.; Foitzik, Zwischen den Fronten, S. 209; Thévoz u.a., Pommern 1934/35, S. 100; Pikarski und Warning, Gestapo-Berichte, 1. Bd., S. 160; persönliche Erinnerungen an Jahn und seine Flucht.

36 Esters und Pelger, Gewerkschafter, S. 152ff.; Mammach, Widerstand, S. 138, 269; G. Beier, Die illegale Reichsleitung der Gewerkschaften, Köln 1981, S. 42.

37 Ebenda, S. 37, 59, 66; H. Gottfurcht, Als Gewerkschafter im Widerstand, in: Löwenthal und zur Mühlen, Widerstand und Verweigerung, S. 52ff.

38 Dieser und der folgende Absatz nach persönlichen Erinnerungen. Vgl. Bry, Resistance, S. 128-34; Foitzik, Zwischen den Fronten, S. 81; R. Löwenthal, Die Widerstandsgruppe »Neu Beginnen«, Berlin 1982, S. 8ff.

39 Hochmuth und Meyer, Streiflichter, S. 93f.; Bajohr, In doppelter Isolation, S. 23f., 29; Mammach, Widerstand, S. 52f.; Stern, In den Netzen der Erinnerung, S. 139.

40 Bein, Widerstand, S. 98f.; Marssolek und Ott, Bremen, S. 255, 267; Matthias und Weber, Widerstand in Mannheim, S. 269f., 287f.; Eiber, Arbeiter, S. 151; Wippermann, Leben in Frankfurt, 4. Bd., S. 38; Klein, Lageberichte, S. 428f.

41 Mehringer, KPD in Bayern, S. 132, 135, 148, 229; Braun, Sozialdemokratischer und kommunistischer Widerstand in der Pfalz, S. 404; Fischer-Defoy, Arbeiterwiderstand, S. 152; Thévoz u.a., Pommern 1934/35, S. 132, 149; Viebahn und Kuchta, Widerstand ... in Köln, S. 307, 312.

42 D. Peukert, Ruhrarbeiter gegen den Faschismus, Frankfurt 1976; S. 83, 166; ders., KPD im Widerstand, S. 145, 155, 189; G. Plum, Die KPD in der Illegalität, in: H. Graml (Hg.), Widerstand im Dritten Reich, Frankfurt 1984, S. 170; Bludau, Gestapo, S. 106, 117, 123, 141.

43 Peukert, KPD im Widerstand, S. 186; Pikarski und Warning, Gestapo-Berichte, 1. Bd., S. 102, 124: Berichte vom März 1934 und September 1935.

44 F. Dahlem, Am Vorabend des Zweiten Weltkrieges, Berlin 1977, 1. Bd., S. 110; Duhnke, KPD, S. 190; H. Weber, Die KPD in der Illegalität, in Löwenthal und zur Mühlen, Widerstand und Verweigerung, S. 92; H.J. Reichhardt, Möglichkeiten und Grenzen des Widerstandes der Arbeiterbewegung, in: W. Schmitthenner und H. Buchheim (Hg.), Der deutsche Widerstand gegen Hitler, Köln 1966, S. 190; Fischer-Defoy, Arbeiterwiderstand, S. 138.

45 Bahne, Kommunistische Partei, S. 735; P. Dohms, Flugblätter aus Gestapo-Akten, Siegburg 1977, S. 470; Kuropka, Meldungen aus Mün-

ster, S. 264; Klotzbach, Gegen den Nationalsozialismus, S. 197; Ackermann, Ich kam aus der illegalen Arbeit, S. 830.

46 A. Sywottek, Deutsche Volksdemokratie, Düsseldorf 1971, S. 40, 52, 60; U. Langkau-Alex, Volksfront in Deutschland? Frankfurt 1977, S. 109.

47 M. Pikarski und G. Uebel (Hg.), Die KPD lebt, Berlin 1980, S. 148f.; G. Nitzsche und G. Uebel (Hg.), Die KPD – führende Kraft, Beiträge zur Geschichte der Arbeiterbewegung, 20. Bd. 1978, S. 695; F. Feuchtwanger, Der militärpolitische Apparat der KPD, Internationale Korrespondenz zur Geschichte der deutschen Arbeiterbewegung, 17. Bd. 1981, S. 524.

48 G. Plum, Die KPD in der Illegalität, VfZG, 23. Bd. 1975, S. 230f., 234; I. Sbosny und K. Schabrod, Widerstand in Solingen, Frankfurt 1975, S. 38f.; Peukert, Volksgenossen und Gemeinschaftsfremde, S. 148; Dorn und Zimmermann, Bewährungsprobe, S. 156.

49 Mlynek, Gestapo Hannover, S. 96; Klein, Lageberichte, S. 254; Pikarski und Warning, Gestapo-Berichte, 1. Bd., S. 103; Bayern in der NS-Zeit, 1. Bd., S. 252; Beuys, Vergeßt uns nicht, S. 296.

50 Mlynek, Gestapo Hannover, S. 441; E. Schmidt, Lichter in der Finsternis. Widerstand und Verfolgung in Essen, Frankfurt 1980, S. 77-84; U. Schneider, Marburg 1933-1945, Frankfurt 1980, S. 89ff.; Klein, Lageberichte, S. 331.

51 Mlynek, Gestapo Hannover, S. 108f. (Rundschreiben vom Januar 1934); Klein, Lageberichte, S. 461.

52 Högl und Steinmetz, Widerstand und Verfolgung, S. 159; Matthias und Weber, Widerstand in Mannheim, S. 220, 227ff.; Wippermann, Leben in Frankfurt, 4. Bd., S. 43; Bremer, Sozialistische Arbeiterpartei, S. 214ff.; Foitzik, Zwischen den Fronten, S. 51, 202, 220.

53 Klein, Lageberichte, S. 345; Esters und Pelger, Gewerkschafter, S. 59ff.; Bein, Widerstand, S. 119; Foitzik, Zwischen den Fronten, S. 88; Hochmuth und Meyer, Streiflichter, S. 150; Zorn, Widerstand in Hannover, S. 204; B.-A. Tepken, Die Auseinandersetzung des ISK mit der Politik der KPD und der KPdSU in der Zeit des Exils, Ms. von 1984, S. 29.

54 Mann, Protest und Kontrolle, S. 218; H. Mehringer in: W. Benz und W. H. Pehle (Hg.), Lexikon des deutschen Widerstands, Frankfurt 1994, S. 162.

55 B.-A. Rusinek, Desintegration und gesteigerter Zwang, in: W. Breyvogel (Hg.), Piraten, Swings und Junge Garde, Bonn 1991, S. 280; A. Klönne, Bündische Jugend, Nationalsozialismus und Staat, in: Schmädeke und Steinbach, Widerstand, S. 188; M. von Hellfeld und A. Klönne, Die betrogene Generation, Köln 1985, S. 269; S. Krolle, »Bündische

Umtriebe«. Die Geschichte des Nerother Wandervogels, Münster 1986, S. 20, 39f., 62, 91.

56 K. Schabrod, Widerstand gegen Flick und Florian, Frankfurt 1978, S. 61; von Hellfeld und Klönne, Betrogene Generation, S. 79f., 301; A. Kenkmann, Navajos, Kittelbach- und Edelweißpiraten, in: Breyvogel, Piraten, Swings und Junge Garde, S. 147; K.H. Jahnke und M. Buddrus, Deutsche Jugend 1933-1945, Hamburg 1989, S. 233.

57 Schabrod, Widerstand gegen Flick, S. 62f.

V *Die letzten Friedensjahre*

1 Peukert und Bajohr, Spuren des Widerstands, S. 165.

2 Deutschland-Berichte, 5. Bd. 1938, Nr. 3, S. 260, 262, 264, 280.

3 Ebenda, Nr. 4-5, S. 445f., Nr. 9, S. 940-45, Nr. 10, S. 1064.

4 Ebenda, 4. Bd. 1937, Nr. 1, S. 9, 14, Nr. 8, S. 1087; Bayern in der NS-Zeit, 1. Bd., S. 277: Bericht vom 9. 9. 1938.

5 Deutschland-Berichte, 5. Bd. 1938, Nr. 7, S. 686, 688, 690, 6. Bd. 1939, Nr. 5, S. 560f.; K. Mammach, Die KPD und das Münchener Abkommen 1938, Zeitschrift für Geschichtswissenschaft, 16. Bd. 1968, S. 1038.

6 Mallmann und Paul, Herrschaft und Alltag, S. 140; W. F. Werner, »Bleib übrig«. Deutsche Arbeiter in der nationalsozialistischen Kriegswirtschaft, Düsseldorf 1983, S. 361; D. Winkler, Frauenarbeit im »Dritten Reich«, Hamburg 1977, S. 78ff., 157f.; R. Hachtmann, Industriearbeit im »Dritten Reich«, Göttingen 1989, S. 257.

7 Deutschland-Berichte, 4. Bd. 1937, Nr. 3, S. 323, 330, 5. Bd. 1938, Nr. 11, S. 1258f., 1273; Mason, Arbeiterklasse und Volksgemeinschaft, Opladen 1975, S. 380.

8 Deutschland-Berichte, 4. Bd. 1937, Nr. 6, S. 806, 808, Nr. 12, S. 1688f., 3. Bd. 1936, Nr. 1, S. 86.

9 Frese, Betriebspolitik, S. 213, 215, 217; J. Gillingham, Die Ruhrbergleute und Hitlers Krieg, in: H. Mommsen und U. Borsdorf (Hg.), Glück auf, Kameraden, Köln 1979, S. 334f.

10 Deutschland-Berichte, 4. Bd. 1937, Nr. 6, S. 806; Peukert und Bajohr, Spuren des Widerstands, S. 128; Mason, Arbeiterklasse, S. 295, 386.

11 Mai, Warum steht der deutsche Arbeiter zu Hitler, S. 223ff.; J. R. Gillingham, Industry and Politics in the Third Reich. Ruhr Coal, Wiesbaden 1985, S. 56; ders., Ruhrbergleute, S. 336; Deutschland-Berichte, 5. Bd. 1938, Nr. 4-5, S. 446.

12 Mason, Sozialpolitik, S. 280; ders., Arbeiterklasse, S. 848, 862ff.; Hachtmann, Industriearbeit, S. 52.

13 Gillingham, Ruhrbergleute, S. 333; ders., Industry and Politics, S. 58; Zimmermann, »Ein schwer zu bearbeitendes Pflaster«, S. 82; Wisotzky, Ruhrbergbau, S. 140f., 224ff.; Mason, Sozialpolitik, S. 320; Mallmann und Paul, Herrschaft und Alltag, S. 358.

14 Mason, Labour in the Third Reich, Past and Present, Nr. 33 1966, S. 126ff.; Rüther, Arbeiterschaft in Köln, S. 228; Mason, Sozialpolitik, S. 229; Herbert, Arbeiterschaft im »Dritten Reich«, S. 332; Eiber, Arbeiter, S. 177; Voges, Klassenkampf, S. 347, 381.

15 Ebenda, S. 347ff.; Deutschland-Berichte, 4. Bd. 1937, Nr. 7, S. 1004, Nr. 3, S. 328, 5. Bd. 1938, Nr. 8, S. 988, 6. Bd. 1939, Nr. 1, S. 46f.

16 Mason, Labour in the Third Reich, S. 134f., 138; ders., Arbeiterklasse, S. 609f.: Reichstreuhänderbericht für Januar-Februar 1938.

17 Hetzer, Industriestadt Augsburg, S. 120f.; Mason, Arbeiterklasse, S. 658; Rüther, Arbeiterschaft in Köln, S. 272f.

18 Deutschland-Berichte, 4. Bd. 1937, Nr. 6, S. 779; 781, 5. Bd. 1938, Nr. 3, S. 289f., 302, 304.

19 Ebenda, 4. Bd. 1937, Nr. 6, S. 826, Nr. 7, S. 1037f., 5. Bd. 1938, Nr. 3, S. 434f.

20 Ebenda, 4. Bd. 1937, Nr. 6, S. 813f., Nr. 10, S. 1678f., 5. Bd. 1938, Nr. 1, S. 27, 97.

21 M.G. Steinert, Hitler's War and the Germans, Athens Ohio 1977, S. 32; Mason, Sozialpolitik, S. 315f.; Wicht, Glanzstoff, S. 185.

22 Deutschland-Berichte, 4. Bd. 1937, Nr. 1, S. 47f., Nr. 10, S. 1434, 6. Bd. 1939, Nr. 5, S. 639; Wisotzky, Ruhrbergbau, S. 151; Dahlem, Am Vorabend, 2. Bd., S. 324.

23 Mason, Sozialpolitik, S. 173; W. Domarus, Nationalsozialismus, Krieg und Bevölkerung, München 1977, S. 57; Artikel von Franz Vogt, Die Lage der deutschen Bergarbeiter, in: Peukert und Bajohr, Spuren des Widerstands, S. 148f.; Kuropka, Meldungen aus Münster, S. 181.

24 Deutschland-Berichte, 4. Bd. 1937, Nr. 2, S. 142, Nr. 3, S. 316, Nr. 9, S. 1239, 1244, Nr. 12, S. 1670; I. Kershaw, Hitlers Popularität. Mythos und Realität, in: H. Mommsen und S. Williams (Hg.), Herrschaftsalltag im Dritten Reich, Düsseldorf 1988, S. 65; Domarus, Nationalsozialismus, Krieg, S. 59.

25 Deutschland-Berichte, 5. Bd. 1938, Nr. 1, S. 27, Nr. 4-5, S. 451, Nr. 7, S. 697; Dahlem, Am Vorabend, 1. Bd., S. 182, 2. Bd., S. 170.

26 A. von Plotho, »Der Verlierer geht nicht leer aus«, Berlin-Bonn 1984, S. 21; Bein, Widerstand, S. 123; Deutschland-Berichte, 4. Bd. 1937, Nr. 6, S. 810.

27 Wisotzky, Ruhrbergbau, S. 242f.; Mason, Sozialpolitik, S. 285.

28 Kershaw, Popular Opinion, S. 109; ders., Alltägliches und Außeralltäg-

liches, in: Peukert und Reulecke, Die Reihen fast geschlossen, S. 284.

29 Mason, Sozialpolitik, S. 290ff.; Eiber, Arbeiter, S. 183; Deutschland-Berichte, 4. Bd. 1937, Nr. 2, S. 177-80, Nr. 10, S. 1490.

30 Mallmann und Paul, Herrschaft und Alltag, S. 50; Pikarski und Warning, Gestapo-Berichte, 1. Bd., S. 210; Mason, Arbeiterklasse, S. 635, 941; Gillingham, Ruhrbergleute, S. 338.

31 Bayern in der NS-Zeit, 1. Bd., S. 464, 2. Bd., S. 300f.; Kershaw, Popular Opinion, S. 241; Kuropka, Meldungen, S. 288; van Dick, Oppositionelles Lehrerverhalten, S. 250.

32 Deutschland-Berichte, 5. Bd. 1938, Nr. 11, S. 1352, 1365, 6. Bd. 1939, Nr. 3, S. 364; Bayern in der NS-Zeit, 1. Bd., S. 475, 2. Bd. S. 329ff., 335; A. Faust, Die Kristallnacht im Rheinland, Düsseldorf 1987, S. 167.

33 Photokopie des KPD-Flugblatts in: Pikarski und Warning, Gestapo-Berichte, 1. Bd., S. 194; Faust, Kristallnacht, S. 165; D. Obst, »Reichskristallnacht«, Frankfurt-Bern 1991, S. 341f.; Rossaint und Zimmermann, Widerstand, S. 145.

34 M. von Hellfeld, Edelweißpiraten in Köln, Köln 1981, S. 13.

VI Die Schwäche der politischen Opposition

1 Nitzsche, Deutsche Arbeiter, S. 142; Hetzer, Industriestadt Augsburg, S. 119, 135f.; Deutschland-Berichte, 5. Bd. 1938, Nr. 9, S. 1004; Bayern in der NS-Zeit, 1. Bd., S. 264.

2 Mallmann und Paul, Herrschaft und Alltag, S. 370-76.

3 »Bergarbeiter Mitteilungen«, September 1938, bei Peukert und Bajohr, Spuren des Widerstands, S. 127f.; K. Tenfelde, Proletarische Provinz, in: Bayern in der NS-Zeit, 4. Bd., S. 331ff.; Peukert, Volksgenossen, S. 133; Bayern in der NS-Zeit, 1. Bd., S. 284; Deutschland-Berichte, 6. Bd. 1939, Nr. 3, S. 357.

4 Mason, Arbeiteropposition, S. 300; Kershaw, Popular Opinion, S. 90; Pikarski und Warning, Gestapo-Berichte, 1. Bd., S. 153f., 161f., 167f., 173; Nitzsche, Deutsche Arbeiter, S. 144; Peukert, Ruhrarbeiter, S. 221.

5 Deutschland-Berichte, 4. Bd. 1937, Nr. 3, S. 327f.; Mason, Arbeiterklasse, S. 290, 292, 424; Peukert, Ruhrarbeiter, S. 192; Fischer-Defoy, Arbeiterwiderstand, S. 171.

6 Wisotzky, Ruhrbergbau, S. 228f., 240; Bayern in der NS-Zeit, 1. Bd., S. 273f.; Mallmann und Paul, Herrschaft und Alltag, S. 365ff.

7 Deutschland-Berichte, 6. Bd. 1939, Nr. 3, S. 351, 359, Nr. 6, S. 768f.; Mallmann und Paul, Herrschaft und Alltag, S. 364; Bayern in der NS-Zeit, 1. Bd., S. 282, 286; Dahlem, Am Vorabend, 2. Bd., S. 184.

8 Schadt, Verfolgung und Widerstand in Baden, S. 241.
9 J. Kuropka, Zur Sache – Das Kreuz, Vechta 1987, S. 13, 20, 22, 424; van Dick, Oppositionelles Lehrerverhalten, S. 477.
10 Kuropka, Zur Sache, S. 107f., 310ff., 323; J. Noakes, The Oldenburg Crucifix Struggle, in: P.D. Stachura (Hg.), The Shaping of the Nazi State, London 1978, S. 218ff., 223ff.; K.H. Debus, Die großen Kirchen unterm Hakenkreuz, in: G. Nestler und H. Ziegler (Hg.), Die Pfalz unterm Hakenkreuz, Landau 1993, S. 253.
11 P. Buscher, Das Stigma – »Edelweiß-Pirat«, Koblenz 1988, S. 104ff., 126, 139, 200f.
12 von Hellfeld und Klönne, Betrogene Generation, S. 89f.; Peukert, Die Edelweißpiraten, Köln 1980, S. 188ff.; K. Schilde, in: Lexikon des deutschen Widerstands, S. 254.
13 Beuys, Vergeßt uns nicht, S. 368; Wagner, The Hard Lessons, S. 197; Reichhardt, Möglichkeiten und Grenzen, S. 182; G. Weisenborn, Der lautlose Aufstand, Hamburg 1953, S. 154ff.
14 Matthias und Weber, Widerstand in Mannheim, S. 200ff.; von Plato, »Verlierer geht nicht leer aus«, S. 18f., 21; Weisenborn, Lautloser Aufstand, S. 156.
15 Ebenda, S. 147; M. Overesch, Hermann Brill in Thüringen, Bonn 1992, S. 164, 254, 281; Mammach, Widerstand, S. 165f.
16 Bein, Widerstand, S. 81.
17 Marssolek und Ott, Bremen, S. 267; Pikarski und Warning, Über den antifaschistischen Widerstandskampf der KPD, Beiträge zur Geschichte der Arbeiterbewegung, 26. Bd. 1984, S. 60; Duhnke, KPD, S. 201; Reichhardt, Möglichkeiten und Grenzen, S. 194f.; Vollmer, Volksopposition, S. 343; Wehner, Zeugnis, S. 151f.; Klotzbach, Gegen den Nationalsozialismus, S. 205.
18 Dorn und Zimmermann, Bewährungsprobe, S. 175; E. Köhn, Der Weg zur Gründung des Nationalkomitees »Freies Deutschland« in Leipzig, Zeitschrift für Geschichtswissenschaft, 13. Bd. 1965, S. 23; Peukert, Ruhrarbeiter, S. 190; Tenfelde, Proletarische Provinz, S. 343f.; Mallmann und Paul, Herrschaft und Alltag, S. 219; Mehringer, KPD in Bayern, S. 199; Duhnke, KPD, S. 193f.; Pikarski und Warning, Gestapo-Berichte, 1. Bd., S. 176f.
19 Mann, Protest und Kontrolle, S. 205; Mason, Arbeiterklasse, S. 422ff.
20 Ebenda, S. 298, 315f.; Fischer-Defoy, Arbeiterwiderstand, S. 171.
21 Deutschland-Berichte, 4. Bd. 1937, Nr. 3, S. 338, Nr. 5, S. 610f., 5. Bd. 1938, Nr. 8, S. 984.
22 Pikarski und Warning, Über den antifaschistischen Widerstandskampf, S. 60, 340; Hochmuth und Meyer, Streiflichter, S. 179, 530f.; Pikarski und Uebel, KPD lebt, S. 185; Dahlem, Am Vorabend, 2. Bd., S. 274.

23 H. Wichers, Zur Anleitung des Widerstands der KPD, Internationale Korrespondenz zur Geschichte der deutschen Arbeiterbewegung, 26. Bd. 1990, S. 533; Duhnke, KPD, S. 275 Anm. 157; H. Weber, Weiße Flecken in der Geschichte, Frankfurt 1990, S. 112. Florin war Mitglied des Exekutivkomitees der Komintern.

24 Duhnke, KPD, S. 551, 553, 570f. Die Wiedergabe von Piecks Rede in Mammach, Berner Konferenz der KPD, Frankfurt 1974, ist stark gekürzt.

25 Ebenda, S. 109, 111; Duhnke, KPD, S. 559, 567.

26 Duhnke, KPD, S. 562; Weber, KPD in der Illegalität, S. 96.

27 Persönliche Erinnerungen.

28 Peukert und Bajohr, Spuren des Widerstands, S. 113, 123, 129ff., 152; Beier, Illegale Reichsleitung der Gewerkschaften, S. 52.

29 Müller, Stuttgart, S. 171; Esters und Pelger, Gewerkschafter im Widerstand, S. 147ff.

30 Mammach, Widerstand, S. 150; Hüttenberger, Heimtückefälle. Bayern in der NS-Zeit, 4. Bd., S. 446f.; V.R. Berghahn, Modern Germany, Cambridge 1982, S. 131.

VII Die Zeugen Jehovas

1 D. Garbe, Zwischen Widerstand und Martyrium. Die Zeugen Jehovas im »Dritten Reich«, München 1993, S. 41f., 56ff., 78; M.H. Kater, Die Ernsten Bibelforscher im Dritten Reich, VfZG, 17. Bd. 1969, S. 187.

2 Garbe, Zwischen Widerstand, S. 84f., 99; Kater, Ernste Bibelforscher, S. 187.

3 Garbe, Zwischen Widerstand, S. 86ff., 96, 104, 106f.

4 Ebenda, S. 109f., 121ff., 150f.

5 Ebenda, S. 223, 226f.; Kater, Ernste Bibelforscher, S. 196.

6 Mlynek, Gestapo Hannover, S. 188, 213; Garbe, Zwischen Widerstand, S. 226f., 240f., 245ff.; W. Ball, »Panzertruppe der Rechtspflege«, in: Nestler und Ziegler, Die Pfalz unterm Hakenkreuz, S. 147; Marssolek und Ott, Bremen, S. 306f.; Schadt, Verfolgung und Widerstand, S. 246; Kater, Ernste Bibelforscher, S. 198.

7 Kater, Ernste Bibelforscher, S. 206; Garbe, Zwischen Widerstand, S. 153f., 243f.; Rossaint und Zimmermann, Widerstand, S. 66.

8 Garbe, Zwischen Widerstand, S. 289f.

9 Dohms, Flugschriften aus Gestapo-Akten, S. 433; Högl und Steinmetz, Widerstand und Verfolgung, S. 262; H. Boberach (Hg.), Meldungen aus

dem Reich, 2. Bd., Herrsching 1984, S. 52 (zitiert als Boberach, Meldungen).

10 Garbe, Zwischen Widerstand, S. 259, 315, 317, 326; Schadt, Verfolgung, S. 113f.; Kater, Ernste Bibelforscher, S. 198; Hüttenberger, Heimtückefälle. Bayern in der NS-Zeit, 4. Bd., S. 447.

11 Beide Zitate in: Garbe, Zwischen Widerstand, S. 157, 325.

12 Beuys, Vergeßt uns nicht, S. 529f.; Matthias und Weber, Widerstand in Mannheim, S. 422f.; Garbe, Zwischen Widerstand, S. 321ff., 330, 334.

13 Ebenda, S. 357ff., 365ff., 382. Die Bände der Reichskriegsgerichtsurteile in Prag reichen von 1937 bis 1944.

14 Garbe, Zwischen Widerstand, S. 481; Högl und Steinmetz, Widerstand und Verfolgung, S. 263; Rossaint und Zimmermann, Widerstand, S. 66.

15 Garbe, Zwischen Widerstand, S. 394f., 486; Kater, Ernste Bibelforscher, S. 213f.; M. Buber-Neumann, Als Gefangene bei Stalin und Hitler, Stuttgart 1958, S. 278.

16 Wiener Library London, Zeugenberichte Nr. 192 (Inge Deutschkron); Garbe, Zwischen Widerstand, S. 496. Trotz Dr. Garbes Monographie ist das Thema dieses Kapitels noch immer ein sehr vernachlässigtes Gebiet.

VIII Der Hitler-Stalin-Pakt und die ersten Kriegsjahre

1 Dahlem, Am Vorabend, 2. Bd., S. 336; Duhnke, KPD, S. 337f. Beide Erklärungen wurden im offiziellen Parteiorgan »Rundschau« veröffentlicht, dem Nachfolger der »Inprekor«.

2 Dahlem, Am Vorabend, 2. Bd., S. 419; Duhnke, KPD, S. 340f., 359 Anm. 220; B. Herlemann, Auf verlorenem Posten, Bonn 1986, S. 23.

3 Deutschland-Berichte, 6. Bd. 1939, Nr. 8, S. 986ff., 7. Bd. 1940, Nr. 1, S. 25.

4 Ebenda, 7. Bd. 1940, Nr. 4, S. 221, 223; B. Wenke, Interviews mit Überlebenden, Stuttgart 1980, S. 55.

5 Mann, Protest und Kontrolle, S. 206; Pikarski und Uebel, KPD lebt, S. 197; A. Sywottek, Deutsche Volksdemokratie, Düsseldorf 1971, S. 108; Boberach, Meldungen, 2. Bd., S. 422; Weber, KPD in der Illegalität, S. 97.

6 Boberach, Meldungen, 2. Bd., S. 400; van Dick, Oppositionelles Lehrerverhalten, S. 501f.; Pikarski und Uebel, KPD lebt, S. 197, 199.

7 Persönliche Erinnerung an scharfe Diskussionen mit deutschen Kommunisten im Sommer 1940.

8 W. Schumann und G. Hass, Deutschland im Zweiten Weltkrieg, 1. Bd., Berlin 1974, S. 280; Duhnke, KPD, S. 460, 463; Hochmuth und Meyer,

Streiflichter, S. 341ff.; Högl und Steinmetz, Widerstand, S. 114; Matthias und Weber, Widerstand in Mannheim, S. 323; G. Braun, Georg Lechleiter, in: M. Bosch und W. Miess (Hg.), Der Widerstand im deutschen Südwesten, Stuttgart 1984, S. 190; Mehringer, KPD in Bayern, S. 281.

9 Pikarski und Warning, Gestapo-Berichte, 2. Bd., Berlin 1989, S. 33.

10 Boberach, Meldungen, 3. Bd., S. 828f.; Schumann und Hass, Deutschland, 1. Bd., S. 298; H.-R. Sandvoss, Widerstand 1933-1945. Berlin-Wedding, Berlin 1983, S. 37.

11 Boberach, Meldungen, 4. Bd., S. 1047; Hetzer, Industriestadt Augsburg, S. 200; Mehringer, Bayerische Sozialdemokratie, S. 404; German Records microfilmed at Alexandria, roll 312, folder 175, frames 2811367-529: Verfahren gegen Hermann Frieb und Genossen.

12 Boberach, Meldungen, 4. Bd., S. 1305; Domarus, Nationalsozialismus, Krieg, S. 74.

13 Deutschland-Berichte, 7. Bd. 1940, Nr. 2, S. 120; Schumann und Hass, Deutschland, 1. Bd., S. 591; Ball, »Panzertruppe der Rechtspflege«, S. 152f.; Steinert, Hitler's War, S. 64; Kershaw, Public Opinion, S. 303f.; Mann, Protest und Kontrolle, S. 217.

14 Zitate bei Beuys, Vergeßt uns nicht. S. 429. Die Gruppe war weder sozialdemokratisch noch kommunistisch.

15 Kuropka, Meldungen aus Münster, S. 540-43; Gellately, The Gestapo, S. 207.

16 Werner, »Bleib übrig«, S. 152, 158f.; Tenfelde, Proletarische Provinz, S. 333; Fischer-Defoy, Arbeiterwiderstand, S. 194.

17 Domarus, Nationalsozialismus, Krieg, S. 91; Winkler, Frauenarbeit, S. 98.

18 Mason, Labour in the Third Reich, S. 140f.; ders., Arbeiterklasse, S. 1083ff.; Schumann und Hass, Deutschland, 1. Bd., S. 200f.; Rüther, Arbeiterschaft in Köln, S. 290, 297.

19 Mason, Arbeiterklasse, S. 1167ff., 1174ff., 1184.

20 Mason, Arbeiteropposition, S. 305; Werner, »Bleib übrig«, S. 73; Peukert, Arbeitslager und Jugend-KZ, in: ders. und Reulecke, Die Reihen fast geschlossen, S. 425; Peukert, Volksgenossen und Gemeinschaftsfremde, S. 254; Marssolek und Ott, Bremen, S. 363; Schumann und Hass, Deutschland, 1. Bd., S. 593.

21 Mai, Warum steht der deutsche Arbeiter, S. 224; Hachtmann, Industriearbeit, S. 300; Mallmann und Paul, Herrschaft und Alltag, S. 60; Werner, »Bleib übrig«, S. 152f., 398; Wisotzky, Ruhrbergbau, S. 260.

22 Ebenda, S. 260; Werner, »Bleib übrig«, S. 62f., 100; Rossaint und Zimmermann, Widerstand, S. 155; Dorn und Zimmermann, Bewährungsprobe, S. 289.

23 Werner, »Bleib übrig«, S. 176, 178; Mason, Sozialpolitik, S. 322; Wenke, Interviews, S. 220f.; T. Siegel, Rationalisierung statt Klassenkampf, in: H. Mommsen und S. Willems (Hg.), Herrschaftsalltag im Dritten Reich, Düsseldorf 1988, S. 196.

24 Werner, »Bleib übrig«, S. 74, 76; Schumann und Hass, Deutschland, 1. Bd., S. 201; Schefer, Wo Unterdrückung ist, S. 289; Mason, Arbeiterklasse, S. 864; Eiber, Frauen in der Kriegsindustrie, Bayern in der NS-Zeit, 3. Bd., S. 602.

25 Winkler, Frauenarbeit, S. 91, 93, 95-98; Kershaw, Public Opinion, S. 303.

26 Rüther, Arbeiterschaft in Köln, S. 291; Deutschland-Berichte, 6. Bd. 1939, Nr. 11, S. 1039, 7. Bd. 1940, Nr. 1, S. 17, 21, 25, Nr. 3, S. 164f.; Schumann und Hass, Deutschland, 1. Bd., S. 212.

27 Domarus, Nationalsozialismus, Krieg, S. 85ff.; Boberbach, Meldungen, 6. Bd., S. 1809.

28 Maser, Das Regime, S. 284ff.; E. Fröhlich, Stimmung und Verhalten der Bevölkerung in der NS-Zeit; Bayern in der NS-Zeit, 1. Bd., S. 613, 619f.; Steinert, Hitler's War, S. 121.

29 Marssolek und Ott, Bremen, S. 363; Domarus, Nationalsozialismus, Krieg, S. 132f.

30 Wicht, Glanzstoff, S. 174, 176; Peukert, Protest und Widerstand von Jugendlichen, in: Löwenthal und zur Mühlen, Widerstand, S. 181; Steinert, Hitler's War, S. 94.

31 von Hellfeld, Bündische Jugend, S. 136f.; Buscher, Stigma, S. 150, 178, 249, 263.

32 W. Schepping, Oppositionelles Singen Jugendlicher im Dritten Reich, in: H. Siefken und H. Vieregg, Resistance to National Socialism, Notthingham 1993, S. 100; H. Focke und U. Reimer, Alltag der Entrechteten, Reinbek bei Hamburg 1980, S. 70. Die Lieder der Edelweißpiraten sind gut dokumentiert.

IX Krieg mit der Sowjetunion

1 Boberach, Meldungen, 8. Bd., S. 2724; J. Stephenson, Widerstand gegen soziale Modernisierung, in: M. Prinz und R. Zitelmann (Hg.), Nationalsozialismus und Modernisierung, Darmstadt 1991, S. 98, 114; Rüther, Arbeiterschaft in Köln, S. 307f.; Tilitzki, Alltag in Ostpreußen, S. 160.

2 Maser, Regime, S. 284; Boberach, Meldungen, 9. Bd., S. 3504f., 10. Bd., S. 3543, 3613; Bayern in der NS-Zeit, 1. Bd., S. 306.

3 Boberach, Meldungen, 10. Bd., S. 3595, 3639, 3772; Maser, Regime, S. 284.

4 Tilitzki, Alltag in Ostpreußen, S. 191f., 201f.; Boberach, Meldungen, 10. Bd., S. 3873.

5 Ebenda, S. 3918f., 3934ff.; Rüther, Arbeiterschaft in Köln, S. 366.

6 Boberach, Meldungen, 11. Bd., S. 3999, 16. Bd., S. 6261f.; Domarus, Nationalsozialismus, Krieg, S. 88; Rüther, Arbeiterschaft in Köln, S. 316.

7 Boberach, Meldungen, 10. Bd., S. 3936, 15. Bd., S. 6026, 6063f., 16. Bd., S. 6469.

8 Rüther, Arbeiterschaft in Köln, S. 337; Boberach, Meldungen, 7. Bd., S. 2640; Schumann und Hass, Deutschland, 3. Bd., S. 213, 216f.

9 Boberach, Meldungen, 9. Bd., S. 3388f., 3450, 11. Bd., S. 4103; Domarus, Nationalsozialismus, Krieg, S. 103; K.-J. Ruhl (Hg.), Unsere verlorenen Jahre, Darmstadt 1985, S. 42, 50.

10 Tilitzki, Alltag in Ostpreußen, S. 262; Boberach, Meldungen, 15. Bd., S. 6030ff. Der Band enthält viele ähnliche Meldungen.

11 Ebenda, 12. Bd., S. 4652, 13. Bd., S. 4924, 5217, 14. Bd., S. 5356f.

12 Ebenda, 14. Bd., S. 5446f., 5620f.

13 Ebenda, 10. Bd., S. 3641, 15. Bd., S. 6168, 16. Bd., S. 6379; Fröhlich, Stimmung und Verhalten der Bevölkerung, Bayern in der NS-Zeit, 1. Bd., S. 647.

14 Boberach, Meldungen, 15. Bd., S. 5770, 5989; Reuth, Goebbels, S. 534; Werner, »Bleib übrig«, S. 261.

15 Seebold, Stahlkonzern, S. 272; Bayern in der NS-Zeit, 1. Bd., S. 315; Boberach, Meldungen, 16. Bd., S. 6379.

16 Ebenda, 8. Bd., S. 2712, 2724, 2948, 3070.

17 Kershaw, Public Opinion, S. 319; Boberach, Meldungen, 8. Bd., S. 3122, 9. Bd., S. 3409, 3449, 3523, 10. Bd., S. 3803, 11. Bd., S. 4016, 12. Bd., S. 4490, 4516, 4601.

18 Domarus, Nationalsozialismus, Krieg, S. 136; Boberach, Meldungen, 12. Bd., S. 4720, 4751, 4800, 4821f.

19 Ebenda, 13. Bd., S. 5064, 14. Bd., S. 5398f., 5447, 5461, 5532, 5562, 5675.

20 Ebenda, 13. Bd., S. 5289f., 15. Bd., S. 5824; Beuys, Vergeßt uns nicht, S. 500.

21 Boberach, Meldungen, 14. Bd., S. 5561, 15. Bd., S. 5824, 5937f., 6050; Bayern in der NS-Zeit, 1. Bd., S. 640, 651.

22 Ebenda, S. 638, 642, 651.

23 Boberach, Meldungen, 11. Bd., S. 4301f.; Schumann und Hass, Deutschland, 3. Bd., S. 239, 243.

24 Werner, »Bleib übrig«, S. 245; Boberach, Meldungen, 13. Bd., S. 5282f.; Mallmann und Paul, Herrschaft und Alltag, S. 358.

25 Hachtmann, Industriearbeit, S. 51; Werner, »Bleib übrig«, S. 271, 398; Rüther, Arbeiterschaft in Köln, S. 424f. und in VfZG, 39. Bd. 1991, S. 258.

26 Herlemann, Auf verlorenem Posten, S. 292, Kershaw, Public Opinion, S. 366; Keval, Widerstand und Selbstbehauptung, S. 215.

27 L. Gross, Versteckt, Reinbek bei Hamburg 1983, S. 225f.; I. Deutschkron, Ich trug den Gelben Stern, Köln 1983, S. 133ff.; Wiener Library London, Zeugenberichte Nr. 192 (Inge Deutschkron), 459 (Lola Alexander), 886 (Alice Nickel).

28 T. Franz und J. Merk, Judenwiderstand im Nationalsozialismus, Internationale wissenschaftliche Korrespondenz zur Geschichte der Arbeiterbewegung, 28. Bd. 1992, S. 415; Weisenborn, Lautloser Aufstand, S. 169; Hochmuth und Meyer, Streiflichter, S. 453ff., 460ff.; Matthias und Weber, Widerstand, S. 459f.; Müller, Stuttgart, S. 507; Tilitzki, Alltag in Ostpreußen, S. 62.

X Aufleben des Widerstands

1 Boberach, Meldungen, 12. Bd., S. 4699, 13. Bd., S. 4924, 4944, 5149; Pikarski und Warning, Gestapo-Berichte, 2. Bd., S. 370; Schumann und Hass, Deutschland, 1. Bd., S. 293, 3. Bd., S. 241.

2 K. Mammach, Zum gemeinsamen Kampf deutscher und polnischer Antifaschisten, Beiträge zur Geschichte der Arbeiterbewegung, 12. Bd. 1970, S. 120; Mallmann und Paul, Herrschaft und Alltag, S. 351, 410; Steinert, Hitler's War, S. 208; Pikarski und Warning, Gestapo-Berichte, 2. Bd., S. 385.

3 Domarus, Nationalsozialismus, Krieg, S. 173; E. Kleinöder, Verfolgung und Widerstand der katholischen Jugendvereine, Bayern in der NS-Zeit, 2. Bd., S. 233; Mallmann und Paul, Herrschaft und Alltag, S. 410; Winkler, Frauenarbeit, S. 113; Bembenek und Schumacher, Nicht alle sind tot, S. 96.

4 Bayern in der NS-Zeit, 1. Bd., S. 314; K. Drobisch, in: Lexikon des deutschen Widerstandes, S. 163f.; Boberach, Meldungen, 14. Bd., S. 5561, 15. Bd., S. 6168; Schumann und Hass, Deutschland, 3. Bd., S. 272.

5 K.-P. Schulz, Proletarier, Klassenkämpfer, Staatsbürger, München 1963, S. 166f.

6 Steinert, Hitler's War, S. 191, 249 Anm. 2; E. Schmidt, Lichter in der Finsternis, Frankfurt 1980, S. 329-33; Wippermann, Leben in Frankfurt, 4. Bd., S. 106-11.

7 A. Zehnter, Widerstand und Verfolgung in Bochum und Wattenscheid, Bochum 1992, S. 303; Keval, Widerstand, S. 210-17; Mallmann und Paul, Herrschaft und Alltag, S. 345; Schumann und Hass, Deutschland, 3. Bd., S. 241 ff.

8 Hochmuth und Meyer, Streiflichter, S. 151 f.; Marssolek und Ott, Bremen, S. 230, 233, 384, 386ff.; Link, Geschichte, S. 315 f.; Brandt, Erinnerungen, S. 135; ders., Links und Frei, S. 389.

9 Mehringer, Bayerische Sozialdemokratie, S. 404 f., 408 f.; ders., Waldemar von Knoeringen, S. 231 ff.; Hetzer, Industriestadt Augsburg, S. 200ff., 205; E. Nerdinger, Pfingstkonferenz mit »Michel«, in: S. Asgodom (Hg.), »Halts Maul, sonst kommst nach Dachau«, Köln 1983, S. 190f.; German Records microfilmed at Alexandria, Roll 312 Folder 175: Verfahren gegen Hermann Frieb und Genossen, Berichte vom 29. 10. 1942 und 22. 1. 1943.

10 Herlemann, Auf verlorenem Posten, S. 44f., 50, 61, 187, 189, 213, 235, 261; Bludau, Gestapo – Geheim, S. 167f.

11 Peukert, Ruhrarbeiter, S. 299; Herlemann, Auf verlorenem Posten, S. 68, 85, 92, 94, 101, 289; Beuys, Vergeßt uns nicht, S. 516.

12 Pikarski und Uebel, Die KPD lebt, S. 219; Beuys, Vergeßt uns nicht, S. 519ff.; Schumann und Hass, Deutschland, 4. Bd., S. 546ff.; Weber, KPD in der Illegalität, S. 99.

13 Ebenda, S. 98; Weber, Der deutsche Kommunismus, Dokumente, Köln 1963, S. 418ff.; Köhn, Der Weg zur Gründung, S. 24, 26ff., 35.

14 Ebenda, S. 30-35; Schumann und Hass, Deutschland, 5. Bd., S. 315; doch ohne die Schlußfolgerung, daß es eindeutig ein Fehler war, eine illegale Zentralleitung bilden zu wollen.

15 Beuys, Vergeßt uns nicht, S. 464ff.; H. Höhne, Kennwort Direktor, Frankfurt 1972, S. 183f.; Duhnke, KPD, S. 486; Pikarski und Warning, Gestapo-Bericht, 3. Bd., S. 113; Schumann und Hass, Deutschland, 4. Bd., S. 531.

16 G. Kennan und H. Weber, Aus dem Kadermaterial der illegalen KPD, VfZG, 20. Bd. 1972, S. 434ff., 445.

17 Peukert, KPD im Widerstand, S. 360f.; Pikarski und Warning, Gestapo-Berichte, 2. Bd., S. 314; Mammach, Zum gemeinsamen Kampf, S. 121.

18 Boberach, Meldungen, 11. Bd., S. 4236.

19 Peukert, Ruhrarbeiter, S. 286f.; Rossaint und Zimmermann, Widerstand, S. 175; H. D. Schäfer, Berlin im Zweiten Weltkrieg, München 1985, S. 247f.

20 Herlemann, Auf verlorenem Posten, S. 97; Dorn und Zimmermann, Bewährungsprobe, S. 322; von Plato, »Verlierer geht nicht leer aus«, S. 30ff.; Schumann und Hass, Deutschland, 3. Bd., S. 285; Domarus, Nationalsozialismus, Krieg, S. 105; Mallmann und Paul, Herrschaft und Alltag, S. 397.

21 Pikarski und Warning, Gestapo-Berichte, 3. Bd., S. 83ff., 138ff.; Marssolek und Ott, Bremen, S. 386.

22 Boberach, Meldungen, 11. Bd., S. 4302, 4562; Schäfer, Berlin im Zweiten Weltkrieg, S. 193f.; Tilitzki, Alltag in Ostpreußen, S. 234f.; Bein, Widerstand, S. 133.

23 H. Muth, Jugendopposition im Dritten Reich, VfZG, 30. Bd. 1982, S. 408; Peukert, Edelweißpiraten, S. 187, 213; von Hellfeld und Klönne, Betrogene Generation, S. 318, 333f.

24 Schabrod, Widerstand, S. 175; A. Klönne, Jugendprotest und Jugendopposition, in: Bayern in der NS-Zeit, 4. Bd., S. 611; Högl und Steinmetz, Widerstand, S. 205; Kenkmann, Navajos, S. 151; Peukert, KPD im Widerstand, S. 392.

25 Schabrod, Widerstand, S. 175; Peukert, Edelweißpiraten, S. 81; Buscher, Das Stigma, S. 376f.; ders., in: Siefken und Vieregg (Hg.), Resistance to National Socialism, S. 140-43; Muth, Jugendopposition, S. 377, 414.

26 Schabrod, Widerstand, S. 176, 193, 199; Peukert, KPD im Widerstand, S. 392; Herlemann, Auf verlorenem Posten, S. 89; von Hellfeld und Klönne, Betrogene Generation, S. 290; Krolle, »Bündische Umtriebe«, S. 78.

27 Buscher, Das Stigma, S. 267.

XI Das Ende des Hitlerregimes

1 T. Findahl, Untergang Berlins, Oslo 1945, S. 91, zitiert von Schäfer, Berlin im Zweiten Weltkrieg, S. 279; U. von Kardorff, Berliner Aufzeichnungen, München 1962, S. 151.

2 Persönliche Erinnerungen.

3 Boberach, Meldungen, 16. Bd., S. 6204, 6231f., 6312, 6362, 6455; Bayern in der NS-Zeit, 1. Bd., S. 661.

4 Werner, »Bleib übrig«, S. 255; Winkler, Frauenarbeit, S. 161f.; Boberach, Meldungen, 16. Bd., S. 6499, 17. Bd., S. 6556, 6565; Siegel, Rationalisierung, S. 194f.; Bayern in der NS-Zeit, 1. Bd., S. 675; Steinert, Hitler's War, S. 281; M. Albert, Der heimliche Widerstand in der NSF, in: S. Asgodom (Hg.), »Halts Maul, sonst kommst nach Dachau«, S. 163.

5 Boberach, Meldungen, 17. Bd., S. 6614, 6633, 6638, 6647, 6652.

6 Steinert, Hitler's War, S. 290; K.-J. Ruhl, Deutschland 1945, Alltag zwischen Krieg und Frieden, Darmstadt 1984, S. 52f.; Herbert, Arbeiterschaft, S. 557; V.R. Berghahn, Meinungsforschung im Dritten Reich, Militärgeschichtliche Mitteilungen, 1. Bd. 1967, S. 99, 102.

7 Boberach, Meldungen, 16. Bd., S. 6379; Bayern in der NS-Zeit, 1. Bd., S. 679; Kershaw, Hitlers Popularität, S. 92: Bericht vom 9. 1. 1945.

8 Domarus, Nationalsozialismus, Krieg, S. 166; Maser, Regime, S. 344f.; Ruhl, Deutschland 1945, S. 17f.; Bayern in der NS-Zeit, 1. Bd., S. 679.

9 Viebahn und Kuchta, Widerstand gegen die Nazidiktatur in Köln, S. 340; B.-A. Rusinek, Gesellschaft in der Katastrophe, Essen 1989, S. 439; von Hellfeld, Edelweißpiraten in Köln, Köln 1981, S. 9-13, 31, 40, 56, 58, 87f.

10 Ebenda, S. 68; Buscher, Aus der Erfahrung des Jugendwiderstandes, S. 142 f.

11 Rusinek, Gesellschaft in der Katastrophe, S. 393; Peukert, KPD im Widerstand, S. 407, 415; Brunn, Verfolgung und Widerstand, S. 31f.; Viebahn und Kuchta, Widerstand gegen die Nazidiktatur, S. 343.

12 Brunn, Verfolgung und Widerstand, S. 32; Müller, Stuttgart, S. 508; Schumann und Hass, Deutschland, 6. Bd., S. 315; Brandt, Links und Frei, S. 389f.; Marssolek und Ott, Bremen, S. 387; Zorn, Widerstand in Hannover, S. 220ff.

13 Berghahn, Meinungsforschung, S. 116; Ruhl, Deutschland 1945, S. 84, 94; Werner, »Bleib übrig«, S. 352.

14 R. Andreas-Friedrich, Schauplatz Berlin, München 1962, S. 162; Hochmuth und Meyer, Streiflichter, S. 381, 560f.; Marssolek und Ott, Bremen, S. 387; Berger, Gegen ein braunes Braunschweig, S. 143.

15 Beuys, Vergeßt uns nicht, S. 567; Sbosny und Schabrod, Widerstand in Solingen, S. 120f.

16 Bayern in der NS-Zeit, 1. Bd., S. 685f.

17 Tenfelde, Proletarische Provinz, Bayern in der NS-Zeit, 4. Bd., S. 377 bis 80.

XII Schlußbetrachtung

1 Mammach, Widerstand 1933-1939, S. 161.

2 Peukert, Die KPD, S. 316, und Der deutsche Arbeiterwiderstand, S. 654.

3 H. Weber, Die Ambivalenz der kommunistischen Widerstandsstrategie, in: Schmädeke und Steinbach, Widerstand gegen den Nationalsozialismus, S. 79.

4 K.-M. Mallmann und G. Paul, Allwissend, allgegenwärtig, allmächtig?

Gestapo, Gesellschaft und Widerstand, Zeitschrift für Geschichtswissenschaft, 41. Bd. 1993, S. 994f.

5 Hüttenberger, Heimtückefälle vor dem Sondergericht München, Bayern in der NS-Zeit, 4. Bd., S. 446f., 523.

6 G. Paul, in: Benz und Pehle (Hg.), Lexikon des deutschen Widerstandes, S. 201.

7 I. Kershaw, The Nazi Dictatorship, London-New York 1993, S. 172; Sbosny und Schabrod, Widerstand in Solingen, S. 131; Rossaint und Zimmermann, Widerstand in Oberhausen, S. 208; Weisenborn, Lautloser Aufstand, S. 258.

Quellen und Literatur

A. Archivalien

German Records microfilmed at Alexandria, Roll 312, Folder 175: Staatspolizeistelle München, Verfahren gegen Hermann Frieb und Genossen wegen Vorbereitung zum Hochverrat.

Militärhistorisches Archiv Prag: Urteile des Reichskriegsgerichts 1937 bis 1944.

Wiener Library London: Zeugenberichte Nr. 192, 459, 886.

B. Gedruckte Quellen

Berger, Thomas, Lebenssituationen unter der Herrschaft des Nationalsozialismus, Hannover 1981.

Berghahn, Volker R., Meinungsforschung im »Dritten Reich«. Die Mundpropagandaaktion der Wehrmacht im letzten Kriegsjahr, Militärgeschichtliche Mitteilungen, 1. Bd. 1967, S. 83-119.

Boberach, Heinz (Hg.), Meldungen aus dem Reich. Die geheimen Lageberichte des Sicherheitsdienstes der SS 1938-1945, 17 Bde., Herrsching 1984.

Bohn, Willi (Hg.), Stuttgart – Geheim. Widerstand und Verfolgung 1933 bis 1945, Frankfurt 1978.

Deutschland-Berichte der Sozialdemokratischen Partei Deutschlands (Sopade), 7 Bde., Neudruck Salzhausen-Frankfurt 1980.

Dohms, Peter (Hg.), Flugschriften in Gestapo-Akten. Nachweis und Analyse der Flugschriften in den Gestapo-Akten des Hauptstaatsarchivs Düsseldorf, Siegburg 1977.

Faust, Anselm (Hg.), Die Kristallnacht im Rheinland. Dokumente zum Judenpogrom im November 1938, Düsseldorf 1987.

Fröhlich, Elke (Hg.), Die Tagebücher von Joseph Goebbels, 2. Bd., München 1987.

Heyen, Franz Josef (Hg.), Nationalsozialismus im Alltag. Quellen zur Geschichte des Nationalsozialismus vornehmlich im Raum Mainz-Koblenz-Trier, Boppard 1967.

Jahnke, Karl Heinz, und Buddrus, Michael, Deutsche Jugend 1933-1945. Eine Dokumentation, Hamburg 1989.

Kennan, George, und Weber, Hermann, Aus dem Kadermaterial der illegalen KPD 1943, Vierteljahrshefte für Zeitgeschichte (VfZG), 20. Bd. 1972, S. 422-46.

Klein, Thomas (Hg.), Die Lageberichte der Geheimen Staatspolizei über die Provinz Hessen-Nassau 1933-1936, Köln-Wien 1986.

Kuropka, Joachim (Hg.), Meldungen aus Münster 1924-1944. Geheime und vertrauliche Berichte von Polizei, Gestapo, NSDAP und ihren Gliederungen, staatliche Verwaltung, Gerichtsbarkeit und Wehrmacht, Münster 1992.

Mammach, Klaus (Hg.), Die Berner Konferenz der KPD (30. 1.-1. 2. 1939), Frankfurt 1974.

Mason, Timothy M., Arbeiterklasse und Volksgemeinschaft. Dokumente und Materialien zur deutschen Arbeiterpolitik 1936-1939, Opladen 1975.

Matthias, Erich (Hg.), Mit dem Gesicht nach Deutschland. Eine Dokumentation über die sozialdemokratische Emigration aus dem Nachlaß von Friedrich Stampfer, Düsseldorf 1968.

Mlynek, Klaus (Hg.), Gestapo Hannover meldet ... Polizei- und Regierungsberichte für das mittlere und südliche Niedersachsen 1933-1937, Hildesheim 1986.

Nitzsche, Gerhard, und Uebel, Günter (Hg.), Die KPD – führende Kraft im antifaschistischen Widerstand. Aus der Tätigkeit illegaler Leitungen der KPD im Lande, Beiträge zur Geschichte der Arbeiterbewegung, 20. Bd. 1978, S. 691-702.

Pikarski, Margot, und Uebel, Günter (Hg.), Die KPD lebt! Flugblätter aus dem antifaschistischen Widerstandskampf der KPD 1933-1945, Berlin 1980.

Pikarski, Margot, und Warning, Elke (Hg.), Über den antifaschistischen Widerstandskampf der KPD. Aus Gestapo-Akten, Beiträge zur Geschichte der Arbeiterbewegung, 25. Bd. 1983, S. 67-87, 398-410, 548-60, 704-10, 26. Bd. 1984, S. 33-62, 338-46.

– Gestapo-Berichte über den antifaschistischen Widerstandskampf der KPD 1933-1945, 3 Bde., Berlin 1989-90.

Plum, Günter, Die KPD in der Illegalität. Rechenschaftsbericht einer Bezirksleitung aus dem Jahre 1934, in: Hermann Graml (Hg.), Widerstand im Dritten Reich, Frankfurt 1984, S. 157-71.

Ruhl, Klaus-Jörg (Hg.), Deutschland 1945. Alltag zwischen Krieg und Frieden in Berichten, Bildern und Dokumenten, Darmstadt-Neuwied 1984.

– Unsere verlorenen Jahre. Frauenalltag in Kriegs- und Nachkriegszeit 1939-1945 in Berichten, Dokumenten und Bildern, Darmstadt 1985.

Schäfer, Hans Dieter (Hg.), Berlin im Zweiten Weltkrieg. Der Untergang der Reichshauptstadt in Augenzeugenberichten, München-Zürich 1985.

Schramm, Percy Ernst (Hg.), Hitlers Tischgespräche im Führerhauptquartier 1941-1942, Stuttgart 1963.

Sozialdemokratische Partei Deutschlands: Revolution gegen Hitler! Die historische Aufgabe der deutschen Sozialdemokratie, Karlsbad s.a. (1933).

– Neu beginnen! Faschismus oder Sozialismus. Von Miles, Karlsbad s.a. (1933).

Stoop, Paul (Hg.), Geheimberichte aus dem Dritten Reich. Der Journalist H.J. Noordevier als politischer Beobachter, Berlin 1990.

Thévoz, Robert, Branig, Hans, und Lowenthal-Hensel, Cécile (Hg.), Pommern 1934/35 im Spiegel von Gestapolageberichten und Sachakten, Köln-Berlin 1974.

Tilitzki, Christian (Hg.), Alltag in Ostpreußen 1940-1945. Die geheimen Lageberichte der Königsberger Justiz, Leer 1991.

Vollmer, Bernhard (Hg.), Volksopposition im Polizeistaat. Gestapo- und Regierungsberichte 1934-1936, Stuttgart 1957.

Weber, Hermann (Hg.), Der deutsche Kommunismus. Dokumente, Köln 1963.

C. Literatur

Ackermann, Anton, Ich kam aus der illegalen Arbeit in Berlin, Beiträge zur Geschichte der Arbeiterbewegung, 7. Bd. 1965, S. 827-30.

Albert, Martin, Der heimliche Widerstand in der NSF, in: Sabine Asgodom (Hg.), »Halts Maul, sonst kommst nach Dachau«. Frauen und Männer aus der Arbeiterbewegung berichten über Widerstand und Verfolgung, Köln 1983, S. 147-64.

Allen, William Sheridan, The Infancy of Nazism. The Memoirs of Ex-Gauleiter Albert Krebs 1923-1933, New York 1976.

– Die sozialdemokratische Untergrundbewegung. Zur Kontinuität der subkulturellen Werte, in: Jürgen Schmädeke und Peter Steinbach (Hg.), Der Widerstand gegen den Nationalsozialismus, München 1985, S. 849 bis 66.

Anderson, Evelyn, Hammer or Anvil. The Story of the German Working-class Movement, London 1945.

Andreas-Friedrich, Ruth, Schauplatz Berlin, Ein deutsches Tagebuch, München 1962.

Anonym, Dokumente des Widerstandes. Eine Artikelserie aus der »Hamburger Volkszeitung«, 1947.

Aretin, Karl Otmar Freiherr von, Nation, Staat und Demokratie in Deutschland. Ausgewählte Beiträge zur Zeitgeschichte, Mainz 1993.

Bahne, Siegfried, Die Kommunistische Partei Deutschlands, in: Erich Matthias und Rudolf Morsey (Hg.), Das Ende der Parteien 1933, Düsseldorf 1960, S. 653-739.

Bajohr, Frank, In doppelter Isolation. Zum Widerstand der Arbeiterjugendbewegung gegen den Nationalsozialismus, in: Wilfried Breyvogel (Hg.), Piraten, Swings und Junge Garde, Bonn 1991, S. 17-35.

Ball, Wolfgang, »Panzertruppe der Rechtspflege«, Die Tätigkeit der Sondergerichte in der Pfalz, in: Gerhard Nestler und Hannes Ziegler (Hg.), Die Pfalz unterm Hakenkreuz, Landau 1993, S. 141-60.

Beier, Gerhard, Die illegale Reichsleitung der Gewerkschaften 1933-1945, Köln 1981.

– Die illegale Reichsleitung der Gewerkschaften, in: Richard Löwenthal und Patrik von zur Mühlen (Hg.), Widerstand und Verweigerung in Deutschland 1933-1945, Bonn-Berlin 1984, S. 25-30.

Bein, Reinhard, Widerstand im Nationalsozialismus. Braunschweig 1930 bis 1945, Braunschweig 1985.

Bembenek, Lothar, und Schumacher, Fritz, Nicht alle sind tot, die begraben sind. Widerstand und Verfolgung in Wiesbaden 1933-1945, Frankfurt 1980.

Bennecke, Heinrich, Hitler und die SA, München 1962.

Benz, Wolfgang, und Pehle, Walter H. (Hg.), Lexikon des deutschen Widerstandes, Frankfurt 1994.

Berger, Peter, Gegen ein braunes Braunschweig, Skizzen zum Widerstand 1925-1945, Hannover 1980.

Berghahn, Volker R., Modern Germany, Society, Economy and Politics in the 20th Century, Cambridge 1982.

Bessel, Richard, Political Violence and the Rise of Nazism. The Storm Troopers in Eastern Germany 1925-1934, New Haven-Londen 1984.

Beuys, Barbara, Vergeßt uns nicht. Menschen im Widerstand 1933-1945, Reinbek bei Hamburg 1987.

Billstein, Aurel, Der eine fällt, die andern rücken nach. Dokumente des Widerstandes und der Verfolgung in Krefeld 1933-1945, Frankfurt 1973.

Bludau, Kuno, Gestapo – Geheim. Widerstand und Verfolgung in Duisburg 1933-1945, Bonn 1973.

Böhnke, Wilfried, Die NSDAP im Ruhrgebiet 1920-1933, Bonn 1974.

Brandt, Willy, Links und Frei, Mein Weg 1930-1950, Hamburg 1982.

– Erinnerungen, Berlin 1990.

Braun, Günter, Georg Lechleiter, ein Mannheimer Kommunist, in: Michael Bosch und Wolfgang Niess (Hg.), Der Widerstand im deutschen Südwesten 1933-1945, Stuttgart 1984, S. 183-91.

– Sozialdemokratischer und kommunistischer Widerstand in der Pfalz, in: Nestler und Ziegler (Hg.), Die Pfalz unterm Hakenkreuz, Landau 1993, S. 377-412.

Bremer, Jörg, Die Sozialistische Arbeiterpartei Deutschlands. Untergrund und Exil 1933-1945, Frankfurt 1978.

Bringmann, Fritz, und Diercks, Herbert, Die Freiheit lebt! Antifaschistischer Widerstand und Naziterror in Elmshorn und Umgebung 1933 bis 1945, Frankfurt 1983.

Broszat, Martin, Der Staat Hitlers. Grundlegung und Entwicklung seiner inneren Verfassung, München 1971.

– Lage der Arbeiterschaft, Arbeiteropposition und Verfolgung der illegalen Arbeiterbewegung 1933-1945, in: Bayern in der NS-Zeit, 1. Bd., München 1977, S. 193-325.

Brunn, Gerhard, Verfolgung und Widerstand in Köln, in: Leo Haupts und Georg Mölich (Hg.), Aspekte der nationalsozialistischen Herrschaft in Köln und im Rheinland, Köln 1983, S. 9-37.

Bry, Gerhard, Resistance. Recollections from the Nazi Years, West Orange N.J. 1979.

Buber-Neumann, Margarete, Als Gefangene bei Stalin und Hitler, Stuttgart 1958.

Buscher, Paulus, Das Stigma, »Edelweiß-Pirat«, Koblenz 1988.

– Aus der Erfahrung des Jugendwiderstandes 1936-1945, in: Hinrich Siefken und Hildegard Vieregg (Hg.), Resistance to National Socialism, Nottingham 1993, S. 127-63.

Carsten, Francis L., Der Aufstieg des Faschismus in Europa, Frankfurt 1968.

Childers, Thomas, The Nazi Voter. The Social Foundations of Fascism in Germany 1919-1933, Chapel Hill 1983.

Dahlem, Franz, Am Vorabend des Zweiten Weltkrieges 1938 bis August 1939. Erinnerungen, 2 Bde., Berlin 1977.

Debus, Karl Heinz, Die großen Kirchen unterm Hakenkreuz, in: Nestler und Ziegler (Hg.), Die Pfalz unterm Hakenkreuz, Landau 1993, S. 227 bis 72.

Deutschkron, Inge, Ich trug den gelben Stern, Köln 1979.

Dieterich, Markus, Es kann uns den Kopf kosten. Antifaschismus und Widerstand in Heilbronn 1930-1939, Heilbronn 1992.

Ditt, Karl, Sozialdemokratie im Widerstand. Hamburg in der Anfangsphase des Dritten Reiches, Hamburg 1984.

Domarus, Wolfgang, Nationalsozialismus, Krieg und Bevölkerung. Untersuchungen zur Lage, Volksstimmung und Struktur in Augsburg während des Dritten Reiches, München 1977.

Dorn, Barbara, und Zimmermann, Michael, Bewährungsprobe. Herne und Wanne-Eickel 1933-1945, Bochum 1987.

Drobisch, Klaus, Antinazistische Deutsche Volksfront, in: Lexikon des deutschen Widerstandes, Frankfurt 1994, S. 163f.

Duhnke, Horst, Die KPD von 1933 bis 1945, Köln 1972.
Eiber, Ludwig, Arbeiter unter der NS-Herrschaft. Textil- und Porzellanarbeiter im nordöstlichen Oberfranken 1933-1939, München 1979.
– Frauen in der Kriegsindustrie. Arbeitsbedingungen, Lebensumstände und Protestverhalten, in: Bayern in der NS-Zeit, 3. Bd. 1981, S. 569-644.
Esters, Helmut, und Pelger, Hans, Gewerkschafter im Widerstand, Bonn 1983.
Falter, Jürgen W., Warum die deutschen Arbeiter während des »Dritten Reiches« zu Hitler standen, Geschichte und Gesellschaft, 13. Bd. 1987, S. 217-31.
– und Hänisch, Dirk, Die Anfälligkeit von Arbeitern gegenüber der NSDAP bei den Reichstagswahlen 1928-1933, Archiv für Sozialgeschichte, 26. Bd. 1986, S. 179-216.
Feuchtwanger, Franz, Der Militärpolitische Apparat der KPD in den Jahren 1928-1935. Erinnerungen, Internationale Wissenschaftliche Korrespondenz zur Geschichte der deutschen Arbeiterbewegung, 17. Bd. 1981, S. 485-533.
Fischer, Conan, The Occupational Background of the SA's Rank and File Membership during the Depression Years, in: Peter D. Stachura (Hg.), The Shaping of the Nazi State, New York-London 1978, S. 131-59.
– The German Communists and the Rise of Nazism, Basingstoke-London 1991.
Fischer-Defoy, Christine, Arbeiterwiderstand in der Provinz. Arbeiterbewegung und Faschismus in Kassel und Nordhessen 1933-1945, Berlin 1982.
Focke, Harald, und Reimer, Uwe, Alltag der Entrechteten. Wie die Nazis mit ihren Gegnern umgingen, Reinbek bei Hamburg 1980.
Foitzik, Jan, Zwischen den Fronten. Zur Politik, Organisation und Funktion linker politischer Kleinorganisationen im Widerstand 1933 bis 1939/1940, Bonn 1986.
Franz, Thomas, und Merk, Jan, Jugendwiderstand im Nationalsozialismus, Internationale Wissenschaftliche Korrespondenz zur Geschichte der deutschen Arbeiterbewegung, 28. Bd. 1992, S. 412-20.
Frese, Matthias, Betriebspolitik im »Dritten Reich«. Deutsche Arbeitsfront, Unternehmer und Staatsbürokratie in der westdeutschen Großindustrie 1933-1939, Paderborn 1991.
Fröhlich, Elke, Stimmung und Verhalten der Bevölkerung unter den Bedingungen des Krieges, Bayern in der NS-Zeit, 1. Bd., S. 571-688.
Garbe, Detlef, Zwischen Widerstand und Martyrium. Die Zeugen Jehovas im »Dritten Reich«, München 1993.
Gellately, Robert, The Gestapo and German Society. Enforcing Racial Policy 1933-1945, Oxford 1990.

Gillingham, John, Die Ruhrbergleute und Hitlers Krieg, in: Hans Mommsen und Ulrich Borsdorf (Hg.), Glück auf, Kameraden! Die Bergarbeiter und ihre Organisationen, Köln 1979, S. 325-43.

– Industry and Politics in the Third Reich. Ruhr Coal, Hitler and Europe, Wiesbaden 1985.

Gottfurcht, Hans, Als Gewerkschafter im Widerstand, in: Löwenthal und zur Mühlen, Widerstand und Verweigerung in Deutschland, Berlin-Bonn 1984, S. 51-55.

Gross, Leonhard, Versteckt. Wie Juden in Berlin die Nazizeit überlebten, Reinbek bei Hamburg 1983.

Grossmann, Anton, Milieubedingungen von Verfolgung und Widerstand, am Beispiel ausgewählter Ortsvereine der SPD, Bayern in der NS-Zeit, 5. Bd., S. 433-540.

Hachtmann, Rüdiger, Industriearbeit im »Dritten Reich«. Untersuchungen zu den Lohn- und Arbeitsbedingungen in Deutschland 1933-1945, Göttingen 1989.

Hauck, Hilde, Taktik des trojanischen Pferdes, in: Irene Hübner (Hg.), Unser Widerstand. Deutsche Frauen und Männer berichten über ihren Kampf gegen die Nazis, Frankfurt 1982, S. 128-34.

Hellfeld, Matthias von, Edelweißpiraten in Köln. Jugendrebellion gegen das Dritte Reich. Das Beispiel Köln-Ehrenfeld, Köln 1981.

– Bündische Jugend und Hitlerjugend. Zur Geschichte von Anpassung und Widerstand 1930-1939, Köln 1987.

– und Klönne, Arno (Hg.), Die betrogene Generation. Jugend in Deutschland unter dem Faschismus, Köln 1985.

Herbert, Ulrich, Arbeiterschaft im »Dritten Reich«. Zwischenbilanz und offene Fragen, Geschichte und Gesellschaft, 15. Bd. 1989, S. 320-60.

Herlemann, Beatrix, Auf verlorenem Posten. Kommunistischer Widerstand im Zweiten Weltkrieg. Die Knöchel-Organisation. Bonn 1986.

Hetzer, Gerhard, Die Industriestadt Augsburg. Eine Sozialgeschichte der Arbeiteropposition, Bayern in der NS-Zeit, 3. Bd., S. 1-233.

Heuel, Eberhard, Der umworbene Stand. Die ideologische Integration der Arbeiter im Nationalsozialismus 1933-1935, Frankfurt 1989.

Hochmuth, Ursel, und Meyer, Gertrud, Streiflichter aus dem Hamburger Widerstand 1933-1945, Frankfurt 1980.

Högl, Günther, und Steinmetz, Udo, Widerstand und Verfolgung in Dortmund 1933-1945. Ständige Ausstellung und Dokumentation erstellt vom Stadtarchiv, Dortmund 1981.

Höhne, Heinz, Kennwort Direktor. Die Geschichte der Roten Kapelle, Frankfurt 1972.

Hüttenberger, Peter, Heimtückefälle vor dem Sondergericht München 1933-1939, Bayern in der NS-Zeit, 4. Bd., S. 435-526.

Kardorff, Ursula von, Berliner Aufzeichnungen. Aus den Jahren 1942 bis 1945, München 1962.

Karg, Berta Carola, Mein Kampf gegen die braune Diktatur, in: Löwenthal und zur Mühlen, Widerstand und Verweigerung in Deutschland, Berlin-Bonn 1984, S. 102-09.

Kater, Michael H., Die Ernsten Bibelforscher im Dritten Reich, VfZG, 17. Bd. 1969, S. 181-218.

– Zur Soziographie der frühen NSDAP, VfZG, 19. Bd. 1971, S. 123-59.

– Sozialer Wandel in der NSDAP im Zuge der nationalsozialistischen Machtergreifung, in: Wolfgang Schieder (Hg.), Faschismus als soziale Bewegung, Hamburg 1976, S. 25-68.

– The Nazi Party. A Social Profile of Members and Leaders 1919-1945, Oxford 1983.

Kele, Max H., Nazis and Workers. National Socialist Appeals to German Labor 1919-1933, Chapel Hill 1972.

Kenkmann, Alfons, Navajos, Kittelbach- und Edelweißpiraten. Jugendliche Dissidenten im »Dritten Reich«, in: Wilfried Breyvogel (Hg.), Piraten, Swings und Junge Garde. Jugendwiderstand im Nationalsozialismus, Bonn 1991, S. 138-58.

Kershaw, Ian, Antisemitismus und Volksmeinung, Reaktionen auf die Judenverfolgung, Bayern in der NS-Zeit, 2. Bd., S. 281-348.

– Alltägliches und Außeralltägliches, ihre Bedeutung für die Volksmeinung, in: Detlev Peukert und Jürgen Reulecke (Hg.), Die Reihen fast geschlossen. Beiträge zur Geschichte des Alltags unter dem Nationalsozialismus, Wuppertal 1981, S. 273-92.

– Popular Opinion and Political Dissent in the Third Reich: Bavaria 1933 bis 1945, Oxford 1983.

– Hitlers Popularität. Mythos und Realität im Dritten Reich, in: Hans Mommsen und Susanne Willems (Hg.), Herrschaftsalltag im Dritten Reich, Düsseldorf 1988, S. 24-96.

– The Nazi Dicatatorship. Problems and Perspectives of Interpretation, London-New York 1993.

Keval, Susanne, Widerstand und Selbstbehauptung in Frankfurt am Main 1933-1945, Frankfurt 1983.

Klee, Ernst, »Euthanasie« im NS-Staat. Die »Vernichtung lebensunwerten Lebens«, Frankfurt 1983.

Kleinöder, Eva, Verfolgung und Widerstand der katholischen Jugendvereine. Eine Fallstudie über Eichstätt, Bayern in der NS-Zeit, 2. Bd., S. 175 bis 236.

Klönne, Arno, Jugendprotest und Jugendopposition. Von der HJ-Erziehung zum Cliquenwesen der Kriegszeit, Bayern in der NS-Zeit, 4. Bd., S. 527-620.

Klotzbach, Kurt, Gegen den Nationalsozialismus. Widerstand und Verfolgung in Dortmund 1930-1945, Hannover 1969.

Koch, Manfred, Julius Engelhard, Drucker, Organisator und Kurier der Zeugen Jehovas, in: Michael Bosch und Wolfgang Niess (Hg.), Der Widerstand im deutschen Südwesten 1933-1945, Stuttgart 1984, S. 95 bis 103.

Köhn, Erich, Der Weg zur Gründung des Nationalkomitees »Freies Deutschland« in Leipzig, Zeitschrift für Geschichtswissenschaft, 13. Bd. 1965, S. 18-35.

Kratzenberg, Volker, Arbeiter auf dem Weg zu Hitler? Die nationalsozialistische Betriebszellenorganisation, ihre Entstehung, ihre Programmatik, ihr Scheitern 1927-1934, Frankfurt 1989.

Krolle, Stefan, »Bündische Umtriebe«. Die Geschichte des Nerother Wandervogels vor und unter dem NS-Staat, Münster 1986.

Kuhn, Annette, und Rothe, Valentine, Frauen im deutschen Faschismus, 2. Bd., Frauenarbeit und Frauenwiderstand im NS-Staat, Düsseldorf 1982.

Kuropka, Joachim, Zur Sache – Das Kreuz! Untersuchungen zur Geschichte des Konflikts um Kreuz und Lutherbild in den Schulen Oldenburgs, Vechta 1987.

Küstermeier, Rudolf, Der Rote Stoßtrupp, Berlin 1970.

Langkau-Alex, Ursula, Volksfront für Deutschland? Vorgeschichte und Gründung des »Ausschusses zur Vorbereitung einer deutschen Volksfront«, 1933-1936, Frankfurt 1977.

Link, Werner, Die Geschichte des Internationalen Jugendbundes (IJB) und des Internationalen Sozialistischen Kampf-Bundes (ISK), Meisenheim am Glan 1964.

Longerich, Peter, Die braunen Bataillone. Geschichte der SA, München 1989.

Löwenthal, Richard, Die Widerstandsgruppe »Neu Beginnen«, Berlin 1982.

Madden, Paul, Some Social Characteristics of Early Nazi Party Members 1919-1923, Central European History, 15. Bd. 1982, S. 34-56.

Mai, Gunther, Die Nationalsozialistische Betriebszellenorganisation. Zum Verhältnis von Arbeiterschaft und Nationalsozialismus, VfZG, 31. Bd., 1983, S. 573-613.

– »Warum steht der deutsche Arbeiter zu Hitler?« Zur Rolle der Deutschen Arbeitsfront im Herrschaftsprozeß des Dritten Reiches, Geschichte und Gesellschaft, 12. Bd. 1986, S. 212-34.

Mallmann, Klaus-Michael, und Paul, Gerhard, Herrschaft und Alltag. Ein Industrierevier im Dritten Reich. Widerstand und Verweigerung im Saarland 1933-1945, Bonn 1991.

– Allwissend, allmächtig, allgegenwärtig? Gestapo, Gesellschaft und Widerstand, in: Zeitschrift für Geschichtswissenschaft, 41. Bd. 1993, S. 984 bis 99.

Mammach, Klaus, Die KPD und das Münchener Abkommen 1938, in: ebd., 16. Bd. 1968, S. 1034-48.

– Zum gemeinsamen Kampf deutscher und polnischer Antifaschisten während des Zweiten Weltkrieges, Beiträge zur Geschichte der Arbeiterbewegung, 12. Bd. 1970, S. 118-23.

– Widerstand 1933-1939. Geschichte der deutschen antifaschistischen Widerstandsbewegung im Inland und in der Emigration, Köln 1984.

Mann, Reinhard, Protest und Kontrolle im Dritten Reich. Nationalsozialistische Herrschaft im Alltag einer rheinischen Großstadt, Frankfurt 1987.

Manstein, Peter, Die Mitglieder und Wähler der NSDAP 1919-1933. Untersuchungen zu ihrer schichtmäßigen Zusammensetzung, Frankfurt 1989.

Marssolek, Inge, und Ott, René, Bremen im Dritten Reich. Anpassung – Widerstand – Verfolgung, Bremen 1986.

Maser, Werner, Das Regime. Alltag in Deutschland 1933-1945, München 1983.

Mason, Timothy W., Labour in the Third Reich 1933-1939, Past and Present, Nr. 33, April 1966, S. 112-41.

– Sozialpolitik im Dritten Reich. Arbeiterklasse und Volksgemeinschaft, Opladen 1978.

– Arbeiteropposition im nationalsozialistischen Deutschland, in: Peukert und Reudecke (Hg.), Die Reihen fast geschlossen, Wuppertal 1981, S. 293-311.

Matthias, Erich, Sozialdemokratie und Nation. Zur Ideengeschichte der sozialdemokratischen Emigration 1933-1938, Stuttgart 1952.

– Die Sozialdemokratische Partei Deutschlands, in: Matthias und Morsey (Hg.), Das Ende der Parteien, Düsseldorf 1960, S. 99-278.

– und Weber, Hermann (Hg.), Widerstand gegen den Nationalsozialismus in Mannheim, Mannheim 1984.

Mehringer, Hartmut, Die KPD in Bayern 1919-1945; Die bayerische Sozialdemokratie bis zum Ende des NS-Regimes, Bayern in der NS-Zeit, 5. Bd., S. 1-432.

– Waldemar von Knoeringen. Eine politische Biographie. Der Weg vom revolutionären Sozialismus zur sozialen Demokratie, München 1989.

Merkl, Peter H., The Making of a Stormtrooper, Princeton 1980.

Merson, Allan, Communist Resistance in Nazi Germany, London 1985.

Mierendorff, Carl, Gesicht und Charakter der nationalsozialistischen Bewegung, Die Gesellschaft, 1. Bd. 1930, S. 489-504.

Morsch, Günter, Streik im »Dritten Reich«, VfZG, 36. Bd. 1988, S. 649-89.

Mühlberger, Detlef, The Rise of National Socialism in Westphalia 1920 bis 1933, Londoner Dissertation von 1975, unveröffentlicht.
– The Sociology of the NSDAP. The Question of Working-Class Membership, in: Journal of Contemporary History, 15. Bd. 1980, S. 493-511.
– Germany, in: ders. (Hg.), The Social Basis of European Fascist Movements, London-New York 1987, S. 40-139.
– Hitler's Followers. Studies in the Sociology of the Nazi Movement, London-New York 1991.
– A »Workers' Party« or a »Party without Workers«? The extent and nature of the Working-class Membership of the NSDAP 1919-1933, Manuskript.
Müller, Roland, Stuttgart zur Zeit des Nationalsozialismus, Stuttgart 1988.
Muth, Heinrich, Jugendopposition im Dritten Reich, VfZG, 30. Bd. 1982, S. 369-417.
Nachtmann, Walter, Erwin Schöttle. Grenzsekretär der Sozialdemokraten für Württemberg, in: Bosch und Niess (Hg.), Der Widerstand im deutschen Südwesten, S. 153-61.
Nerdinger, Eugen, Pfingstkonferenz mit »Michel«, in: Asgodom, »Halts Maul, sonst kommst nach Dachau«, Köln 1983, S. 177-94.
Nestler, Gerhard, »In einem Namen nur ist Heil«. Der Widerstand ehemaliger Zentrums- und BVP-Politiker gegen die nationalsozialistische Diktatur in der Pfalz, in: Nestler und Ziegler (Hg.), Die Pfalz unterm Hakenkreuz, Landau 1993, S. 293-324.
Nitzsche, Gerhard, Deutsche Arbeiter imKampf gegen faschistische Unterdrückung und Ausbeutung. Gestapomeldungen aus den Jahren 1935-1937, Beiträge zur Geschichte der Arbeiterbewegung, 1. Bd. 1959, S. 138-49.
Noakes, Jeremy, The Nazi Party in Lower Saxony 1921-1933, Oxford 1971.
– The Oldenburg Crucifix Struggle of November 1936, in: Peter D. Stachura (Hg.), The Shaping of the Nazi State, London 1978, S. 210-33.
Obst, Dieter, »Reichskristallnacht«. Ursachen und Verlauf des antisemitischen Pogroms vom November 1938, Frankfurt-Bern 1991.
Overesch, Manfred, Hermann Brill in Thüringen 1895-1946. Ein Kämpfer gegen Hitler und Ulbricht, Bonn 1992.
Peterson, Edward N., The Limits of Hitler's Power, Princeton 1969.
Peukert, Detlev, Ruhrarbeiter gegen den Faschismus. Dokumentation über den Widerstand im Ruhrgebiet 1933-1945, Frankfurt 1976.
– Die KPD im Widerstand. Verfolgung und Untergrundarbeit an Rhein und Ruhr 1933-1945, Wuppertal 1980.
– Die Edelweißpiraten. Protestbewegungen jugendlicher Arbeiter im Dritten Reich, Köln 1980.

– Volksgenossen und Gemeinschaftsfremde. Anpassung, Ausmerzung und Aufbegehren unter dem Nationalsozialismus, Köln 1982.

– Arbeiterwiderstand. Formen und Wirkungsmöglichkeiten, in: Widerstand und Exil der deutschen Arbeiterbewegung 1933-1945, Bonn 1982, S. 215-364.

– Der deutsche Arbeiterwiderstand 1933-1945, in: Karl Dietrich Bracher u.a. (Hg.), Nationalsozialistische Diktatur 1933-1945. Eine Bilanz, Düsseldorf 1983, S. 633-55.

– Protest und Widerstand von Jugendlichen im Dritten Reich, in: Löwenthal und zur Mühlen (Hg.), Widerstand und Verweigerung in Deutschland, Berlin-Bonn 1984, S. 177-201.

– und Bajohr, Frank, Spuren des Widerstands. Die Bergarbeiterbewegung im Dritten Reich und im Exil, München 1987.

Piehl, Kurt, Latscher, Pimpfe und Gestapo. Die Geschichte eines Edelweißpiraten, Frankfurt 1989.

Plato, Alexander von, »Der Verlierer geht nicht leer aus«. Betriebsräte geben zu Protokoll, Berlin-Bonn 1984.

Pridham, Geoffrey, Hitler's Rise to Power. The Nazi Movement in Bavaria 1923-1933, London 1973.

Rebentisch, Dieter, und Raab, Angelika, Neu-Isenburg zwischen Anpassung und Widerstand. Dokumente über Lebensbedingungen und politisches Verhalten 1933-1945, Neu-Isenburg 1978.

Reichhardt, Hans J., Möglichkeiten und Grenzen des Widerstandes der Arbeiterbewegung, in: Walter Schmitthenner und Hans Buchheim (Hg.), Der deutsche Widerstand gegen Hitler, Köln-Berlin 1966, S. 169 bis 213.

Reuth, Ralf Georg, Goebbels, München 1991.

Reutter, Friederike, Verfolgung und Widerstand der Arbeiterparteien in Heidelberg, in: Jörg Schadt und Michael Caroli (Hg.), Heidelberg unter dem Nationalsozialismus, Heidelberg 1985, S. 469-550.

Rossaint, Joseph C., und Zimmermann, Michael, Widerstand gegen den Nazismus in Oberhausen, Frankfurt 1983.

Ruck, Michael, Bollwerk gegen Hitler? Arbeiterschaft, Arbeiterbewegung und die Anfänge des Nationalsozialismus, Köln 1988.

Rusinski, Bernd A., Gesellschaft in der Katastrophe, Terror, Illegalität, Widerstand – Köln 1944/45, Essen 1989.

Rüther, Martin, Arbeiterschaft in Köln 1928-1945, Köln 1990.

– Lage und Abstimmungsverhalten der Arbeiterschaft. Die Vertrauensratswahlen in Köln 1934 und 1935, VfZG, 39. Bd. 1991, S. 221-64.

Sandvoss, Hans-Rainer, Widerstand 1933-1945. Berlin-Wedding, Berlin 1983.

Sauer, Paul, Württemberg in der Zeit des Nationalsozialismus, Ulm 1975.

Sbosny, Inge, und Schabrod, Karl, Widerstand in Solingen. Aus dem Leben antifaschistischer Kämpfer, Frankfurt 1975.

Schabrod, Karl, Widerstand gegen Flick und Florian. Düsseldorfer Antifaschisten über ihren Widerstand 1933-1945, Frankfurt 1978.

Schadt, Jörg (Hg.), Verfolgung und Widerstand in Baden. Die Lageberichte der Gestapo und des Generalstaatsanwalts Karlsruhe 1933-1940, Stuttgart-Berlin 1976.

– Verfolgung und Widerstand, in: Otto Borst (Hg.), Das Dritte Reich in Baden und Württemberg, Stuttgart 1988, S. 96-120.

Schefer, Gitte, Wo Unterdrückung ist, da ist auch Widerstand – Frauen gegen Faschismus und Krieg, in: Frauengruppe Faschismusforschung, Mutterkreuz und Arbeitsbuch, Frankfurt 181, S. 273-91.

Schepers, Petra, Das Komitee für proletarische Einheit, in: Widerstand im Abseits, Historisches Museum Hannover, Hannover 1992, S. 47-52.

Schepping, Wilhelm, Oppositionelles Singen Jugendlicher im Dritten Reich, in: Siefken und Vieregg (Hg.), Resistance to National Socialism, Nottingham 1993, S. 89-109.

Schmid, Hans-Dieter, Sozialdemokratischer Widerstand, in: Widerstand im Abseits, Hannover 1992, S. 15-38.

Schmidt, Ernst, Lichter in der Finsternis. Widerstand und Verfolgung in Essen 1933-1945, Frankfurt 1980.

Schneider, Ulrich, Marburg 1933-1945. Arbeiterbewegung und Bekennende Kirche gegen den Faschismus, Frankfurt 1980.

Schulz, Klaus-Peter, Proletarier, Klassenkämpfer, Staatsbürger. 100 Jahre deutsche Arbeiterbewegung, München 1963.

Schumann, Wolfgang, und Hass, Gerhard (Hg.), Leiter von Autorenkollektiv, Deutschland im zweiten Weltkrieg, 6 Bde., Berlin 1974-85.

Schüren, Ulrich, Rahmenbedingungen für den Widerstand gegen den Nationalsozialismus, Widerstand und Exil der deutschen Arbeiterbewegung, Bonn 1982, S. 125-214.

Seebold, Gustav-Hermann, Ein Stahlkonzern im Dritten Reich. Der Bochumer Verein 1927-1945, Wuppertal 1981.

Siegel, Tilla, Rationalisierung statt Klassenkampf. Zur Rolle der Deutschen Arbeitsfront in der nationalsozialistischen Ordnung der Arbeit, in: Mommsen und Willems (Hg.), Herrschaftsalltag im Dritten Reich, Düsseldorf 1988, S. 97-224.

Soell, Hartmut, Fritz Erler. Eine politische Biographie, Berlin-Bonn 1976.

Stachura, Peter D., The Nazis, the Bourgeoisie and the Workers during the Kampfzeit, in: ders. (Hg.), The Nazi Machtergreifung, London 1983, S. 15-32.

Steinberg, Hans-Josef, Die Haltung der Arbeiterschaft zum NS-Regime, in:

Schmädeke und Steinbach (Hg.), Der Widerstand gegen den Nationalsozialismus, München 1983, S. 867-74.

Steinert, Marlis G., Hitler's War and the Germans. Public Mood and Attitude during the Second World War, Athens, Ohio 1977.

Stephenson, Gill, Widerstand gegen soziale Modernisierung am Beispiel Württembergs 1939-1945, in: Michael Prinz und Rainer Zitelmann (Hg.), Nationalsozialismus und Modernisierung, Darmstadt 1991, S. 93 bis 116.

Stern, Carola, In den Netzen der Erinnerung. Lebensgeschichten zweier Menschen, Reinbek bei Hamburg 1986.

Sywottek, Arnold, Deutsche Volksdemokratie. Studien zur politischen Konzeption der KPD 1935-1946, Düsseldorf 1971.

Szepansky, Gerda, Frauen leisten Widerstand 1933-1945. Lebensgeschichten nach Interviews und Dokumenten, Frankfurt 1983.

Tapken, Bernd-Anton, Die Auseinandersetzung des ISK mit der Politik der KPD und der KPdSU in der Zeit des Exils, Prüfungsarbeit für das Lehramt, September 1984, Ms.

Tenfelde, Klaus, Proletarische Provinz. Radikalisierung und Widerstand in Penzberg-Oberbayern 1900-1945, Bayern in der NS-Zeit, 4. Bd., S. 1 bis 382.

Tröger, Annemarie, Die Frau im wesensgemäßen Einsatz, in Frauengruppe Faschismusforschung, Mutterkreuz und Arbeitsbuch, Frankfurt 1981, S. 246-72.

van Dick, Lutz, Oppositionelles Lehrerverhalten 1933-1945. Biographische Berichte über den aufrechten Gang von Lehrerinnen und Lehrern, Weinheim-München 1988.

Viebahn, Wilfried, und Kuchta, Walter, Widerstand gegen die Nazidiktatur in Köln, in: Reinhold Billstein (Hg.), Das andere Köln. Demokratische Tendenzen seit der Französischen Revolution, Köln 1979, S. 283-361.

Voges, Michael, Klassenkampf in der »Betriebsgemeinschaft«. Die »Deutschland-Berichte« der Sopade als Quelle zum Widerstand der Industriearbeiter im Dritten Reich, Archiv für Sozialgeschichte, 21. Bd. 1981, S. 329-83.

Wagner, Jonathan F., The Hard Lessons of a Political Life: The Career of Socialist Hans Dill (1887-1973), Internationale Wissenschaftliche Korrespondenz zur Geschichte der deutschen Arbeiterbewegung, 29. Bd. 1993, S. 194-207.

Weber, Hermann, Die KPD in der Illegalität, in: Löwenthal und zur Mühlen, Widerstand und Verweigerung in Deutschland, Berlin-Bonn 1984, S. 83-101.

– »Weiße Flecken« in der Geschichte. Die KPD-Opfer der Stalinschen Säuberungen und ihre Rehabilitierung, Frankfurt 1990.

Wehner, Herbert, Zeugnis, Köln 1982.

Weisenborn, Günther, Der lautlose Aufstand. Bericht über die Widerstandsbewegung des deutschen Volkes 1933-1945, Hamburg 1953.

Wenke, Bettina, Interviews mit Überlebenden. Verfolgung und Widerstand in Südwestdeutschland, Stuttgart 1980.

Wenzel, Hartmut, Widerstandsmythen und Anpassungsrealität: Das Beispiel der Naturfreundejugend, in: Breyvogel (Hg.), Piraten, Swings und Junge Garde, Bonn 1991, S. 36-56.

Werner, Wolfgang Franz, »Bleib übrig«. Deutsche Arbeiter in der nationalsozialistischen Kriegswirtschaft, Düsseldof 1983.

Wicht, Wolfgang E., Glanzstoff. Zur Geschichte der Chemiefaser, eines Unternehmens und seiner Arbeiterschaft, Neustadt/Aisch 1992.

Wichers, Hermann, Zur Anleitung des Widerstandes der KPD: ein Rundschreiben des ZK-Sekretariats an die Abschnittsleitungen vom 29. Juli 1938, Internationale Wissenschaftliche Korrespondenz zur Geschichte der deutschen Arbeiterbewegung, 26. Bd. 1990, S. 526-39.

Winkler, Dörte, Frauenarbeit im »Dritten Reich«, Hamburg 1977.

Winkler, Heinrich August, Mittelstandsbewegung oder Volkspartei? Zur sozialen Basis der NSDAP, in: Schieder (Hg.), Faschismus als soziale Bewegung, Hamburg 1976, S. 97-118.

– Weimar 1918-1933. Die Geschichte der ersten deutschen Demokratie, München 1993.

Wippermann, Wolfgang, Das Leben in Frankfurt zur NS-Zeit, 4. Bd., Der Widerstand, Darstellung, Dokumente, didaktische Hinweise, Frankfurt 1986.

Wisotzky, Klaus, Der Ruhrbergbau im Dritten Reich. Studien zur Sozialpolitik im Ruhrbergbau und zum sozialen Verhalten der Bergleute 1933-1939, Düsseldorf 1983.

Zehnter, Annette, Widerstand und Verfolgung in Bochum und Wattenscheid 1933-1945, Bochum 1992.

Zimmermann, Michael, »Ein schwer zu bearbeitendes Pflaster«: der Bergarbeiterort Hochlarmark unter dem Nationalsozialismus, in: Peukert und Reudecke (Hg.), Die Reihen fast geschlossen, Wuppertal 1981, S. 65 bis 84.

– Ausbruchshoffnungen. Junge Bergleute in den dreißiger Jahren, in: Lutz Niethammer (Hg.), »Die Jahre weiß man nicht, wo man die heute hinsetzen soll«. Faschismus-Erfahrungen im Ruhrgebiet, Berlin-Bonn 1983, S. 97-132.

Zollitsch, Wolfgang, Die Vertrauensratswahlen von 1934 und 1935. Zum Stellenwert der Abstimmungen im »Dritten Reich« am Beispiel Krupp, Geschichte und Gesellschaft, 15. Bd. 1989, S. 361-81.

Zorn, Gerda, Widerstand in Hannover. Gegen Reaktion und Faschismus 1920-1946, Frankfurt 1977.

zur Mühlen, Patrik von, Sozialdemokraten gegen Hitler, in: Löwenthal und zur Mühlen, Widerstand und Verweigerung in Deutschland, Berlin-Bonn 1984, S. 57-75.

Personenregister

Das Register erfaßt nur den Text, nicht die Anmerkungen und das Literaturverzeichnis